L'ÉTRANGÈRE

HENRY MILLER

LES LIVRES DE MA VIE

AUTOBIOGRAPHIE

TRADUIT DE L'ANGLAIS
PAR JEAN ROSENTHAL

L'ÉTRANGÈRE
GALLIMARD

Titre original :

THE BOOKS IN MY LIFE

Henry Miller est né à New York le 26 décembre 1891. Son père, fils d'immigrants de Hanovre, tenait un atelier de tailleur. Enfant précoce et peu discipliné, il est confronté aux scènes de la rue dans le quartier de Williamsburg, la « petite Allemagne ». L'allemand fut sa première langue. Son œuvre entière, largement autobiographique, témoigne de cette période d'enfance et d'adolescence.

Henry Miller s'installe à Paris en 1930, où il connaît Anaïs Nin, Raymond Queneau, Blaise Cendrars. À son retour aux États-Unis, en 1939, il apparaît comme une figure marginale, et son ouvrage majeur, *Tropique du cancer* publié en 1934, restera interdit jusqu'en 1960. La décennie 1950-1960 voit la consécration de Miller, vénéré par les écrivains de la « beat generation », auteur respecté de *Sexus* (1949), *Plexus* (1952), *Nexus* (1959).

Pour la jeune génération américaine, Miller répondait à la volonté de tout dire, tout transcrire, tout connaître.

Il est mort le 7 juin 1980.

QUELQUES CITATIONS D'ÉCRIVAINS EN GUISE D'ÉPIGRAPHES

Il me semble aujourd'hui que tout ce que j'ai écrit jusqu'à maintenant ne vaut pas un fétu.

THOMAS D'AQUIN
sur son lit de mort.

Quand l'artiste a épuisé ses sujets, quand il n'a plus rien à peindre et plus rien à dire, et que même lire le lasse, il a toujours la ressource de *vivre*.

RALPH WALDO EMERSON.

Tout est merveilleux pour le poète, tout est divin pour le saint, tout est grand pour le héros ; tout est pitoyable, triste, laid et navrant pour l'âme basse et sordide.

AMIEL.

Sans doute, même à notre époque, un artiste verrait-il son imagination considérablement stimulée et ses facultés créatrices puissamment accrues s'il savait qu'il lui faut donner rien moins que le meilleur de lui-même s'il veut éviter l'échafaud, avec ou sans procès !...

HENRY ADAMS.

Après avoir pris un an de vacances (15 septembre 1949-15 septembre 1950), me marier, un peu voyager en Suisse, Luxembourg, Hollande, Angleterre, Belgique, soigner mes yeux, faire trois mois de radio, déménager, me réinstaller à Paris, je me suis remis au travail, hélas !... Petit à petit, je vais m'enfoncer dans cet univers qui contient tous les autres comme une goutte d'eau des myriades de microbes, la goutte d'encre qui coule de la plume... C'est extraordinaire... et je n'arrive pas à m'y habituer ni... à y croire !

BLAISE CENDRARS *dans une lettre*
datée du 16 septembre 1950.

REMERCIEMENTS

Je remercie la World Review, *de Londres, qui m'a autorisé à reproduire ici le chapitre sur Blaise Cendrars ; et* Survival, *de New York, qui m'a autorisé à reproduire le chapitre sur Rider Haggard.*

Je tiens également à exprimer tous mes remerciements aux divers éditeurs et personnalités qui m'ont si aimablement accordé l'autorisation de citer des extraits des ouvrages suivants :

Blackie & Son Ltd pour Life of G. A. Henty *de G. Melville Fenn.*
Borden Publishing Co pour The History of Magic *d'Eliphas Levi.*
Coward-McCann Inc. pour Hill of Destiny (Colline) *de Jean Giono.*
C. W. Daniel Co, Ltd pour The Absolute Collective *d'Erich Gutkind.*
James Ladd Delkin pour Zen *d'Alan W. Watts.*
Doubleday & Co, Inc. pour The Story of My Life *d'Helen Keller.*
Druid Press pour The Obstinate Cymric *de J. C. Powys.*
E. P. Dutton & Co, Inc. pour Cosmic Consciousness de *R. M. Bunche et* Magicians, Seers and Mystics (Magiciens, Sorciers et Mystiques) *de Maurice Magre.*
Éditions Bernard Grasset pour Moravagine *de Blaise*

Cendrars. Falcon Press pour Bubu of Montparnasse (Bubu de Montparnasse) *de Ch.-L. Philippe.*

Harcourt, Brace & Co, Inc. pour In Search of the Miraculous *de P. D. Ouspensky.*

Hermann Hess pour son article dans Horizon *de septembre 1946. Houghton Mifflin & Co, et Constable & Co, Ltd pour* Mont Saint Michel and Chartres *d'Henry Adams.*

Henry Holt & Co, Inc. pour Nature of Man *de Paul Weiss.*

Alfred A. Knopf, Inc. pour Men of Good Will (les Hommes de bonne volonté) *de Jules Romains.*

John Lane the Bodley Head pour Autobiography *de J. C. Powys.*

Frieda Lawrence pour Studies in Classic American Literature *et* Apocalypse *de D. H. Lawrence.*

Le Cercle du Livre pour Krishnamurti *de Carlo Suarès.*

Les Éditions Denoël pour le Lotissement du Ciel *et* Bourlinguer *de Blaise Cendrars.*

Little, Brown & Co pour Schliemann *d'Emil Ludwig.*

Longmans, Green & Co, Ltd et A. P. Watt & Son pour The Days of My Life *de H. Rider Haggard.*

The Macmillan Co pour Dostoïevsky *de Janko Lavrin.*

W. W. Norton & Co, Inc. pour The Great Age of Greek Literature *d'Edith Hamilton.*

Random House pour l'Introduction de Deems Taylor à Peter Ibbetson *et pour* Anna Christie *d'Eugene O'Neill.*

Routledge and Kegan Paul Ltd pour Politics of the Unpolitical *d'Herbert Read.*

Sylvan Press Ltd pour From Puskin to Mayakovsky *de Janko Lavrin.*

W. T. Symonds pour un article d'Erich Gutkind dans Purpose *(1947).*

The Viking Press Inc. pour Joy of Man's Desiring (Que ma Joie demeure) *et pour* Blue Boy (Jean le Bleu) *de Jean Giono, ainsi que pour leur édition de poche de Sherwood Anderson.*

PRÉFACE

Cet ouvrage, auquel dans les années à venir s'ajouteront plusieurs autres volumes, se propose d'embrasser l'histoire de ma vie. Les livres y seront considérés sous l'angle de leur apport à la vie. Il ne s'agit pas d'une étude critique et l'on n'y trouvera pas davantage de programme à l'intention des autodidactes.

Cet examen de conscience — car ce livre n'est pas autre chose — m'a confirmé dans l'opinion qu'on devrait lire de moins en moins et non pas de plus en plus. Ainsi que le révélera un coup d'œil à l'Appendice, je suis loin d'avoir lu autant que l'érudit, le rat de bibliothèque ou même que « l'honnête homme » ; et pourtant j'ai certainement lu cent fois plus que je n'aurais dû. On dit qu'un Américain seulement sur cinq lit des « livres ». Si faible que soit cette proportion, elle est encore trop forte. Rares sont ceux qui vivent sagement et pleinement.

Il y eut et il y aura toujours des œuvres révolutionnaires, c'est-à-dire des œuvres inspirées et qui inspirent ceux qui les lisent. Elles sont évidemment rares et il ne s'en publie pas tous les jours. On peut s'estimer heureux si l'on en rencontre une poignée durant toute une vie. Ce ne sont d'ailleurs pas ces livres-là qui touchent le grand public. Ils constituent seulement les réservoirs secrets où vont puiser les auteurs moins doués qui savent comment séduire l'homme de la rue. La littérature, dans toutes ses branches, n'est qu'un ensemble d'idées de seconde main. La question — jamais résolue, hélas ! — est de savoir dans quelle mesure il serait opportun de restreindre ce flux envahissant de sous-produits. Une chose en tout cas est sûre aujourd'hui : ce ne sont certainement pas les illettrés les moins intelligents d'entre nous.

Si c'est la connaissance ou la sagesse que l'on recherche, mieux vaut alors aller directement à la source. Et la source, ce n'est pas le savant ni le philosophe, le maître, le saint ni le professeur, mais la vie elle-même, l'expérience brute de la vie. Il en va de même pour l'art. Là aussi, nous pouvons nous passer des « maîtres ». Quand je parle de la vie, je veux dire, bien sûr, un autre mode d'existence que celui que nous connaissons aujourd'hui. Je pense à cette vie dont parle D.H. Lawrence dans *Etruscan Places* [1]. Ou bien à celle qu'évoque Henry Adams, du temps que la Vierge régnait en souveraine à Chartres.

À notre époque, où l'on professe que pour toutes les destinations il existe un raccourci, la plus grande leçon à apprendre c'est que la route la plus malaisée est en fin de compte la plus facile. Tout ce que l'on trouve dans les livres, tout ce qui semble avoir une signification si essentielle n'est qu'une goutte échappée de la source où chacun est libre de venir s'abreuver. Toute notre théorie de l'éducation se fonde sur la notion ridicule que l'on doit apprendre sur terre les mouvements de natation avant de se lancer à l'eau. On continue d'enseigner aux hommes à créer en leur faisant étudier les œuvres des autres ou en les laissant tracer des plans et des esquisses qui ne dépasseront jamais le stade de l'ébauche. On enseigne l'art d'écrire dans des salles de classe et non pas au cœur de la vie. On propose aux étudiants des modèles qui sont censés convenir à tous les tempéraments, à toutes les intelligences. Il ne faut pas s'étonner après cela que nous produisions plus de

1. Publié par Martin Secker, Londres, 1932. Voir p. 88-93.

brillants ingénieurs que d'écrivains, plus d'experts industriels que de peintres.

Je ne considère pas mes rencontres avec les livres d'un autre œil que mes rencontres avec les autres phénomènes de la vie ou de la pensée. Aucune de ces rencontres n'est un événement isolé ; elles s'intègrent dans un ensemble. A cet égard, et à cet égard seulement, les livres font partie de la vie au même titre que les arbres, les étoiles ou le fumier. Je ne respecte pas le livre en tant que tel. Pas plus que je ne range les auteurs dans une catégorie à part. Ils sont comme les autres hommes, ni meilleurs ni pires. Ils exploitent les dons qui leur ont été accordés, tout comme n'importe lequel de leurs semblables. S'il m'arrive parfois de les défendre — en tant que classe — c'est parce qu'à mon avis, ils n'ont jamais obtenu, dans notre société du moins, la place ni la considération qu'ils méritent. Les plus grands d'entre eux, notamment, ont presque toujours servi de boucs émissaires.

Quand je me revois comme le lecteur que j'étais jadis, il me semble regarder un homme se frayer un chemin au milieu d'une végétation luxuriante. Bien sûr, à vivre au cœur de la jungle, j'ai surpris quelques-uns de ses secrets. Mais mon but n'a jamais été de vivre là : je ne cherchais qu'à en sortir ! Je suis fermement convaincu qu'il n'est pas nécessaire de commencer par habiter cette jungle des livres. La vie elle-même suffit bien comme jungle, une jungle très réelle et où le moins qu'on puisse dire est qu'on s'instruit beaucoup. Mais, demanderez-vous, les livres ne peuvent-ils nous aider, nous guider hors de cette forêt vierge ? « N'ira pas loin, disait Napoléon, celui qui sait d'avance où il veut aller. »

Le principal objectif de cet ouvrage, c'est de rendre hommage à qui le mérite, tâche que d'avance je sais impossible. Pour m'en acquitter comme il convient, il me faudrait tomber à genoux et remercier chaque brin d'herbe de dresser la tête. Ce qui m'a tout d'abord incité à tenter une entreprise aussi vaine, c'est le fait que nous en sachions d'ordinaire si peu sur les influences auxquelles sont soumises la vie et l'œuvre d'un auteur. Le critique, dans sa suffisance sans pareille, déforme la vérité au point de la rendre méconnaissable. L'auteur, si sincère qu'il puisse se croire, ne peut que la déguiser. Et le psychologue, avec ses œillères, vient encore embrouiller les choses. En tant qu'auteur, je ne crois pas faire exception à la règle. À moi aussi, l'on peut reprocher d'altérer, de déformer, de déguiser les faits, si « faits » il y a. Je me suis pourtant toujours délibérément efforcé — peut-être à l'excès — de pencher dans la direction opposée. Je suis du côté de la révélation, sinon toujours du côté de la beauté, de la vérité, de la sagesse, de l'harmonie et de la toujours mouvante perfection. Dans ces pages, je livre des renseignements inédits pour qu'on les juge et qu'on les analyse, ou bien pour qu'on les accepte et qu'on les apprécie sans autre arrière-pensée. Je ne puis naturellement pas parler de *tous* les livres, ni même de tous les livres importants que j'ai lus dans le cours de mon existence. Mais j'ai l'intention de continuer à discourir sur les livres et sur les auteurs jusqu'à ce que se trouve épuisée (à mes yeux) l'importance de ce domaine de la réalité.

Je suis extrêmement heureux et satisfait d'avoir entrepris la tâche ingrate d'énumérer tous les livres que j'ai souvenir d'avoir lus. Je ne connais pas un auteur qui ait eu la folie de le tenter. Peut-être ma liste ne fera-t-elle qu'ajouter à la confusion, mais tel n'est pas mon propos. Ceux qui savent lire un homme savent lire ses œuvres. Pour ceux-là, ma liste sera assez éloquente.

Traitant de « l'amoralisme » de Goethe, Jules de Gaultier, citant, je crois, Goethe, écrit : « La vraie nostalgie doit toujours être productrice et créer une nouvelle chose qui soit meilleure. » Au cœur même de cet ouvrage, il y a une nostalgie sincère. Non pas la nostalgie du passé, comme on pourrait parfois le croire, ni la nostalgie de l'irréparable ; c'est plutôt la nostalgie des moments vécus le plus intensément. J'ai connu ces moments au contact parfois de certains livres ou encore au contact de certains hommes, de certaines femmes que j'ai baptisés des « livres vivants ». C'est quelquefois la nostalgie qui me prend en songeant à ces jeunes gens en compagnie de qui j'ai grandi et dont les livres précisément constituaient le lien le plus fort qui m'attachait à eux. (Si joyeuses et si vivifiantes pourtant que soient ces réminiscences, elles ne sont rien, je dois l'avouer, auprès des souvenirs des jours passés dans la société de mes anciennes idoles, ces jeunes gens — pour moi, ils sont toujours des jeunes gens ! — qui portaient les noms immortels de Johnny Paul, Eddy Carney, Lester Reardon, Johnny et Jimmy Dunne : jamais je n'ai vu aucun d'eux avec un livre et leur image ne se rattache dans ma mémoire au titre d'aucun livre.) Que ce soit Goethe qui ait dit cela ou de Gaultier, je suis moi aussi convaincu que la vraie nostalgie doit être productrice et conduire à la création de choses nouvelles et meilleures. S'il ne s'agissait que de remâcher le passé — livres, personnes ou événements — ma tâche serait bien vaine et futile. Pour froide et morte qu'elle puisse sembler, la liste de titres donnée en appendice sera peut-être pour quelques âmes sœurs la clef qui leur permettra de retrouver les moments de joie et de plénitude qu'elles aussi ont connus dans le passé.

Une des raisons qui m'ont poussé à écrire une préface, qui ennuie toujours un peu le lecteur, une des raisons pour lesquelles je la réécris pour la cinquième — et je l'espère — dernière fois, c'est la crainte de voir quelque événement imprévu m'empêcher de mener à bien mon entreprise. Ce premier volume achevé, je me suis aussitôt attelé au troisième et dernier tome de *la Crucifixion en rose* ; c'est la tâche la plus dure que je me sois jamais imposée et je repoussais depuis bien des années ce moment. J'aimerais donc, tant que j'en ai le loisir, donner une idée de ce dont j'avais formé le projet ou l'espoir de parler dans les volumes suivants.

J'avais naturellement une sorte de plan assez souple quand j'ai commencé cet ouvrage. Mais, différent à cet égard de l'architecte, l'auteur ne suit pas toujours ses plans en élevant son édifice. Pour l'écrivain, un livre est quelque chose qu'on vit, une expérience et non pas une épure qu'il faut suivre en obéissant à des lois et à des spécifications impérieuses. Quoi qu'il en soit, ce qui subsiste de mon projet original est devenu aussi ténu et aussi compliqué qu'une toile d'araignée. Ce n'est qu'en écrivant ce volume que je me suis rendu compte de tout ce que je veux et dois dire de certains auteurs, de certains sujets, dont j'ai parfois déjà touché un mot ailleurs [1]. Ainsi, malgré toutes les mentions que j'ai faites de son nom, je n'ai jamais dit et je ne dirai sans doute jamais tout ce que je pense d'Élie Faure. Pas plus que je n'ai épuisé le sujet de Blaise Cendrars. Et puis, il y a Céline, un géant parmi nos contemporains, que je

1. Un Américain dont j'ai peut-être minimisé l'influence, c'est Jack London. En feuilletant ses *Essays of Revolt*, édités par Leonard D. Abbott, je me suis souvenu du frisson que je ressentais, à quatorze ans, quand j'entendais seulement le nom de Jack London. Pour ceux qui avaient soif de vivre, il était un phare puissant, et on l'adorait autant pour sa ferveur révolutionnaire que pour la vie aventureuse qu'il avait menée. Comme c'est étrange de lire aujourd'hui dans l'Introduction de Leonard Abbott qu'en l'an 1905 (!), Jack London proclamait : « La révolution est là. L'arrête qui pourra ! » Comme c'est étrange de lire les premiers mots du fameux discours sur la « Révolution » qu'il prononça devant les étudiants de plusieurs universités américaines — *comment cela a-t-il pu se faire ?* — pour parler des sept millions d'hommes et de femmes qui se sont enrôlés de par le monde dans l'armée des révoltés. Écoutons Jack London :

« On n'a jamais rien vu de semblable à cette révolution dans l'histoire du monde. Elle ne se compare en rien à la Révolution américaine ni à la Révolution française. C'est un phénomène unique, colossal. Auprès d'elle, les autres révolutions sont comme des astéroïdes comparés au soleil. Elle est seule de son espèce, c'est la première révolution mondiale dans un monde dont l'histoire fourmille de révolutions. Bien mieux, c'est le premier mouvement organisé qui devienne mondial et dont seules les limites de la planète freinent l'expansion. Cette révolution se distingue des autres à bien des égards. Elle n'a rien de sporadique. Ce n'est pas une flambée de mécontentement populaire qui s'élève un jour pour mourir le lendemain... »

Jack London, qui fut, si je ne me trompe, un des premiers Américains à faire fortune avec sa plume, donna en 1916 sa démission du Parti socialiste qu'il accusait de manquer de flamme et de mordant. On peut se demander, s'il vivait encore aujourd'hui, ce qu'il dirait de la « révolution ».

n'ai même pas commencé d'aborder. Quant à Rider Haggard, j'aurai certainement encore beaucoup à dire, et surtout à propos de son *Ayesha*, la suite de *She*. Quand on en arrive à Emerson, Dostoïevsky, Maeterlinck, Knut Hamsun, G.A. Henty, je sais que je n'aurai jamais dit mon dernier mot sur *eux*. Pour parler du *Grand Inquisiteur* ou de *l'Éternel Mari* — mon préféré dans toute l'œuvre de Dostoïevsky — il faudrait, semble-t-il, des volumes entiers. Peut-être quand j'en arriverai à Berdiaeff et à ce grand troupeau des écrivains russes exaltés du XIXe siècle, à ces hommes qui avaient le sens de l'eschatalogie, finirai-je alors par dire ce que j'ai envie d'exprimer depuis vingt ans, sinon plus. Il y a aussi le marquis de Sade, une des figures les plus calomniées et les plus méconnues — délibérément méconnues — de toute la littérature. Il est temps que j'y vienne ! Derrière lui, et le dominant de son ombre, se dresse la figure de Gilles de Rais, un des personnages les plus glorieux, les plus sinistres et les plus énigmatiques de toute l'histoire européenne. Dans ma lettre à Pierre Lesdain, je disais n'avoir pas encore vu de bon livre sur Gilles de Rais. Entre-temps, un ami m'en a envoyé un de Paris et je l'ai lu. C'est exactement le livre que je cherchais ; il s'intitule *Gilles de Rais et son temps*, de Georges Meunier [1].

Voici encore quelques livres et auteurs dont j'aimerais un jour parler plus longuement : Algernon Blackwood, auteur de *The Bright Messenger*, à mon avis le plus extraordinaire roman qu'on ait écrit sur la psycha-

1. Lors de mon séjour à Paris, vers 1931 ou 1932, Richard Thomas me donna un exemplaire de son ouvrage sur Gilles de Rais, *Tragedy in Blue*. J'ai reçu, voilà quelques semaines, une réimpression de ce livre publié anonymement sous le titre de *The Authorized Version. Book Three. The Book of Sapphire*. En le relisant, j'ai senti le rouge me monter au front d'avoir pu oublier la puissance et la splendeur de cette œuvre. C'est, pourrait-on dire, une justification poétique, un péan, un dithyrambe de cinquante pages seulement, unique en son genre et d'une vérité à laquelle seuls peuvent atteindre les ouvrages d'imagination. C'est un bréviaire pour l'initié. Toutes mes excuses et mes félicitations, Dicko !

nalyse et qui écrase le sujet ; *The Path to Rome*, d'Hilaire Belloc, un de mes premiers favoris et qui l'est resté : chaque fois que je relis le début de ce livre « Éloge de cet ouvrage », je danse de joie ; Marie Corelli, une contemporaine de Rider Haggard, de Yeats, de Tennyson et d'Oscar Wilde, qui disait d'elle-même dans une lettre au pasteur de Stratford on Avon : « En ce qui concerne les Écritures, je ne crois pas qu'aucune *femme* les ait jamais étudiées aussi profondément et aussi dévotement que moi, ni, je puis le dire, *plus* profondément, et *plus* dévotement. » Je parlerai certainement de René Caillé, le premier Blanc à pénétrer à Tombouctou et à en être sorti vivant ; son histoire, telle que la rapporte Galbraith Welch dans *The Unveiling of Timbuctoo*, est à mes yeux le plus grand récit d'aventures des temps modernes. Je ne voudrais pas oublier non plus Nostradamus, Janko Lavrin, Paul Brunton, Péguy, *In Search of the Miraculous* et *Letters from the Mahatmas* d'Ouspensky, *Life After Death* de Fechner, les romans métaphysiques de Claude Houghton, *Enemies of Promise* de Cyril Connolly (encore un livre où il est question de livres), le langage de la nuit comme dit Eugène Jolas, l'ouvrage de Donald Keyhoe sur les soucoupes volantes, la cybernétique et la dianétique, l'importance de l'absurde, le thème de la résurrection et de l'ascension, et notamment un livre récent de Carlo Suarès (le même à qui l'on doit une étude sur Krishnamurti) intitulé *le Mythe judéo-chrétien*, autant de sujets dont j'entends bien parler un jour.

Je me propose également — « pourquoi pas ? » comme dit Picasso — de m'étendre un peu sur le problème de « la pornographie et l'obscénité » en littérature. J'ai d'ailleurs écrit déjà quelques pages sur ce sujet, que j'ai gardées pour le second volume. Il me manque encore bien des renseignements là-dessus. J'aimerais savoir, par exemple, quels sont en fait les grands livres pornographiques de tous les temps. (Je n'en connais que très peu.) Quels sont donc les auteurs que l'on tient encore pour « obscènes » ? Leurs ouvrages connaissent-ils une grande diffusion et principalement où ? En quelles langues ? Je ne vois que trois grands écrivains dont les œuvres soient toujours interdites en Angleterre et en Amérique, et encore ne s'agit-il que d'une partie de leur œuvre et non de la totalité. Ce sont le marquis de Sade (dont l'ouvrage le plus remarquable est encore interdit en France), l'Arétin et D.H. Lawrence. Et Restif de La Bretonne à propos de qui un Américain, J. Rives Child, a rassemblé (en français) un énorme tome de « témoignages et jugements ». Et ce premier roman pornographique de langue anglaise, *The Memoirs of Fanny Hill* ? Pourquoi, si c'est un livre si « assommant », n'est-il pas devenu un « classique » qu'on puisse trouver chez les marchands de journaux, dans les bibliothèques de gare et autres lieux bien innocents ? Voilà deux cents ans que ce livre a paru et l'on n'a jamais cessé de le réimprimer, comme le savent bien tous les touristes américains qui viennent à Paris.

C'est curieux, mais de tous les livres que je cherchais tout en écrivant ce premier volume, je n'ai pu trouver ceux auxquels je tenais le plus : *The Thirteen Crucified Saviours* de Sir Godfrey Higgins, auteur de la fameuse *Anacalypsis*, et *les Clefs de l'Apocalypse* d'O.V. Milosz, le poète polonais mort voici quelques années à Fontainebleau. Je n'ai pas encore découvert non plus de bon livre sur la Croisade des Enfants.

Il existe trois revues que j'ai oublié de mentionner en parlant des bons magazines : *Jugend, The Enemy* (publié par cet esprit brillant et peu commun qu'est Wyndham Lewis) et *The Masque* de Gordon Craig.

Et maintenant un mot de l'homme à qui ce livre est dédié : Lawrence Clark Powell. C'est lors d'une de ses visites à Big Sur que ce personnage, qui en sait plus long sur les livres que tous les gens que j'ai jamais eu la bonne fortune de rencontrer, m'a conseillé d'écrire (pour lui sinon pour les autres) un petit ouvrage sur mon expérience en matière de lecture. Quelques mois plus tard, cette idée, qui germait depuis longtemps en moi, prenait corps. Après avoir écrit une cinquantaine de pages, je compris que je ne pourrais jamais me contenter d'une étude superficielle du sujet. Powell s'en doutait aussi, j'en suis bien sûr, mais il était assez habile ou assez discret pour n'en rien dire. Je dois beaucoup à Larry Powell. D'abord, et c'est très important pour moi, car cela m'a débarrassé d'une conception erronée, je lui dois d'avoir appris à considérer les bibliothécaires comme des êtres humains, parfois extrêmement vivants, et susceptibles de jouer parmi nous un rôle très actif. Certes, aucun bibliothécaire ne saurait mettre plus de zèle que lui à donner aux livres dans notre vie la place essentielle qu'ils n'ont pas encore. Et aucun non plus n'aurait pu m'aider plus efficacement que lui. Il n'est pas une question que je lui aie posée à laquelle il n'ait répondu avec mille détails. Jamais, d'ailleurs, il n'a repoussé aucune de mes requêtes. Si ce livre se révèle être un échec, ce ne sera pas sa faute à lui.

Il me faut ajouter ici quelques mots sur d'autres personnes qui m'ont apporté leur aide. D'abord, et avant tout autre, Dante Zaccagnini, de Port Chester. Vous, Dante, que je n'ai jamais vu, comment puis-je vous exprimer ma profonde gratitude pour toutes les tâches dont vous vous êtes chargé — et volontairement ! — à ma place ? Je rougis de penser combien certaines d'entre elles devaient être ennuyeuses. Et vous avez encore insisté pour me faire cadeau de quelques-uns de vos livres les plus précieux, parce que vous estimiez qu'ils me seraient plus utiles qu'à vous ! Et quels précieux conseils vous m'avez prodigués, quelles subtiles corrections vous m'avez suggérées ! Tout cela avec discrétion, avec tact, avec humilité et dévotion. Les mots me manquent.

Il faut bien comprendre que quand je me suis mis au travail, je pensais devoir consulter ou emprunter plusieurs centaines de volumes. Mon seul recours, puisque je n'avais pas l'argent pour les acheter, était d'établir une liste de titres et de la faire circuler parmi mes amis et connaissances, et aussi parmi mes lecteurs. Les hommes et les femmes dont j'ai donné les noms à la fin de ce volume ont répondu à mes appels. Nombre d'entre eux étaient simplement des lecteurs que je ne connaissais que pour avoir correspondu avec eux. Les « amis » qui étaient les mieux placés pour m'envoyer les livres dont j'avais si grand besoin, et sur qui je comptais, m'ont fait faux bond. Ce genre d'expérience est toujours révélateur. Les amis qui vous déçoivent sont immanquablement remplacés par de nouveaux qui surgissent au moment critique et d'où on les attendait le moins.

Une des récompenses que l'auteur recueille pour prix de ses efforts, c'est parfois qu'un lecteur devient un ami sûr et chaleureux. C'est un rare délice que de trouver exactement ce qu'il comptait chez un lecteur inconnu. Tout écrivain sincère a, je suppose, des centaines, peut-être des milliers d'amis inconnus parmi ses lecteurs. Il existe peut-être, certainement même, des auteurs qui n'ont guère besoin de leurs lecteurs sinon pour acheter leurs livres. Mon cas est légèrement différent. J'ai besoin de tout le monde. Je suis de ceux qui sans cesse prêtent ou empruntent. J'ai de quoi employer tous ceux qui me proposent leur aide. J'aurais honte de ne pas accepter ces aimables offres. La dernière que j'ai reçue émanait d'un étudiant de Yale, Donald A. Schön. En classant une de mes lettres adressée au professeur Henri Peyre, qui dirige à l'Université le Département de Littérature française, lettre dans laquelle je demandais quelqu'un qui pût me faire office de secrétaire, ce jeune homme l'a lue et m'a spontanément offert ses services. (Un beau geste ! *Sehr Schön !*)

Je pourrais citer aussi le cas de John Kidis, de Sacramento : une demande de photographie dédicacée fut le prétexte d'un bref échange de lettres, suivi d'une visite puis d'une pluie de cadeaux. John Kidis (de son vrai nom Mestakidis) est un Grec, ce qui explique bien des choses. Mais cela n'explique pas tout. Je ne sais ce que j'apprécie le plus des brassées de livres (dont certains fort difficiles à trouver) qu'il déversait sur mon bureau ou du flux ininterrompu de cadeaux tels que chandails et chaussettes de pure laine ou de nylon tricotés par sa mère, pantalons, casquettes et autres vêtements glanés ici ou là, pâtisseries grecques (succulentes !) préparées par sa grand-mère ou par sa tante, boîtes de *halva*, pots de miel, jouets pour les enfants, articles de papeterie les plus divers (papier, enveloppes de toute sorte, cartes à mon nom et adresse, papier carbone, crayons, buvards), circulaires et prospectus, serviettes baptismales (son père est pope), dattes et noix, figues fraîches, oranges, pommes, voire grenades, tous ces fruits venant d'une « ferme » mythique, pour ne rien dire des travaux de dactylographie dont il s'est chargé pour moi, d'imprimerie (*The Waters Reglitterized*, par exemple), des aquarelles qu'il m'a apportées, du papier à dessin et des couleurs qu'il m'a fournis, des courses qu'il a faites à ma place, des livres qu'il m'a vendus (se débarrassant de tout le reste de son stock pour se spécialiser dans la vente des ouvrages de Miller), des pneus qu'il m'a trouvés, des disques, partitions et albums qu'il a proposé de me procurer et ainsi de suite *ad infinitum*... Comment tenir le compte de tant de générosité ! Comment m'acquitter jamais de tout ce que je lui dois !

Il va sans dire, je pense, que j'accueillerai volontiers des lecteurs de ce livre toute indication d'erreur ou d'omission, toute divergence d'opinion avec les jugements que je porte dans ces pages. Je suis persuadé que comme c'est un ouvrage « sur les livres », il touchera un grand nombre de personnes qui n'ont encore jamais rien lu de moi. J'espère qu'elles iront porter la bonne parole, non pas en vantant les mérites de ce livre mais des œuvres qu'elles aiment, elles. Notre monde touche à sa fin ; une civilisation nouvelle est sur le point d'éclore. Si elle veut s'épanouir, il lui faudra s'appuyer sur des faits tout autant que sur la foi. Le verbe devra s'incarner.

Rares sont aujourd'hui ceux d'entre nous qui peuvent envisager l'avenir autrement qu'avec crainte. S'il est un livre, parmi tous ceux que j'ai lus récemment, que je puisse signaler comme contenant des paroles de réconfort, de paix et de sublime inspiration, c'est *le Mont Saint-Michel et Chartres* d'Henry Adams. Et surtout le chapitre traitant de Chartres et du culte de la Vierge Marie. Toutes les allusions qui sont faites à la « Reine » sont d'une élévation de pensée qui force le respect. Je ne veux citer pour exemple que ce passage (p. 203 de l'Édition française, Laffont, 1955) :

> *Elle est là, non pas en symbole ou en imagination, mais réellement, en personne : elle est descendue pour ses œuvres de miséricorde, elle écoute chacun de nous, comme le prouvent ses miracles, ou bien elle satisfait nos prières par sa seule présence qui calme nos émois, comme la présence d'une mère calme son enfant. Elle est ici en Reine, et non en simple médiatrice, et sa puissance est telle qu'il n'y a point de différence pour elle entre les êtres humains. Pierre Mauclerc, Philippe Hurepel et leurs hommes d'armes en ont peur, et l'évêque lui-même n'est jamais tout à fait à son aise en sa présence ; mais pour les paysans, les mendiants, les malheureux, comme ils aiment cette puissance et cette paix ! Ceux qui souffrent au-delà de toute expression, écrasés dans le silence, au fond de la douleur, ceux-là ne veulent point d'étalage de sentiments, point de cœurs saignants, point de larmes au pied de la croix, pas d'hystérie, pas de phrases. Ils veulent voir Dieu et savoir que Dieu les voit.*

Il existe des écrivains, comme celui-là, qui nous enrichissent, et d'autres qui nous appauvrissent. Quoi qu'il en soit, il se produit aussi un autre phénomène bien plus important. Que nous enrichissions ou que nous appauvrissions, nous autres écrivains, nous autres auteurs, hommes de lettres et scribouillards, nous sommes soutenus, protégés, préservés, enrichis et dotés par une vaste horde d'inconnus : les hommes et les femmes qui nous regardent en priant pour que nous révélions la vérité qui est en nous. Nul ne sait quels sont les effectifs de cette multitude. Aucun artiste n'a jamais atteint la grande masse palpitante de l'humanité. Nous nageons dans le même courant, nous nous abreuvons à la même source, et pourtant nous arrive-t-il souvent, à nous qui écrivons, de prendre vraiment conscience de cet appel ? Si écrire des livres, c'est restituer ce que nous avons puisé dans le grenier de la vie, dans les réserves de nos frères et de nos sœurs inconnus, alors je déclare : *Écrivons davantage de livres !*

Dans le second volume de cet ouvrage, je parlerai, entre autres, de la pornographie et de l'obscénité, de Gilles de Rais, de l'*Ayesha* d'Haggard, de Marie Corelli, du *Grand Inquisiteur* de Dostoïevsky, de Céline, Maeterlinck, Berdiaeff, Claude Houghton et de Malaparte. On trouvera également dans ce second volume l'Index des références à tous les ouvrages et à tous les auteurs cités dans mes livres.

HENRY MILLER.

I

ILS ÉTAIENT VIVANTS ET ILS M'ONT PARLÉ

Je suis assis dans une petite pièce dont tout un panneau est tapissé de livres. C'est la première fois que j'ai eu le plaisir de travailler avec un semblant de bibliothèque. Il n'y a sans doute guère plus de cinq cents volumes en tout, mais, pour la plupart, je les ai choisis. C'est la première fois depuis mes débuts dans la carrière d'écrivain que je suis entouré d'une bonne partie des livres que j'ai toujours eu envie de posséder. Je considère pourtant comme un avantage plutôt qu'un inconvénient d'avoir jadis presque toujours travaillé sans bibliothèque à ma disposition.

Un des premiers souvenirs que j'associe à la lecture, c'est celui des efforts que j'ai dû faire pour me procurer des livres. Et encore, qu'on ne s'y trompe pas, pas pour m'en assurer la possession, mais seulement pour mettre la main dessus. Dès l'instant où la passion de la lecture s'est emparée de moi, je n'ai rencontré que des obstacles. À la bibliothèque, les livres que je voulais étaient toujours sortis. Et je n'avais, bien entendu, jamais l'argent pour les acheter. Il ne fallait pas songer non plus à obtenir de la bibliothèque de mon quartier — j'avais alors dix-huit ou dix-neuf ans — la permission d'emprunter un ouvrage aussi « démoralisateur » que *la Chambre rouge* de Strindberg. À cette époque, les livres interdits aux jeunes lecteurs étaient marqués d'étoiles, une, deux ou trois selon le degré d'immoralité qu'on leur attribuait. Je crois bien que ce procédé est toujours en vigueur. Je l'espère, car je ne connais rien de mieux calculé pour exciter l'appétit que ce système stupide de classification et d'interdiction.

Qu'est-ce qui rend un livre vivant ? Voilà une question qui se pose souvent ! La réponse me paraît toute simple. Un livre vit grâce à la recommandation passionnée qu'en fait un lecteur à un autre. Rien ne peut étouffer cet instinct fondamental de l'homme. Quoi qu'en puissent dire les cyniques et les misanthropes, je suis convaincu que les hommes s'efforceront toujours de faire partager les expériences qui les touchent le plus profondément.

Les livres sont une des rares choses que les hommes chérissent vraiment. Et les esprits les plus nobles sont ceux-là aussi qui se séparent le plus facilement de leurs plus chères possessions. Un livre qui traîne sur un rayon, c'est autant de munitions perdues. Prêtez et empruntez tant que vous pourrez, aussi bien livres qu'argent ! Mais surtout les livres, car ils représentent infiniment plus que l'argent. Un livre n'est pas seulement un ami, il vous aide à en acquérir de nouveaux. Quand vous vous êtes nourri l'esprit et l'âme d'un livre, vous vous êtes enrichi. Mais vous l'êtes trois fois plus quand vous le transmettez ensuite à autrui.

Une envie irrésistible me prend soudain de donner un conseil. Le voici : lisez le moins, et non pas le plus possible ! Oh, bien sûr, j'ai envié ceux qui se noyaient dans la lecture. Moi aussi, au fond de mon cœur, j'aurais voulu me baigner parmi ces livres dont j'ai si longtemps caressé le nom dans mes rêves. Mais je sais que c'est sans importance. Je sais maintenant que je n'avais pas besoin de lire même le dixième de ce que j'ai lu. Ce qu'il y a de plus difficile dans la vie, c'est d'apprendre à ne faire que ce qui vous est strictement profitable, ce qui est d'un intérêt vital.

Il existe un excellent moyen de vérifier la valeur de ce conseil que je ne donne pas à la légère. Quand vous tombez sur un livre que vous aimeriez lire, ou que vous croyez que vous devriez lire, laissez-le de côté quelques jours. Mais pensez-y de toutes vos forces. Que le titre et le nom de l'auteur soient sans cesse présents à votre esprit. Imaginez ce que vous auriez pu écrire vous-même si vous en aviez eu l'occasion. Demandez-vous sincèrement s'il est bien nécessaire d'ajouter cet ouvrage à votre bagage de connaissances ou à votre fonds de distractions. Essayez de vous représenter ce que ce serait d'y renoncer. Si vous estimez alors que vous devez vraiment lire ce livre, voyez avec quelle ardeur extraordinaire vous vous y attaquez. Notez aussi que, pour stimulante que puisse être cette lecture, elle vous apporte en fait bien peu. Si vous êtes sincère avec vous-même, vous reconnaîtrez que vous ne sortez grandi de cette expérience que pour avoir simplement résisté à vos instincts.

Il est incontestable que la majorité des livres se chevauchent. Bien rares sont ceux qui donnent une impression d'originalité, que ce soit dans le style ou dans la pensée. Et combien rares les livres irremplaçables : il n'y en a pas plus de cinquante, peut-être, dans toute la littérature. Dans un de ses derniers romans autobiographiques, Blaise Cendrars fait observer que Rémy de Gourmont, qui avait parfaitement conscience de ces répétitions d'un livre à l'autre, avait le don de choisir et de lire tout ce qui était valable en littérature. Cendrars lui-même — qui s'en douterait ? — est un lecteur prodigieux. Il lit la plupart des auteurs dans leur langue originale. Bien mieux, quand il aime un écrivain, il lit toutes ses œuvres, aussi bien que sa correspondance et que les ouvrages qui lui ont été consacrés. Je crois bien que de nos jours son cas est à peu près unique. Car, non content d'avoir beaucoup et bien lu, il a lui-même écrit un grand nombre de livres, par-dessus le marché, pourrait-on dire : car Cendrars est avant tout un homme d'action, un aventurier et un explorateur, un homme qui a su royalement « perdre » son temps. Il est un peu le Jules César des lettres.

L'autre jour, à la demande de l'éditeur français Gallimard, j'ai dressé une liste des cent livres [1] qui, à mon avis, avaient exercé sur moi la plus grande influence. Liste d'ailleurs assez étrange, comportant des titres aussi incongrus que *Peck's Bad Boy, Letters from the Mahatmas* et *Pitcairn Island*. Le premier de ces trois ouvrages est un livre franchement mauvais, que j'ai lu quand j'étais enfant. J'ai cru bon cependant de le faire figurer dans ma liste parce que jamais aucun autre livre ne m'a fait rire aussi franchement. Plus tard, vers l'âge de quinze ans, j'allais périodiquement emprunter à la bibliothèque municipale les livres du rayon marqué « Humour ». Comme j'en ai trouvé peu qui fussent vraiment humoristiques ! C'est le domaine littéraire où règne la plus affligeante pauvreté. Après avoir cité *Huckleberry Finn, The Crock of Gold, Lysistrata, les Âmes mortes*, deux ou trois œuvres de Chesterton et *Juno and the Paycock*, je serais bien en peine de citer quoi que ce soit de remarquable dans le genre humoristique. Il y a bien des passages de Dostoïevsky et d'Hamsun, qui me font rire aux larmes, mais il ne s'agit que de passages. Les humoristes professionnels, et leurs noms sont légion, m'ennuient à mourir. Je trouve tout aussi mortels les livres sur l'humour, comme ceux de Max Eastman, d'Arthur Koestler ou de Bergson. Ce serait, me semble-t-il, une belle réussite si je parvenais, avant de disparaître, à écrire ne serait-ce qu'un seul livre d'humour. Les Chinois, soit dit en passant, possèdent un sens de l'humour très proche de moi et auquel je suis très sensible. Surtout leurs poètes et leurs philosophes.

Dans les livres d'enfants, qui nous marquent le plus — je veux parler des contes de fées, des légendes, des mythes et des récits allégoriques — l'humour, bien sûr, est tristement absent. Les principaux ingrédients semblent être l'horreur et la tragédie, la concupiscence et la cruauté. Mais c'est en lisant ces livres que se nourrit l'imagination. À mesure que l'on vieillit, on rencontre de plus en plus rarement la fantaisie et l'imagi-

1. Voir l'appendice.

nation. On est prisonnier d'une routine qui devient sans cesse plus monotone. L'esprit s'émousse si bien qu'il faut vraiment un ouvrage extraordinaire pour nous tirer de notre indifférence ou de notre apathie.

En même temps que les lectures enfantines, il est un autre facteur que nous avons tendance à oublier, les conditions matérielles de ces premiers contacts avec la littérature. Après des années, avec quelle netteté on se souvient de la contexture d'un livre favori, de la typographie, de la reliure, des illustrations ! Comme on se rappelle facilement la date et le cadre de nos premières lectures ! Le souvenir de certains livres est lié à une maladie, d'autres au mauvais temps, à une punition ou à une récompense. Le monde intérieur et le monde extérieur se fondent dans ces souvenirs. Et ces lectures sont véritablement des « événements » de notre vie.

Il est une chose encore qui distingue les lectures d'enfance de celles de l'âge mûr, c'est l'absence de choix. Les livres qu'on lit quand on est enfant, on vous les jette à la tête sans discernement. Heureux l'enfant qui a des parents de bon conseil ! Mais tel est le prestige de certains livres que même les parents ignorants ne peuvent guère les éviter. Quel enfant n'a pas lu *Sindbad le Marin, Jason et la Toison d'or, Ali Baba et les quarante voleurs*, les *Contes* de Grimm et d'Andersen, *Robinson Crusoé*, les *Voyages de Gulliver*, entre autres ?

Et qui, je vous le demande, n'a pas savouré le mystérieux plaisir que l'on éprouve plus tard à relire ses premiers auteurs préférés ? Récemment, après un intervalle de presque cinquante ans, j'ai relu *Lion of the North*, de Henty. À chaque Noël, mes parents m'offraient huit ou dix de ses livres, et je crois bien les avoir tous lus à quatorze ans. Aujourd'hui, et cela me paraît phénoménal, je puis ouvrir n'importe lequel des ouvrages de Henty et y trouver le même intérêt passionné que quand j'étais enfant. Il n'a pas l'air de « traiter de haut » son lecteur. Il semble bien plutôt être avec lui sur un pied d'intimité. Tout le monde sait, je suppose, que les livres de Henty sont des romans historiques. Pour les garçons de mon temps, ils étaient extrêmement importants, car ils nous donnaient notre premier aperçu sur l'histoire mondiale. *The Lion of the North*, par exemple, traite de Gustave-Adolphe et de la guerre de Trente Ans. On y voit apparaître la figure étrange et énigmatique de Wallenstein. En relisant l'autre jour les pages où il est question de Wallenstein, je croyais les avoir lues seulement quelques mois auparavant. Comme je le remarquai dans une lettre à un ami après avoir refermé le livre, c'est dans ces pages sur Wallenstein que je rencontrai pour la première fois les mots de « destinée » et d'« astrologie ». Mots lourds de sens, on en conviendra, pour un jeune garçon.

Je parlais au début de ce chapitre de ma « bibliothèque ». Je n'ai eu que récemment le plaisir de lire des ouvrages sur Montaigne et sur son époque. Comme la nôtre, c'était une époque d'intolérance, de persécution et de massacres collectifs. J'avais naturellement entendu parler de la façon dont Montaigne s'était retiré de la vie active, dont il se consacrait aux livres, de la vie calme et rangée qu'il menait, si riche et si profonde. Voilà un homme dont on pouvait dire qu'il possédait une bibliothèque ! Je l'enviai un moment. « Si, me disais-je, je pouvais avoir dans cette petite pièce, à portée de la main tous les livres que j'ai aimés étant enfant, adolescent ou jeune homme, quelle chance j'aurais ! » J'ai toujours eu l'habitude de couvrir d'annotations mes livres favoris. « Comme ce serait merveilleux, pensais-je, de revoir ces notes, de savoir quelles étaient mes opinions et mes réactions en ces lointaines années ! » Je songeais à Arnold Bennett, et à l'excellente habitude qu'il avait prise de glisser à la fin de tous les livres qu'il lisait quelques pages blanches où il pouvait noter ses remarques et ses impressions au fur et à mesure de sa lecture. On est toujours curieux de savoir ce que l'on était, comment on se comportait, comment on réagissait aux idées et aux événements à différentes époques du passé. Dans les annotations marginales portées sur certains livres, on n'a pas de mal à découvrir ce qu'on était autrefois.

Quand on se rend compte de la prodigieuse évolution que l'on subit au cours d'une vie, on en vient à se demander : « La vie cesse-t-elle avec la mort du corps ? N'ai-je pas déjà eu une vie antérieure ? Ne reviendrai-je pas sur la terre ou peut-être sur quelque autre planète ? Ne suis-je pas vraiment impérissable comme tout le reste de l'univers ? » Peut-être aussi éprouve-t-on le besoin de se poser une question plus importante encore : *Ai-je bien appris ma leçon sur cette terre ?*

Montaigne, je l'ai noté avec plaisir, parle souvent de sa mauvaise mémoire. Il raconte qu'il était incapable de se rappeler le contenu de certains livres, voire les impressions qu'il en avait gardées, alors qu'il les avait souvent lus non pas une, mais plusieurs fois. Je suis pourtant persuadé qu'il devait avoir sur d'autres plans une excellente mémoire. La plupart des gens ont une mémoire capricieuse et défaillante. Les gens qui peuvent donner des citations aussi abondantes qu'exactes des milliers de livres qu'ils ont lus, qui peuvent rapporter en détail l'intrigue d'un roman, qui peuvent citer des noms et des dates d'événements historiques possèdent une espèce monstrueuse de mémoire qui m'a toujours écœuré. Je suis de ceux qui ont une mémoire assez faible à certains égards et remarquable dans d'autres domaines. Quand je veux vraiment me rappeler quelque chose, je peux y parvenir, encore que cela me demande souvent bien du temps et bien des efforts. Je sais, au fond, que rien ne se perd. Mais je sais aussi qu'il est important de « savoir oublier ». Le parfum, la saveur, l'arôme, l'ambiance, tout comme la valeur ou la non-valeur des choses, je ne les oublie jamais. Le seul genre de mémoire que je voudrais avoir, c'est la mémoire à la Proust. Il me suffit de savoir que cette mémoire infaillible et intégrale existe. Combien de fois nous arrive-t-il, en feuilletant un livre lu il y a longtemps, de tomber sur des passages dont chaque mot éveille un écho brûlant, inoubliable ? Récemment, alors que je terminais la rédaction du second livre de *la Crucifixion en rose*, je dus consulter les notes que j'avais prises voilà bien des années sur le *Decline of the West* de Spengler. Il y avait certains passages, un grand nombre je dois le dire, dont je n'avais qu'à lire les premiers mots : tout le reste suivait comme un enchaînement musical. Le sens des mots avait parfois perdu un peu de l'importance que j'y attachais jadis, mais pas les mots eux-mêmes. Chaque fois que je relisais ces passages, et cela m'arrivait souvent, la langue m'en paraissait plus parfumée, plus riche, plus imprégnée de cette qualité mystérieuse que tout grand écrivain confère à son style et qui est la marque de son génie propre. En tout cas, je fus si frappé par la vitalité et par le caractère hypnotique de ces pages de Spengler que je décidai d'en citer quelques-unes intégralement. C'était une expérience que je me sentais obligé de tenter, pour moi et pour mes lecteurs. Les lignes que j'avais choisi de citer avaient fini par devenir miennes et j'estimais que je devais les faire connaître à d'autres. N'avaient-elles pas joué un rôle aussi important dans ma vie que les rencontres fortuites, les crises et les incidents que je rapportais comme formant la trame de mon existence ? Pourquoi ne pas révéler intégralement Oswald Spengler aussi puisqu'il constituait un des événements de ma vie ?

Je suis de ces lecteurs qui, de temps en temps, recopient de longs passages des livres qu'ils lisent. Chaque fois que je commence à fouiller dans mes affaires, je retrouve de ces citations. Par bonheur ou par malheur, je ne les ai jamais sous la main quand j'en ai besoin. Je passe quelquefois des journées entières à essayer de me rappeler où j'ai bien pu les cacher. C'est ainsi que l'autre jour, ouvrant un de mes carnets de Paris pour chercher je ne sais quoi, je tombai sur un de ces passages avec lesquels j'ai vécu des années. C'est un extrait de l'introduction d'Havelock Ellis à *Against the Grain*. En voici le début :

> *Le poète des* Fleurs du mal *a aimé ce qu'on appelle improprement le style décadent, et qui n'est rien d'autre*

que l'art parvenu à ce point d'extrême maturité que confère le soleil couchant des vieilles civilisations : un style ingénieux et compliqué, plein d'ombres et de recherche, repoussant sans cesse les limites du langage, empruntant sa couleur à toutes les palettes et ses notes à tous les claviers...

Puis vient une phrase qui me semble toujours jaillir comme un signal de sémaphore :

Le style de la décadence est l'ultime expression du Verbe, poussé dans ses derniers retranchements.

Souvent, j'ai copié des phrases comme celle-là en gros caractères pour les placer au-dessus de ma porte afin qu'en partant mes amis fussent sûrs de les lire. D'aucuns ont une tout autre réaction : ils gardent secrètes ces précieuses révélations. Ma faiblesse à moi, c'est de crier sur les toits chaque fois que je crois avoir découvert quelque chose qui me paraisse d'une importance vitale. Quand je viens de finir un livre admirable, par exemple, je m'installe presque toujours à ma table pour écrire des lettres à mes amis, parfois à l'auteur, voire à l'éditeur. L'expérience qu'a été pour moi cette lecture devient un élément qui prend place dans ma conversation de tous les jours, qui s'intègre à ce que je bois, à ce que je mange. J'ai parlé de faiblesse à ce propos. J'ai peut-être tort. « Croissez et multipliez ! » a commandé le Seigneur. E. Graham Howe, l'auteur de *War Dance*, l'a exprimé sous une autre forme que j'aime encore mieux. « Créez et partagez ! » conseillait-il. Et bien qu'au premier abord, la lecture puisse ne pas sembler un acte de création, c'en est un pourtant au sens profond du terme. Sans le lecteur enthousiaste, qui est vraiment la contrepartie de l'auteur et très souvent son plus secret rival, un livre mourrait. L'homme qui répand la bonne parole augmente non seulement la vie du livre en question mais l'acte de création lui-même. Il insuffle l'esprit aux autres lecteurs. Partout il se fait le champion de l'esprit créateur. Qu'il en ait ou non conscience, ce qu'il fait là c'est louer l'œuvre de Dieu. Car le bon lecteur, comme le bon auteur, sait que tout est issu de la même source. Il sait qu'il ne pourrait partager l'expérience personnelle de l'auteur s'il n'était pas lui-même pétri de la même substance. Et quand je dis auteur, j'entends Auteur, avec un A majuscule. L'écrivain est évidemment le meilleur de tous les lecteurs, car en écrivant, ou en « créant » comme on dit, il ne fait que lire et que transcrire le grand message de la création que dans sa bonté le Créateur a dévoilé à ses yeux.

Dans l'appendice, le lecteur trouvera une liste d'auteurs et de titres composée de curieuse façon [1]. J'en fais mention parce que je crois important de souligner tout de suite un fait psychologique concernant la lecture qu'ont négligé la plupart des ouvrages sur ce sujet. C'est celui-ci : un grand nombre des livres dans le commerce desquels on vit sont ceux qu'on n'a jamais lus. Ils prennent parfois une importance stupéfiante. Ils se rangent dans au moins trois catégories. La première comprend tous ces livres qu'on a vraiment l'intention de lire un jour mais qu'on ne lira sans doute jamais ; dans la seconde se trouvent ceux qu'on devrait, estime-t-on, avoir lus, et dont on lira sans doute quelques-uns avant de mourir ; la troisième compte les livres dont on entend parler, à propos desquels on a lu quelque chose, mais qu'on est à peu près certain de ne jamais lire, parce que rien, apparemment, ne pourra jamais abattre le mur de préjugés dressé autour d'eux.

Dans la première catégorie se trouvent les œuvres monumentales, pour la plupart des classiques, qu'on a honte d'avouer n'avoir jamais lus : des volumes dont on grignote à l'occasion quelques pages, pour mieux les repousser ensuite, avec la conviction plus enracinée que jamais qu'ils demeurent illisibles. Cette liste varie suivant les individus. En ce qui me concerne, pour ne citer que quelques titres parmi les plus remarquables, elle

1. Ceux que j'ai lus et ceux que j'espère encore lire.

comprend les œuvres d'auteurs aussi célèbres qu'Homère, Aristote, Francis Bacon, Hegel, Rousseau (à l'exception de l'*Émile*), Robert Browning, Santayana. Je mets dans la seconde catégorie : *Arabia Deserta, le Déclin et la Chute de l'Empire romain, les Cent vingt jours de Sodome, les Mémoires* de Casanova, *le Mémorial de Sainte-Hélène, l'Histoire de la Révolution française* de Michelet. Dans la troisième, *le Journal* de Pepys, *Tristram Shandy, Wilhelm Meister, The Anatomy of Melancoly, le Rouge et le Noir, Marius the Epicurean, the Education of Henry Adams.*

Parfois une allusion épisodique à un auteur qu'on a négligé de lire ou qu'on a définitivement renoncé à lire — un passage par exemple, dans l'œuvre d'un auteur qu'on admire, les propos d'un ami qui lui aussi aime les livres — suffit à nous faire courir pour reprendre un livre, le lire avec un œil neuf et le revendiquer. Il faut bien le dire pourtant, dans l'ensemble, les livres que l'on néglige ou qu'on repousse délibérément finissent rarement par être lus. Certains sujets, certains styles, ou quelque association d'idées déplaisante produite par le titre de certains livres, créent parfois une répugnance presque insurmontable. Rien au monde, par exemple, ne pourrait m'inciter à reprendre *Fairy Queen* de Spenser que j'ai commencé au collège et qu'il m'a fallu par bonheur abandonner parce que j'ai quitté précipitamment cet établissement. Jamais non plus je ne veux lire une ligne d'Edmund Burke, d'Addison ni de Chaucer ; encore que ce dernier me semble pourtant mériter d'être lu. Racine et Corneille sont deux autres auteurs que je doute fort ne jamais parcourir de nouveau, et pourtant Racine m'intrigue à cause d'un brillant essai sur *Phèdre* que j'ai lu récemment dans *The Clown's Grail* [1]. Il y a d'autre part des ouvrages qui sont à la base même de la littérature mais qui sont si loin de notre mode de pensée, de notre expérience qu'ils en sont

1. De Wallace Fowlie. Sous-titre : *A Study of Love in its Literary expression.*

devenus « intouchables ». Certains auteurs, censés être aux bastions de notre culture occidentale sont plus loin de moi que ne le sont les Chinois, les Arabes ou les peuples primitifs. Quelques-unes des œuvres littéraires les plus remarquables proviennent de cultures qui n'ont pas directement contribué à notre développement. Aucun conte de fées, par exemple, n'a exercé sur moi d'aussi forte influence que ceux du Japon, que j'ai connus par les écrits de Lafcadio Hearn, une des figures les plus exotiques de la littérature américaine. Je ne connais pas de récits qui m'aient plus séduit que les contes tirés des *Mille et Une Nuits*. Le folklore des Indiens d'Amérique me laisse froid, alors que le folklore africain me touche profondément [1]. Et, comme je l'ai dit maintes fois, tout ce que j'ai lu de littérature chinoise (à l'exception de Confucius) me semble avoir été écrit par mes ancêtres directs.

J'ai dit que parfois c'est un auteur qu'on estime qui vous met sur la voie d'un livre négligé. « Comment ! Il a aimé *ce livre* ? » vous dites-vous, et aussitôt les barrières tombent, non seulement vous avez l'esprit ouvert, mais accueillant et déjà enflammé d'impatience. Il arrive souvent que ce ne soit pas un ami ayant les mêmes goûts que vous mais une personne rencontrée par hasard qui ranime votre intérêt dans un livre mort. Parfois cet individu donne l'impression d'être un sot et l'on se demande pourquoi l'on garderait le souvenir d'un livre qu'il a recommandé en passant, ou peut-être même qu'il n'a pas recommandé du tout mais dont il a seulement dit, au hasard de la conversation, que c'était un ouvrage « curieux ». Un jour où l'on est désœuvré, où l'on a une heure à perdre, brusquement on repense à cette conversation et on décide de jeter un coup d'œil au livre en question. Alors c'est le choc, la surprise de la découverte. *Les Hauts de Hurlevent* ont été pour moi un exemple de ce genre de révélation. À force d'en avoir tant et tant entendu chanter les louanges, j'en étais

1. Cf. l'*Anthologie africaine* de Cendrars.

arrivé à la conclusion qu'un roman anglais — et écrit par une femme ! — ne pouvait pas être aussi bon qu'on le disait. Et puis un jour, un ami dont le goût me semblait bien peu sûr laissa tomber à propos de ce livre quelques mots lourds de sens. J'eus tôt fait d'oublier ses propos, mais le poison faisait son œuvre en moi. Sans m'en rendre compte, j'en vins à nourrir la secrète résolution de jeter un jour un coup d'œil à ce livre fameux. Finalement, voilà quelques années à peine, Jean Varda me le mit entre les mains [1]. Je le lus d'une traite, abasourdi comme tout le monde sans doute par son extraordinaire puissance et sa beauté. C'est vraiment un des très grands romans de langue anglaise. Et, par orgueil, par préjugé, j'avais bien failli ne pas le lire.

Avec *la Cité de Dieu*, ce fut une tout autre histoire. Bien des années auparavant, j'avais, comme tout le monde, lu les *Confessions* de saint Augustin. Et cette lecture m'avait fait une forte impression. Et voilà qu'à Paris quelqu'un me fourre entre les mains une édition de *la Cité de Dieu* en deux volumes. Je trouvai cet ouvrage non seulement ennuyeux à mourir, mais par endroits monstrueusement ridicule. Un libraire anglais, apprenant par un ami commun — et à sa grande surprise, je n'en doute pas — que j'avais lu cette œuvre, me fit dire que si seulement je voulais bien annoter mon exemplaire, il pourrait m'en avoir un bon prix. J'entrepris donc de le relire, en m'efforçant péniblement de couvrir les marges d'annotations, généralement peu flatteuses ; après avoir passé environ un mois à cette vaine tâche, j'envoyai le livre en Angleterre. Vingt ans plus tard, je reçus une carte de ce même libraire, m'annonçant qu'il espérait vendre le livre d'ici quelques jours : il avait enfin trouvé un client. Et je n'entendis plus jamais parler de lui. Drôle d'histoire !

Toute ma vie durant, le mot « confessions » dans un titre a eu sur moi l'effet d'un aimant. J'ai déjà parlé de *la*

1. Il m'a révélé aussi un autre livre étonnant, *Hebdomeros*, du peintre Giorgio di Chirico.

Chambre rouge de Strindberg (publié en anglais sous le titre de *Confession of a Eoal*). J'aurais dû faire mention aussi du livre célèbre de Marie Bashkirtseff et des *Confessions of Two Brothers* de Powys. Il y a cependant de très célèbres confessions dans la lecture desquelles je n'ai jamais eu le courage de me lancer. Celles de Rousseau, celles de Thomas de Quincey non plus. Voici peu de temps, j'ai fait une nouvelle tentative avec *les Confessions* de Rousseau, mais au bout de quelques pages, j'ai dû abandonner. J'ai, par contre, la ferme intention de lire son *Émile* dès que je pourrai en trouver un exemplaire dans une typographie lisible. Le peu que j'en ai lu m'a extraordinairement séduit.

J'estime qu'ils se trompent lourdement ceux qui affirment que les bases de la connaissance, de la culture, les bases de tout sont nécessairement ces classiques que l'on trouve énumérés dans toutes les listes des « meilleurs » livres. Je sais qu'il existe plusieurs universités dont tout le programme se fonde sur ce genre de liste. À mon avis, tout homme doit bâtir lui-même ses propres fondations. C'est le caractère unique de chacun qui en fait un individu. Quels que soient les matériaux qui ont contribué à donner sa forme à notre culture, chaque homme doit décider tout seul des éléments qu'il y choisira pour son propre usage. Les grandes œuvres sélectionnées par des esprits universitaires ne représentent que leur choix à eux. De tels esprits ont la manie de s'imaginer être nos guides élus, nos mentors. Peut-être si l'on nous laissait libre, finirions-nous par partager leur point de vue. Mais le moyen le plus sûr de ne pas parvenir à ce résultat, c'est de conseiller la lecture de telle liste de livres, représentant les soi-disant fondations de toute culture. Un homme devrait commencer par son époque. Il devrait commencer par se familiariser avec le monde où il vit et dont il fait partie. Il ne devrait pas avoir peur de lire trop ou trop peu. Il devrait lire comme il mange ou comme il prend de l'exercice. Le bon lecteur ne tardera pas à graviter autour des bons livres. Il découvrira, grâce à ses contemporains, ce qu'il y a dans la littérature du passé qui apporte un exemple, une inspiration ou simplement un délassement. Il devrait avoir le plaisir de faire ces découvertes tout seul, à sa guise. Tout ce qui a de la valeur, du charme, de la beauté, tout ce qui est lourd de sagesse ne saurait être perdu ni oublié. Mais les choses peuvent perdre toute valeur, tout charme, toute séduction, si l'on vous traîne par les cheveux pour les admirer. N'avez-vous jamais remarqué, après bien des expériences décevantes, que quand on recommande un livre à un ami, moins on en dit mieux cela vaut ? Dès l'instant que vous recommandez trop chaleureusement un livre, vous éveillez chez votre interlocuteur une certaine résistance. Il faut savoir administrer les éloges et les doses, calculer la durée du traitement. Les *gurus* de l'Inde et du Thibet, on l'a souvent fait observer, pratiquent depuis des siècles l'art difficile de *décourager* l'ardeur de ceux qui voudraient devenir leurs disciples. On pourrait fort bien appliquer le même genre de stratégie en ce qui concerne la lecture. Découragez un homme de la bonne manière, c'est-à-dire en songeant au but que vous voulez atteindre, et vous le mettrez d'autant plus vite sur la bonne voie. Ce qui est important, ce n'est pas *quels* livres, *quelles* expériences un homme doit connaître, mais bien ce qu'il a à apporter de lui-même dans ses lectures et dans sa vie.

Un des impondérables les plus mystérieux de la vie, c'est ce qu'on appelle les influences. Elles obéissent sans nul doute aux lois de la gravitation. Mais il ne faut pas oublier que quand nous sommes attirés dans une certaine direction, c'est aussi parce que nous avons poussé de ce côté, peut-être même sans le savoir. Il va de soi que nous ne sommes pas à la merci de n'importe quelle influence. Nous n'avons pas toujours conscience des forces et des facteurs qui exercent une influence sur nous d'une période à l'autre de notre existence. Il est des hommes qui ne se connaissent jamais eux-mêmes pas plus qu'ils ne savent ce qui motive leur comportement. C'est même le cas de la plupart des gens. Chez d'autres, le sens de la destinée est si net, si fort qu'ils ne semblent guère avoir de choix : ils créent les influences dont ils ont besoin pour parvenir à leurs fins. J'emploie délibérément le mot « créent », car dans certains cas frappants l'individu a littéralement été obligé de créer les influences nécessaires. Nous voici sur un terrain étrange. Si j'introduis dans mon exposé un élément aussi abstrus, c'est que, quand il s'agit de livres, comme avec les amis, les amants, les aventures et les découvertes, tout est inextricablement mêlé. Le désir de lire un livre est souvent provoqué par l'incident le plus inattendu. Pour commencer, tout ce qui arrive à un homme fait partie d'un tout bien défini. Les livres qu'il choisit de lire ne font pas exception à cette règle. Peut-être a-t-il lu les *Vies* de Plutarque ou *les Quinze Batailles qui ont décidé du sort du monde* parce qu'une tante un peu gâteuse lui a fourré ces livres sous le nez. Il a très bien pu ne pas les lire s'il détestait cette tante. Parmi les milliers de titres que l'on rencontre, dès les plus jeunes années, comment se fait-il que tel individu se dirige vers certains auteurs et celui-là vers d'autres ? Les livres qu'un homme lit sont déterminés par ce qu'il est lui-même. Si on laisse un homme seul dans une chambre avec un livre, un seul livre, cela ne veut pas nécessairement dire qu'il le lira parce qu'il n'a rien de mieux à faire. Si le livre l'ennuie, il le laissera tomber, même si l'inaction le conduit au bord de la folie. Certains hommes, quand ils lisent, prennent la peine de consulter toutes les références citées en notes ; d'autres n'ont pas un regard pour ces mêmes notes. D'aucuns entreprendront de longs et pénibles voyages pour lire un livre dont le titre les a intrigués. Les aventures et découvertes de Nicolas Flamel dans sa quête du *Livre d'Abraham le Juif* constituent une des pages d'or de la littérature.

Comme je le disais, une remarque faite en passant par un ami, une rencontre accidentelle, la lecture d'une note, une maladie, la solitude, quelque caprice de la mémoire, bref, mille et une raisons peuvent nous lancer à la poursuite d'un livre. Parfois, l'on est sensible à la moindre suggestion, à l'allusion la plus détournée. Et parfois aussi, il faudrait de la dynamite pour nous mettre en branle.

Une des grandes tentations, pour un écrivain, c'est de lire pendant qu'il est occupé à écrire un livre. Pour ma part, on dirait que dès l'instant où je commence un nouveau livre, je suis pris en même temps d'une frénésie de lecture. En fait, à peine suis-je lancé dans la rédaction d'un nouvel ouvrage que quelque instinct pervers me donne l'envie de faire mille autres choses : et non pas, comme c'est souvent le cas, par désir d'échapper à mon travail. Je découvre simplement que je peux écrire et faire autre chose en même temps. Quand on est saisi du besoin de créer — dans mon cas, du moins — voilà qu'on devient créateur dans toutes les directions à la fois.

C'était, je dois l'avouer, avant que je me misse à écrire, que la lecture était pour moi le plus voluptueux et aussi le plus pernicieux des passe-temps. Quand je regarde en arrière, il me semble que la lecture n'était rien de plus qu'un stupéfiant, qui me stimulait tout d'abord, mais qui me déprimait et me paralysait ensuite. Du jour où je commençai sérieusement à écrire, mes habitudes de lecteur se modifièrent. Un nouvel élément s'y introduisit. Un élément fécondant, pourrais-je dire. Quand j'étais jeune homme, je me disais souvent, en reposant un livre, que j'aurais pu faire mieux moi-même. Plus je lisais, plus je critiquais. C'était à peine si je trouvais rien d'assez bon pour moi. J'en vins peu à peu à mépriser les livres — et les auteurs aussi. Souvent, les écrivains que j'avais le plus adorés devenaient ceux que je châtiais le plus impitoyablement. Bien sûr, il y avait toujours une catégorie d'auteurs dont les pouvoirs magiques me déconcertaient. À mesure qu'approchait pour moi le temps d'affirmer mes propres facultés d'expression, je me mis à relire ces « magiciens » d'un œil neuf. Je lisais objectivement, en utilisant toute la puissance d'analyse dont je disposais. Et, croyez-moi si vous voulez, avec l'intention de leur ravir leur secret. Parfaitement, j'avais en ce temps-là la naïveté de croire que je pourrais découvrir ce qui fait marcher la pendule en la démontant en pièces détachées. Pour vaine et absurde que fût mon attitude, cette période n'en demeure pas moins une des plus enrichissantes que j'aie connues de tous mes contacts avec les livres. J'apprenais mille choses à propos du style, de l'art du récit, des effets et de la manière de les produire. Et surtout, j'apprenais qu'il existe vraiment un mystère dans la création des bons livres. Dire, par exemple, que le style c'est l'homme, ne signifie pas grand-chose. Même quand nous tenons l'homme, nous sommes bien avancés. La façon dont un homme écrit, sa façon de parler, de marcher, d'agir, autant de détails uniques et dont le secret est impénétrable. Le point essentiel, et c'est si évident qu'on l'oublie le plus souvent, ce n'est pas de s'interroger sur ces problèmes, mais d'écouter ce qu'un homme a à dire, de laisser ses paroles vous toucher, vous transformer, vous amener à vous réaliser plus pleinement.

Ce qui permet mieux que tout d'apprécier un art, c'est de le pratiquer. Il y a l'émerveillement, la griserie de l'enfant quand il découvre pour la première fois le monde des livres ; il y a l'extase et le désespoir de l'adolescent qui découvre « ses » auteurs ; mais dominant tout cela, parce que avec elles se trouvent combinés des éléments plus permanents, plus vivifiants, il y a les impressions et les réflexions d'un homme mûr qui a consacré sa vie à la création. En lisant les lettres de Van Gogh à son frère, on est frappé par la somme de méditation, d'analyse, de comparaison, d'adoration et de critique qu'il a amassée durant sa brève et frénétique carrière de peintre. C'est un phénomène qui n'est pas rare chez les peintres, mais dans le cas de Van Gogh, il prend des proportions héroïques. Van Gogh ne se contentait pas de regarder la nature, les gens, les objets, mais aussi les toiles des autres, pour étudier leurs méthodes, leurs techniques, leurs styles, leurs points de vue. Il réfléchissait longuement sur ce qu'il observait et ces pensées et ces remarques ont imprégné son œuvre. Il était rien moins qu'un primitif, ou qu'un « fauve ». Comme Rimbaud, il était plutôt « un mystique à l'état sauvage ».

Ce n'est pas tout à fait par hasard que j'ai choisi un peintre plutôt qu'un écrivain pour illustrer ma thèse. Il se trouve que Van Gogh, sans avoir la moindre prétention littéraire, a écrit un des grands livres de notre époque, et sans savoir qu'il écrivait *un livre*. Sa vie, telle que nous la voyons écrite dans ses lettres, est plus révélatrice, plus émouvante, plus une œuvre d'art, dirais-je, que la plupart des autobiographies célèbres ou des romans autobiographiques. Il nous parle sans réserve de ses luttes et de ses malheurs, sans rien cacher. Il témoigne d'une connaissance peu commune de la technique du peintre, bien qu'on applaudisse plutôt chez lui la passion et la puissance de la vision que sa science des moyens d'expression. Sa vie, en ce qu'elle souligne la valeur et le sens de la vocation artistique, est une leçon éternelle. Van Gogh est tout à la fois — et bien rares sont ceux dont on peut en dire autant ! — l'humble disciple, l'étudiant, l'amant, le frère de tous les hommes, le critique, l'analyste et le bienfaiteur. Il a peut-être été obsédé, ou mieux possédé, mais il n'était pas un fanatique travaillant dans l'obscurité. Il avait, entre autres, la rare faculté de pouvoir critiquer et juger son propre travail. Il s'est d'ailleurs révélé un meilleur critique et un juge plus avisé que ceux-là dont c'est hélas le métier de critiquer, de juger et de condamner.

Plus j'écris, plus je comprends ce que les autres essaient de me dire dans leurs livres. Plus j'écris, plus je deviens tolérant envers mes confrères. (Je ne parle pas des « mauvais » écrivains, car je refuse tout commerce avec eux.) Mais avec ceux qui sont sincères, ceux qui s'efforcent honnêtement de s'exprimer, je suis plus clément, plus compréhensif qu'au temps où je n'avais encore rien écrit. Je trouve un enseignement auprès du plus pauvre des écrivains, pourvu qu'il ait donné le meilleur de lui-même. J'ai même beaucoup appris auprès de certains « pauvres » écrivains. En lisant leurs œuvres, j'ai maintes fois été frappé de sentir cette liberté, cette hardiesse, qu'il est à peu près impossible de retrouver une fois qu'on est « sous le joug », une fois qu'on a conscience des lois et des limitations du moyen d'expression qu'on a choisi. Mais c'est en lisant ses auteurs favoris qu'on perçoit le plus nettement l'intérêt qu'il y a à pratiquer l'art d'écrire. On lit alors de l'œil droit aussi bien que de l'œil gauche. Sans que diminue le moins du monde le plaisir de la lecture, on sent s'élargir merveilleusement les limites de la conscience. À lire ces auteurs, on ne voit jamais se dissiper les éléments du mystère, mais le vaisseau où sont enfermées leurs pensées devient de plus en plus transparent. Ivre d'extase, on retourne, vivifié, à son propre travail. La critique devient vénération. On commence à prier comme jamais on ne l'avait encore fait. On ne prie plus pour soi, mais pour frère Giono, pour frère Cendrars, pour frère Céline, en fait, pour toute la galaxie des confrères en écriture. On accepte sans réserve le caractère unique d'un camarade artiste, en comprenant que c'est par là-même que s'affirme son universalité. On ne demande plus à un auteur chéri de nous donner quelque chose de *différent*, mais seulement de persévérer dans la même veine. Le lecteur moyen partage ce sentiment. Ne soupire-t-il pas, en finissant de lire le dernier volume de son auteur favori : « Si seulement il en avait encore écrit d'autres ! » Quand, quelque temps après la mort d'un auteur, on exhume un manuscrit oublié ou des lettres, ou un journal inédit, quels cris de joie n'entend-on pas monter ! Quelle gratitude devant le moindre fragment posthume ! Il n'est pas jusqu'à la lecture des livres de comptes d'un auteur qui ne nous fasse vibrer. Sitôt qu'un écrivain meurt, sa vie soudain nous intéresse prodigieusement. Sa mort nous permet souvent de voir ce qui nous était caché de son vivant : que sa vie et son œuvre ne faisaient qu'un. N'est-il pas évident que l'art de ressusciter (la biographie) masque un espoir et une grande nostalgie ? Cela ne nous suffit pas de laisser Balzac, Dickens et Dostoïevsky demeurer immortels par leurs œuvres, nous voulons encore les faire revivre en chair et en os. Chaque époque s'efforce de s'adjoindre les grands hommes des lettres, d'assimiler le thème et la signification de leur vie. On croirait parfois que l'influence des morts est plus puissante que celle des vivants. Si le Sauveur n'avait pas été ressuscité, l'homme l'aurait certainement ressuscité par chagrin, par regret. Cet auteur russe qui parlait de la « nécessité » de ressusciter les morts disait vrai.

Ils étaient vivants et ils m'ont parlé ! C'est la façon la plus simple et la plus éloquente pour moi d'évoquer ces auteurs que j'ai continué de fréquenter au long des années. N'est-ce pas là une chose étrange à dire, quand on songe qu'il s'agit de livres faits de signes et de symboles ? Pas plus qu'aucun artiste n'a jamais réussi à restituer la nature sur sa toile, aucun auteur n'a vraiment été capable de nous évoquer sa vie ni ses pensées. L'autobiographie n'est que du plus pur roman. La fiction est toujours plus proche de la réalité que le fait brut. La fable n'est pas l'essence de la sagesse humaine mais seulement l'enveloppe amère. On pourrait continuer ainsi en passant en revue toutes les divisions de la littérature, en démasquant l'histoire, en exposant les mythes de la science, en dévaluant les principes de l'esthétique. Rien, à l'analyse, ne se révèle être ce qu'il semble ni ce qu'il prétend être. L'homme continue à avoir faim.

Ils étaient vivants et ils m'ont parlé ! N'est-ce pas étrange de comprendre et d'apprécier ce qui est incommunicable ? L'homme ne communique pas avec les autres hommes par l'intermédiaire des mots, il communie avec son semblable et avec son Créateur. Maintes et maintes fois, on repose un livre et l'on demeure sans voix. Parfois, c'est parce que l'auteur semble « avoir tout dit ». Mais ce n'est pas à ce genre de réaction que je pense. Je crois plutôt que ce soudain mutisme correspond à quelque chose de plus profond.

C'est du silence que sont extraits les mots et c'est au silence qu'ils retournent, si l'on en a fait bon usage. Entre-temps, il se passe quelque chose d'inexplicable : un homme qui, par exemple, est mort, ressuscite, prend possession de vous et en partant vous laisse profondément changé. Il est parvenu à ce résultat par le moyen de signes et de symboles. N'était-ce pas un don magique qu'il possédait — qu'il possède peut-être encore ?

Bien que nous n'en sachions rien, nous possédons bel et bien la clef du paradis. Nous parlons beaucoup de nous comprendre et de communiquer, non seulement avec nos semblables, mais avec les morts, avec ceux qui ne sont pas encore nés, avec ceux qui habitent d'autres royaumes, d'autres univers. Nous croyons qu'il existe de formidables secrets à découvrir. Nous espérons que la science nous montrera le chemin et, sinon elle, la religion. Nous rêvons d'une vie dans un avenir lointain, qui sera radicalement différente de celle que nous connaissons aujourd'hui ; nous nous attribuons des pouvoirs indicibles. Et pourtant les auteurs de livres nous ont toujours donné la preuve non seulement de pouvoirs magiques mais de l'existence aussi d'univers qui empiètent sur le nôtre, qui l'envahissent et qui nous sont familiers bien que nous ne les ayons jamais visités autrement qu'en pensée. Ces hommes n'avaient pas de maîtres « occultes » pour les initier. Ils sont nés de parents semblables aux nôtres, ils étaient le produit d'un milieu analogue au nôtre. Qu'est-ce donc alors qui les distingue ? Ce n'est pas l'usage qu'ils font de leur imagination, car, dans d'autres domaines, des hommes ont fait montre aussi d'une remarquable faculté d'imagination. Ce n'est pas non plus la maîtrise d'une technique, car d'autres artistes appliquent des techniques tout aussi difficiles. Non, à mes yeux, le trait dominant d'un écrivain c'est son don d'« exploiter » le vaste silence qui nous enveloppe tous. De tous les artistes, il est celui qui sait le mieux qu'« au commencement était le Verbe et que le Verbe *était* Dieu ». Il a capturé l'esprit qui anime toute création et il l'a exprimé en signes et en symboles. Sous prétexte de communiquer avec ses frères humains, il nous a sans s'en douter enseigné à communier avec le Créateur. En prenant pour instrument le langage, il montre que celui-ci n'est point langage mais prière. Un genre très particulier de prière, certes, puisqu'elle ne demande rien au Créateur : « Béni sois-tu, ô Seigneur ! » C'est cela qu'elle exprime, quel qu'en soit le sujet, dans quelque idiome qu'elle soit formulée. « Laisse-moi m'épuiser, oh Seigneur, en chantant tes louanges ! »

N'est-ce pas là « le travail divin » dont on a parlé ?

Cessons de nous questionner sur ce que les grands hommes, les hommes illustres font dans l'au-delà. Sachez qu'ils continuent à entonner des chants de louanges. Ici-bas, sur la terre, peut-être s'exerçaient-ils. Là-haut, ils perfectionnent leurs chants.

Il me faut une fois de plus citer les Russes, ces ténébreux personnages du XIXe siècle, qui savaient qu'il n'existe qu'une seule tâche, qu'une seule joie : faire régner la perfection sur cette terre [1].

1. En 1880, Dostoïevsky prononça un discours sur « la Mission de la Russie » dans lequel il déclarait : « Devenir un vrai Russe, c'est devenir le frère de tous les hommes, un homme universel... Notre avenir réside dans l'Universalité, non pas acquise par la violence, mais par la force que nous puiserons dans notre grand idéal : la réunification de toute l'humanité. »

II

PREMIÈRES LECTURES

Je n'ai commencé que ces quelques dernières années à relire... certains livres. Je me souviens fort bien des premiers ouvrages que je choisis pour les relire : *Naissance de la tragédie, l'Éternel Mari, Alice au pays des merveilles, l'Orgie impériale, les Mystères* d'Hamsun. Hamsun, je l'ai déjà dit, est un des auteurs qui m'ont le plus effectivement touché en tant qu'*écrivain*. Aucun de ses livres ne m'a autant intrigué que *les Mystères*. Durant cette période dont j'ai parlé plus haut, et où je commençais à disséquer mes auteurs favoris afin de percer à jour leur pouvoir secret d'enchantement, je me penchai avant tout sur Hamsun, puis sur Arthur Machen, puis sur Thomas Mann. Lorsque j'en vins à relire la *Naissance de la tragédie*, je me souviens avoir été absolument subjugué par l'emploi magique que fait Nietzsche de la langue. Il y a quelques années seulement que, grâce à Éva Sikelianou, je me laissai enivrer de nouveau par ce livre extraordinaire.

J'ai parlé de Thomas Mann. Pendant une année entière, j'ai vécu avec Hans Castorp de *la Montagne magique* comme avec un être vivant, je puis même dire comme avec un frère de sang. Mais ce qui m'intrigua et me confondit le plus durant cette période « analytique » dont je parle, c'est la technique de Mann en tant qu'auteur de nouvelles, ou de courts romans. À cette époque, *Mort à Venise* était pour moi la plus grande de toutes les nouvelles. Il suffit de quelques années, cependant, pour que mon opinion sur Thomas Mann, et en particulier sur *Mort à Venise* changeât du tout au tout. C'est une histoire assez curieuse et qu'il vaut peut-être la peine de raconter. Voilà... Au début de mon séjour à Paris, je fis la connaissance d'un individu très attirant et brillant que je croyais être un génie. Il s'appelait John Nichols. Il était peintre. Comme beaucoup d'Irlandais, il avait aussi du bagout. C'était un plaisir de l'entendre, qu'il parlât peinture, littérature, musique, ou qu'il débitât simplement des bêtises. Il avait le don de l'injure, et, quand il se mettait vraiment en colère, sa langue était vitriolique. Un jour, j'en vins par hasard à parler de mon admiration pour Thomas Mann et, bientôt, je me surpris à délirer d'extase au sujet de *Mort à Venise*. Nichols, en réponse, m'accabla de mépris et de railleries. Exaspéré, je lui dis que j'allais prendre le livre et lui lire la nouvelle tout haut. Il reconnut qu'il ne l'avait jamais lue et trouva ma proposition excellente.

Je n'oublierai jamais ce qui arriva. Je n'avais pas lu trois pages que Thomas Mann commença à s'écrouler. Nichols, remarquez bien, n'avait pas dit un mot. Mais à lire la nouvelle tout haut, et à un auditeur sans indulgence, tout le mécanisme grinçant sur quoi reposait la fabrication fut soudain mis à nu. Moi, qui croyais avoir entre les mains un morceau d'or pur, je me vis regardant du carton-pâte. Je n'étais pas arrivé à la moitié de la nouvelle que je lançai le livre par terre. Plus tard, je parcourus *la Montagne magique* et les *Buddenbrooks*, ouvrages que j'avais considérés comme des monuments, et je découvris qu'ils étaient tout aussi factices.

Je me hâte d'ajouter que pareille chose ne m'est arrivée que rarement. Si, une fois dont je me souviens particulièrement bien et — je rougis de le dire ! — à propos de *Trois Hommes dans un bateau*. Je n'arrive pas à comprendre comment j'ai jamais pu trouver ce livre « drôle ». Et pourtant c'était bien le cas, jadis. Je me souviens même avoir ri jusqu'aux larmes. L'autre jour, après trente années, j'ai repris ce livre et je me suis remis à le lire. Je n'ai jamais vu pire inanité. Une autre déception, moins cruelle toutefois, m'attendait lorsque je repris *le Triomphe de l'œuf*. Un œuf qui faillit bien être pourri [1]. Pourtant jadis il m'avait fait rire et pleurer.

Oh, qui étais-je, *qu'*étais-je, dans ce triste et lointain passé ?

Ce que je voulais dire c'est que, en relisant, je découvre de plus en plus que les livres que j'ai envie de relire sont ceux que j'ai lus pendant mon enfance et ma prime jeunesse. J'ai cité Henty, que son nom soit béni ! Il y en a d'autres... comme Rider Haggard, Marie Corelli, Bulwer-Lytton, Eugène Sue, James Fenimore Cooper, Sienkiewicz, Ouida (*Under Two Flags*), Mark Twain (surtout *Huckleberry Finn* et *Tom Sawyer*). Quand je pense que je n'ai lu aucun de ces auteurs depuis mon enfance ! Cela paraît incroyable. Quant à Poe, Jack London, Hugo, Conan Doyle, Kipling, peu importe si je ne jette plus jamais les yeux sur leurs œuvres [2].

J'aimerais beaucoup aussi relire les livres que je lisais tout haut à mon grand-père pendant qu'il travaillait à sa table de tailleur dans notre vieille maison du XIVe arrondissement, à Brooklyn. Dans l'un d'eux, je m'en souviens, il était question de notre grand « héros » (d'un jour) : l'amiral Dewey. Un autre parlait de l'amiral Farragut, et probablement de la bataille de Mobile Bay, en admettant qu'elle ait jamais eu lieu. À propos de ce livre, je me rappelle maintenant qu'en écrivant le chapitre « Mon rêve de Mobile » dans *le Cauchemar climatisé*, je pensais beaucoup à ce récit des exploits héroïques de Farragut. Toute l'idée que je me faisais de Mobile avait sûrement son origine dans ce livre que

1. Il ne faut pas en déduire que je me suis retourné contre Sherwood Anderson, qui a tant représenté pour moi. Je continue à beaucoup admirer son *Winesburg, Ohio* et *Many Marriages*.

2. Pour une raison que je m'explique mal, j'ai cependant l'intention de lire *les Travailleurs de la Mer* que je n'ai pas lu à l'époque où je dévorais Hugo.

j'avais lu cinquante ans plus tôt. Mais c'est à travers le livre sur l'amiral Dewey que je connus mon premier héros vivant, lequel n'était pas Dewey mais notre ennemi juré, Aguinaldo, le rebelle philippin. Ma mère avait suspendu le portrait de Dewey, flottant au-dessus du vaisseau de guerre *Maine*, à la tête de mon lit. Aguinaldo, dont l'apparence est maintenant assez vague dans mon esprit, se rattache physiquement pour moi à cette étrange photographie de Rimbaud prise en Abyssinie, celle où on le voit dans une sorte de vêtement de prisonnier au bord d'un fleuve. Mes parents étaient bien loin de se rendre compte, lorsqu'ils me remirent notre précieux héros, l'amiral Dewey, qu'ils semaient en moi la graine de la révolte. À côté de Dewey et de Teddy Roosevelt, Aguinaldo se dresse comme un colosse. C'est le premier *ennemi public n° 1* qui se soit trouvé sur ma route. Je continue à révérer son nom, comme je continue à révérer les noms de Robert E. Lee et de Toussaint Louverture, le grand libérateur noir qui se battit contre les hommes triés sur le volet par Napoléon et qui les tint en échec.

Et pendant que je suis sur ce chapitre, comment m'abstiendrais-je de citer *Heroes and Hero Worship* de Carlyle ? Ou *Representative Men* d'Emerson ? Et pourquoi ne pas faire place ici à une autre idole de ma jeunesse, John Paul Jones ? À Paris, j'appris, grâce à Blaise Cendrars, ce que l'on ne dit pas dans les livres d'histoire ou dans les biographies traitant de John Paul Jones. L'histoire spectaculaire de la vie de cet homme est l'un de ces projets de livres que Cendrars n'a pas encore écrits et qu'il n'écrira probablement jamais. La raison en est simple. En suivant la piste de cet aventureux Américain, Cendrars a amassé une telle quantité de documents qu'il a été noyé par eux. Il m'a avoué qu'il avait dépensé au cours de ses voyages, à chercher des documents inédits et à acheter des livres rares se rapportant aux innombrables aventures de John Paul Jones, plus de dix fois la somme que ses éditeurs lui avaient avancée sur ses droits. Sur les traces de John

Paul Jones, Cendrars avait accompli une véritable odyssée. Il a finalement avoué qu'un jour il écrirait sur ce sujet soit un volume énorme soit un tout petit livre, ce que je comprends parfaitement.

La première personne à qui je me risquai à faire la lecture tout haut fut mon grand-père. Non pas qu'il m'encourageât ! Je l'entends encore dire à ma mère qu'elle regretterait un jour de m'avoir mis tous ces livres entre les mains. Il avait raison. Ma mère le regretta amèrement, plus tard. À ce propos, c'est ma propre mère, que je ne me souviens pratiquement jamais avoir vue avec un livre à la main, qui m'a dit, un jour que je lisais les *Quinze plus grandes Batailles du monde*, qu'elle avait elle-même lu ce livre des années plus tôt... dans les cabinets. J'étais abasourdi. Non pas parce qu'elle avait reconnu qu'elle lisait dans les cabinets, mais que c'eût été ce livre justement qu'elle y eût lu.

En faisant la lecture tout haut à des amis d'enfance, en particulier à Joey et à Tony, mes premiers amis, j'eus une révélation. Je découvris tôt dans la vie ce que certains découvrent beaucoup plus tard, et ce dont ils éprouvent dégoût et chagrin, à savoir que faire la lecture tout haut à des gens peut les endormir. Ou bien ma voix était monotone, ou bien je ne lisais pas bien, ou alors je choisissais mal mes livres. Toujours est-il qu'inévitablement, mon auditoire s'endormait. Ce qui, soit dit en passant, ne me découragea pas. Pas plus que cette sorte d'expérience ne modifiait l'opinion que j'avais de mes petits amis. Non, je parvins tranquillement à la conclusion que les livres n'étaient pas faits pour tout le monde. Et je continue à le penser. La dernière chose au monde que je conseillerai, c'est d'obliger tout le monde à apprendre à lire. Si on *m'écoutait*, on veillerait d'abord à ce qu'un petit garçon apprît le métier de charpentier, de maçon, de jardinier, de chasseur, de pêcheur. Les choses pratiques d'abord, au nom du ciel, et le luxe après. Or, les livres *sont* un luxe. Bien entendu, je m'attends qu'un enfant normal danse et chante dès le premier âge. Et qu'il joue à des jeux.

J'encouragerais ces tendances de toutes mes forces. Mais la lecture peut attendre.

Jouer à des jeux... Ah, voilà tout un chapitre de la vie. Je pense, avant tout, aux jeux qui se jouent dehors... à ceux auxquels les enfants pauvres jouent dans les rues d'une grande ville. Je résiste à la tentation de m'étendre sur ce sujet, car sinon j'écrirais un autre livre, tout à fait différent !

Cependant, l'enfance est un sujet dont je ne me lasse jamais. Pas plus que du souvenir des jeux sauvages et glorieux auxquels nous jouions jour et nuit dans les rues, ou des personnages qui étaient mes compagnons et que parfois je déifiais, comme de jeunes garçons sont enclins à le faire. Toutes mes expériences, je les partageais avec mes camarades, y compris celle de la lecture. À maintes reprises, j'ai mentionné dans mes écrits l'extraordinaire perspicacité dont nous faisions preuve quand nous discutions des problèmes fondamentaux de la vie. Des sujets comme le péché, le mal, la réincarnation, l'art du gouvernement, l'éthique et la moralité, la nature de la divinité, l'utopie, la vie sur d'autres planètes, étaient pour nous le pain quotidien de nos conversations. Ma véritable éducation a commencé dans la rue, sur des terrains vagues déserts par des jours froids de novembre ou à des coins de rue la nuit, souvent avec nos patins aux pieds. Naturellement, une des questions qui revenait sans cesse dans nos discussions était celle des livres, les livres que nous lisions alors et dont nous n'étions même pas censés connaître l'existence. Je sais que cela paraît insensé, mais il me semble que seuls les grands interprètes de la littérature peuvent rivaliser avec l'enfant de la rue quand il s'agit d'extraire la saveur et l'essence d'un livre. À mon humble avis, l'enfant est bien plus près de comprendre Jésus que le prêtre, bien plus proche de Platon, dans ses vues sur le gouvernement, que les grandes figures politiques de ce monde.

Durant cette période dorée de l'enfance, mon monde de livres se trouva subitement enrichi de toute une bibliothèque, d'ouvrages pour la jeunesse, logée dans un splendide meuble de noyer à portes de verre et à crémaillère. Ces livres avaient appartenu à un Anglais, Isaac Walker, prédécesseur de mon père, qui pouvait se flatter d'être l'un des premiers tailleurs de confection de New York. Je les revois encore, ces livres : ils étaient tous joliment reliés, et les titres ainsi que les couvertures étaient en général gravés or. Le papier en était épais et glacé, les caractères bien détachés et nets. Bref, c'était le luxe, à tous les points de vue. À la vérité, l'élégance de ces livres m'en imposait tellement qu'un certain temps se passa avant que j'osasse les toucher.

Ce que je vais raconter maintenant est assez curieux. Cela a un rapport avec la profonde et mystérieuse aversion que je ressens pour tout ce qui est anglais. Je ne crois pas mentir en disant que la cause de cette antipathie est intimement liée à la lecture des ouvrages composant la petite bibliothèque d'Isaac Walker. L'intensité de mon dégoût, lorsque je me fus familiarisé avec le contenu de ces livres, peut se mesurer au fait que j'ai complètement oublié leurs titres. Un seul d'entre eux traîne encore dans ma mémoire, et encore ne pourrais-je affirmer qu'il est exact : c'est *A Country Squire* [1]. Pour le reste, c'est le vide complet. Je peux analyser en quelques mots la nature de ma réaction. Pour la première fois de ma vie, je compris le sens des mots mélancolique et morbide. Tous ces livres élégants semblaient enveloppés dans un voile de brume épaisse. L'Angleterre devint pour moi une terre ensevelie dans une obscurité palpable, dans le mal, la cruauté et l'ennui. Pas un rai de lumière ne filtrait de ces vieux tomes. C'était la vase primordiale, à tous les niveaux. Pour sotte et irrationnelle qu'elle fût, cette image de l'Angleterre et des Anglais demeura fixée dans mon esprit jusque bien avant dans ma maturité, jusqu'au moment, pour être franc, où je visitai l'Angleterre et où j'eus l'occasion de rencontrer des Anglais sur leur lande

1. *Le Châtelain. (N.d.T.)*

natale [1]. (Je dois avouer, cependant, que ma première impression de Londres se rapprochait beaucoup de l'image que j'en avais depuis mon enfance ; et cette impression ne s'est jamais complètement dissipée.)

Lorsque j'abordai Dickens, mes idées préconçues ne furent, bien entendu, que corroborées et renforcées. J'ai peu de souvenirs *agréables* se rattachant à la lecture de Dickens. Ses livres étaient sombres, terrifiants par endroits, et en général ennuyeux. De tous, c'est *David Copperfield* qui reste comme le plus plaisant, le plus proche de l'humain, suivant ma conception (d'alors) du monde. Par bonheur, une bonne tante [2] me donna un livre qui servit à corriger cette vue morose que j'avais de l'Angleterre et du peuple anglais. Ce livre s'appelait, si j'ai bonne mémoire *Histoire de l'Angleterre par un enfant*, et l'auteur en était Ellis. Je me rappelle parfaitement tout le plaisir qu'il me donna. Il y avait, bien sûr, les livres de Henty que je lisais, ou que j'avais lus un peu plus tôt, et qui me donnèrent des notions entièrement différentes sur le monde anglais. Mais dans les livres de Henty, il était question d'exploits historiques, alors que ceux de la bibliothèque d'Isaac Walker traitaient du passé très proche. Des années plus tard, lorsque je tombai sur les œuvres de Thomas Hardy, je revécus ces réactions de mon enfance… je parle des mauvaises. Sombres, tragiques, pleines de mésaventures et d'infortunes accidentelles ou provoquées par des coïncidences, les œuvres de Hardy m'amenèrent une fois de plus à réformer l'image « humaine » que je me faisais du monde. Malgré tout le réalisme dont ces livres étaient imprégnés, il me fallut admettre qu'ils n'étaient pas « vraiment vrais ». Pour moi, le pessimisme devait être « régulier ».

1. En lisant ce délicieux livre plein d'imagination de Joseph O'Neill *Land under England* — il y a seulement quelques années — mon vieux sentiment en ce qui concernait l'Angleterre est remonté à la surface. Mais ce livre, très extraordinaire, est l'œuvre d'un Irlandais.

2. Cette bonne tante, une sœur de mon père, me donna aussi *The Autocrat at the Breakfast table*, des volumes de Samuel Smiles et *Knickerbocker's History of New York*.

En regagnant l'Amérique, après mon séjour en France, je rencontrai deux personnages qui aimaient passionnément un auteur anglais dont je n'avais jamais entendu parler : Claude Houghton. On dit souvent de lui que c'est « un romancier métaphysicien ». Quoi qu'il en soit, Claude Houghton a contribué plus que tout autre Anglais, à l'exception de W. Travers Symons — le premier « gentleman » que j'eusse rencontré ! — à modifier profondément l'image que je me faisais de l'Angleterre. J'ai lu maintenant la majorité de ses livres. Que l'action soit bonne ou mauvaise, les livres de Claude Houghton me captivent. Nombre d'Américains connaissent *Je suis Jonathan Scrivener*, qui aurait fait un excellent film, de même que certains autres livres de l'auteur. Son *Julian Grant Loses His May*, l'un de mes préférés, et *All Change, Humanity !* sont moins connus... et c'est d'autant plus dommage.

Mais il y a un livre de Claude Houghton — et je touche ici à un sujet sur lequel j'espère m'étendre plus tard — qui semble avoir été écrit spécialement pour *moi*. Il s'appelle *Hudson Rejoins the Herd*. J'ai expliqué dans une longue lettre adressée à l'auteur pourquoi j'avais cette sensation. Cette lettre sera rendue publique un jour [1]. Ce qui m'a tellement frappé, à la lecture de ce livre, c'est qu'il paraissait dépeindre ma vie la plus intime durant une certaine période critique. Extérieurement, la situation était « déguisée », mais intérieurement c'était d'une réalité hallucinante. Je n'aurais pu faire mieux moi-même. Pendant un temps, j'ai cru que Claude Houghton avait eu connaissance, par quelque voie mystérieuse, de ces faits et de ces événements de ma vie. La correspondance que nous échangeâmes me fit bientôt découvrir cependant que toutes ses œuvres étaient d'imagination. Le lecteur sera peut-être surpris d'apprendre que je trouve une telle coïncidence « mystérieuse ». Les vies et les personnages de la fiction

1. Ne pas confondre avec *Letter* publiée par Argus Bocks Inc., Mahegan Lahre, New York, 1950.

n'ont-ils pas fréquemment leur contrepartie dans la réalité ? Bien sûr. Mais je n'en demeure pas moins impressionné. Ceux qui croient qu'ils me connaissent intimement devraient jeter un coup d'œil à ce livre.

Et voilà que, sans aucune raison, sinon peut-être les lueurs que laissent à leur suite les souvenirs de l'enfance, le nom de Rider Haggard me vient à l'esprit. Il figure sur la liste des cent livres que j'ai dressée pour Gallimard. Voilà un écrivain qui me tenait sous son emprise ! Le contenu de ses livres est vague et flou. Je ne parviens à me souvenir que de quelques titres : *She, Ayesha, les Mines du roi Salomon, Allan Quatermain*. Et pourtant, lorsque j'y pense, j'ai les mêmes frissons que lorsque je revis la rencontre entre Stanley et Livingstone au fond de l'Afrique. Je suis sûr que quand je relirai Rider Haggard, ce que je compte faire d'ici peu, je découvrirai, comme je l'ai fait avec Henty, que ma mémoire devient extraordinairement vivante et riche.

Une fois passée l'adolescence, il devient de plus en plus difficile de trouver un auteur capable de produire un effet qui approche seulement de celui créé par les œuvres de Rider Haggard. Pour des raisons que je m'explique mal maintenant, *Trilby* remplit presque les conditions voulues. *Trilby* et *Peter Ibbetson* sont des livres uniques en leur genre. Le fait que leur auteur fût un dessinateur d'âge mûr, connu pour ses dessins dans le *Punch*, est plus qu'intéressant. Dans sa préface à *Peter Ibbetson*, édité par la Modern Library, Dennis Taylor raconte comment

> « *en se promenant un soir à Bayswater, dans High Street, avec Henry James, Du Maurier suggéra à son ami une idée de roman, et se mit à développer devant lui l'intrigue de* Trilby. *"James, dit-il, déclina cette offre."* »

Heureusement à mon avis, j'imagine avec horreur ce qu'eût fait Henry James d'un tel sujet.

Fait étrange, l'homme qui m'a fait connaître Du Maurier m'a également mis entre les mains le *Bouvard et Pécuchet* de Flaubert, que je n'ai ouvert que trente ans plus tard. Il avait donné ce livre ainsi que *l'Éducation sentimentale* à mon père en paiement d'une petite dette qu'il avait contractée envers lui. Mon père fut écœuré bien entendu. *L'Éducation sentimentale* éveille en moi une bizarre association d'idées. Bernard Shaw dit quelque part qu'on ne peut apprécier certains livres, et qu'on ne devrait donc pas les lire, avant d'avoir dépassé la cinquantaine. Parmi les livres qu'il cite se trouve l'œuvre célèbre de Flaubert. C'est encore un de ces livres que, comme *Tom Jones* et *Moll Flanders*, j'ai l'intention de lire un jour, d'autant que maintenant « j'ai l'âge ».

Mais pour en revenir à Rider Haggard... Il est étrange qu'un livre comme *Nadja*, d'André Breton, soit lié pour moi aux émotions engendrées par la lecture des œuvres de Rider Haggard. Je crois que c'est dans *la Crucifixion en rose* — ou peut-être dans *Souvenir, Souvenirs* — que je me suis pas mal étendu sur ce charme qu'exercera toujours sur moi *Nadja*. Chaque fois que je le lis, je suis en proie au même tourbillon intérieur, j'éprouve cette même sensation terrifiante mais délicieuse qui vous envahit, par exemple, lorsque l'on se trouve complètement désorienté dans une pièce plongée dans le noir total et dont on connaît à la perfection chaque centimètre carré. Je me rappelle avoir détaché du livre une partie qui évoquait de façon frappante pour moi mon premier morceau de prose, le premier en tout cas que j'eusse soumis à un éditeur [1]. (En écrivant ces mots, je me rends compte que je ne dis pas tout à fait vrai, car mon premier morceau de prose est un essai sur *l'Antéchrist* de Nietzsche, que je rédigeai pour moi seul dans la boutique de mon père. De même, la première œuvre que je soumis jamais à un éditeur est antérieure de

1. Cette première œuvre en prose, je l'envoyai à Francis K. Hackett, et je n'oublierai jamais la réponse discrète mais encourageante qu'il me fit. Béni soit-il !

quelques années au morceau que je viens de citer : c'est un article de critique que j'ai envoyé au magazine *Black Cat* et qui, à ma stupéfaction, fut accepté et me fut payé 1 $ 75, ou quelque chose comme ça, rémunération futile qui suffit à l'époque à m'enflammer et à me faire jeter dans le ruisseau un chapeau tout neuf, qui fut immédiatement écrasé par un camion qui passait.)

Il faudrait des pages pour expliquer pourquoi un auteur aussi grand qu'André Breton est lié dans mon esprit avec Rider Haggard, et pas un autre. Le rapprochement n'est peut-être pas si insensé après tout, si l'on réfléchit aux sources particulières où les surréalistes puisaient l'inspiration, la nourriture, et le soutien. *Nadja* continue à être, à mon sens, un livre unique. (Les photos qui accompagnent le texte ont une valeur à elles seules.) Quoi qu'il en soit, c'est un des rares livres que j'ai relus plusieurs fois sans que soit rompu le charme créé à l'origine. J'estime que cela suffit déjà à le distinguer.

Le mot que je n'ai volontairement pas prononcé, en parlant de Rider Haggard et de *Nadja* est « mystère ». Ce mot, tant au singulier qu'au pluriel, je l'ai réservé pour traiter de mes rapports délicieux et qui m'accaparaient tout entier avec le dictionnaire et l'encyclopédie. Combien de fois n'ai-je pas passé des jours entiers à la bibliothèque municipale à me documenter sur certains mots ou certains sujets ? Là encore, je dois dire, si je veux être franc, que mes jours *les plus* merveilleux, je les ai passés à la maison, avec mon bon compagnon Joe O'Regan. De tristes jours d'hiver, quand je n'avais pas grand-chose à manger, et que j'avais perdu tout espoir de trouver un emploi. À ces orgies de dictionnaire et d'encyclopédie se mêlent des souvenirs d'autres jours et d'autres nuits passés à jouer aux échecs ou au ping-pong, ou à peindre des aquarelles comme des monomanes.

Un matin, à peine sorti du lit, je me penchai sur mon énorme dictionnaire non abrégé de Funk et Wagnall pour y chercher un mot qui m'était venu à l'esprit au moment où je m'éveillais. Comme toujours, un mot conduisit à un autre car qu'est-ce que le dictionnaire sinon la forme la plus subtile du « marabout-bout de ficelle »... sous le déguisement d'un livre ? Joe, Joe l'éternel sceptique était auprès de moi, et nous nous engageâmes dans une discussion qui dura tout le jour et toute la nuit, cherchant sans relâche définition sur définition... C'est à cause de Joe O'Regan, qui m'a si souvent poussé à douter de tout ce que j'avais aveuglément accepté, c'est à cause de lui que me vinrent mes premiers soupçons quant à la valeur du dictionnaire. Avant cet instant, je croyais tout ce que disait le dictionnaire, exactement comme on croit en la Bible. Je pensais, comme tout le monde, qu'en obtenant une définition, on a le sens ou, dirais-je, la « vérité » d'un mot. Mais ce jour-là où, en passant de dérivation à dérivation, je tombai sur les plus stupéfiants changements de sens, sur des contradictions flagrantes, tout l'échafaudage de la lexicographie commença à s'effondrer devant moi. Quand je parvenais à l'« origine » la plus reculée d'un mot, je m'apercevais que j'étais devant un mur. Il n'était pas possible tout de même que les mots que nous cherchions fussent entrés dans le langage humain à l'endroit qu'on indiquait ! Ne revenir en arrière que jusqu'au sanscrit, à l'hébreu ou à l'islandais (il y a des mots merveilleux qui nous viennent de l'islandais), ce n'était rien, à mon avis. L'histoire remontait maintenant à plus de dix mille ans en arrière, et nous, nous demeurions en panne dans l'antichambre, pour ainsi dire, des temps modernes. Que tant de mots de signification métaphysique et spirituelle, et que les Grecs employaient librement, eussent perdu tout sens, était déroutant en soi. En résumé, je ne tardai pas à voir que le sens d'un mot changeait ou disparaissait complètement, ou alors devenait le contraire de ce qu'il était, suivant l'époque et le lieu où on l'utilisait et la culture de ceux qui l'employaient. Cette simple vérité que la vie est ce que nous la faisons, telle que nous la voyons avec tout notre être, et non pas ce que nous enseignent les faits, l'histoire ou les statistiques, cette simple vérité s'applique aussi au langage. Et c'est le philologue qui paraît être le dernier à le comprendre. Mais continuons : et passons du dictionnaire à l'encyclopédie...

Rien d'étonnant à ce que, sautant comme nous le faisions de définition en définition, étudiant les *emplois* des mots dont nous suivions la piste, nous eussions eu recours pour compléter et approfondir nos recherches, à l'encyclopédie. Car définir c'est, en fin de compte, une affaire de référence et de renvoi à des références. Pour savoir ce que signifie un mot donné, il faut connaître les mots qui, pour ainsi dire, le délimitent. Le sens d'un mot n'est jamais donné directement ; il est supposé, impliqué, ou distillé. Et cela vient probablement de ce que l'on n'en connaît jamais la véritable origine.

Mais l'encyclopédie ! Ah, nous allions peut-être enfin nous trouver sur un terrain solide ! Nous allions faire des recherches sur des sujets, et non sur des mots. Nous allions découvrir comment étaient nés ces symboles déroutant pour lesquels des hommes s'étaient battus et avaient payé de leur sang, pour lesquels ils s'étaient torturés et tués les uns les autres. Or, il y a dans la célèbre *Encyclopédie britannique* un merveilleux article sur *les Mystères* [1] et, si vous désirez passer une journée agréable, amusante et instructive à la bibliothèque, commencez donc par un mot tel que « mystères ». Cela vous mènera très loin, et vous rentrerez chez vous en titubant, ayant perdu le désir de boire, de dormir ou de satisfaire un quelconque des autres besoins du système autonome. Mais jamais vous ne pénétrerez le mystère ! Et si, comme le fait généralement un lettré qui se respecte, vous êtes poussé à aller des « autorités » choisies par les messieurs bien informés de l'encyclopédie à d'autres « autorités » traitant du même sujet, vous ne tarderez pas à vous apercevoir que votre admiration et votre respect pour la somme de connaissances que ren-

1. J'ai remarqué l'autre jour qu'Annie Besant elle-même citait cet article dans son livre *Esoteric Christianity*.

ferme l'encyclopédie est en train de se ratatiner et de s'écrouler. Il est bon de devenir méfiant en face de ce savoir enseveli. Qui sont, après tout, ces pontifes enterrés dans les encyclopédies ? Sont-ils ceux-là dont le jugement est *définitif* ? Certes non ! En toute circonstance, c'est à soi-même qu'il faut s'en référer pour le jugement définitif. Ces pontifes desséchés ont « peiné au champ » et ils ont engrangé beaucoup de sagesse. Mais ce qu'ils nous offrent n'est ni la sagesse divine ni même la somme de la sagesse humaine (sur quelque sujet que ce soit). Ils ont travaillé comme des fourmis et des castors, et en général avec aussi peu d'humour et d'imagination que ces humbles créatures. Une encyclopédie choisit *telles* autorités, une autre en choisit d'*autres*. Les autorités sont toujours une marchandise invendable. Quand vous en avez fini avec elles, vous savez quelques petites choses sur le sujet qui vous occupe et vous en savez beaucoup plus sur des choses sans importance. Plus d'une fois, vous sortez de là désespéré et en pleine confusion. Tout ce que vous y gagnez, si vous y gagnez quelque chose, c'est une habileté plus grande dans la faculté de douter, faculté que Spengler exalte et dont il dit que c'est le don le plus important que lui ait fait Nietzsche.

Plus j'y pense, plus je suis porté à croire que le don le plus important que m'aient fait les fabricants d'encyclopédies, c'est de développer en moi le goût paresseux et aimable de l'étude, le plus stupide de tous les passe-temps. Pour moi, lire l'encyclopédie c'était comme absorber une drogue, une de ces drogues dont on dit qu'elle n'a pas d'effets nocifs, qu'on ne s'y habitue pas. Comme les sages et paisibles Chinois de jadis, ces gens qui avaient beaucoup de raison, je crois qu'il est préférable de prendre de l'opium. Pour quiconque veut se détendre, se libérer pour un moment du fardeau de ses soucis, stimuler son imagination — et que peut-on trouver d'autre qui favorise davantage la bonne santé mentale, morale et spirituelle — j'estime que l'usage judicieux de l'opium est bien plus à conseiller que celui de ce faux stupéfiant qu'est l'encyclopédie.

Quand je reviens en arrière et que je pense aux journées que j'ai passées à la bibliothèque — bizarre que je ne me souvienne pas de ma *première* visite à une bibliothèque ! — je les compare aux journées que passe un fumeur d'opium dans sa petite cellule. J'y allais régulièrement pour « ma dose » et je l'y obtenais. Quelquefois, je m'enfonçais dans des ouvrages techniques, ou des manuels de sciences, ou des « curiosités » de la littérature. Il y avait, je m'en souviens, dans la salle de lecture de la bibliothèque de la 42e Rue, à New York, tout un rayon bourré de mythologies (de beaucoup de pays, beaucoup de peuples) et que je dévorai comme un rat affamé. Quelquefois, comme si j'y étais poussé par une ardente mission, je m'enfouissais uniquement dans des nomenclatures. D'autres fois, il me semblait que j'étais obligé — et j'y *étais* obligé, en effet, tant était profonde la transe dans laquelle j'étais plongé — d'étudier les mœurs des taupes, ou des baleines, ou des mille et une variétés d'ophidiens. Un mot comme « écliptique » que je rencontrais pour la première fois, pouvait signifier pour moi le commencement d'une chasse qui durerait pendant des semaines, et qui, en fin de compte, me laisserait en panne dans les abîmes stellaires de ce côté-ci du Scorpion.

Je dois ouvrir ici une parenthèse pour parler de ces petits livres sur lesquels on tombe par hasard et dont la portée est telle qu'on les place au-dessus de rangées entières d'encyclopédies et autres recueils de la connaissance humaine. Ces livres, microscopiques par leur taille mais gigantesques par l'effet qu'ils produisent, peuvent être comparés aux pierres précieuses cachées dans les entrailles de la terre. Comme les joyaux, ces livres ont un caractère cristallin ou « primordial » qui leur confère la qualité de choses simples, immuables et éternelles. Ils sont presque aussi limités en nombre et en variétés que les cristaux dans la nature. J'en mentionnerai deux au hasard que je découvris beaucoup plus tard que la période dont je parle mais qui serviront à illustrer ma pensée. Le premier c'est

Symbols of Revelation de Frederick Carter, que j'ai rencontré à Londres dans des conditions curieuses ; le second est *The Round*, d'Eduardo Santiago, un pseudonyme. Je doute qu'il y ait cent personnes dans le monde que le second de ces livres intéresse. C'est un des ouvrages les plus étranges que je connaisse, bien que le sujet, l'apocatastase, soit l'un des thèmes éternels de la religion et de la philosophie. L'une des curiosités de cette édition unique et limitée de l'ouvrage est l'erreur d'orthographe faite par l'imprimeur. En haut de chaque page, on lit, en gros caractères : APOCATASIS. Quelque chose d'encore plus curieux, cependant, quelque chose qui est capable de donner le frisson à ceux qui aiment Blake, c'est la reproduction du masque de William Blake (celui de la National Portrait Gallery, à Londres) qui figure à la page 40.

Comme j'ai longuement parlé de l'usage du dictionnaire, des définitions et de l'incapacité où elles sont de définir, et comme le lecteur moyen ne saisira peut-être pas le sens d'un mot comme apocatastase, je vais donner ici les trois définitions qu'en offre le dictionnaire non abrégé de Funk et Wagnall :

1. *Retour à ou vers un lieu ou un état de choses précédent ; rétablissement ; restauration complète.*
2. Théologie : *restauration finale de la sainteté et grâce divine de ceux qui sont morts impénitents.*
3. Astronomie : *retour périodique d'un corps céleste au même point de son orbite.*

Dans une note, à la page 4, Santiago donne la définition suivante du *Virgile* de J. Carcopino (Paris, 1930) :

Apocatastase est le mot qu'avaient déjà employé les Chaldéens pour décrire le retour des planètes, sur la sphère céleste, à des points symétriques à leurs points de départ. C'est aussi le mot qu'employaient les médecins grecs pour décrire le retour à la santé de leurs malades.

Quant au petit livre de Frederick Carter — *Symbols of Revelation* — il n'est peut-être pas sans intérêt de savoir que c'est l'auteur de ce livre qui a fourni à D.H. Lawrence une précieuse documentation pour son *Apocalypse*. Sans le savoir, Carter, avec son livre, m'a aussi donné la matière et l'inspiration qui me permettront, je l'espère, d'écrire un jour *le Dragon et l'écliptique*. Sceau ou dernière pierre de ce que l'on appelle mes « romans autobiographiques », j'espère que ce sera une œuvre condensée, limpide, alchimique, mince comme une gaufre et absolument hermétique.

Le plus grand de tous les petits livres est, bien entendu, le *Tao Teh Ch'ing*. Je crois que c'est non seulement un exemple de suprême sagesse, mais qu'il est unique par la condensation de la pensée. En tant que philosophie de la vie, il peut non seulement se mesurer à des systèmes de pensée plus massifs exposés par d'autres grandes figures du passé, mais encore, à mon avis, les dépasse à tous les points de vue. Il contient un élément qui le distingue complètement des autres philosophies de la vie : *l'humour*. Mis à part le célèbre disciple de Lao-tseu qui vient quelques siècles plus tard, nous ne trouvons plus l'humour dans ces hautes sphères jusqu'au moment où nous en arrivons à Rabelais. Rabelais, qui est médecin en même temps que philosophe et écrivain d'imagination, donne à l'humour son vrai visage : celui d'un grand émancipateur. Mais à côté du suave, sage, spirituel iconoclaste de la vieille Chine, Rabelais apparaît comme un grossier croisé. Le Sermon sur la Montagne est probablement le seul écrit court que l'on puisse comparer à l'évangile de sagesse et de santé en miniature de Lao-tseu. C'est peut-être un message plus spirituel que celui de Lao-tseu, mais je doute qu'il contienne une sagesse plus grande. Il est, bien entendu, totalement dénué d'humour.

Il y a deux petits livres de littérature pure qui, à mon sens, se classent dans une catégorie toute particulière et qui leur est propre : je veux parler de *Séraphita* de

Balzac et de *Siddharta* d'Hermann Hesse. J'ai lu *Séraphita* pour la première fois en français, à une époque où je connaissais très mal cette langue. L'homme qui me mit ce livre entre les mains employa cette habile stratégie dont j'ai parlé plus haut : il ne me dit presque rien sur ce livre excepté qu'il était fait *pour moi*. Venant de lui, cela suffisait à me stimuler. C'était, en effet, un livre « pour moi ». Il vint exactement au bon moment dans ma vie et il eut l'effet désiré. Depuis, j'ai, si je puis m'exprimer ainsi, « expérimenté » l'effet de ce livre en le donnant à des gens qui n'étaient pas préparés pour le lire. J'ai beaucoup appris dans ces expériences. *Séraphita* est un de ces livres, et ils sont rares, qui font leur chemin sans aide. Ou bien il « convertit » le lecteur, ou bien il l'ennuie et le dégoûte. La propagande ne pourra rien faire pour accroître le nombre de ses lecteurs. En fait, sa vertu réside en ce que jamais à aucun moment il ne sera vraiment lu, sinon par quelques élus. Il est vrai qu'au début de sa carrière, il a connu une grande vogue. Ne connaissons-nous pas tous cette exclamation du jeune étudiant viennois qui, accostant Balzac dans la rue, demanda la permission de baiser la main qui avait écrit *Séraphita* ? Les vogues, cependant, meurent vite, et c'est heureux car c'est après seulement qu'un livre commence son vrai voyage sur la route de l'immortalité.

J'ai lu *Siddharta* pour la première fois en allemand — après n'avoir rien lu en allemand depuis au moins trente ans. On m'avait dit que je devais lire ce livre à tout prix, car c'était le fruit du voyage de Hesse aux Indes. Il n'avait jamais été traduit en anglais et il m'était difficile, à l'époque, de mettre la main sur l'édition française de 1925 qui avait été publiée par Grasset à Paris. Subitement, je me trouvai en possession de deux exemplaires, en allemand, l'un m'ayant été envoyé par mon traducteur, Kurt Wagenseil, et l'autre par la femme de George Dibbern, l'auteur de *Ouest*. J'avais à peine fini de lire la version originale quand mon ami

Pierre Laleure, libraire à Paris, m'envoya plusieurs exemplaires de l'édition de Grasset. Je relus immédiatement le livre en français, et découvris à ma grande joie que ma connaissance rudimentaire de l'allemand ne m'avait rien fait perdre de la saveur ni de la substance du livre. J'ai souvent dit à des amis, et il y avait une certaine vérité dans mon exagération, que si je n'avais pu trouver *Siddharta* qu'en turc, en finlandais ou en hongrois, je l'aurais lu et compris aussi bien, tout en ne sachant pas un mot de ces langues barbares.

Il n'est pas tout à fait exact de dire que j'avais conçu un très grand désir de lire ce livre parce que Hermann Hesse était allé aux Indes. Ce fut le mot Siddharta, épithète qui était toujours liée dans mon esprit au Bouddha, qui aiguisa mon appétit. Bien avant d'avoir accepté Jésus-Christ, j'avais adopté Lao-tseu et le Bouddha Gautama. Le Prince de Lumière ! Une appellation qui, je ne sais pourquoi, n'a jamais pu s'appliquer à Jésus. L'homme de la tristesse, voilà ce qu'est plutôt pour moi le doux Jésus. Le mot de lumière fit résonner une corde en moi ; il fit fondre, semble-t-il, ces autres mots liés, à tort ou à raison, au fondateur de la chrétienté. Je parle de mots comme péché, culpabilité, rédemption, etc. Jusqu'à ce jour, je continue à préférer le *guru* à un saint chrétien ou au meilleur des douze disciples. Autour du *guru* il y a, et il y aura toujours, cette atmosphère si précieuse pour moi, de « lumière ».

J'aimerais parler longuement de *Siddharta* mais je sais que, comme pour *Séraphita*, moins on en dit mieux cela vaut. Je me contenterai donc de citer — à l'intention de ceux qui savent lire entre les lignes — quelques mots tirés d'une esquisse d'autobiographie d'Hermann Hesse, parue dans le numéro de septembre 1946 d'*Horizon*, à Londres.

Je découvris qu'ils (ses amis) avaient tout à fait raison aussi lorsqu'ils me faisaient un autre reproche :

> *ils m'accusaient de manquer du sens de la réalité. Ni mes écrits ni mes tableaux ne sont vraiment conformes à la réalité, et lorsque j'écris j'oublie souvent tout ce qu'un lecteur averti exige d'un bon livre... et il me manque, avant tout, le véritable* respect *de la réalité.*

Je m'aperçois que j'ai mis le doigt par inadvertance sur l'un des vices ou l'un des faibles du lecteur trop passionné. Lao-tseu dit que

> *quand un homme qui a le goût de réformer le monde prend l'affaire en main, on est certain qu'il n'en aura jamais fini.*

Ce n'est, hélas, que trop vrai ! Chaque fois que je ressens le besoin de défendre un nouveau livre — de toutes les forces qui sont en moi — je me crée plus de travail, plus d'angoisses, plus de déceptions. J'ai parlé de ma manie d'écrire des lettres. J'ai dit que, lorsque je viens de refermer un bon livre, je m'installe à ma table pour informer le monde entier de la chose. Admirable, direz-vous ? Peut-être. Mais c'est aussi une pure folie et une perte de temps. Ceux-là même que je cherche à intéresser — les critiques, les directeurs de revues, les éditeurs — sont ceux que mes hurlements d'enthousiasme touchent le moins. J'en suis arrivé à croire, en fait, qu'il suffit de ma recommandation pour que directeurs de revues et éditeurs perdent tout intérêt pour un livre. Tout livre dont je me fais l'avocat, ou pour lequel j'écris une préface ou un article, semble condamné [1]. Je crois qu'il y a peut-être là une loi profonde et juste. Une loi non écrite que j'essayerai de formuler comme suit : « Ne touche pas au destin d'un autre, même si cet autre n'est

1. La seule exception, c'est *la Rage de vivre* de Mezzrow, dont la version française a une préface, sous forme de lettre, signée de moi. On me dit que ce livre se vend comme des petits pains. Cependant, je ne m'en attribue pas le mérite ; il se serait vendu tout aussi bien sans ma préface.

rien de plus qu'un livre. » Je comprends aussi, de plus en plus, ce qui me fait céder à mes impulsions et agir inconsidérément. C'est, malheureusement, parce que je m'identifie avec le pauvre écrivain que j'essaye d'aider. (Chose ridicule, certains de ces auteurs sont morts depuis longtemps. Ce sont eux qui m'aident, et non le contraire !) Bien sûr, pour faire passer la chose à mes propres yeux, je me dis toujours : « Quel dommage que untel ou untel n'ait pas lu ce livre ! Quel plaisir il en retirerait ! Quel profit ! » Je ne pense jamais que les livres que les autres découvrent tout seuls remplissent pour eux le même office et tout aussi bien.

C'est à cause de mon brûlant enthousiasme pour des livres comme *The Absolute Collective, Ouest, Jean le Bleu, Interlinear to Cabeza de Vaca*, le *Journal* d'Anaïs Nin (qui n'existe toujours qu'en manuscrit) et d'autres, beaucoup d'autres, que je commençai à embêter la tribu perverse et inconstante des directeurs de revues et des éditeurs qui dicte au monde ce que nous devons ou ne devons pas lire. Pour deux écrivains en particulier, j'ai fait les lettres les plus ardentes, les plus pressantes qu'on puisse imaginer. Un écolier n'aurait pu être plus enthousiaste et plus naïf que moi. Je me rappelle qu'en écrivant une de ces lettres, je suis allé jusqu'à verser des larmes. Elle était adressée au directeur d'une collection bien connue de livres de poche. Croyez-vous que cet individu a été ému par mon débordement d'émotion ? Il mit à peu près six mois à me répondre sur ce ton détaché, froid, hypocrite dont usent souvent les directeurs, disant qu'« ils » (toujours l'anonymat) étaient arrivés, à leur grand regret (toujours la même chanson) à la conclusion que mon homme n'était pas dans la ligne de leurs auteurs. Ils citaient avec complaisance les excellentes ventes qu'avaient faites Homère (mort depuis longtemps) et William Faulkner qu'ils avaient choisi de publier. Sous-entendu : Trouvez-nous des écrivains comme ça, et nous mordrons à l'appât ! Cela paraît fantastique, et c'est pourtant la vérité. Voilà exactement ce que pensent les directeurs.

Cependant, mon vice est, me semble-t-il, inoffensif comparé à ceux des fanatiques politiques, des charlatans militaires, des croisés du vice et autres personnages détestables. Je ne vois pas le mal que je fais en annonçant au monde entier mon admiration, mon affection, ma gratitude et mon respect pour deux écrivains français vivants : Blaise Cendrars et Jean Giono. Je me rends peut-être coupable d'indiscrétion, on peut me considérer comme un pauvre imbécile, me critiquer justement ou injustement pour mon goût ou mon manque de goût ; je me rends peut-être coupable, au sens le plus haut du terme, du crime de « toucher » au destin d'autrui ; je me range peut-être moi-même dans la classe des « propagandistes », mais... en quoi fais-je du tort à qui que ce soit ? Je ne suis plus un jeune homme. J'ai, exactement, cinquante-cinq ans. (« Je me nomme Louis Salavin. ») Je m'aperçois qu'au lieu de s'émousser, ma partialité quand il s'agit de livres devient plus grande avec l'âge. Peut-être y a-t-il de l'outrance dans mes affirmations extravagantes. Mais je n'ai jamais été ce que l'on appelle « discret » ou « délicat ». Je suis plutôt brutal... honnête et sincère en tout cas. Donc, si je *suis* effectivement coupable, j'en demande pardon à l'avance à mes amis Giono et Cendrars. Si je les couvre de ridicule, je leur demande de me désavouer. Mais je ne retiendrai pas mes mots. Tout ce qui précède, toute ma vie, en vérité, me conduit à cette déclaration d'amour et d'adoration.

III

BLAISE CENDRARS

Cendrars a été le premier écrivain français à venir me voir durant mon séjour à Paris [1], et le dernier homme que j'ai vu en quittant Paris. Je n'avais que quelques minutes avant de prendre le train pour Rocamadour, et je buvais un dernier verre à la terrasse de mon hôtel près de la Porte d'Orléans quand Cendrars apparut. Rien n'aurait pu me donner une plus grande joie que cette visite inattendue de dernière minute. Je lui confiai en quelques mots mon projet de visiter la Grèce. Puis je me calai dans mon fauteuil pour savourer la musique de sa voix sonore qui m'a toujours paru sortir d'un orgue. Dans ces quelques instants d'adieux, Cendrars réussit à me prodiguer un monde d'informations et tout cela avec la même chaleur et la même tendresse qui imprègnent tous ses livres. Comme le sol même qui s'étendait sous nos pieds, ses pensées étaient sillonnées d'un réseau d'innombrables conduits souterrains. Je le laissai là en manches de chemise, sans me douter un instant que des années s'écouleraient avant que j'entendisse de nouveau parler de lui, sans m'imaginer que c'était peut-être la dernière fois que je voyais Paris.

J'avais lu tout ce qui de l'œuvre de Cendrars avait été traduit en anglais. Autant dire rien. Mon premier contact avec lui dans sa langue maternelle, je l'eus à une

1. J'ai vécu à Paris de mars 1930 à juin 1939.

époque où ma connaissance du français était encore approximative. Je commençai par *Moravagine*, un livre rien moins que facile à lire pour qui ne sait guère de français. Je le lus lentement, avec un dictionnaire à portée de la main, d'un café à l'autre. Je le commençai au Café de la Liberté, au coin de la rue de la Gaieté et du boulevard Edgar-Quinet. Je m'en souviens très bien. Si jamais Cendrars lit ces lignes, peut-être sera-t-il content, ému aussi, de savoir que c'est dans ce petit bistro que j'ai ouvert pour la première fois son livre.

Moravagine devait être le second ou le troisième livre que j'essayais de lire en français. Je l'ai relu l'autre jour, après un intervalle de quelque dix-huit ans. Quelle ne fut pas ma surprise de découvrir que des passages entiers en étaient demeurés gravés dans ma mémoire ! Et moi qui croyais que mon français d'alors était nul ! Voici un des passages dont je me souviens aussi nettement que le jour où je l'ai lu pour la première fois. C'est en haut de la page 77 (Éditions Grasset, 1926).

> *Je vous parle de choses qui m'apportèrent quelque soulagement au début. Il y avait aussi l'eau des w.-c. qui bouillonnait à intervalles réguliers dans les tuyaux... Un désespoir sans borne m'envahissait.*

(Cela vous rappelle-t-il quelque chose, mon cher Cendrars ?)

Je pense aussitôt à deux autres passages, dont le souvenir est encore plus vif ; ils sont extraits d'*Une Nuit dans la forêt* (Éditions du Verseau, Lausanne, 1929) que je lus environ trois ans plus tard. Je ne les cite pas pour faire étalage de ma mémoire, mais pour révéler un aspect de Cendrars dont ses lecteurs anglais et américains ne soupçonnent probablement pas l'existence.

> 1. *Moi, l'homme le plus libre du monde, je reconnais que l'on est toujours lié par quelque chose et que la liberté, l'indépendance n'existent pas, et je me méprise autant que je peux, tout en me réjouissant de mon impuissance.*

2. *De plus en plus je me rends compte que j'ai toujours pratiqué la vie contemplative. Je suis une espèce de brahmane à rebours qui se contemple dans l'agitation, qui s'entraîne et qui méprise la vie de toutes ses forces. Ou le boxeur et son ombre, déchaîné et de sang-froid qui tape dans le vide et s'étudie. Quelle virtuosité, quelle science, quel équilibre, quel calme dans l'accélération !* Après, il faudra savoir encaisser les coups avec la même tranquillité. *Moi, je sais encaisser, et c'est avec sérénité que je me féconde et que je me détruis, bref que j'agis dans le monde, et non pas tant pour jouir que pour faire jouir (ce sont les réflexes des autres qui m'amusent, pas les miens).*

La sérénité ne peut être atteinte que par un esprit désespéré, et pour être désespéré il faut avoir beaucoup vécu et aimer encore le monde [1].

Ces deux derniers passages ont sans doute été cités bien des fois déjà et le seront encore souvent. Ils sont mémorables et bien de leur auteur. Ceux qui ne connaissent que *l'Or, Panama* et *Transsibérien*, et le lecteur américain n'a guère eu l'occasion d'en connaître davantage, peuvent s'étonner à lire ces deux citations que cet auteur n'ait pas été plus amplement traduit. Longtemps avant que j'aie voulu rendre Cendrars plus familier au public américain (et, pourquoi ne pas ajouter au monde entier), John Dos Passos avait traduit et illustré d'aquarelles *Panama ou les Aventures de mes sept oncles* [2].

Ce qu'il importe avant tout de savoir pourtant au sujet de Blaise Cendrars, c'est qu'il est un homme aux multiples visages. Il est aussi l'homme aux multiples livres, aux multiples sortes de livres, et j'entends par là non pas les « bons » et les « mauvais » mais des livres si différents les uns des autres qu'il donne l'impression

1. C'est moi qui souligne.
2. Voir chapitre 12 « L'Homère du Transsibérien », *Orient Express*, Jonathan Cape and Harrison Smith, New York, 1922.

d'évoluer dans toutes les directions à la fois. C'est assurément un homme évolué. Et un écrivain évolué.

Sa vie même est un conte des Mille et Une Nuits. Et ce personnage qui a mené une vie hors dimension est aussi un rat de bibliothèque. Le plus grégaire des hommes et pourtant un solitaire. (« Ô mes solitudes ! ») Un homme à l'intuition profonde et à la logique invincible. La logique de la vie. La vie d'abord et avant tout. La Vie avec un V majuscule. C'est cela, Cendrars.

Suivre sa carrière depuis le jour où, à quinze ou seize ans, il s'enfuit de la maison paternelle à Neufchâtel, jusqu'au temps de l'Occupation où il se terre à Aix-en-Provence et s'impose une longue période de silence, c'est vouloir braver le vertige. L'itinéraire de ses vagabondages est plus difficile à reconstituer que celui de Marco Polo dont il semble, d'ailleurs, avoir maintes fois croisé et recroisé les pas. Une des raisons de la prodigieuse fascination qu'il exerce sur moi, c'est la similitude entre ses pérégrinations, ses aventures et celles que j'associe dans mon souvenir avec Sindbad le Marin ou Aladin et la Lampe merveilleuse. Les extraordinaires épreuves qu'il impose aux personnages de ses livres et qu'il a souvent connues lui-même ont de la légende toutes les caractéristiques et aussi l'authenticité. Lui qui a le culte de la vie et de la vérité de la vie, il est de tous les auteurs modernes celui qui a été le plus près de nous révéler la source commune du verbe et de l'action. Il redonne à la vie contemporaine les caractères de l'héroïque et du fabuleux. Ses aventures l'ont conduit aux quatre coins de la terre et particulièrement dans les régions réputées dangereuses et inaccessibles. (Il faut lire surtout ses premiers souvenirs pour apprécier la véracité de cette affirmation.) Il a fréquenté toutes sortes de gens, et même des bandits, des assassins, des révolutionnaires et autres fanatiques de tout poil. À l'en croire, il n'a pas essayé moins de trente-six métiers, mais comme Balzac, il donne l'impression de les connaître tous. Il a, par exemple, été jongleur — dans un music-hall anglais — en même temps que Chaplin y faisait ses débuts ; il a été marchand de perles et contrebandier ; il a possédé une plantation en Amérique du Sud, où il a fait coup sur coup trois fortunes qu'il a perdues plus rapidement encore. Mais il faut lire le récit de sa vie ! Et savoir lire entre les lignes.

Oui, il a exploré et fouillé les faits et gestes des hommes. Et, pour ce faire, il s'est planté au milieu de la vie, en partageant le sort de ses semblables. Quel magnifique et scrupuleux reporter il fait, lui qui refuserait de se laisser appeler « étudiant de la vie ». Il a la faculté de se procurer la matière de ses « papiers » par une sorte d'osmose ; rien chez lui ne semble jamais procéder de la recherche systématique. C'est pour cela sans doute que sa propre histoire se trouve toujours mêlée à celle d'autrui. Bien sûr, il possède l'art de distiller, mais ce qui l'intéresse avant tout c'est la nature alchimique de toute relation humaine. Cette éternelle quête de la pierre philosophale lui permet de révéler les hommes à eux-mêmes et au monde ; cela l'amène à porter aux nues les vertus des hommes, à nous faire admettre leurs défauts et leurs faiblesses, à nous faire mieux connaître et mieux respecter ce qui est essentiellement humain, à aimer plus profondément, à comprendre mieux le monde. Il est le « reporter » par excellence, car il combine les dons du poète, du sage et du prophète. Grand innovateur et initiateur dans tant de domaines, toujours le premier à porter témoignage, il nous a révélé les vrais pionniers, les vrais aventuriers, les authentiques découvreurs parmi nos contemporains. Plus qu'aucun autre écrivain auquel je puisse penser, il nous a rendu cher « le bel aujourd'hui ».

Tout en se déployant dans mille directions, il a toujours trouvé le temps de lire. Au cours de ses longs voyages, dans les profondeurs de l'Amazonie, au milieu des déserts (j'imagine qu'il les connaît tous, ceux de la terre et ceux de l'esprit), au cœur de la jungle, dans les pampas immenses, à bord des trains, des tramways, des wagons de marchandises ou des grands paquebots, dans les grands musées et bibliothèques d'Europe, d'Asie et d'Afrique, il s'est enterré parmi les livres, il a mis les archives au pillage, il a photographié des documents rares et, qui sait ma foi s'il n'a pas aussi volé des livres inestimables, des manuscrits précieux, des documents de toute sorte : pourquoi pas, quand on connaît son énorme appétit pour le rare, le curieux, l'interdit ?

Il nous a raconté dans un de ses récents livres comment les Allemands (les Boches !) ont détruit ou pillé, je ne me rappelle plus, sa précieuse bibliothèque, précieuse pour un homme comme Cendrars qui aime à donner les renseignements les plus détaillés quand il cite un passage d'un de ses livres favoris. Dieu merci, sa mémoire est encore alerte et fonctionne comme une machine bien réglée. Une mémoire incroyable, comme en témoigneront ceux qui ont lu ses tout derniers ouvrages : *la Main coupée, l'Homme foudroyé, Bourlinguer, le Lotissement du Ciel, la Banlieue de Paris*.

À côté de cela — avec Cendrars on dirait toujours que tout ce qu'il a fait, c'était du travail en marge — il a traduit les œuvres d'autres écrivains, notamment l'auteur portugais, Ferreira de Castro (*Forêt vierge*) et notre Al Jennings, le grand hors-la-loi et ami de cœur d'O. Henry[1]. Quelle merveilleuse traduction que ce *Hors-la-loi* qui s'intitule en anglais *Through the Shadows with O. Henry*. Il y a une sorte de collaboration secrète entre Cendrars et l'être le plus intime d'Al Jennings. Pendant tout le temps qu'il y travaillait, Cendrars n'a pas une fois rencontré Jennings, pas plus qu'il n'a correspondu avec lui. (Encore un titre, je dois le dire en passant, que nos éditeurs de livres de poche ont négligé. Il y a une fortune à faire avec un ouvrage comme celui-là et ce serait réconfortant de penser que cette fortune irait emplir la poche d'Al Jennings.)

Un des aspects les plus fascinants du caractère de Cendrars, c'est sa faculté d'adaptation qui lui permet de collaborer avec un autre artiste. Imaginez-le, peu après la guerre de 1914-1918, dirigeant les éditions de la

1. Cendrars a traduit également l'autobiographie d'Al Capone.

Sirène ! Quelle belle occasion ! Nous lui devons une édition des *Chants de Maldoror*, la première depuis l'édition originale publiée hors commerce par l'auteur en 1868. Comme il se montrait innovateur dans tous les domaines, toujours méticuleux, scrupuleux et exigeant, tout ce qu'il a publié à la Sirène fait maintenant le bonheur des bibliophiles. Outre ce don de collaborer avec autrui, il a une autre qualité qui va de pair avec celle-là : c'est *l'art* ou la grâce de savoir faire le premier pas. Qu'il s'agisse d'un criminel, d'un saint, d'un homme de génie, d'un débutant qui promet, Cendrars est toujours le premier à aller le voir, le premier à proclamer ses mérites, le premier à lui apporter l'aide dont l'autre a le plus grand besoin. La chaleur dont je fais montre ici a sa justification. Aucun écrivain ne m'a jamais fait honneur plus insigne que ce cher Blaise Cendrars qui, peu de temps après la publication de *Tropique du Cancer*, a frappé un beau jour à ma porte pour me tendre la main de l'amitié. Je ne puis oublier non plus la première éloquente et affectueuse critique du livre qui parut sous sa signature dans *Orbes* quelque temps après. (Ou bien peut-être était-ce *avant* qu'il vînt à mon studio de la villa Seurat.)

Il m'est arrivé en lisant Cendrars — et je ne suis pas coutumier du fait — de reposer le livre pour pouvoir me tordre les mains de joie ou de tristesse, d'angoisse ou de désespoir. Cendrars s'est maintes fois dressé sur mon chemin, aussi implacable qu'un tueur qui vous presse le canon de son revolver contre l'épine dorsale. Certes, il m'arrive souvent d'être emporté par l'enthousiasme en lisant une œuvre. Mais je veux parler ici de quelque chose d'autre que l'exaltation. Je parle d'une sensation au sein de laquelle toutes nos émotions viennent se fondre et se mêler. Je veux dire les coups qui vous laissent k.-o. Cendrars m'a mis k.-o. Non pas une fois, mais souvent. Et pourtant, je sais encaisser ! Oui, mon cher Cendrars, non seulement vous m'avez arrêté, mais vous avez arrêté la pendule. Il m'a fallu des jours, des semaines, parfois des mois, pour me remettre de ces assauts avec vous. Des années plus tard, je peux encore toucher de la main le point où le coup a frappé et sentir la cuisson de la vieille blessure. Vous m'avez meurtri et couvert de bleus ; vous m'avez laissé marqué de cicatrices, ahuri, assommé. Ce qu'il y a de curieux, c'est que mieux je vous connais — par vos livres — plus je deviens sensible. On dirait que vous avez tracé sur moi le signe magique. J'arrive, le menton en avant, « pour écoper ». Je vous sers de punching-ball, comme je l'ai souvent dit. Et c'est parce que je crois n'être pas le seul dans ce cas, parce que je voudrais faire partager à d'autres cette expérience peu banale, que je continue à dire un petit mot gentil sur vous, partout où je le peux, chaque fois que je le peux.

J'ai dit imprudemment : « Mieux je vous connais. » Mais, mon cher Cendrars, je ne vous connaîtrai jamais, pas comme je connais les autres hommes en tout cas, j'en suis persuadé. Vous aurez beau vous révéler largement, jamais je ne connaîtrai le fond de votre âme. Je doute que personne y parvienne jamais, et ce n'est pas la vanité qui me pousse à dire cela. Vous êtes aussi inscrutable qu'un Bouddha. Vous inspirez les autres, vous leur révélez des mystères, mais vous ne vous livrez jamais tout à fait. Non, quand on vous rencontre, que ce soit en chair et en os ou par le truchement d'un livre, vous donnez l'impression d'avoir donné tout ce que l'on peut donner. Vous êtes d'ailleurs un des rares hommes que je connaisse qui, dans leur œuvre comme dans leurs actes, prodiguent ce « surplus » qui représente tout pour nous. Vous donnez tout ce qui peut être donné. Ce n'est pas votre faute si le fond même de votre âme échappe à toute analyse. C'est la loi de votre être. Nul doute qu'il n'existe des hommes moins curieux, moins tenaces, moins obstinés, pour qui ces remarques sont sans signification. Mais vous avez porté notre sensibilité à un tel niveau de raffinement, vous avez tellement élargi notre conscience, si profondément creusé notre amour des hommes et des femmes, des livres, de la nature, des mille et une choses de la vie que seul un de vos interminables paragraphes pourrait énumérer, que vous avez éveillé en nous le désir de vous connaître de fond en comble. Quand je vous lis ou que je vous parle, je me rends compte que vous êtes toujours en alerte : vous ne vous contentez pas d'être assis dans un fauteuil dans une pièce dans une ville dans un pays, à nous raconter ce qui vous passe par la tête ; vous faites parler le fauteuil et vibrer la pièce du tumulte de la ville dont la vie se nourrit de la cohue d'une nation tout entière dont l'histoire et la vie se confondent avec les vôtres, et à mesure que vous parlez ou que vous écrivez, tous ces éléments créateurs, images et faits, pénètrent parmi vos pensées et vos sentiments, tissant une toile que l'araignée qui est en vous ne cesse d'agrandir et qui s'étend à nous, vos auditeurs, jusqu'à ce que la création tout entière y soit impliquée, et que nous, vous, eux, y ait perdu son identité et pris une signification neuve, un nouveau départ.

Avant de poursuivre, il y a deux ouvrages sur Cendrars que j'aimerais recommander à tous ceux désireux d'en savoir plus long à son propos. Tous deux s'intitulent *Blaise Cendrars*. L'un est l'œuvre de Jacques-Henry Lévesque (Éditions de la Nouvelle Critique, Paris, 1947), l'autre de Louis Parrot (Éditions Pierre Seghers, Paris, 1948) achevé sur le lit de mort de l'auteur. L'un et l'autre contiennent des indications bibliographiques, des extraits des œuvres de Cendrars et un grand nombre de photographies prises à diverses époques de sa vie. Ceux qui ne savent pas le français peuvent glaner bien des renseignements sur ce personnage énigmatique, rien qu'à regarder les photographies. (Il est étonnant de voir quel piquant, quelle vitalité les éditeurs français confèrent à leurs publications en y insérant des reproductions de vieilles photographies. Seghers, dans ce domaine, est allé très loin. Dans sa série de petits livres carrés, intitulée *Poètes d'aujourd'hui*, il nous a donné une véritable galerie de portraits contemporains et quasi contemporains.)

Oui, on peut apprendre bien des choses sur Cendrars

en étudiant seulement sa physionomie. Il a sans doute été photographié plus que n'importe quel autre écrivain moderne. En outre, on a de lui un grand nombre de portraits et de croquis faits par des artistes célèbres comme Modigliani, Apollinaire, Léger. Feuilletez les pages des deux livres que je viens de citer : celui de Lévesque et celui de Parrot ; regardez bien cette « gueule » dont Cendrars a présenté au monde les mille aspects. Certains vous tireront des larmes ; d'autres sont presque hallucinants. Il y a une photo de lui en uniforme du temps qu'il était caporal à la Légion étrangère. Sa main gauche, tenant un mégot qui lui brûle les doigts, sort de sous sa capote ; c'est une main si expressive, si éloquente que même si vous ne connaissez pas l'histoire de son bras amputé cette image ne manquera pas de vous la conter. C'est avec cette main puissante et sensible qu'il a écrit la plupart de ses livres, signé d'innombrables lettres et cartes postales ; elle lui a servi aussi à se raser, à se laver, à piloter sur les terrains les plus accidentés son Alfa-Roméo ; c'est avec cette main gauche qu'il s'est frayé un chemin à travers les jungles, qu'il s'est sorti indemne de maintes bagarres, qu'il s'est défendu, qu'il a tiré sur des hommes et sur des bêtes, qu'il a donné des claques dans le dos de ses copains, qu'il a cordialement serré la main d'un ami longtemps perdu, qu'il a caressé les femmes et les animaux qu'il a aimés. Il y a une autre photo de lui prise en 1921, quand il travaillait avec Abel Gance au film *la Roue*, l'éternelle cigarette collée au coin des lèvres, une dent manquante et coiffé d'une énorme casquette à carreaux dont la visière gigantesque lui pendait au-dessus d'une oreille. Il a l'expression d'un personnage de Dostoïevsky. Sur la page d'en face se trouve une photo prise par Raymone en 1924, quand il écrivait *l'Or*. Il est planté les jambes écartées, la main gauche dans la poche de son large pantalon, un mégot au bec comme toujours. Sur cette photo, il a l'air d'un jeune coq de village d'origine slave. Une lueur de défi brille dans son regard, un air de bravade franche et joyeuse. « Va te faire voir, mon vieux, je me sens en pleine forme... *et toi ?* » Voilà ce que semble dire son regard. Une autre, sur laquelle il figure avec Lévesque au Tremblay-sur-Marne, en 1926, le montre dans la force de l'âge. Sur ce cliché, il semble à l'apogée de sa forme physique ; il respire la santé, la joie, la vitalité. En 1928, nous avons la photo qui a été reproduite à des milliers d'exemplaires. C'est le Cendrars de la période sud-américaine, l'air svelte, presque élancé, bien habillé, le chef couronné d'un superbe chapeau mou, au bord relevé. Ses yeux brillent d'un éclat lointain et brûlant, comme s'il revenait juste de l'Antarctique. (Je crois qu'il était en train d'écrire alors ou qu'il venait de terminer *Dan Yack*, dont la première partie *(le Plan de l'Aiguille)* vient seulement d'être traduite en anglais sous le titre d'*Antarctic Fugue*). Mais c'est en 1944 que nous retrouvons l'image du vieux légionnaire, sur la photo prise par Chardon à Cavaillon. Il me rappelle sur ce cliché le Victor Mac Laglen du *Mouchard*. C'est la période de *l'Homme foudroyé*, à mes yeux une de ses œuvres maîtresses. Là il est l'homme de la terre, l'homme complet aux couches multiples : débardeur, vagabond, clochard, mendiant, barman, garde du corps, aventurier, marin, soldat, dur à cuire, l'homme de mille et une amères expériences, qui n'a jamais succombé mais n'a fait que mûrir et s'épanouir. Un homme, quoi ! Il y a encore deux photos prises en 1948, à Aix-en-Provence, qui nous donnent de lui une image tendre et touchante. Sur l'une, il est accoudé à une barrière et entouré de tous les gosses du voisinage. Sur l'autre on le voit marcher dans une vieille rue noyée d'ombre et délicieusement tortueuse. Il a l'air songeur, sinon triste. C'est une belle photo, qui rend bien l'atmosphère du Midi. On l'accompagne dans sa promenade pensive, et l'on demeure silencieux devant les pensées insaisissables qui l'enveloppent... Je dois me retenir. Je pourrais continuer indéfiniment à discourir sur les aspects « physiognomoniques » de Cendrars. Il a une bouille qu'on ne peut pas oublier. Il a un visage *humain*, voilà. Humain, comme les visages chinois, égyptiens, crétois, étrusques.

On a dit bien des choses contre cet écrivain... qu'il avait un style cinématographique, qu'il recherchait le sensationnel, qu'il exagérait et déformait à outrance, qu'il était prolixe et verbeux, qu'il n'a aucun sens de la forme, qu'il est trop réaliste ou au contraire que ses récits sont trop incroyables et ainsi de suite. Bien sûr, il y a dans ces accusations un grain de vérité, mais ne l'oublions pas : *seulement un grain !* Elles réfléchissent les vues de la critique aux ordres, de l'académisme, du romancier raté. Mais à supposer même que pour un instant nous les acceptions sans discuter, ces critiques tiennent-elles debout ? Prenez, par exemple, sa technique trop proche, dit-on, de celle du cinéma. Eh bien, ne vivons-nous pas à l'âge du cinéma ? Cette période de l'histoire n'est-elle pas plus fantastique, plus « incroyable » que le simulacre que nous en voyons se dérouler sur les écrans ? Quant à son goût du sensationnel... avons-nous oublié Gilles de Rais, le marquis de Sade, les *Mémoires* de Casanova ? Pour l'hyperbole... et Pindare ? Pour la prolixité et la verbosité, que dire de Jules Romains ou de Marcel Proust ? Pour l'exagération et la déformation, que dire de Rabelais, Swift et Céline, pour citer une étrange trinité ? Quant au reproche qu'on lui fait de ne pas se soucier de la forme, ce baudet qui passe son temps à ruer dans les colonnes des revues littéraires, n'ai-je pas entendu des Européens cultivés s'extasier sur le style « végétal » des temples hindous, dont les façades sont hérissées d'une débauche de formes humaines, animales et autres ? Ne les ai-je pas vus considérer d'un œil dédaigneux les étonnantes efflorescences brodées sur les rouleaux thibétains ? Pas de goût, hein ? Pas de sens des proportions ? Pas de contrôle ? C'est ça. De la mesure avant tout ! Ces crétins cultivés oublient que leurs maîtres bien-aimés, les Grecs, travaillaient avec des blocs cyclopéens, qu'ils créaient des monstruosités aussi bien que des apothéoses d'harmonie, de grâce, de forme et d'esprit ; ils oublient sans doute que la sculpture cycladique de la Grèce surpassait en abstraction et en simplification tout ce qu'ont jamais tenté Brancusi ou ses disciples. La mythologie même de ces adorateurs de la beauté, qui ont pour devise « Rien d'extrême » révèle assez l'aspect « monstrueux » de leur nature.

Oui, Cendrars est plein d'excroissances. Il y a des passages qui jaillissent du corps de son texte comme des tumeurs grandioses. Il y a des détours, des parenthèses, des digressions, qui sont l'embryon, la substance future de livres à venir. Il y a partout une floraison désordonnée et aussi dans tous ses livres un immense gaspillage de matériel. Cendrars ne se limite pas plus qu'il ne s'épuise tout à fait. Quand le moment vient de se laisser aller, il se laisse aller. Quand mieux vaut être bref, il est bref et va droit au but, comme la pointe d'une dague. Je trouve que ses livres reflètent son manque d'habitudes fixes, ou plutôt sa faculté de rompre avec une habitude. (C'est un signe de réelle émancipation !) Dans ces paragraphes gonflés, qui font penser à une mer houleuse et qui déconcertent apparemment certains lecteurs, Cendrars révèle son esprit océanique. Nous qui tirons gloire de la démence de notre cher Shakespeare et de ses déchaînements élémentaires, allons-nous craindre ces rafales cosmiques ? Nous qui avons avalé *Pantagruel* et *Gargantua via* Urquhart, allons-nous nous laisser démonter par des catalogues de noms, de lieux, de dates et d'événements ? Nous qui avons produit l'écrivain le plus bizarre qu'on ait vu dans aucune langue — Lewis Carroll — demeurerons-nous sans voix devant les jeux de mots, le ridicule, le grotesque, l'indicible ou le « rigoureusement impossible » ? Il faut un homme, un vrai, pour prendre son souffle, comme le fait Cendrars avant de se lancer dans un de ses paragraphes qui s'étirent sur trois pages d'affilée. Que dis-je, un homme ? Un plongeur de grand fond. Une baleine. Un homme-baleine exactement.

Ce qui est remarquable, c'est que ce même homme nous a donné aussi quelques-unes des phrases les plus courtes qu'on ait jamais écrites, notamment dans ses poèmes et dans ses poèmes en prose. Là, dans un rythme haché — n'oublions pas qu'avant d'être écrivain il a été musicien ! — il emploie un style télégraphique. (On pourrait le qualifier aussi de « téléesthétique ».) On peut le lire aussi vite que le Chinois, et d'ailleurs ses vocables me semblent présenter une curieuse affinité avec les caractères chinois. Cette technique particulière qu'utilise Cendrars crée une sorte d'exorcisme : on est délivré du terrible poids de la prose, des entraves de la grammaire et de la syntaxe, du caractère faussement intelligible de ce qui dans le discours ne sert qu'à communiquer avec autrui. Dans *l'Eubage*, par exemple, nous découvrons une qualité sibylline de pensée et d'expression. C'est un de ses livres les plus curieux. Un cas extrême. Et aussi un point de départ et une fin. Cendrars est bien difficile à classer, et je ne vois guère au fond pourquoi on aurait besoin de le classer. Je le considère parfois comme un « écrivain pour écrivains », mais il n'est pas cela. Ce que je veux dire par là c'est qu'un écrivain a beaucoup à apprendre de Cendrars. En classe, je m'en souviens, on nous conseillait toujours de prendre pour modèles des hommes comme Macaulay, Coleridge, Ruskin ou Edmund Burke... voire Maupassant. Pourquoi on ne nous parlait jamais de Shakespeare, de Dante, ni de Milton, je ne sais pas. Aucun de nos professeurs ne croyait, j'ose le dire, qu'un des galopins qu'il avait pour élèves ne deviendrait un jour écrivain. Eux-mêmes étaient des ratés, alors ils s'étaient fait professeurs. Cendrars a toujours dit sans ambage que le seul maître, le seul modèle, c'est la vie elle-même. Ce qu'un écrivain apprend de Cendrars, c'est à suivre son flair, à obéir aux ordres de la vie, à n'adorer d'autre dieu que la vie. Certains commentateurs prétendront que Cendrars entend « la vie dangereuse ». Je ne crois pas que Cendrars se limiterait ainsi. Il veut dire la *vie* pure et simple, sous tous ses aspects, dans toutes ses ramifications, dans tous ses sentiers détournés, ses tentations, ses risques. S'il est un aventurier, il le demeure dans tous les domaines de l'existence. Ce qui l'intéresse, ce sont *toutes* les phases de la vie. Les sujets qu'il a traités, les thèmes qu'il a développés, sont encyclopédiques. Encore un signe d'« émancipation », cette absorption totale des innombrables manifestations de la vie. C'est souvent quand il semble le plus « réaliste », par exemple, qu'il a tendance à tirer tous les registres de son orgue. Le réaliste est une âme chétive. Il voit ce qui est devant lui, comme un cheval qui a des œillères. Cendrars a toujours l'œil aux aguets ; c'est à croire qu'il en a un troisième caché sous les cheveux, une lucarne ouverte à tous les rayons cosmiques. Un pareil homme, vous pouvez en être sûr, ne terminera jamais l'œuvre de sa vie, parce que la vie sera toujours en avance d'un pas sur lui. Un article de Pierre de Latil, dans la *Gazette des Lettres* du 6 août 1949, nous annonce que Cendrars a fait le projet d'écrire dans les années à venir une douzaine de livres. C'est un programme stupéfiant, quand on songe que Cendrars a aujourd'hui dépassé la soixantaine, qu'il n'a pas de secrétaire, qu'il écrit de la main gauche, qu'il a toujours la bougeotte et qu'il brûle toujours de s'en aller courir le monde pour voir encore du pays, que d'ailleurs il a horreur d'écrire et qu'il considère cette tâche comme l'équivalent des travaux forcés. Il travaille à quatre ou cinq livres en même temps. Il les finira tous, j'en suis certain. Je prie seulement le ciel de vivre assez vieux pour pouvoir lire la trilogie des « souvenirs humains » intitulée *Archives de ma tour d'ivoire*, qui comprendra : *Hommes de lettres, Hommes d'affaires* et *Vie des hommes obscurs*. Surtout le dernier volume...

Je me suis longuement interrogé sur les insomnies dont Cendrars affirme souffrir. Il les attribue, si mes souvenirs sont exacts, à sa vie dans les tranchées. C'est sans doute vrai, mais je soupçonne qu'elles ont des raisons plus profondes. Quoi qu'il en soit, ce que je voudrais souligner, c'est qu'il semble exister un rapport entre sa fécondité et ses insomnies. Pour le commun des mortels, le sommeil est le grand moyen de retrouver ses forces. Les individus exceptionnels — saints, *gurus*, inventeurs, hommes d'État, hommes d'affaires ou certains types d'aliénés — n'ont besoin que de très peu de sommeil. Ils ont apparemment d'autres moyens de refaire leur réserve de forces. Certains hommes, en se contentant de varier leurs occupations, sont capables de continuer à travailler presque sans dormir. D'autres, comme le yogi et le *guru*, en devenant de plus en plus conscients et donc de plus en plus vivants, se libèrent pratiquement de la servitude du sommeil. (Pourquoi dormir si le but de la vie c'est de profiter le plus pleinement possible de la création ?) Avec Cendrars, j'ai l'impression qu'il se repose en passant de la vie active à l'écriture et vice versa. Pure hypothèse de ma part, bien entendu. Mais sans quoi, je ne puis expliquer comment un homme peut brûler la chandelle par les deux bouts sans se consumer totalement. Cendrars dit quelque part qu'il descend d'ancêtres qui ont vécu très vieux. Le moins qu'on puisse dire est qu'il a royalement gaspillé son patrimoine. *Mais* il ne donne aucun signe de fatigue. Bien au contraire, on dirait qu'il connaît une seconde jeunesse. Il est convaincu qu'à soixante-dix ans il sera prêt à s'embarquer vers de nouvelles aventures. Ce qui ne me surprendra pas le moins du monde ; je le vois très bien escaladant l'Hymalaya à quatre-vingt-dix ans ou prenant place à bord de la première fusée à destination de la lune.

Mais revenons au rapport que je vois entre sa vocation littéraire et ses insomnies... Si l'on examine les dates qu'il donne à la fin de ses livres en indiquant le temps qu'il a passé à les écrire, on est frappé par la célérité avec laquelle il les a rédigés tout autant que par la rapidité avec laquelle (bien qu'il s'agisse de livres de bonne taille) ils se succèdent. Tout cela suggère, à mon avis, une chose : une « obsession ». Pour écrire, il faut être possédé et obsédé. Qu'est-ce qui possède et qui obsède Cendrars ? *La vie*. C'est un homme qui est amoureux de la vie, et c'est tout. Qu'importe s'il le nie parfois, s'il stigmatise l'époque ou s'il flagelle l'art de ses contemporains, s'il compare au présent son récent passé pour souligner les lacunes du premier, qu'importe s'il déplore les élans, les tendances, les philosophies et le comportement des hommes de notre époque, il est l'homme de notre temps qui a proclamé et annoncé à grand renfort de fanfares qu'*aujourd'hui* est profond et beau. Et c'est précisément parce qu'il s'est ancré en plein milieu de la vie contemporaine et que de là, comme d'une passerelle de navire, il surveille la vie, toute la vie, passée, présente et future, la vie des étoiles aussi bien que la vie des grands fonds marins, la vie en miniature comme la vie à une échelle grandiose, c'est pour cela que je l'ai montré comme un éblouissant exemple des bons principes, de la bonne attitude à avoir devant la vie. Nul mieux que Cendrars ne sait se plonger dans les splendeurs du passé ; nul ne peut saluer le futur avec plus d'ardeur ; mais c'est le présent, l'éternel présent qu'il glorifie et dont il se fait l'allié. Ce sont des hommes comme lui, et seulement ceux-là, qui sont dans la tradition, qui la continuent. Les autres sont des gens qui regardent en arrière, des idolâtres, ou bien de simples fantômes d'espoir, des bonimenteurs. Avec Cendrars, vous tombez sur le bon filon. Et c'est parce qu'il comprend si bien le présent, parce qu'il l'accepte, parce qu'il ne fait qu'un avec lui qu'il est capable de prédire l'avenir sans se tromper. Non qu'il pose au devin ! Non, ses observations prophétiques, il les fait discrètement, en passant ; elles sont souvent enfouies au milieu d'une foule de choses qui n'ont aucun rapport avec elles. C'est en cela qu'il me rappelle le bon médecin : il sait prendre le pouls. À vrai dire, il sait percevoir tous les pouls, comme les médecins chinois du temps jadis. Quand il déclare de certains hommes qu'ils sont malades, de certains artistes que ce sont des faiseurs ou des gens corrompus, des politiciens en général qu'ils sont fous et des militaires qu'ils sont des criminels, il sait ce qu'il dit. C'est le maître en lui qui parle.

Il a pourtant une autre façon de parler qui m'est plus chère. Il est capable de parler avec tendresse. Lawrence, on s'en souvient, avait tout d'abord songé à donner pour titre à *l'Amant de Lady Chatterley* celui de « Tendresse ». Je mentionne ici le nom de Lawrence parce que je me souviens parfaitement que Cendrars avait fait allusion à lui lors de la mémorable visite qu'il me rendit à la villa Seurat. « Vous devez beaucoup apprécier Lawrence, me dit-il d'un ton interrogateur. — Je pense bien », répondis-je. Nous échangeâmes quelques mots et puis je me rappelle qu'il me demanda tout net si je ne croyais pas que la réputation de Lawrence était un peu surfaite. C'était, me sembla-t-il, l'aspect métaphysique de Lawrence qui n'était pas de son goût, qui lui paraissait si j'ose dire « suspect ». (Et c'était justement à cette époque que j'étais fasciné par ce côté de Lawrence !) Je suis sûr, en tout cas, que ma défense de Lawrence fut faible et qu'elle manquait d'arguments. À dire vrai, cela m'intéressait bien plus d'entendre Cendrars exposer son point de vue que de justifier le mien. Souvent, par la suite, en lisant Cendrars, ce mot de « tendresse » me vint aux lèvres. Il m'échappait malgré moi, me tirait de ma rêverie. Pour futiles que fussent ces méditations, je me lançais alors dans d'interminables réflexions, je comparais la tendresse de Lawrence à celle de Cendrars. Elles sont, je crois, radicalement différentes. La faiblesse de Lawrence, c'est l'homme, celle de Cendrars, les hommes. Lawrence brûlait du désir de mieux connaître les hommes ; il voulait travailler en commun avec eux. C'est dans *Apocalypse* qu'il a écrit quelques-uns des passages les plus émouvants de son œuvre : sur le dépérissement de l'instinct « de société ». Ces pages nous inspirent une réelle inquiétude — pour Lawrence. Elles nous rendent sensibles les tortures qu'il a éprouvées à essayer d'être « un homme parmi les hommes ». Chez Cendrars, je ne trouve pas trace d'une semblable mutilation. Cendrars nage aussi joyeusement dans l'océan de l'humanité qu'un marsouin ou qu'un dauphin. Dans ses récits, il est toujours dans la société des hommes, il ne fait qu'un avec eux dans l'action comme dans la pensée. S'il est un solitaire, il n'en est pas moins totalement et pleinement un homme. Il est le frère aussi de tous les hommes. Il ne se place jamais au-dessus de son semblable. Lawrence souvent, bien souvent, s'estimait supérieur — je crois qu'on ne peut le nier — et il n'avait en général aucune raison d'avoir une pareille attitude. Maintes fois, c'est un homme inférieur qui l'« instruit ». Ou qui lui fait honte. Lawrence avait un trop grand amour de « l'humanité » pour comprendre ses semblables ou pour s'entendre avec eux.

C'est quand on en arrive aux héros de roman qu'ils ont créés l'un et l'autre qu'on perçoit la faille qui sépare ces deux hommes. À l'exception d'autoportraits, comme on en trouve dans *Sons and Lovers, Kangaroo* et *Aaron's Rod* entre autres, tous les personnages de Lawrence ne sont que des porte-parole de sa philosophie ou de la philosophie qu'il se propose de prêcher. Ce sont des créatures « idéationnelles » qu'on déplace comme des pions sur un échiquier. Ils ont du sang dans les veines, certes, mais c'est le sang que leur a instillé Lawrence. Les personnages de Cendrars viennent de la vie et leurs activités sont directement dérivées du tourbillon de la vie. Eux aussi, ils nous révèlent sa philosophie de la vie, mais obliquement, de cette façon elliptique qui est celle de l'art.

Cendrars exsude la tendresse par tous ses pores. Il ne ménage pas ses personnages ; pas plus qu'il ne les insulte ni qu'il ne les châtie. Ses mots les plus durs, je le dis en passant, sont d'ordinaire réservés pour les poètes et les artistes dont il tient l'œuvre pour de la camelote. Hormis ces diatribes, vous le surprendrez rarement à porter un jugement sur autrui. Vous découvrirez au contraire qu'en mettant à nu les faiblesses et les fautes de ses créatures, il révèle ou s'efforce de révéler leur nature essentiellement héroïque. Qu'ils aient ou non été héroïques en face de la mort ; qu'ils aient ou non été héroïques devant le tribunal ; ils le sont dans la lutte commune pour affirmer et renforcer leur personnalité. J'ai parlé un peu plus haut du livre d'Al Jennings que Cendrars a si bien traduit. Le choix même de ce livre confirme ce que j'avance. Cet homme de peu, ce hors-la-loi doué d'un sens exacerbé de la justice et de l'honneur, condamné à la prison à vie (mais qui finit par être gracié par Théodore Roosevelt), cette terreur de l'Ouest qui déborde de tendresse, voilà bien l'homme que Cendrars choisirait de décrire au monde, le genre d'homme qu'il prétendrait tout pénétré de la dignité de la vie. Ah, comme j'aurais voulu être là quand Cendrars finit par le rencontrer — à Hollywood, figurez-vous ! Cendrars a décrit cette « brève rencontre » et j'ai entendu le récit que m'en a fait lui-même Al Jennings, quand je l'ai rencontré par hasard, voilà quelques années, dans une librairie d'Hollywood.

Dans les livres qu'il a écrits depuis l'Occupation, Cendrars a beaucoup de choses à dire de la guerre — la Grande Guerre, naturellement, non seulement parce qu'elle était moins inhumaine, mais parce qu'elle a fixé, pour ainsi dire, le cours de sa vie à venir. Il a parlé aussi de la guerre de 39-45, et notamment de la chute de Paris et de l'incroyable exode qui l'a précédée. Ce sont des pages obsédantes qui rappellent *Révélation*. Je ne leur vois d'autre équivalent dans la littérature de guerre que *Pilote de guerre* de Saint-Exupéry. (Voir la partie de son livre *le Lotissement du Ciel*, publiée d'abord dans la revue *le Cheval de Troie* sous le titre : *Un Nouveau Patron pour l'aviation* [1].) Dans tous ces récents ouvrages, Cendrars se révèle de plus en plus intimement. Si pénétrants, si révélateurs sont ces coups d'œil qu'il nous permet, que d'instinct l'on recule. Ces révélations sont si sûres, si prestes qu'on croirait voir à l'œuvre un casseur de coffre-fort. À la lueur de ces brefs éclairs on distingue toute la foule des intimes dont la vie s'entrecroisait avec la sienne. Sous le faisceau éblouissant de son œil cyclopéen, les voilà exposés en pleine lumière et examinés sous tous les angles. Voilà un « accomplissement ». Rien n'est omis ni modifié pour les besoins du récit. Dans ces livres, « l'intrigue » est agrandie, élargie, les piliers et les contreforts renversés pour que l'œuvre puisse devenir partie intégrante de la vie, être parcourue de tous les courants de la vie et

1. Éditions Denoël, Paris, 1949.

s'identifier à jamais avec elle. On rencontre là les hommes que Cendrars aime vraiment, ceux auprès de qui il s'est battu dans les tranchées, et ceux qu'il a vus écrasés comme des rats, les bohémiens de la zone qu'il a fréquentés au bon vieux temps, les cow-boys et autres personnages de l'Amérique du Sud, les portiers, les concierges, les marchands, les chauffeurs de camion et autres « gens de peu » (comme on dit, et c'est avec la plus profonde sympathie et la plus grande compréhension qu'il parle d'eux). Quelle galerie ! Infiniment plus excitante à tous les sens du mot que la galerie des « types » balzaciens. C'est la vraie *Comédie humaine*. Pas d'études sociologiques à la Zola. Pas de spectacle satirique de marionnettes à la Thackeray. Pas de pan-humanité à la Jules Romains. Dans ces derniers livres, sans peut-être la même intention que le grand Russe, mais avec un autre but que nous comprendrons mieux plus tard, et en tout cas avec la même puissance, avec autant de violence, d'humour, de tendresse et de ferveur religieuse — parfaitement religieuse —, Cendrars nous donne l'équivalent français des débordements de Dostoïevsky, comme on en trouve dans *l'Idiot, les Possédés, les Frères Karamazov*. Une production qui ne pouvait être conçue et exécutée que dans les années de pleine maturité.

Tout ce qui va arriver maintenant a déjà été digéré mille fois. Inlassablement, Cendrars a repoussé — où ? dans quel puits profond ? — l'histoire multiforme de sa vie. Cette lourde masse en fusion d'expérience brute et raffinée, subtile et grossière, digérée et prédigérée, qui logeait au creux de ses entrailles comme un dinosaure engourdi et amorphe agitant sans conviction ses embryons d'ailes, cette cargaison attendant le lieu exact et le moment précis d'être livrée, il fallait de la dynamite pour la déloger de là. De juin 1940 au 21 août 1943, Cendrars a gardé un terrible silence. Il s'est tu. Chut ! Motus ! Ce qui l'incite à reprendre la plume, c'est une visite de son ami Édouard Peisson, comme il le raconte dans les premières pages de *l'Homme foudroyé*. Il évoque en passant le souvenir d'une certaine nuit de 1915, sur le front, « la plus terrible que j'aie vécue ». Il y avait eu, on s'en doute, d'autres occasions avant la visite de son ami Peisson, qui auraient pu faire office de détonateurs. Mais peut-être ces fois-là l'amorce brûla-t-elle trop vite ou bien au contraire était-elle étouffée sous le poids des événements qui secouaient le monde. Mais cessons là ces vaines spéculations. Plongeons-nous dans le chapitre 17 d'*Un Nouveau Patron pour l'aviation*...

Ce bref passage commence par la citation d'une phrase de Rémy de Gourmont : *Et c'est un grand progrès que là où les femmes priaient les vaches ruminent*. Puis Cendrars continue :

> *À partir du 10 mai 1940, le surréalisme était descendu sur terre, pas l'œuvre des poètes absurdes qui se prétendent tels, et qui sont tout au plus des sous-réalistes puisqu'ils privent le subconscient, mais l'œuvre consciente du Christ, le seul poète du surréel...*
>
> *Si jamais j'avais eu la foi, c'est ce jour-là que j'aurais été touché par la grâce.*

Viennent ensuite deux paragraphes sur la fureur condensée qu'entraîne toujours avec elle l'exécrable guerre. Comme Goya, il répète : *J'ai vu*. Voici la conclusion du second paragraphe :

> *Le soleil était arrêté. (La Météo avait annoncé un anticyclone de quarante jours !) Ce n'est pas possible ! Et c'est pourquoi tout se détraquait, et jusqu'aux engrenages qui tournaient à vide, jusqu'à la panne générale, le point mort.*

Les cinq lignes suivantes resteront à jamais gravées dans ma mémoire :

> *Non, le 10 mai, l'homme n'est pas à la hauteur de l'événement. Dieu. Par au-dessus le ciel était comme un*

cul aux fesses luisantes et le soleil un anus enflammé. Que pouvait-il en sortir d'autre que de la merde ? Et l'homme criait de peur...

Cet homme du 21 août 1943, qui explose dans toutes les directions à la fois, s'était bien sûr déjà délivré d'une pile de livres, parmi lesquels les moindres n'étaient pas — nous le découvrirons sans doute un jour — les dix volumes de *Notre Pain quotidien* qu'il composa par intermittences sur une période de dix ans, dans un château des environs de Paris ; il n'en a jamais signé les manuscrits, confiant les boîtes renfermant ces ouvrages à divers coffres-forts des quatre coins de l'Amérique du Sud, dont il jetait ensuite les clefs. (*Je voudrais rester l'Anonyme*, dit-il.)

Dans les livres commencés à Aix-en-Provence se trouvent des notes abondantes, placées à la fin des différents chapitres. Je ne veux en citer qu'une, extraite de *Bourlinguer* (le chapitre sur Gênes), et qui constitue un éternel hommage au poète si cher aux hommes de lettres français :

> *Cher Gérard de Nerval, homme des foules noctambules, argotier, rêveur impénitent, amant neurasthénique des petits théâtres de la capitale et des grandes nécropoles de l'Orient, architecte du temple de Salomon, traducteur du* Faust, *secrétaire intime de la reine de Saba, druide et eubage, tendre vagabond de l'Ile-de-France, dernier des Valois, enfant de Paris, bouche d'or, tu t'es pendu dans une bouche d'égout après avoir projeté au ciel de la poésie, devant lequel ton ombre se balance et ne cesse de grandir entre Notre-Dame et Saint-Merry, les* Chimères *de feu qui parcourent ce carré du ciel en tout sens comme six comètes échevelées et consternantes. En faisant appel à l'Esprit nouveau tu as troublé pour toujours la sensibilité moderne : l'homme d'aujourd'hui ne pourra plus vivre sans cette angoisse :*
>
> L'aigle a déjà passé, l'esprit nouveau m'appelle...
>
> (*Horus*, str. III, v. 9.)

Quelques lignes plus loin, dans le même groupe de notes, Cendrars déclare :

> *L'autre jour, j'ai eu 60 ans et ce n'est qu'aujourd'hui seulement, comme j'arrive au bout du présent récit, que je commence à croire à ma vocation d'écrivain...*

Mettez ça dans votre poche et votre mouchoir par-dessus, vous, les hommes de 25, 30 et 40 ans, qui ne cessez de rouspéter parce que vous n'avez pas encore réussi à asseoir votre réputation. Estimez-vous heureux d'être encore en vie, de vivre encore votre vie, de continuer à engranger de l'expérience, et à goûter les fruits amers de l'isolement et de l'abandon !

J'aurais aimé m'attarder sur maints passages de ces récents ouvrages bourrés à craquer de faits extraordinaires, d'incidents, d'événements littéraires et historiques, allusions scientifiques et occultes, de curiosités littéraires, de bizarreries des types humains, de fêtes, de beuveries, d'évasions pleines d'humour, de tendres idylles, d'anecdotes concernant de lointains pays, des époques ou des légendes non moins lointaines, d'extraordinaires colloques avec des personnages extraordinaires, de souvenirs des jours dorés, d'épisodes burlesques, de fantaisie, de mythes, d'inventions, d'introspections et d'éviscérations... J'aurais aimé parler à loisir de cet auteur singulier qui fut un homme plus singulier encore, Gustave Le Rouge, auteur de trois cent douze livres dont le lecteur n'a sans doute jamais entendu parler, mais dont Cendrars vante longuement la variété, la nature, le style et le contenu ; j'aurais voulu donner au lecteur un aperçu de *Vendetta*, le dernier chapitre de *l'Homme foudroyé*, qui vient tout droit de la bouche de Sawo, le Gitan ; j'aurais aimé emmener le lecteur à La Cornue, chez Paquita, ou encore dans cette merveilleuse retraite du Midi de la France où, espérant finir un livre dans le calme et la tranquillité, Cendrars abandonne la page qu'il a glissée dans la machine à écrire après avoir tapé une ligne ou deux, et ne la reprend jamais, s'abandonnant au plaisir de rêver, de flâner, de boire ; j'aurais voulu donner au lecteur, ne fût-ce qu'un aperçu de cette horrifiante histoire des *homunculi* que Cendrars raconte tout au long dans *Bourlinguer* (au chapitre intitulé « Gênes »), mais si je m'avisais de plonger dans ces extravagances, je ne serais jamais capable de m'en dépêtrer.

Je passerai plutôt au dernier livre reçu de Cendrars, celui qui s'appelle *la Banlieue de Paris*, publié par la Guilde du Livre, à Lausanne. Il est illustré de cent trente photographies de Robert Doisneau, des documents sincères, émouvants, sans truquage et qui complètent éloquemment le texte. De nouveau une belle collaboration. (Vivent les collaborateurs, les vrais !) Le texte est assez court — cinquante grandes pages. Mais des pages obsédantes, prises sur le vif. (Du 15 juillet au 31 août 1949.) S'il n'y avait rien de plus remarquable dans ces pages que celles où Cendrars décrit une nuit à Saint-Denis, à la veille d'une révolution avortée, ce petit texte mériterait d'être conservé. Mais il y a d'autres pages tout aussi sombres et saisissantes, nostalgiques, poignantes, lourdes d'atmosphère, chargées de toute l'effervescence pullulante des faubourgs sordides. On a souvent parlé de la richesse du vocabulaire de Cendrars, de la qualité poétique de sa prose, de la faculté qu'il avait d'incorporer à ses passages rhapsodiques le jargon monstrueux et la terminologie de la science, de l'industrie, de l'invention. Ce document, qui est une sorte d'élégie rétrospective, est un excellent exemple de sa virtuosité. Il voyage par la mémoire dans la banlieue de l'est au sud, du nord à l'ouest et, comme s'il était armé d'une baguette magique, il ressuscite le drame de l'espoir, de la nostalgie, de l'échec, de l'ennui, du désespoir, de la déception, de la misère et du ressentiment qui ronge les habitants de cette vaste ceinture. Dans un paragraphe compact, le second du chapitre intitulé « Nord », Cendrars donne un compte rendu fidèle et précis de tout ce qui fait l'horreur des banlieues. C'est une vue à vol d'oiseau des ravages qui suivent dans le sillage de l'industrie. Un peu plus loin, il nous donne une description de l'intérieur d'une des usines de guerre anglaises, qui offre un contraste frappant avec le passage précédent. C'est un magnifique échantillon de reportage où le canon tient le rôle de vedette. Mais en payant son tribut à l'usine, Cendrars prend soin de préciser sa position. Le travail d'usine est de ceux qu'il n'a pas le courage de supporter. « Mieux vaut être un vagabond », telle est sa devise. En quelques lignes rapides, il survole l'éternelle et sanglante guerre des affaires et, après avoir lancé l'anathème contre « l'expérience » d'Hiroshima, il donne les chiffres affolants des dégâts causés par la dernière guerre, tels que les a estimés une revue suisse pour l'usage et le bénéfice de ceux qui préparent le prochain carnaval de mort. Ils sont à leur place, ces chiffres, tout comme l'évocation des superbes arsenaux et de la hideuse banlieue. Et pour finir, car il n'a cessé de penser à eux, Cendrars demande :

Et les enfants ? Qui sont-ils ? D'où viennent-ils ? Où vont-ils ?

Nous renvoyant aux photos de Robert Doisneau, il évoque les figures de David et de Goliath, pour nous laisser entendre ce que les petits nous réservent peut-être.

Ce livre n'est pas un simple document. C'est un ouvrage que j'aimerais avoir en édition de poche pour l'emporter avec moi, si je devais reprendre mes pérégrinations. C'est une œuvre sur laquelle on peut s'appuyer...

J'ai eu l'occasion, de nuit comme de jour, de rôder au long des rues de ces quartiers maudits où ne règnent que la misère et le malheur, non seulement dans mon propre pays, mais aussi en Europe. Ils se ressemblent tous dans leur désolation. Ceux qui encerclent les plus fières métropoles de la terre sont les plus affreux. Ils puent comme des chancres. Quand je me penche sur mon passé, c'est à peine si je puis voir autre chose, sentir autre chose que ces terrains vagues pourrissants, que ces rues crasseuses et obscures, que ces tas de délivres où la ferraille se mêle inextricablement aux ordures, aux articles ménagers mis au rebut et dont la présence semble absurde, jouets, ustensiles brisés, pots et vases de nuit abandonnés par les créatures sans ressources et sans espoir qui forment la population de ces quartiers. Dans des moments d'enthousiasme, je me suis frayé un chemin parmi le bric-à-brac et le désordre de ces quartiers en me disant : Quel poème ! Quel documentaire à tourner ! Souvent, je ne retrouvais mes esprits que pour me répandre en imprécations et grincer des dents, que pour me lancer dans des accès de vaine rage, pour m'imaginer sous les traits d'un dictateur bienfaisant qui finirait par « restaurer l'ordre, la justice et la paix ». Il m'est arrivé d'être hanté des semaines ou des mois par ces souvenirs. Mais je n'ai jamais réussi à les mettre en musique. (Et dire qu'Erik Satie, dont Robert Doisneau a photographié le domicile, dire que cet homme a « composé de la musique » dans cet immeuble insensé, voilà qui fait se dresser les cheveux sur ma tête.) Non, je n'ai jamais réussi à faire de la musique à partir de ces matériaux absurdes. J'ai essayé de nombreuses fois, mais j'ai l'esprit encore trop jeune, trop plein de répulsion. Il me manque cette faculté de prendre du recul, d'assimiler, de manier le mortier avec l'habileté d'un apothicaire. Mais Cendrars, lui, y est parvenu, et c'est pourquoi je lui tire mon chapeau. Salut, cher Blaise Cendrars ! Vous êtes un musicien ! Salut ! Gloire à vous ! Nous avons besoin des poètes de la nuit et de la désolation, aussi bien que des autres. Nous avons besoin de paroles de réconfort — et vous les prodiguez — tout autant que de diatribes au vitriol. Quand je dis « nous », j'entends par là nous tous. Nous réclamons à grands cris un œil comme le vôtre, un œil qui condamne sans porter de jugement, un œil dont le regard froid blesse et guérit en même temps.

Surtout en Amérique « nous » avons besoin de votre sens historique, de votre suave mouvement de la plume. Oui, nous avons besoin de cela peut-être plus que de tout ce que vous avez d'autre à nous offrir. L'histoire est passée au galop sur nos terrains vagues. Elle nous a laissé quelques noms, quelques ridicules monuments, et un véritable chaos de bric-à-brac. La seule race qui habitait ces rivages sans gâter l'œuvre de Dieu, c'était celle des peaux-rouges. Aujourd'hui, ils n'ont plus droit qu'aux déserts. Pour les « protéger » nous avons organisé une sorte d'hypocrites camps de concentration. On n'y a pas mis de barbelés, pas d'instruments de torture ni de gardes armés. On les laisse simplement crever là...

Mais je ne puis conclure sur cette note douloureuse qui n'est que le contrecoup de ces sourds bouleversements qui recommencent chaque fois que ressurgit le passé. On a toujours une autre vue depuis ces édifices insensés où s'accrochent nos esprits. Je veux parler, par exemple, de la vue que l'on découvre des fenêtres de derrière chez Satie. Partout où dans la « zone » il existe un agglomérat de constructions sordides, c'est là que vit le menu peuple, le sel de la terre, comme on dit, car sans eux nous n'aurions plus qu'à crever de faim, sans eux cette croûte qu'on jette aux chiens et sur laquelle nous nous précipitons comme des loups n'aurait que la saveur de la mort et de la vengeance. Par ces fenêtres oblongues où s'aère la literie, j'aperçois mon matelas dans le coin où je l'ai lancé pour la nuit et qu'au prochain coucher de soleil sauvera miraculeusement quelque « vaurien », autrement dit, quand on a l'habitude du langage humain, un ange déguisé. Qu'importe si avec le café on avale par erreur un emménagogue ? Qu'importe si une blatte égarée se cramponne à des haillons ? En regardant la vie par la fenêtre de derrière, on peut considérer son passé comme dans un calme miroir où les jours de désespoir se confondent avec les jours de joie, les jours de paix, les jours de profonde amitié. Je retrouve notamment ces pensées, ces sentiments quand je regarde mon petit jardin. Là viennent s'assembler en un dessin harmonieux toutes les pièces de ma vie qui ne trouvaient pas leur place. Je ne vois pas de mouvement perdu. Tout est aussi clair que *le Poème de Cracovie* pour un passionné des échecs. La musique qui en monte est aussi simple que l'étaient à mes oreilles d'enfant les mesures de *Sweet Alice Ben Bolt* [1]. Bien mieux, elle est belle, car comme le dit Sir H. Rider Haggard dans son autobiographie : « La vérité sans voiles est toujours belle, même quand elle parle du mal. »

Mon cher Cendrars, vous avez dû parfois déceler chez moi une sorte d'envie à votre égard, l'envie de tout ce que vous avez vécu, digéré, vomi, transformé, métamorphosé, transsubstantié. Enfant, vous jouiez près de la tombe de Virgile ; à peine adolescent, vous parcouriez l'Europe, la Russie, l'Asie, pour entretenir les chaudières de quelque hôtel perdu de Pékin ; jeune homme, aux jours sanglants de la Légion, vous choisissiez de demeurer caporal, et rien de plus ; victime de la guerre, vous demandiez la charité dans votre cher Paris, et un peu plus tard, vous étiez de la cloche à New York, à Boston, à New Orleans, à Frisco... Vous avez vagabondé en des pays lointains, vous avez paressé des jours entiers, vous avez brûlé la chandelle par les deux bouts, vous vous êtes fait des amis et des ennemis, vous avez osé écrire la vérité, vous avez su vous taire, vous êtes allé jusqu'au bout de tous les chemins, et vous êtes encore dans la force de l'âge, vous construisez encore des châteaux en Espagne, vous changez encore de projets, d'habitudes, de résolutions, parce que *vivre* est votre principal objectif, et que vous vivez effectivement, et que vous continuerez à vivre en chair et en os ainsi que sur la liste des hommes célèbres. Faut-il que je sois absurde et ridicule pour m'imaginer que je pourrais vous aider, *vous*, qu'en plaçant de temps en temps un mot en votre faveur, comme je le disais, je pourrais

1. Chanson sentimentale en vogue aux U.S.A. vers les années 1880. *(N.d.T.)*

servir votre cause. Vous n'avez pas besoin de mon aide ni de celle de personne. En vivant simplement votre vie comme vous le faites, vous nous aidez automatiquement, tous autant que nous sommes, partout où il y a de la vie. Une fois de plus, je vous tire mon chapeau. Je m'incline respectueusement. Je n'ai pas le droit de vous saluer, parce que je ne suis pas votre pair. Je préfère rester votre fervent et dévoué disciple, votre frère spirituel *in der Ewigkeit*.

Vous terminez toujours vos salutations par la mention de « ma main amie ». Je saisis cette cordiale main gauche que vous tendez et je la serre avec joie, avec gratitude, et avec aux lèvres une éternelle bénédiction.

IV

RIDER HAGGARD

Depuis que j'ai mentionné le nom de Rider Haggard, son livre intitulé *She* m'est tombé entre les mains. J'en ai maintenant lu environ les deux tiers et, si mes souvenirs sont exacts, c'est la première fois que je l'ai de nouveau sous les yeux depuis 1905 ou 1906. Je me sens dans l'obligation de relater aussi sobrement que j'en suis capable les extraordinaires réactions que j'éprouve maintenant à cette seconde lecture. Je dois avouer, tout d'abord, qu'il m'a fallu arriver au chapitre II « la Plaine de Kôr », pour me rappeler avoir lu déjà ce livre étonnant. J'étais cependant certain que dès que je rencontrerais cette mystérieuse créature qui a nom Ayesha (She), mes souvenirs s'éveilleraient. C'est exactement ce qui s'est passé. Comme avec *le Lion du Nord* dont j'ai parlé plus haut, je redécouvre dans *She* les émotions qui m'avaient accablé quand je m'étais trouvé en présence d'une « femme fatale ». (De *la* femme fatale !) Ayesha, le véritable nom de cette beauté sans âge [1], cette âme perdue qui refuse de mourir avant le retour sur terre de son bien-aimé, occupe — du moins dans mon esprit — une position comparable à celle du soleil dans la galaxie des amants immortels, tous gratifiés du don maudit de l'immortelle beauté. Dans ce firmament étoilé, Hélène de Troie n'est qu'une lune sans éclat. D'ailleurs, et

1. C'est le nom aussi de la seconde épouse de Mahomet, sa préférée.

aujourd'hui, je puis le dire avec certitude, Hélène n'a jamais eu de réalité à mes yeux. Ayesha est plus que réelle. Elle est surréelle, dans tous les sens de ce mot calomnié. Autour de son personnage, l'auteur a tissé une toile de telles proportions qu'elle mérite presque la qualification de « cosmogonique ». Hélène est légendaire, mythique : c'est de la littérature. Elle est une de ces mères sombres dont la race mystérieuse a laissé des échos affaiblis dans la littérature allemande. Mais, avant que je m'étende sur les merveilles de ce récit, qui date de l'avant-dernière décade du XIXe siècle, je voudrais faire certaines révélations sur mon caractère et sur mon identité, qui ne sont pas sans rapport avec ce texte prodigieux.

À mesure que j'écris ce livre, je ne cesse de noter sur le papier les titres des livres que j'ai lus, tandis qu'ils me reviennent à la mémoire. C'est un jeu auquel je m'abandonne complètement. Et je commence déjà à en deviner les raisons. La première, c'est que je suis en train de redécouvrir ma propre identité qui, à mon insu, s'était étouffée ou éteinte entre les pages de certains livres. J'entends par là qu'en me trouvant grâce à certains auteurs qui me servaient d'intermédiaires, sans le savoir, je m'étais perdu. Et cela a dû m'arriver maintes et maintes fois. Car voici ce qui se produit en ce moment tous les jours : la seule évocation du titre d'un livre redonne vie non seulement à cette aura qui constituait la personnalité intangible de l'ouvrage, mais elle ressuscite en même temps la réalité de mes anciens « moi ». Je n'ai pas besoin d'ajouter que je suis la proie de sentiments qui frisent la terreur et la consternation. Je me découvre sous un jour totalement inattendu. C'est un peu comme si j'avais entrepris enfin ce voyage au Thibet dont j'ai si souvent parlé et qui se révèle de plus en plus inutile à mesure que le temps passe et que je poursuis mon chemin, de cette démarche de crabe qui semble à jamais devoir être la mienne.

Ce n'est pas pour rien, je le comprends chaque jour davantage, que je me suis toujours cramponné à mes souvenirs d'enfance ; ce n'est pas pour rien que j'ai attaché une telle importance aux « gosses de la rue », à notre vie commune, à nos efforts pour trouver la vérité, pour comprendre l'ordre pervers de la société dans les mailles de laquelle nous nous trouvions pris et dont nous cherchions vainement à nous libérer.

Tout comme il y a deux ordres de connaissances humaines, deux sortes de sagesse, deux traditions, deux tout, de même dans notre enfance nous avions compris qu'il existait deux sources d'instruction : ce que nous découvrions nous-mêmes et que nous nous efforcions de garder pour nous, et puis ce qu'on nous enseignait à l'école et qui nous semblait non seulement futile et sans intérêt, mais diaboliquement faux et perverti. Ce que nous puisions à la première source nous nourrissait, alors que l'enseignement officiel nous minait. Et cela « à la lettre et dans tous les sens du mot », comme disait Rimbaud.

Tout garçon digne de ce nom est un rebelle et un anarchiste. Si on le laissait se développer suivant ses instincts et ses tendances, la société subirait une transformation si radicale que le révolutionnaire adulte n'aurait plus qu'à se faire tout petit et tremblant. La société ne serait plus une organisation confortable et bienveillante, elle refléterait la justice, la splendeur et l'intégrité. Le pouls de la vie s'en trouverait accéléré, la vie sortirait de ses cadres. Et pourrait-on imaginer perspective plus affolante pour les adultes ?

« À bas l'histoire ! » Commencez-vous à entrevoir toute la signification du cri de Rimbaud ?

Les livres que nous nous recommandions les uns aux autres confidentiellement, les livres que nous dévorions en secret à toutes les heures du jour et de la nuit — et parfois dans les lieux les plus étranges ! — ces livres dont nous parlions sur le terrain vague, au coin de la rue sous un lampadaire, auprès du cimetière, dans un igloo de notre fabrication, dans une grotte ou dans tout autre endroit discret où nous avions choisi de nous réunir, car nous formions toujours un clan, une fraternité, un ordre secret — l'ordre de la Jeunesse défendant les Traditions de la Jeunesse ! — ces livres faisaient partie de notre instruction quotidienne, de notre discipline spartiate et de notre formation spirituelle. Ils représentaient le legs d'ordres plus anciens, de petits groupes analogues à ceux que nous formions, et qui de tout temps avaient lutté pour entretenir et prolonger si possible l'âge d'or de la jeunesse. Nous ne nous doutions pas alors que nos aînés, certains d'entre eux du moins, considéraient cette période bénie de leur existence d'un regard chargé d'envie et de nostalgie ; nous ne pouvions pas deviner non plus que l'on parlerait de notre glorieuse dynastie en disant « la période de conflit ». Nous ne savions pas que nous étions de petits primitifs, des héros archaïques, des saints, des martyrs, des dieux, ni des demi-dieux. *Nous savions que nous existions*, et c'était suffisant. Nous voulions avoir notre mot à dire dans le gouvernement de nos affaires : nous ne voulions pas qu'on nous traitât comme des embryons d'adultes. Pour la plupart d'entre nous, ni le père ni la mère n'étaient des objets de vénération, encore bien moins d'idolâtrie. Nous nous opposions de notre mieux à leur douteuse autorité, et en un combat bien inégal, cela va sans dire. Notre loi, et c'était la seule autorité que nous respections vraiment, c'était la loi de la vie. Cette loi, nous la comprenions, ainsi qu'en témoignaient nos jeux, ou plutôt la façon dont nous les pratiquions et les conclusions que nous tirions de la façon de jouer de nos divers partenaires. Nous établissions d'authentiques hiérarchies ; nous portions des jugements suivant nos divers niveaux de compréhension, ou d'existence. Nous avions conscience du sommet tout autant que de la base de la pyramide. Nous connaissions la foi, le respect, la discipline. Nous instaurions nous-mêmes nos ordalies, nos épreuves de force et d'habileté. Nous acceptions les décisions de nos supérieurs, de notre chef. C'était un roi qui avait la dignité et la puissance qui convenaient à son état : et jamais il ne régnait un jour de plus que le temps qui lui avait été dévolu !

Je parle de tous ces détails avec quelque émotion, parce que cela m'étonne profondément de voir les adultes les oublier comme je les vois le faire. Cela nous fait à tous quelque chose quand, ayant mis le passé derrière nous, nous nous trouvons parmi les « primitifs ». Je veux dire les vrais primitifs : les premiers hommes. L'étude de l'anthropologie a un grand mérite, elle nous permet de retrouver notre jeunesse. Celui qui étudie sincèrement les peuples primitifs éprouve du respect, un profond respect pour ces « ancêtres » qui vivent en même temps que nous mais qui ne « grandissent » pas. Il découvre que l'homme, dans les premiers stades de son développement, n'est nullement inférieur à ce qu'il est au terme de son évolution ; d'aucuns ont même jugé l'homme primitif supérieur, à bien des égards, à l'homme civilisé. Les mots de « primitif » et de « civilisé » sont utilisés ici dans leur sens vulgaire. Nous ne savons rien, en fait, de l'origine de l'homme primitif, ni s'il était jeune ou décadent. Et, malgré nos prétentions, nous ne savons pas grand-chose des origines de l'*homo sapiens*. Il y a une faille entre les traces historiques les plus reculées et les traces que l'on a découvertes de l'homme préhistorique dont certaines branches, comme celle de Cro-Magnon, nous déconcertent par les manifestations d'intelligence et de sensibilité esthétique. Les merveilles que nous nous attendons à voir jaillir sous le pic de l'archéologue, les fils qui forment la trame bien mince de nos connaissances concernant notre propre espèce se trouvent complétés sans cesse et de la façon la plus étonnante par ceux que nous qualifions avec un rien de condescendance d'écrivains « d'imagination ». Je ne parlerai pour le moment que de ceux-là puisque les autres, appelés parfois écrivains « occultes » ou « ésotériques » jouissent d'un crédit plus faible encore. Ils sont bons pour la « seconde enfance » *(sic)*.

Rider Haggard est un de ces écrivains d'imagination qui se sont incontestablement abreuvés à bien des sources. Nous le considérons maintenant comme un auteur de livres d'enfants et nous laissons son nom sombrer dans l'oubli. Peut-être le jour où nos explorateurs et chercheurs scientifiques tomberont sur les vérités que son imagination avait déjà révélées, peut-être alors reconnaîtrons-nous la véritable stature d'un pareil écrivain.

« *Qu'est-ce que l'imagination ?* » demande Rider Haggard au beau milieu de son récit. Et de répondre : « Peut-être est-ce l'ombre de l'impalpable vérité, peut-être est-ce la pensée de l'âme ! »

Blake vivait entièrement dans l'imagination. C'est l'imagination aussi qui a poussé un humble commis d'épicerie (Schliemann), enflammé par ses lectures des œuvres homériques, à partir à la recherche de Troie, de Tirynthe et de Mycènes. Et Jacob Boehme ? Et cet intrépide Français, Caillé, le premier Blanc qui ait atteint Tombouctou et qui en soit ressorti vivant ? Quelle épopée !

C'est une coïncidence étrange, mais à l'époque précisément où j'entendais pour la première fois parler des mystères de l'Égypte, de l'éblouissante histoire de la Crète, des sanglantes annales de la famille des Atrides, au moment où j'étais bouleversé par mes premiers contacts avec des thèmes comme la réincarnation, la division de la personnalité, le Saint-Graal, la résurrection, l'immortalité et bien d'autres encore, grâce à des « romanciers » qui s'appelaient Hérodote, Tennyson, Scott, Sienkiewicz, Henty, Bulwer-Lytton, Marie Corelli, Robert-Louis Stevenson et d'autres, tous ces prétendus mythes, toutes ces soi-disant légendes et superstitions commençaient à prendre une certaine consistance dans les faits. Schliemann, Sir Arthur Evans, Frazer, Frobenius, Annie Besant, Mme Blavatsky, Paul Radin et toute une troupe de courageux pionniers s'affairaient à révéler la vérité dans un domaine après l'autre, et toutes ces découvertes se recoupaient, toutes contribuaient à rompre l'étau de défaite et de paralysie dans quoi nous tenaient prisonniers les doctrines du XIXe siècle. Le nouveau siècle s'ouvre sur de splendides promesses ; le passé revit, mais de façon tangible, substantielle, et sa réalité est plus grande presque que celle du présent.

Tandis que je contemplais les ruines de Knossos et de Mycènes, mes pensées se sont-elles une fois tournées vers les livres de classe de jadis, vers mes anciens gardes-chiourme et vers les contes enchanteurs qu'ils nous narraient ? Non. Je pensais aux histoires que j'avais lues quand j'étais enfant ; je voyais sous mes yeux l'illustration de ces livres que j'avais cru ensevelis dans l'oubli ; je songeais à nos discussions dans la rue et aux hypothèses étonnantes que nous échafaudions. Je me souvenais de mes réflexions sur ce thème passionnant et mystérieux des rapports du passé et de l'avenir. En contemplant depuis Mycènes la plaine d'Argos, je revivais — et avec quelle intensité ! — la légende des Argonautes. Au pied des murs cyclopéens de Tirynthe, je me rappelais la minuscule illustration représentant la muraille dans un de mes livres de merveilles, et ce souvenir correspondait exactement à la réalité que j'avais sous les yeux. Jamais, en classe, aucun professeur d'histoire n'avait même essayé de rendre vivantes à nos yeux ces glorieuses époques du passé où chaque enfant pénètre si naturellement dès qu'il est en âge de lire. Avec quelle foi d'enfant le hardi explorateur poursuit-il sa rude tâche ! Nous n'apprenons jamais rien des pédagogues. Les vrais éducateurs, ce sont les aventuriers et les vagabonds, les hommes qui plongent dans le vivant plasma de l'histoire, de la légende, du mythe.

J'ai parlé tout à l'heure du monde que la jeunesse pourrait créer si on lui en donnait la possibilité. J'ai maintes fois remarqué combien les parents étaient affolés à la pensée d'élever un enfant suivant leurs propres principes. Je me souviens à ce propos d'une scène terrible qui eut lieu entre la mère de mon premier enfant et moi-même. Cela se passait dans notre cuisine et la scène éclata à la suite de quelques propos violents que je venais de tenir sur l'inutilité et l'absurdité d'envoyer l'enfant à l'école. Emporté par mon sujet, je m'étais levé et j'arpentais la petite pièce de long en large. Soudain, j'entendis ma femme demander, d'un ton presque suppliant : « *Mais où commencerais-tu ? Comment ?* » J'étais à ce point perdu dans mes pensées que je ne compris pas tout de suite toute la portée de ses paroles. Marchant de long en large, tête basse, je me trouvai devant la porte du couloir quand ce qu'elle venait de dire pénétra enfin jusqu'à ma conscience. Et à ce moment précis, mon regard se posa sur un petit nœud dans le bois de la porte. Comment je commencerais ? Où ? « *Mais ici, voyons ! N'importe où !* » tonnai-je. Et, désignant la nodosité du bois, je me lançai dans un monologue étourdissant qui lui fit littéralement perdre la tête. Je dus continuer pendant plus d'une demi-heure, sans presque me rendre compte de ce que je disais, mais emporté par un torrent d'idées longtemps contenues. Ce qui pimentait encore mes propos, si je puis dire, c'étaient l'exaspération et le dégoût auxquels s'associait le souvenir de mes expériences scolaires. Je commençai par ce petit nœud du bois, expliquant comment il s'était formé, ce qu'il représentait, puis je me trouvai piétinant, ou plutôt me précipitant à travers un véritable labyrinthe où se mêlaient la connaissance, l'instinct, la sagesse, l'intuition et l'expérience. Tout est si divinement lié, si magnifiquement scolaire du reste : comment pourrait-on être embarrassé quand il s'agit d'entreprendre l'éducation d'un enfant ? Tout ce que nous touchons, voyons, sentons ou entendons, d'où que l'on commence, nous jouons sur le velours. On croirait presser des boutons qui ouvrent des portes magiques. Cela marche tout seul, suivant un mouvement autonome. Il n'y a pas besoin de « préparer » l'enfant à sa leçon : la leçon à elle seule est une sorte d'enchantement. L'enfant brûle du désir de connaître ; il a littéralement faim et soif de savoir. Et il en va de même pour l'adulte : si seulement on pouvait dissiper l'espèce d'hypnose dont il est victime.

Pour savoir jusqu'où un professeur peut aller, jusqu'à quelle hauteur il peut s'élever, de quelle puissance il dispose, nous n'avons qu'à voir comment Helen Keller s'est éveillée à la connaissance. Quel merveilleux professeur que cette Miss Sullivan ! Une élève sourde, muette et aveugle, quelle tâche surhumaine ! L'amour et la patience ont permis les miracles qu'elle a accomplis. La patience, l'amour et la compréhension. Mais, par-dessus tout, la *patience*. Qui n'a pas lu la vie d'Helen Keller a manqué un des grands chapitres dans l'histoire de l'éducation.

Quand je découvris Socrate et les péripatéticiens, quand plus tard à Paris je rôdai dans les cours hantées par Dante (les classes en ce temps-là avaient lieu en plein air... il y a dans ce quartier, près de Notre-Dame, une rue qui tire son nom de la paille sur laquelle dormaient ces ardents étudiants du Moyen Age), quand je lus quelles étaient les origines du système postal et quel rôle y avaient joué les étudiants des universités (qui faisaient office de courriers), quand je songeai à cette éducation vivante que j'avais reçue, sans m'en douter, dans des endroits comme Union Square ou Madison Square, là où les orateurs improvisés prononçaient leurs harangues en plein vent, quand je me souvins des rôles héroïques, des rôles d'éducateurs en fait, que tenaient des personnalités de jardins publics comme Elizabeth Gurley Flynn, Carlo Tresca, Giovanitti, Big Bill Haywood, Jim Larkin, Hubert Harrison et consorts, je fus plus que jamais convaincu que quand nous étions livrés à nous-mêmes, durant notre enfance, nous étions sur la bonne voie : nous avions deviné que l'éducation est quelque chose de *vital*, qu'on acquiert au cœur de la vie, en vivant et en luttant avec la vie. Jamais je ne me suis senti plus près qu'à cette époque de Platon, de Pythagore, d'Épictète, de Dante et de tous ces illustres anciens. Quand mes petits télégraphistes hindous du bureau me parlaient du fameux « Shantiniketan » de Tagore, quand je lisais des descriptions de la résidence de Ramakrishna, quand je songeais à saint François et aux oiseaux, je comprenais que le monde avait tort et que l'éducation telle qu'on la conçoit aujourd'hui est une chose désastreuse. Nous qui sommes restés assis derrière des portes closes, sur des bancs durs, dans des salles mal aérées, sous des regards sévères, voire hostiles, on nous a trahis, abrutis, martyrisés. À bas les écoles ! Vive le plein air ! Je le répète, j'ai l'intention de lire *Émile*. Que m'importe si les théories de Rousseau se sont révélées un fiasco ? Je le lirai comme j'ai lu les ouvrages de Ferrer, de Montessori, de Pestalozzi et de tous les autres éducateurs. N'importe quoi pour faire échec au système d'éducation que nous connaissons actuellement et qui produit des benêts, des ânes bâtés, des crétins, des girouettes, des fanatiques et des aveugles pour conduire d'autres aveugles. Si besoin en est, cherchons refuge dans la jungle !

> *Voyez quel est le lot de l'homme ! Certainement, nous succomberons et nous connaîtrons le sommeil. Certainement aussi, nous nous éveillerons pour recommencer à vivre, puis dormir encore et ainsi de suite, au long des temps, pendant des éternités, jusqu'à ce que le monde soit mort et que les autres mondes au-delà du nôtre soient morts et que rien d'autre ne subsiste que l'Esprit qui est la Vie...*

Ainsi s'exprime Ayesha, dans les tombeaux de Kôr.

Un jeune garçon s'interroge longuement sur une phrase comme la dernière de cette citation : « ... et que rien d'autre ne subsiste que l'Esprit qui est la Vie ». Si on l'envoyait à l'église en même temps qu'à l'école, il entendait beaucoup parler de l'Esprit en chaire. Mais quand ils tombent du haut de la chaire, ces propos ne rencontrent que des oreilles sourdes. Ce n'est que lorsqu'on prend conscience — vingt, trente, quarante ans plus tard — que les paroles de l'Évangile prennent de la profondeur et de la résonance. L'Église est coupée de tout lien avec les autres activités que peut avoir un jeune garçon. Tout ce qui demeure de cette discipline, de cette formation, c'est la sonorité majestueuse et imposante de la langue anglaise quand elle était en fleur. Le reste n'est que verbiage et fatras. Il n'existe pas d'initiation, comme celle que reçoit le vulgaire « sauvage ». Et il ne peut davantage y avoir d'épanouissement spirituel. Le monde de la chapelle et le monde extérieur sont distincts et ne se confondent jamais. La langue et le comportement de Jésus ne prennent de sens que quand on a connu la peine et le chagrin, que quand on est passé par le désespoir, l'abandon et le total délaissement.

Qu'il existe quelque chose au-delà et au-dessus de la vie terrestre, et qui la précède, chaque enfant le devine d'instinct. Voilà seulement quelques années, lui-même s'identifiait avec l'Esprit. Il possède une identité qui se manifeste à la naissance. Il lutte pour préserver cette précieuse identité. Il répète les rites de ses ancêtres primitifs, il revit les combats et les épreuves des héros mythiques, il organise son ordre occulte, tout cela pour maintenir une tradition sacrée. Ni les parents, ni les maîtres, ni les prédicateurs n'exercent la moindre influence dans ce domaine si important de la jeunesse. Quand je me revois enfant, il me semble être un membre de la tribu perdue d'Israël. Certains, tel Alain-Fournier, dans *le Grand Meaulnes*, ne parviennent jamais à s'évader de cet ordre secret auquel ils appartenaient dans leur jeunesse. Meurtris par tous les contacts avec le monde des adultes, ils s'immolent au rêve et à la rêverie. C'est surtout en amour qu'ils connaissent les plus rudes épreuves. Ils nous laissent parfois un petit livre, le testament d'une foi sincère et antique, que nous lisons d'un œil humide, émerveillés par les sortilèges dont sont chargées ces pages, et comprenant, mais trop tard, que c'est nous-mêmes que nous regardons, que c'est sur notre propre sort que nous pleurons.

Je suis plus que jamais persuadé qu'à un certain âge il devient impératif de relire les livres d'enfance et de jeunesse. Sinon, nous pourrions bien arriver au tombeau sans savoir qui nous sommes, ni pourquoi nous avons vécu.

Notre terre est une mère au cœur de pierre et ce sont des pierres qu'elle donne à ses enfants en guise de pain quotidien. Des pierres pour toute pitance, de l'eau amère pour boisson.

Un jeune garçon se demande s'il en est bien ainsi. Ces réflexions l'emplissent de crainte et d'angoisse. Il s'interroge encore quand il lit que « du bien vient le mal et du mal le bien ». Pour familière que soit cette pensée, venant de la bouche d'Ayesha, elle ne l'en trouble pas moins. Sur de tels sujets, il n'a guère entendu que des échos. Il en conclut qu'il se trouve dans un temple bien mystérieux.

Mais quand Ayesha explique que ce n'est pas par la force mais par la terreur qu'elle règne, quand elle s'écrie : *Mon empire est celui de l'imagination*, c'est alors que l'enfant est véritablement stupéfait. *L'imagination ?* Il n'a pas encore entendu parler des « législateurs occultes du monde ». Jamais. Il y a là une idée plus redoutable, qui nous soulève au-dessus du monde et de toute question de domination universelle. Voilà sous-entendue — du moins pour un jeune garçon — l'idée que si seulement un homme osait *imaginer* les stupéfiantes possibilités qu'offre la vie, il parviendrait à les réaliser dans leur plénitude. Le soupçon alors l'effleure, oh, très légèrement, que l'âge, la mort, le mal, le péché, la laideur, le crime et l'échec ne sont que des limites conçues par l'homme et que l'homme s'est imposées à lui et à ses semblables... Durant ce bref instant, on est ébranlé jusqu'à ses racines. On commence à tout mettre en question. Inutile de dire que le résultat de tout cela, c'est que le jeune garçon est accablé de sarcasmes : « Tu es ridicule, mon petit. » Toujours le même refrain.

À mesure que le temps passe, les confrontations seront de plus en plus fréquentes avec la parole écrite. Certaines seront même plus éprouvantes, plus insondables. Elles le feront parfois trébucher au bord de la folie. Et jamais personne pour tendre une main secourable. Non, plus on avance et plus on est seul. On devient comparable à un bébé abandonné tout nu au milieu du désert. Et, pour finir, on sombre dans la folie ou bien on se plie aux conventions. C'est là que se joue définitivement le drame de l'identité ; les dés sont jetés irrévocablement. Ou bien on rejoint les autres, ou bien on prend le maquis. De jeune garçon on devient gagne-pain, mari, père, puis juge : on dirait que tout se passe en un clin d'œil. On fait de son mieux : toujours la vieille excuse. Et pendant ce temps-là, la vie nous dépasse. Le dos à jamais courbé pour recevoir les coups de fouet, nous n'avons qu'à murmurer quelques mots de gratitude et nos persécuteurs acceptent notre soumission. Il ne reste qu'un seul espoir : devenir soi-même un tyran et un bourreau. Du « Cercle de la Vie » où l'on avait pris place quand on était enfant, on passe dans le Tombeau de la Mort, la seule mort que l'homme ait le droit d'éviter et de fuir : *la mort vivante*.

> *Il y a un seul être, une seule loi et une seule foi, comme il n'y a qu'une seule race d'homme,* déclare Eliphas Levi,

dans son célèbre ouvrage sur l'*Histoire de la magie*.

Je n'aurais pas l'outrecuidance d'affirmer qu'un enfant comprend une affirmation comme celle-là, mais je prétends qu'il est plus près de la comprendre que l'adulte soi-disant « averti ». Arthur Rimbaud, l'enfant prodige — ce sphinx de la littérature moderne — était, on a toute raison de le croire, obsédé par cette idée. Dans une étude que je lui ai consacrée [1], je l'ai surnommé « le Colomb de la jeunesse ». J'ai toujours eu l'impression qu'il s'était acquis ce domaine par préemption. Ayant refusé de renoncer à la vision qu'il avait eue de la vérité quand il était enfant, il tourna le dos à la poésie, rompit avec ses confrères et, en acceptant une vie de labeur abrutissant, il se condamna à un véritable suicide. Dans l'enfer d'Aden, il demande : *Que fais-je*

1. Parue dans les anthologies annuelles *New Directions*, IX et XI.

ici ? Dans la fameuse *Lettre d'un voyant*, nous trouvons des indications d'une pensée que Levi a exprimée sous cette forme :

> *On comprendra peut-être un jour que voir c'est en fait parler et que la conscience de la lumière est une sorte de demi-jour où l'on entrevoit la vie éternelle dans son essence.*

C'est dans cet étrange crépuscule que vivent un grand nombre de jeunes garçons. Faut-il s'étonner après cela que certains livres, conçus à l'origine pour des adultes, soient devenus la propriété des jeunes garçons ?

À propos du diable, Levi déclare :

> *Nous voudrions faire observer que tout ce qui porte un nom existe ; on peut prononcer des paroles en vain, mais ces paroles en elles-mêmes ne sauraient être vaines, et le langage a toujours un sens.*

L'adulte moyen a du mal à accepter une pareille affirmation. Même l'écrivain, notamment l'écrivain « cultivé » pour qui le « verbe » est sans doute sacré, juge cette idée difficile à admettre. Par contre, un enfant, si on lui expliquait le sens de cette déclaration, l'estimerait juste et sensée. Pour lui rien n'est « en vain » ; rien non plus n'est trop incroyable, trop monstrueux pour qu'il l'avale. Nos enfants sont très à leur aise dans un monde qui semble nous terrifier et nous stupéfier. Je ne pense pas du tout à la tendance sadique qui s'est manifestée chez eux ; mais plutôt aux mondes inconnus, du microcosme et du macrocosme, dont le choc sur notre univers à nous, tout chancelant et si peu réel, s'est désormais révélé oppressant et menaçant. Nos grands garçons de savants parlent sans cesse de la conquête imminente de la lune ; nos enfants ont déjà voyagé bien au-delà de la lune. Ils sont déjà prêts à prendre le départ à destination de Véga, et de plus loin encore. Ils viennent quémander auprès de nos intellects soi-disant supérieurs une cosmogonie et une cosmologie nouvelles. Ils ne peuvent plus supporter les théories naïves, bornées et désuètes que nous avons sur l'univers.

Si l'on peut dire de Rimbaud qu'il a eu le cœur brisé de chagrin pour n'avoir pu gagner ses contemporains à une vision neuve — *et vraiment moderne* — de l'homme, s'il a renoncé à toute envie d'instaurer un ciel nouveau et une terre nouvelle, nous savons maintenant pourquoi. Le moment n'était pas venu. Et sans doute ne l'est-il pas encore. (Nous devrions pourtant nous méfier de plus en plus de tous les « semblants » d'obstacles, d'entraves et de barrières.) Le rythme du temps s'est accéléré d'une façon qui dépasse presque l'entendement. Nous allons, et à une vitesse affolante, vers le jour où le passé, le présent et le futur ne paraîtront plus faire qu'un. Le prochain millénaire ne ressemblera, du point de vue de la durée, à aucune autre période du passé. Il passera aussi vite qu'un clin d'œil.

Mais revenons à *She*... Je garde brûlant dans ma mémoire le souvenir du chapitre où Ayesha est consumée par la flamme de la vie : quel extraordinaire passage ! C'est à cet endroit du récit que je reconnus le livre et que je me souvins l'avoir déjà lu. C'est à cause de cet incident horrible et déchirant que je ne l'avais pas oublié malgré tant d'années. Si j'ai éprouvé quelque difficulté à le faire remonter des profondeurs de ma mémoire, c'est sans doute à cause de l'horreur indicible qu'il inspire. Dans le bref laps de temps qu'il faut à Haggard pour décrire la mort d'Ayesha, on passe par toute la gamme de la dégénération. Il ne décrit pas la mort, mais bien plutôt le rapetissement. On assiste au spectacle de la nature reprenant à sa victime le secret que celle-ci lui a dérobé. En observant ce processus à rebours, on éprouve plus vivement que jamais ce sentiment de révérence qui est au cœur de chacun de nous. Prêts à être témoins d'un miracle, voilà qu'on nous fait participer à un fiasco qui dépasse la compréhension humaine. Je tiens à rappeler au lecteur que c'est au Lieu de Vie que se produit cette mort exceptionnelle. La vie et la mort, nous dit Haggard, sont très proches l'une de l'autre. Ce qu'il a voulu sans doute nous faire entendre par là, c'est qu'elles sont jumelles, et qu'il nous est donné une seule fois de connaître le miracle de la vie, et une seule fois aussi le miracle de la mort : ce qui se passe entre les deux est comparable à la rotation d'une roue, à un mouvement perpétuel et circulaire autour d'un vide intérieur, un rêve qui n'a pas de fin, l'activité de la roue n'ayant aucun rapport avec le mouvement qui lui donne naissance.

L'immortelle beauté d'Ayesha, son apparente immortalité, sa sagesse qui est sans âge, ses pouvoirs de sorcellerie et d'enchantement, sa domination sur la vie et sur la mort, à mesure que Rider Haggard nous révèle avec une lente subtilité cette mystérieuse créature, tous ces traits pourraient aussi bien servir à décrire l'âme de la nature. Ce qui soutient Ayesha, tout en la brûlant, c'est la certitude d'être un jour réunie avec son bien-aimé. Et qui pourrait-il être ce bien-aimé, sinon le Saint-Esprit ? Il ne faudrait pas un moindre don pour une âme douée d'une faim, d'une patience et d'un courage sans égal. L'amour qui seul peut transformer l'âme de la nature est l'amour divin. Le temps ne compte pas quand il y a divorce de l'âme et de l'esprit. Ni l'un ni l'autre ne peuvent manifester sa splendeur autrement que par leur union. L'homme, la seule créature qui possède une nature double, demeure une énigme pour lui-même, il ne cesse de tourner sur la roue de la vie et de la mort jusqu'à ce qu'il ait percé le mystère de l'identité. Une loi, un être, une foi, une race humaine. Parfaitement ! « Mourir, c'est être isolé, non pas cesser d'être. » Dans l'incapacité où il se trouve de céder à la vie, l'homme s'en isole. Ayesha, qui semblait pourtant immortelle, s'était ainsi mise à l'écart en renonçant à l'esprit qui l'habitait. Le bien-aimé Callicrate, son âme-sœur, incapable de supporter la splendeur de son âme quand il la contemple pour la première fois est tué par la propre volonté d'Ayesha. L'arrestation vient punir ce meurtre incestueux. Ayesha, qui a la beauté, la puissance, la sagesse et la jeunesse, est condamnée à attendre que son bien-aimé se réincarne. Les générations qui passent durant cet interlude sont comparables à la période qui sépare une incarnation d'une autre. Le Devachan d'Ayesha se situe dans les grottes de Kôr. Là, elle est aussi loin de la vie que l'âme dans les limbes. C'est en ce même lieu que Callicrate, ou plutôt l'enveloppe qu'on a conservée de son amour immortel, passe cet intervalle. Son image est sans cesse avec elle. Exclusive dans sa vie, Ayesha l'est également dans la mort. La jalousie, qui se manifeste chez elle sous la forme d'une volonté tyrannique, d'un insatiable appétit de puissance, brûle en elle avec tout l'éclat d'un bûcher funéraire. Elle a tout le temps, semble-t-il, de passer en revue son passé, d'évaluer ses actions, ses pensées, ses émotions. Elle a tout le temps de se préparer pour la seule leçon qu'il lui faut encore prendre : la leçon d'amour. Divine, elle est cependant plus vulnérable que le plus humble mortel. Sa foi est issue du désespoir, non pas de l'amour, ni de la compréhension. Et elle va être mise à l'épreuve de bien cruelle façon. Le voile qui entoure Ayesha, le voile que nul mortel n'a franchi — bref, sa divine virginité —, on va le lui enlever, le lui arracher, au moment le plus crucial. Alors, elle se révélera à elle-même. Accessible à l'amour, elle avancera, sur le chemin de l'esprit comme sur celui de l'âme. Puis elle sera prête pour le miracle de la mort, de cette mort qui ne vient qu'une fois. Avec la venue du trépas, elle pénétrera enfin dans l'immortel royaume de l'être. C'en sera fini d'Isis, à qui elle avait juré une éternelle dévotion. La dévotion, métamorphosée par l'amour, se confond avec la compréhension, puis avec la mort et avec l'être divin. Ce qui a toujours été, ce qui sera toujours est maintenant éternellement. Sans nom, sans âge, indéfinissable, la nature de la véritable identité de chacun est ainsi engloutie comme le dragon se mord la queue.

Résumer ainsi brièvement les principaux épisodes de

ce grand roman et surtout peut-être proposer une interprétation du thème sur lequel il est bâti, c'est se montrer injuste envers l'auteur. Mais il y a chez Rider Haggard une dualité qui m'intrigue fort. Ce personnage qui a les deux pieds fermement posés sur la terre, conventionnel à bien des égards, orthodoxe dans ses opinions, bien que curieux et tolérant, doué d'une puissante vitalité et d'une grande sagesse pratique, cet homme réticent et réservé, Anglais jusqu'au bout des ongles, révèle dans ses romans un aspect secret, un être insoupçonné, une science surprenante. Sa méthode de travail — il écrivait à toute vitesse, s'arrêtant à peine pour réfléchir — lui permettait de puiser profondément et librement dans les réserves de l'inconscient. On dirait que, grâce à cette technique, il a trouvé le moyen de projeter le vivant plasma d'incarnations antérieures. Tout en contant ses histoires, il permet au narrateur de philosopher à loisir, ce qui ouvre au lecteur d'éblouissants aperçus sur ses pensées profondes. Mais ses dons de conteur sont trop remarquables pour qu'il laisse ses réflexions prendre des formes et des proportions susceptibles de rompre le charme du récit.

Après ces quelques aperçus sur l'auteur à l'intention du lecteur qui ne connaît peut-être pas *She*, ni la suite intitulée *Ayesha*, je voudrais continuer d'exposer les voies mystérieuses suivant lesquelles un jeune garçon, moi-même en l'occurrence, se formait et était influencé à son insu. J'ai dit qu'Hélène de Troie n'avait jamais eu de réalité à mes yeux. J'ai certainement découvert son existence dans les livres avant de tomber sur *She*. Tout ce qui se rattachait aux légendes dorées de Troie et de la Crète faisait partie de l'héritage de mon enfance. Par les contes mêlés à la légende du roi Arthur et de ses chevaliers de la Table Ronde, je m'étais familiarisé avec d'autres légendaires et immortelles beautés, notamment avec Iseult. Je connaissais bien les exploits fabuleux de Merlin et autres vénérables sorciers. J'avais dû me plonger dans les récits concernant les rites funéraires tels qu'on les pratiquait en Égypte et ailleurs. Je cite tout cela pour bien montrer que la rencontre de sujets voisins chez Rider Haggard n'avait plus sur moi le choc de la première surprise. J'avais été préparé, si je puis dire. Mais peut-être en raison de son habileté de narrateur, peut-être parce qu'il avait trouvé le ton qui convenait, adapté au niveau intellectuel d'un jeune garçon, les effets combinés de tous ces facteurs permirent à la flèche de parvenir pour la première fois à destination. Je fus percé de part en part au Lieu d'Amour, au Lieu de Beauté, au Lieu de Vie. Ce fut en ce dernier endroit que je fus mortellement atteint. De même qu'Ayesha avait donné la mort à son bien-aimé au lieu de la vie, se condamnant par là même à une longue existence d'expiation, de même je crois qu'on m'avait donné une « petite » mort quand j'avais refermé ce livre, quarante-cinq ans auparavant. À jamais s'en étaient allées mes visions d'amour, d'éternelle beauté, de renonciation et de sacrifice, de vie éternelle. Pareil à Rimbaud, pourtant, je puis m'exclamer à propos des visions du poète-devin : *Mais je les ai vues !* Ayesha, consumée par la flamme dévorante à la source même de la vie, a emporté avec elle dans les limbes tout ce qui pour moi était sacré et précieux. *Il ne nous est donné qu'une fois de connaître le miracle de la vie.* Cette vérité lentement, très lentement, se fait jour en moi. Inlassablement, je me révolte contre les livres, contre l'expérience brute, contre la sagesse elle-même, tout aussi bien que contre la nature et Dieu sait quoi encore. Mais force m'est de toujours revenir au bord même du fatal précipice.

> *Quiconque n'a jamais pleinement vécu dans cette vie ne connaîtra pas non plus la vie éternelle après la mort* [1].

Je crois que c'est le secret de tout enseignement religieux.

1. *The Absolute Collective* d'Erick Gutkind.

> *Mourir*, comme dit Gutkind, *c'est être* séparé, *non pas cesser d'être.*

Séparé de quoi ? Eh bien, de tout : de l'amour, des activités collectives, de la sagesse, de l'expérience, mais avant tout de la source même de la vie.

La jeunesse est une des formes de la vie. Ce n'est pas la seule, mais elle est intimement liée au monde de l'esprit. Pratiquer le culte de la jeunesse au lieu de la vie est aussi désastreux qu'adorer la puissance. Seule la sagesse est éternellement renouvelable. Mais de la sagesse de la vie, l'homme d'aujourd'hui ne connaît pas grand-chose. Il n'a pas seulement perdu sa jeunesse, mais aussi son innocence. Il se cramponne à des illusions, à des idéaux, à des croyances.

Dans le chapitre intitulé « Ce que nous avons vu » et qui me bouleverse aussi violemment qu'autrefois, le narrateur, après avoir vu Ayesha dévorée par les flammes de la vie, s'exprime ainsi :

> *Ayesha, murée dans sa tombe vivante, attendant d'âge en âge la venue de son amant, n'a guère apporté de changement à l'ordre du monde. Mais Ayesha, heureuse et forte dans son amour, parée d'une immortelle jeunesse, d'une beauté et d'une puissance divines, et de toute la sagesse des siècles, aurait révolutionné la société et peut-être même bouleversé le destin de l'Humanité.*

Et il ajoute cette phrase sur laquelle j'ai longuement médité :

> *Ainsi s'est-elle opposée à la loi éternelle et, si forte qu'elle fût, elle a été rejetée dans le néant...*

On songe aussitôt aux grandes figures du mythe, de la légende et de l'histoire qui ont tenté de révolutionner la société et par là même de bouleverser le sort de l'homme : Lucifer, Prométhée, Akhénaton, Ashoka, Jésus, Mahomet, Napoléon... On pense surtout à Lucifer, le prince des ténèbres, le plus étincelant des révolutionnaires. Chacun d'eux a payé son « crime ». Et tous pourtant sont vénérés. J'en suis intimement persuadé, le rebelle est plus près de Dieu que le saint. Il a la faculté de dominer les forces ténébreuses auxquelles il nous faut nous soumettre avant de pouvoir recevoir la lumière de la révélation. Le retour à la source, la seule révolution qui rime à quelque chose pour l'homme, voilà le but auquel l'homme aspire. C'est une révolution qui ne peut s'opérer que dans son être. C'est la vraie signification du plongeon dans le courant de la vie, de l'éveil à la vie, de la découverte de sa totale identité.

Identité ! Voilà le mot qui, à relire Rider Haggard, a fini par me hanter. C'est l'énigme de l'identité qui a fait que des livres comme *Louis Lambert, Séraphita, Interlinear to Cabeza de Vaca, Siddharta* exercent un tel ascendant sur moi. Je me suis mis à écrire avec l'intention de dire la vérité sur mon compte. Quelle tâche vaine ! Que peut-il y avoir de plus fictif que l'histoire de sa propre vie ?

> *Nous n'apprenons rien en lisant* (Winckelman), disait Goethe, *nous* devenons *quelque chose.*

De même pourrais-je dire : nous ne révélons rien de nous-mêmes en disant la vérité, mais parfois nous nous découvrons. Moi qui avais cru *donner*, je découvrais que j'avais *reçu* quelque chose.

Pourquoi cette insistance, dans mes livres, sur l'expérience brute et sans cesse répétée ? N'est-ce pas jeter de la poudre aux yeux ? Est-ce que je me révèle ou est-ce que je me découvre ? Il semble que je me perde et que je me retrouve alternativement dans le monde du sexe. Tout cela n'est qu'apparences. Le conflit qui, s'il n'est pas entièrement caché est du moins bien dissimulé, est le conflit entre l'Esprit et la Réalité (*Spirit and Reality*, soit dit en passant, est le titre d'un livre écrit par un de mes frères de sang et que je n'ai découvert que récemment). Pendant longtemps, la *réalité* pour moi, c'était la

Femme. Autant dire la Nature, le Mythe, la Patrie, la Mère, le Chaos. Je m'étends longuement — sans doute à la stupéfaction du lecteur — sur un roman intitulé *She*, en oubliant que j'ai dédié la pierre angulaire de mon autobiographie à « Elle [1] ». Comme il y avait beaucoup de « She » dans « Elle » ! Au lieu des grandes grottes de Kôr, j'ai décrit le puits noir et sans fond. Comme « She », « Elle » aussi s'efforçait désespérément de me donner vie, beauté, puissance et autorité sur les autres, ne fût-ce que grâce à la magie des mots. « Elle » aussi s'immolait sans répit, elle attendait (et quelle horrible attente !) le retour du bien-aimé. Et si « Elle » me donnait la mort dans le Lieu de Vie, n'était-ce pas aussi dans un élan d'aveugle passion, de crainte et de jalousie ? Quel était le secret de Sa terrible beauté, de Son redoutable pouvoir sur les autres, de Son mépris pour Ses esclaves sinon le désir d'expier Son crime ? *Le crime ?* Le crime de m'avoir dépouillé de mon identité à l'instant même où j'allais la recouvrer. Je vivais en Elle aussi réellement que l'image de Callicrate poignardé vivait dans l'esprit, dans le cœur et dans l'âme d'Ayesha. M'étant, par je ne sais quel étrange caprice, consacré à l'immortaliser, je me persuadai que je Lui donnais la Vie en échange de la Mort. Je croyais pouvoir ressusciter le passé, pouvoir le faire revivre... *en réalité*. Vanité, vanité ! Je n'ai réussi qu'à rouvrir la blessure qu'on m'avait faite. Cette plaie est encore vive et la douleur qui la fait palpiter me rappelle le souvenir de ce que j'étais. Je comprends très clairement que je n'étais pas ceci, ni cela. Je vois mieux ce que je ne suis pas que ce que je suis. Je devine maintenant la signification de ma longue odyssée ; je reconnais *toutes* les Circé qui m'ont retenu sous leur charme. J'ai découvert mon père, mon père de chair et l'autre, l'indicible. Et j'ai compris que le père et le fils ne sont qu'un. Bien mieux, incomparablement mieux : j'ai découvert enfin que tout n'était qu'un.

1. Il y a là un jeu de mots car « She » est en anglais le pronom personnel féminin de la troisième personne.

À Mycènes, debout devant le tombeau de Clytemnestre, j'ai revécu les antiques tragédies grecques qui m'ont plus nourri que le grand Shakespeare. Descendant les marches glissantes que j'ai décrites dans mon livre sur la Grèce, j'éprouvai la même impression d'horreur que j'avais connue quand j'étais enfant en plongeant dans les entrailles de Kôr. Il me semble que je me suis arrêté au bord de plus d'un puits sans fond, que j'ai jeté mes regards dans plus d'un charnier. Mais ce qui demeure plus vivace encore, plus imposant, c'est le souvenir, chaque fois dans ma vie que j'ai trop longtemps contemplé la beauté et particulièrement la beauté féminine, d'avoir toujours connu une sensation de peur. De peur, mêlée d'un peu d'horreur aussi. À quoi tient cette horreur ? Au vague souvenir d'avoir été autre que je ne suis, d'avoir été capable (jadis) d'accueillir les bienfaits de la beauté, le don de l'amour, la vérité de Dieu. Ne nous posons-nous pas parfois la question : pourquoi cette beauté fatidique chez les grandes amoureuses à travers les âges ? Pourquoi semblent-elles si logiquement, si naturellement protégées par la mort, soutenues par le crime, nourries par le mal ? Il y a dans *She* une phrase d'une étonnante portée. C'est au moment où Ayesha, ayant retrouvé son bien-aimé, comprend qu'il faut remettre à un peu plus tard cette union physique.

> *Je ne puis encore t'épouser, car toi et moi nous sommes différents, et l'éclat même de mon être t'embraserait, peut-être même t'anéantirait.*

(Je donnerais n'importe quoi pour savoir comment j'entendais ces propos quand je les lisais alors !)

Si longtemps que je m'attarde sur les œuvres d'autrui, je reviens toujours au seul et unique livre, celui de ma vie.

Suis-je comme je crois être, dit Miguel de Unamuno,

ou comme les autres croient que je suis ? Voici où ces lignes deviennent une confession, en présence de mon moi inconnu et inconnaissable pour moi-même. Voici où je crée la légende dans laquelle je m'ensevelis.

Ces lignes figurent sur la page de garde de *Printemps noir*, un ouvrage qui est plus proche de ce que je suis, je crois bien, que tout ce que j'avais écrit avant et que j'ai écrit depuis lors. Le livre que je m'étais promis de dresser comme un monument à « Elle », le livre où je devais livrer le « secret », je n'ai eu le courage de le commencer qu'il y a huit ans. Et puis, l'ayant abordé, je l'ai de nouveau abandonné pour cinq ans. *Tropique du Capricorne* devait être la pierre angulaire de cette œuvre monumentale. C'est plutôt un vestibule ou une antichambre. À la vérité, j'ai écrit ce livre terrible dans ma tête, tout en jetant sur le papier (en quelque dix-huit heures de travail ininterrompu) le plan complet de l'ouvrage ou des notes concernant le sujet que je me proposais d'y traiter. J'ai composé ce mystérieux squelette du grand œuvre durant une brève période de séparation qui m'avait éloigné d'« Elle ». J'étais dans un état de complète possession et d'absolu désespoir. Cela fait aujourd'hui vingt-trois ans tout juste que j'ai tracé le plan du livre. Je n'avais alors l'intention de ne rien écrire d'autre que cette œuvre majeure. Ce devait être le livre de ma vie... de la vie avec « Elle ». De quels prodigieux détours est donc formé le cours de notre existence ! Tout n'est que voyage et que poursuite. Nous n'avons même conscience du but que le jour où nous l'avons atteint et où nous ne faisons plus qu'un avec lui. Employer le mot réalité, c'est dire mythe et légende. Parler de création, c'est s'enterrer soi-même au sein du chaos. Nous ne savons pas d'où nous venons, ni où nous allons ni même qui nous sommes. Nous mettons le cap vers les rivages dorés, et nous arrivons à destination dans toute la gloire de l'exploit accompli — ou bien comme une pulpe méconnaissable dont on a extrait toute l'essence de la vie. Mais ne nous laissons pas tromper par ce mot d'« échec » qui s'attache à certains noms illustres et qui n'est rien moins que le sceau et le symbole du martyre. Quand le bon docteur Gachet écrivait à Théo, le frère de Van Gogh, que l'expression « amour de l'art » ne s'appliquait pas dans le cas de Vincent, que c'était plutôt un exemple de « martyre » de l'art, on comprend sans équivoque que Van Gogh était un des plus glorieux « ratés » de l'histoire de l'art. De même, quand le professeur Dandieu déclare que Proust était « le plus vivant des morts », nous entendons aussitôt par là que ce « cadavre vivant » s'était emmuré pour dénoncer l'absurdité et la vanité de toute notre fiévreuse activité. Montaigne, de sa « retraite », illumine les siècles. *Uomo Finito* de Papini m'a beaucoup aidé et a contribué à faire disparaître de mon esprit toute pensée d'échec. Si la vie et la mort sont très proches l'une de l'autre, il en va de même de la réussite et de l'échec.

Nous avons parfois le grand bonheur de mal interpréter notre destinée quand elle nous est révélée. Nous parvenons souvent à nos fins malgré nous. Nous essayons d'éviter les marécages et les jungles, nous cherchons désespérément à échapper à la solitude ou au désert (c'est la même chose), nous nous attachons à des chefs, nous adorons des dieux au lieu du Dieu unique, nous nous perdons dans le labyrinthe, nous voguons vers des rives lointaines et nous parlons des langues étrangères, nous adoptons des coutumes, des mœurs et des conventions qui ne sont pas les nôtres, mais nous sommes à jamais entraînés vers notre fin dernière, qui ne nous est révélée qu'à l'ultime instant.

V

JEAN GIONO

Ce fut rue d'Alésia, dans une de ces modestes papeteries où l'on vend aussi des livres, que je rencontrai pour la première fois les œuvres de Jean Giono. C'est la fille du libraire — bénie soit-elle ! — qui me jeta littéralement à la tête le livre intitulé *Que ma Joie demeure !* En 1939, à la suite d'un pèlerinage que j'avais fait à Manosque avec un ami d'enfance de Giono, Henri Fluchère, ce dernier m'acheta *Jean le Bleu*, que je lus sur le bateau qui m'emmenait en Grèce. J'ai perdu ces deux livres dans mes pérégrinations. Dès mon retour en Amérique, cependant, je fis la connaissance de Pascal Corvici, un des directeurs des Éditions Viking Press et, grâce à lui, je découvris tout ce qui avait été traduit de Giono — pas grand-chose, je suis navré de le dire.

J'ai en même temps entretenu une correspondance irrégulière avec Giono, qui habite toujours son village natal de Manosque. Combien de fois m'est-il arrivé de regretter de ne pas l'avoir vu lors de ma visite chez lui : il était parti ce jour-là pour une promenade à pied à travers cette campagne qu'il décrit dans ses livres avec une si profonde imagination poétique. Mais même si je ne dois jamais le rencontrer en chair et en os, je puis affirmer que je l'ai déjà rencontré en esprit. Et bien d'autres comme moi à travers le vaste monde. Certains, je m'en suis aperçu, ne le connaissent que par l'adaptation cinématographique de ses livres : *Regain* et *la*

Femme du boulanger. Personne ne quitte jamais avec les yeux secs la salle où l'on vient de projeter un de ces films. Personne, après avoir vu *Regain*, ne voit tout à fait du même œil un pain ; de même qu'après avoir vu *la Femme du boulanger* on ne pense plus au cocu avec la même légèreté.

Mais ce sont là des observations sans importance...

Voilà quelques instants, feuilletant les pages d'un de ses livres, je me disais : « Attendris-toi le bout des doigts ! Prépare-toi pour la grande tâche ! »

Cela fait plusieurs années maintenant que je prêche l'évangile : l'évangile de Jean Giono. Je ne dis pas que mes paroles n'aient rencontré que des oreilles sourdes, je déplore seulement que mon auditoire ait été aussi restreint. Je suis bien sûr qu'aux Éditions Viking Press à New York ils ne peuvent plus me voir tant je les ai harcelés sans répit pour qu'on hâte la traduction des œuvres de Giono. Par bonheur, je puis lire Giono dans sa langue et je dirais même, au risque de paraître immodeste, dans son propre idiome. Mais je continue à penser aux milliers de lecteurs d'Angleterre et d'Amérique qui devront attendre que ses livres aient été traduits. Il me semble que je pourrais faire passer dans les rangs toujours plus fournis de ses admirateurs d'innombrables lecteurs que les éditeurs américains de Giono désespèrent de toucher. Je crois que je pourrais convaincre ceux qui n'ont jamais entendu parler de lui, en Angleterre, en Australie, en Nouvelle-Zélande et partout ailleurs où l'on parle anglais. Mais il semble que je sois impuissant à ébranler ces quelques personnages clefs qui tiennent pour ainsi dire son sort entre leurs mains. Que je fasse appel à la logique ou à la passion, aux statistiques ou aux exemples, je ne parviens pas à faire changer d'avis les éditeurs de ce pays, de mon pays natal. Je réussirai sans doute à faire traduire Giono en arabe, en turc et en chinois avant d'avoir persuadé ses éditeurs américains de poursuivre la tâche qu'ils ont commencée avec tant de cœur.

En feuilletant les pages de *Que ma Joie demeure* — je

cherchais la référence à Orion « qui ressemble à la dentelle de la reine Anne » — je remarquai ces mots de Bobi, le principal personnage du livre :

> *Je n'ai jamais été capable d'expliquer les choses aux gens. C'est curieux. On me l'a toujours reproché. On dit : « Personne ne voit ce que tu veux dire. »*

Rien ne pourrait mieux exprimer ce que je ressens parfois. Et j'ajoute avec quelque hésitation que Giono aussi doit éprouver ce sentiment d'échec. Je ne pourrais sans cela expliquer le fait que, malgré l'irréfutable logique des dollars et des cents avec laquelle ses éditeurs me rabattent toujours le caquet, ses œuvres ne se soient pas répandues à travers l'Amérique comme un feu de brousse.

Je ne suis jamais convaincu par ce genre de logique. Elle suffit peut-être à me réduire au silence, mais je ne suis pas convaincu. Je dois convenir d'autre part que je ne connais pas la formule du « succès » au sens où l'entendent les éditeurs. Je ne crois pas qu'ils la connaissent non plus. Et je ne pense pas non plus qu'un homme comme Giono me remercierait de faire de lui un auteur à gros tirages. Il aimerait être lu, bien sûr. Quel auteur ne le souhaite pas ? Mais, comme tout écrivain, il aimerait surtout être lu par ceux qui le comprennent.

Herbert Read lui a rendu un magnifique hommage dans un article écrit pendant la guerre. Il le traitait d'« anarchiste-paysan ». (Je suis bien certain que ses éditeurs ne tiendraient guère à faire beaucoup de publicité autour d'une telle étiquette !) Je ne considère pas Giono, pour ma part, comme un paysan ni comme un anarchiste, bien que ni l'un ni l'autre de ces termes ne me semblent péjoratifs. (Pas plus qu'à Herbert Read, j'en suis sûr.) Si Giono est un anarchiste, alors Emerson et Thoreau en étaient aussi. Si Giono est un paysan, Tolstoï aussi. Mais ce n'est pas en considérant ces grandes figures sous ces angles-là que nous les comprenons vraiment dans leur essence. Giono ennoblit le paysan dans ses récits ; il élargit la conception de l'anarchisme dans ses esquisses philosophiques. Quand il parle d'un homme comme notre Herman Melville dans le livre *Pour saluer Melville* (que Viking Press se refuse à publier bien que la traduction soit prête), nous sommes très près du vrai Giono, et ce qui est plus important encore, bien près aussi du vrai Melville. Ce Giono est un poète. Sa poésie est de l'imagination et se révèle de façon tout aussi flagrante dans sa prose. C'est par là que Giono révèle son pouvoir de captiver les hommes et les femmes, partout, sans distinction de rang, de classe, de condition ni de goûts. Il tient cela de ses parents et surtout, je crois, de son père, dont il parle avec une si émouvante tendresse dans *Jean le Bleu*. Dans son sang méditerranéen il y a ce je ne sais quoi qui, comme les vins de Grèce quand on les mélange aux crus français, ajoute du corps et de la saveur à la langue française. Quant à la terre où il a planté ses racines et envers qui ne cesse jamais de se manifester son vrai patriotisme, il me semble que seul un sorcier pourrait trouver là matière à relier les causes aux effets. Comme notre Faulkner, Giono a créé son propre domaine terrestre, un domaine mythique bien plus proche de la réalité que les manuels d'histoire ou de géographie. C'est une région que les planètes et les étoiles survolent à lourdes pulsations. C'est une terre où il « arrive » des choses aux hommes comme voilà des siècles et des siècles il en arrivait aux dieux. Pan arpente toujours la campagne. Le sol est gorgé de sucs cosmiques. Des événements « transpirent ». Des miracles se produisent. Et jamais l'auteur ne trahit les personnages, les silhouettes qu'il a fait jaillir de la matrice de son imagination fertile. Ses hommes et ses femmes ont leurs prototypes dans les légendes de la province française, dans les chansons des troubadours, dans les gestes quotidiens d'humbles paysans anonymes, dont la longue lignée s'étend du temps de Charlemagne jusqu'à nos jours. Dans les œuvres de Giono, nous retrouvons les tonalités sombres des landes d'Hardy, l'éloquence des fleurs et des créatures inférieures de Lawrence, l'enchantement et les sortilèges des paysages gallois d'Arthur Machen, la liberté et la violence du monde de Faulkner, la bouffonnerie et la licence des mystères médiévaux. Et avec tout cela un charme païen et une sensualité qui vient tout droit de la Grèce antique.

> *Si l'on considère les dix années qui ont précédé la guerre, les années de course à l'abîme, alors les personnages les plus importants de la scène française ne sont pas les Gide, ni les Valéry ni aucun de ceux qui briguaient les lauriers de l'Académie, mais Giono, l'anarchiste-paysan, Bernanos, le chrétien intégral et Breton, le surréaliste. Ce sont eux les figures significatives, et ce sont des personnages positifs, créatifs parce que destructeurs, moraux dans leur révolte contre les valeurs contemporaines. À première vue ils semblent sans lien entre eux, ils évoluent dans des sphères différentes, à des niveaux différents de la conscience humaine ; mais dans la sphère totale de cette conscience, leurs orbites se croisent et leurs points de contact sont en dehors de tout ce qui est compromettant, réactionnaire ou décadent ; ils impliquent au contraire tout ce qui est positif, révolutionnaire et créateur dans un monde neuf et stable* [1].

La révolte de Giono contre les valeurs contemporaines est sensible dans tous ses livres. Dans *Refus d'obéissance*, qui n'a paru pour autant que je sache en traduction que dans la petite revue de James Cooney, *The Phoenix*, Giono a pris magistralement parti contre la guerre, contre la conscription, contre le fait de porter des armes. Des diatribes de ce genre ne font rien pour la popularité d'un auteur dans son pays natal. Quand éclate la guerre suivante, un tel homme est marqué :

1. *Politics of the Unpolitical* de Herbert Read, Routledge, Londres, 1946.

tout ce qu'il dit, tout ce qu'il fait, les journaux s'en emparent pour l'exagérer, le grossir, le déformer. Les hommes qui ont le plus à cœur l'intérêt de leur pays sont ceux-là qu'on vilipende, qu'on qualifie de « traîtres », de « renégats » ou pire encore. Voici une apostrophe passionnée de Giono dans *Jean le Bleu*, qui éclairera peut-être la vraie nature de sa révolte :

> *Je ne sais plus de quelle façon commença mon amitié pour Louis David. Au moment où je parle de lui, je ne peux plus retrouver ma jeunesse pure, l'enchantement des magiciens et des jours : je suis tout sali de sang. Au-delà de ce livre, il y a la grande plaie dont tous les hommes de mon âge sont malades. Ce côté des pages est taché de pus et d'ombre...*
>
> *Si encore tu étais mort pour des choses honorables : si tu t'étais battu pour des femmes ou en allant chercher la pâture de tes petits. Mais non, d'abord on t'a trompé et puis on t'a tué à la guerre.*
>
> *Qu'est-ce que tu veux que j'en fasse de cette France que tu as, paraît-il, aidé à conserver, comme moi ? Qu'est-ce que tu veux que nous en fassions, nous qui avons perdu tous nos amis ? Ah ! S'il fallait défendre des rivières, des collines, des montagnes, des ciels, des vents, des pluies, je dirais : « D'accord, c'est notre travail. Battons-nous, tout notre bonheur est de vivre là. » Non, nous avons défendu le faux nom de tout ça. Moi, quand je vois une rivière, je dis « rivière » ; quand je vois un arbre, je dis « arbre » ; je ne dis jamais « France ». Ça n'existe pas.*
>
> *Ah ! Comme je le donnerais tout entier ce faux nom pour qu'un seul de ceux qui sont morts, le plus simple, le plus humble vive. Rien ne peut être mis en balance avec le cœur d'un homme. Ils sont toujours là à parler de Dieu ! C'est Dieu qui a donné le petit coup d'index au balancier de la pendule de sang au moment où l'enfant tombait du porche de sa mère. Ils sont toujours là à parler de Dieu, et puis la seule chose qui soit son travail de bon ouvrier, la seule chose qui soit une*

œuvre de Dieu, la vie qu'il œuvre seul, malgré toutes vos sciences d'imbéciles à lunettes, la vie vous la gâchez à plaisir dans un mortier infâme de boue et de crachats, avec la belle bénédiction de toutes vos églises. La belle logique !

Il n'y a pas de gloire à être français. Il n'y a qu'une seule gloire : c'est être vivant.

Quand je lis un passage comme celui-là, j'ai tendance à faire des déclarations extravagantes. Je crois avoir dit quelque part que s'il me fallait choisir entre la France et Giono, je choisirais Giono. J'éprouve le même sentiment à l'égard de Whitman. Pour moi, Walt Whitman est cent fois, mille fois plus *Américain* que l'Amérique elle-même. C'est le grand démocrate en personne qui a dit de notre démocratie dont nous sommes si fiers :

Nous avons fréquemment imprimé le mot démocratie. Et pourtant, je ne saurais trop répéter que c'est un mot dont la véritable signification sommeille encore sans que jamais l'ait réveillé le fracas des tempêtes que ces syllabes ont connues, dans la bouche des hommes ou sous leur plume. C'est un mot grandiose, dont l'histoire n'a sans doute pas encore été écrite parce qu'elle n'a pas encore eu lieu [1].

Non, un homme comme Giono ne pourrait jamais être un traître, quand bien même il croiserait les bras et laisserait l'ennemi envahir son pays. Dans *Maurizius Forever* où j'ai consacré quelques pages à son *Refus d'obéissance*, j'ai écrit, et je le répète ici avec plus de véhémence encore :

Je prétends qu'il y a quelque chose de détraqué dans une société qui, sous prétexte qu'elle n'est pas d'accord avec les opinions d'un homme, peut le condamner comme un ennemi insigne. Giono n'est pas un traître.

1. *Democratic Vistas.*

C'est la société qui a trahi. Elle a trahi ses beaux principes, ses principes creux. Elle est sans cesse en quête de nouvelles victimes... et elle les trouve parmi les maîtres de la pensée.

Et que disait donc Goethe à Eckermann ? Il est intéressant que le « premier Européen » se soit exprimé ainsi :

Les hommes deviendront plus intelligents, plus fins ; mais pas meilleurs, ni plus heureux, ni plus forts... ou du moins seulement à certaines époques. Je prévois le jour où Dieu brisera tout pour recommencer une nouvelle création. Je suis certain que tout est prévu dans ce dessein, et que le jour et l'heure de cette renaissance sont déjà fixés dans un lointain avenir...

L'autre jour, quelqu'un faisait remarquer devant moi quel rôle étrange et insistant jouait le père dans la vie des écrivains. Nous avions parlé de Joyce, d'Utrillo, de Thomas Wolfe, de Lawrence, de Céline, de Van Gogh, de Cendrars, puis des mythes égyptiens et des légendes crétoises. Nous parlâmes aussi de ceux qui n'avaient jamais trouvé leur père, de ceux qui l'avaient à jamais cherché. Nous parlâmes de Joseph et de ses frères, de Jonathan et de David, et de la magie de certains noms comme l'Hellespont et Fort Ticonderoga. Pendant toute cette discussion, je cherchais désespérément dans ma mémoire des exemples où la mère avait joué un grand rôle. Je n'en trouvai que deux, mais c'étaient des noms bien illustres : Goethe et Vinci. Puis je me mis à parler de *Jean le Bleu*. Je recherchai cet extraordinaire passage, si lourd de sens pour un écrivain, où Giono explique ce que son père représentait pour lui.

Si j'ai tant d'amour pour la mémoire de mon père, si je ne peux me séparer de son image, si le temps ne peut pas trancher, c'est qu'aux expériences de chaque jour je comprends tout ce qu'il a fait pour moi. Il a connu le premier ma sensualité. Il a vu, lui, le premier, avec ses yeux gris, cette sensualité qui me faisait toucher un mur et imaginer le grain de pore d'une peau. Cette sensualité qui m'empêchait d'apprendre la musique, donnant un plus haut prix à l'ivresse d'entendre qu'à la joie de se sentir habile, cette sensualité qui faisait de moi une goutte d'eau traversée de soleil, traversée des formes et des couleurs du monde, portant, en vérité, comme la goutte d'eau, la forme, la couleur, le son, le sens marqué dans ma chair...

Il n'a rien cassé, rien déchiré en moi, rien étouffé, rien effacé de son doigt mouillé de salive. Avec une prescience d'insecte il a donné à la petite larve que j'étais les remèdes : un jour ça, un autre jour ça ; il m'a chargé de plantes, d'arbres, de terre, d'hommes, de collines, de femmes, de douleur, de bonté, d'orgueil, tout ça en remèdes, tout ça en provisions, tout ça en prévision de ce qui aurait pu être une plaie. Il a donné le bon pansement à l'avance pour ce qui aurait pu être une plaie, pour ce qui, grâce à lui, est devenu dans moi un immense soleil.

Vers la fin du livre, le père sent la mort approcher, et il a une longue conversation avec son fils sous le tilleul.

Où je me suis trompé, dit le père, *c'est quand j'ai voulu être bon et serviable. Tu te tromperas. Comme moi.*

Ces mots-là vous déchirent le cœur. Ils sont trop vrais, trop vrais. J'ai pleuré en lisant ce passage. Je pleure encore en évoquant les paroles du père. Je pleure sur Giono, sur moi, sur tous ceux qui se sont efforcés d'être « bons et serviables ». Sur ceux qui essaient encore, bien qu'ils sachent au fond de leur cœur qu'ils « se trompent ». Ce que nous savons n'est rien auprès de ce que nous nous sentons obligés de faire par pure bonté d'âme. La sagesse ne peut se transmettre. Et ne finit-on pas par abandonner la sagesse au profit de l'amour ?

Il y a un autre passage qui rapporte une conversation entre le père et le fils et Franchesc Odripano. Ils viennent de parler de l'art de guérir.

Quand on a le souffle pur, disait mon père, on peut autour de soi éteindre les plaies comme des lampes.
Mais je ne savais pas. Je disais :
— Si on éteint les lampes, papa, on n'y verra plus.
À ce moment, les yeux de velours restaient un moment immobiles et ils regardaient au-delà de ma glorieuse jeunesse.
— C'est assez juste, répondait-il, les plaies éclairent. C'est assez juste. Tu écoutes beaucoup Odripano. Il a fait ses expériences. S'il peut rester jeune au milieu de nous, c'est parce qu'il est poète. Tu sais ce que c'est la poésie ? Tu sais que ce qu'il dit c'est de la poésie ? Tu le sais, fils ? Il faut le savoir. Maintenant, écoute, moi aussi j'ai fait mes expériences, à moi, et je te dis qu'il faut éteindre les plaies. Si, quand tu seras un homme, tu connais ces deux choses : la poésie et la science d'éteindre les plaies, alors, tu seras un homme.

Je demande pardon au lecteur de citer aussi longuement les œuvres de Giono. Si je croyais un instant que presque tous les gens connaissent bien les écrits de Giono, je me sentirais fort embarrassé d'avoir prodigué ces citations. Un de mes amis disait l'autre jour qu'il n'avait pour ainsi dire rencontré personne qui ne connût Jean Giono. « Vous voulez parler de ses livres ? demandai-je. — De certains d'entre eux du moins, dit-il. En tout cas, tout le monde sait ce qu'il représente. — Ça, répondis-je, c'est une autre histoire. Vous avez bien de la chance d'évoluer parmi des gens pareils. Je suis d'un tout autre avis que vous en ce qui concerne Giono. Je me demande même parfois si ses éditeurs l'ont lu. *Savoir lire*, voilà où est le problème. »

Ce soir-là, en feuilletant un livre d'Holbrook Jackson [1], je tombai sur le classement en quatre catégories

1. *The Reading of Books*, Scribner's, New York, 1947.

qu'établit Coleridge parmi les gens qui lisent. Qu'on me permette de le citer :

1. *Les éponges, ceux qui absorbent tout ce qu'ils lisent et le restituent pratiquement dans le même état, seulement un peu sali.*
2. *Les sabliers, ceux qui ne retiennent rien et qui se contentent de prendre un livre pour passer le temps.*
3. *Les chausses à vin, ceux qui ne gardent que la lie de ce qu'ils ont lu.*
4. *Les purs diamants, ceux aussi rares que précieux qui profitent de ce qu'ils lisent et qui savent en faire aussi profiter les autres.*

La plupart d'entre nous appartiennent à la troisième catégorie, sinon aussi à l'une des deux premières. Rares sont les purs diamants ! Je voudrais maintenant faire état d'une observation concernant le prêt de livres de Giono. Les rares que je possède — parmi lesquels *le Chant du monde* et *Un de Baumugnes* dont je m'aperçois que je n'ai pas parlé — je les ai prêtés maintes et maintes fois à tous ceux qui exprimaient le désir de découvrir l'œuvre de Jean Giono. C'est dire non seulement que je les ai remis de la main à la main à un nombre considérable de visiteurs, mais que je les ai aussi emballés et expédiés à de nombreux autres, parfois même habitant l'étranger. Jamais pour aucun auteur que j'ai recommandé, je n'ai recueilli autant d'approbations qu'avec Giono. La réaction a été pratiquement unanime. « Magnifique ! Merci, merci ! » telle était d'ordinaire la réponse que je recevais. Une seule personne n'aimait pas Giono et m'a dit tout net qu'elle n'y trouvait rien d'intéressant, c'était un homme qui se mourait du cancer. Je lui avais prêté *Que ma Joie demeure*. C'était un de ces hommes d'affaires « arrivés » qui n'avait rien accompli ni rien trouvé pour le soutenir. Je crois qu'on peut considérer son verdict comme exceptionnel. Les autres, et ils comprennent des hommes et des femmes de tout âge, de toute condition, de toute opinion et de toute tendance, ont tous proclamé leur amour, leur admiration, leur gratitude pour Jean Giono. Ils ne représentent pas un public « sélectionné », puisqu'ils étaient choisis au hasard. Leur seul point commun, c'était le goût des bons livres...

Voilà mes statistiques personnelles qui, je le prétends, sont aussi valables que celles de l'éditeur. Ce sont les gens qui ont faim et soif qui décideront en dernier ressort de l'avenir de l'œuvre de Giono.

Il y a un autre homme, une figure tragique, dont je recommande parfois le livre à mes amis et connaissances : Vaslav Nijinsky. Chose étrange, son *Journal* n'est pas sans rappeler *Jean le Bleu*. On y trouve des révélations sur l'écriture. C'est l'œuvre d'un homme qui est en partie lucide et en partie dément. C'est un message si dépouillé, si désespéré qu'il fait éclater le moule. Nous sommes face à face avec la réalité et c'est presque insoutenable. La technique, pourtant si profondément personnelle, est de celles que tout écrivain peut acquérir. S'il n'avait pas été enfermé, si ce livre n'avait été qu'une première œuvre, nous aurions eu en Nijinsky un écrivain aussi brillant que le danseur.

Je parle de ce livre parce que je l'ai lu très attentivement. Pour prétentieuse que puisse sembler cette affirmation, c'est un livre pour écrivains. Je ne puis limiter de la même façon Giono, mais je dois dire que lui aussi nourrit l'écrivain, qu'il lui donne une leçon et qu'il l'inspire. Dans *Jean le Bleu*, il nous donne la genèse d'un écrivain, en nous contant cette évolution avec l'art consommé d'un auteur chevronné. On a l'impression qu'il est un « écrivain né ». On sent qu'il pourrait aussi bien être peintre ou musicien (quoi qu'il en dise). C'est « l'histoire du Conteur », l'histoire de l'histoire. Elle arrache les bandelettes dans lesquelles nous momifions les écrivains pour révéler l'être embryonnaire. Elle nous donne la physiologie, la chimie, la physique, la biologie de cet étrange animal qu'est l'écrivain. C'est un manuel tout pénétré du fluide magique de la technique qu'il expose. Ce livre nous met en communication avec la source de toute activité créatrice. Il respire, il palpite, il renouvelle le flux sanguin. C'est le genre de livre que tout homme qui croit avoir au moins une histoire à raconter pourrait écrire, mais qu'hélas il n'écrit jamais. C'est le récit que répètent inlassablement les auteurs sous les déguisements les plus divers. Il est rare de le voir arriver directement de la salle d'accouchement. On commence généralement par le laver et par le parer. Par lui donner un nom qui n'est pas son vrai nom.

Sa sensualité, dont Giono attribue le développement aux soins éclairés de son père, est sans conteste un des traits cardinaux de son art. Elle imprègne ses personnages, ses paysages, tout son récit. « Rendons plus sensibles le bout de nos doigts, nos points de contact avec le monde... » C'est exactement ce qu'a fait Giono. Le résultat est que l'on décèle dans sa musique l'emploi d'un instrument qui a connu le même processus de mûrissement que celui qui en joue. Chez Giono la musique et l'instrument ne font qu'un. C'est là le don qui lui est propre. S'il n'est pas devenu un musicien parce que, dit-il, il jugeait plus important d'être un bon auditeur, il est devenu un écrivain qui a élevé l'art d'écouter à de tels sommets que nous suivons ses mélodies comme si nous les avions écrites nous-mêmes. Nous ne savons plus, à lire ses livres, si c'est Giono que nous écoutons ou bien nous-mêmes. Nous vivons par ses mots et en eux aussi naturellement que si nous respirions à une altitude confortable ou que si nous flottions au sein des eaux ou planions comme un faucon sur le courant d'air d'un canyon. L'intrigue de ses récits est amortie par ces effluves terrestres ; le mécanisme ne grince jamais car il baigne constamment dans des lubrifiants cosmiques. Giono nous livre les hommes, les bêtes et les dieux dans leurs constituants *moléculaires* (Et bien mieux qu'Ossendovski !) Il n'a pas éprouvé le besoin de descendre dans l'arène atomique. Il s'intéresse aux galaxies et aux constellations, aux troupeaux, aux hordes, aux meutes, au plasma biologique aussi bien qu'au magma primitif. Les noms de ses personnages comme ceux des collines et des cours d'eaux qui les entourent, ont la saveur, l'arôme, la vigueur et le parfum des herbes fortes. Ce sont des noms autochtones qui fleurent bon le Midi. Quand on les prononce, on revit des souvenirs d'un autre temps ; sans le savoir, on hume une bouffée d'air qui vient des rives africaines. On devine que l'Atlantide n'était pas si éloignée dans le temps ni dans l'espace.

Voilà un peu plus de vingt ans que *Colline* de Giono, publié par Brentano's, à New York, sous le titre de *Hill of Destiny*, a rendu d'un coup l'auteur célèbre parmi tous ceux qui lisent. Dans son introduction à l'édition américaine, Jacques Le Clercq, le traducteur, explique le but du *Prix Brentano*, qui fut décerné pour la première fois à Jean Giono.

> *Pour le public français, le* Prix Brentano *doit son importance à certaines nouveautés. D'abord, c'est la première fois qu'un jury américain s'attache à couronner une œuvre française et à en assurer la publication en Amérique. Le simple fait que cet ouvrage vienne de l'étranger* — l'étranger, cette postérité contemporaine — *éveille un vif intérêt ; et aussi le fait que le jury soit composé d'étrangers donne la pleine assurance qu'il ne saurait y avoir ici de* propagande de chapelle, *de manœuvres de cliques comme on en observe nécessairement lors de l'attribution des prix français. Enfin la valeur matérielle du prix lui-même est de bon augure.*

Il y a vingt ans de cela ! Et voici quelques mois à peine, j'ai reçu deux nouveaux livres de Giono — *Un Roi sans divertissement* et *Noé* — les deux premiers d'une série de vingt, qui doivent former des *Chroniques* annonce-t-il. Il avait trente ans quand *Colline* a obtenu le *Prix Brentano*. Entre-temps, il a écrit un nombre respectable de livres. Et aujourd'hui, à cinquante ans passés, il projette d'en écrire une série de vingt, dont plusieurs ont déjà été publiés. Juste avant la guerre, il avait commencé sa traduction de *Moby Dick* dont on a tant parlé, un labeur de plusieurs années pour lequel il fut aidé par deux collaborateurs remarquables qui ont signé avec lui cette traduction. C'était une immense entreprise, puisque Giono connaît mal l'anglais. Mais, comme il l'explique dans le livre qui suivit — *Pour saluer Melville* —, *Moby Dick* fut, des années durant, son fidèle compagnon au cours de ses promenades parmi les collines. Il avait vécu avec ce livre qui avait fini par devenir une partie de lui-même. Il était donc inévitable que ce fût lui qui le révélât au public français. J'ai lu certains passages de cette traduction qui me semble une œuvre inspirée. Melville n'est pas de mes auteurs favoris. *Moby Dick*, à vrai dire, a toujours été une sorte de bête noire pour moi. Mais en lisant la version française, que je préfère à l'original, je suis arrivé à la conclusion qu'un jour je lirai le livre en entier. Après avoir lu *Pour saluer Melville*, qui est l'interprétation d'un poète par un poète — « une pure invention », comme le dit Giono lui-même dans une lettre — j'étais littéralement transporté. Combien souvent est-ce « l'étranger » qui nous fait apprécier nos propres auteurs ! (Je songe aussitôt à cette magnifique étude sur Walt Whitman faite par un Français, qui a pratiquement consacré sa vie à ce sujet. Je pense aussi à ce qu'a fait Baudelaire pour rendre le nom de Poe célèbre à travers l'Europe.) On s'aperçoit une fois de plus que comprendre une langue n'est pas la même chose que comprendre le langage en général : c'est toujours la communion par rapport à la communication. Même en traduction, certains d'entre nous comprennent mieux Dostoïevsky, par exemple, que ses contemporains russes, ou, si je puis dire, mieux que nos contemporains russes.

Je remarquai, en lisant l'introduction de *Hill of Destiny*, que le traducteur exprimait ses craintes que le livre ne choquât certains lecteurs américains « délicats ». C'est curieux comme les auteurs français sont mal vus des Anglo-Saxons. On va jusqu'à considérer comme « immoraux » certains bons catholiques de France. Cela me rappelle toujours la fureur de mon père quand il me surprit à lire *la Peau de chagrin*. Il n'eut qu'à voir le nom de Balzac. Cela suffit à le convaincre que le livre était « immoral ». (Par bonheur, il ne me prit jamais à lire les *Contes drolatiques* !) Mon père, bien sûr, n'avait jamais lu une ligne de Balzac. C'était à peine s'il connaissait quelques-uns des auteurs anglais ou américains. Le seul écrivain qu'il avouât avoir lu — c'est inouï, mais c'est vrai ! — c'était John Ruskin. Mais oui, *Ruskin* ! Je faillis tomber assis par terre quand il m'annonça cela. Je ne savais pas comment expliquer une chose aussi insensée, mais je découvris par la suite que le responsable en était l'ecclésiastique qui l'avait (provisoirement) converti au christianisme. Ce qui m'étonna davantage encore, ce fut quand il convint que cette lecture lui avait plu. Cela demeure encore inexplicable pour moi. Mais je reviendrai une autre fois à Ruskin...

Dans les livres de Giono, comme dans ceux de Cendrars et dans bien d'autres livres français, il y a toujours de merveilleuses descriptions de beuveries et de festins. Parfois, c'est une fête, comme dans *Que ma Joie demeure*, parfois il s'agit d'un simple repas. Mais cela vous met toujours l'eau à la bouche. (On devrait écrire un jour à l'usage des Américains un livre de cuisine composé de recettes glanées dans la littérature française.) Tous les cinéastes ont observé l'importance qu'attachent les metteurs en scène français aux scènes de repas, alors que dans les films américains, ce sont des séquences qu'on ne trouve jamais. Ou alors, rien n'y semble réel, ni la nourriture qu'on sert, ni les convives. En France, quand deux ou plusieurs personnages se rassemblent, il y a communion sensuelle aussi bien que spirituelle. Avec quelle nostalgie les jeunes Américains regardent-ils ces scènes ! Parfois c'est un repas en plein air. Dans ces cas-là, nous sommes encore plus émus, car nous ne connaissons vraiment pas grand-chose de la joie de manger et de boire au grand air. Le Français aime ce qu'il mange. Nous, nous mangeons pour nous alimenter, ou bien par la force de l'habitude. Le Français, même s'il est un habitant des villes, est plus près de la terre que l'Américain. Il n'altère pas, il ne raffine pas à l'excès les produits de la terre. Il savoure tout autant les repas sans prétention que les créations du gourmet. Il aime bien les aliments frais et non pas en conserves ni congelés. Et presque tous les Français savent faire la cuisine. Je n'ai jamais rencontré un Français qui ne sache pas faire ne fût-ce qu'une omelette, par exemple. Mais je connais nombre d'Américains qui ne sont même pas capables de faire un œuf à la coque.

La bonne chère, naturellement, va de pair avec la bonne conversation, un autre article dont nous sommes ici totalement démunis. L'art de la conversation est presque aussi indispensable que celui de choisir les vins qui accompagnent un repas. Pas de cocktails, pas de whisky, pas de bière ni d'ale. Ah, les vins ! Leur variété, les effets subtils et indescriptibles qu'ils produisent ! Et que je n'oublie pas non plus qu'avec la bonne chère il y a les jolies femmes : les femmes qui, outre qu'elles stimulent l'appétit, savent inspirer d'agréables conversations. Comme ils sont horribles, nos banquets pour hommes seuls ! Comme nous aimons nous châtrer, nous mutiler ! Comme nous méprisons en fait tout ce qui est voluptueux et sensuel ! Je suis persuadé que plus que l'immoralité, ce qui répugne aux Américains, c'est le plaisir qu'on peut tirer des cinq sens. Nous ne sommes absolument pas un peuple « moral ». Nous n'avons pas besoin de lire *la Peau* de Malaparte pour découvrir quelles bêtes se cachent sous nos uniformes chevaleresques. Et quand je dis « uniformes » j'entends par là la livrée dont s'affuble le civil tout autant que celle du soldat. Nous sommes des hommes en uniforme, il n'y a pas à sortir de là. Nous ne sommes pas des individus, et pas davantage les membres d'une grande collectivité. Nous ne sommes ni des démocrates, ni des communistes, ni des socialistes, ni des anarchistes. Nous sommes une foule indisciplinée. Et notre signe distinctif, c'est la vulgarité.

Il n'y a jamais de vulgarité, même dans les pages les

plus corsées de Giono. Du désir, peut-être, de l'appétit charnel, de la sensualité, mais pas de vulgarité. Ses personnages peuvent s'adonner parfois au plaisir sexuel, ils peuvent même « forniquer » comme on dit, mais dans ces ébats, il n'y a jamais rien de révoltant comme dans les descriptions que fait Malaparte du comportement de nos soldats en Europe. Jamais un écrivain français n'en est réduit aux maniérismes d'un Lawrence dans *l'Amant de Lady Chatterley*. Lawrence, d'ailleurs, aurait dû connaître Giono, avec lequel il a tant d'affinités. Il aurait dû faire le voyage de Vence jusqu'au plateau de Haute-Provence où Giono situe le décor de *Colline*. Mais Lawrence à cette époque était déjà dans les griffes de la mort, bien qu'il pût nous donner encore *The Man Who Died* ou *The Escaped Cock*. Il aurait encore assez de souffle pour rejeter l'image d'un Rédempteur souffrant qu'imposait un christianisme morbide, et pour la remplacer par celle d'un homme de chair et de sang, d'un homme heureux de vivre, de respirer. Quel dommage qu'il n'ait pu rencontrer Giono du temps de la jeunesse de celui-ci. Même adolescent, Giono aurait su lui faire éviter certaines erreurs. Lawrence a toujours raillé les Français, et pourtant il semblait bien aimer vivre en France. Il ne voyait chez les Français que ce qu'il y avait de malsain, de « décadent ». Partout où il allait, c'était cela qui le frappait d'abord : il avait le nez trop fin. Giono, si solidement planté dans son sol natal, Lawrence, avec sa manie de vagabonder. Tous deux proclamant la richesse de la vie : Giono dans des péans, Lawrence dans des hymnes de haine. Tout comme Giono s'est ancré dans sa « région », lui s'est ancré dans la tradition artistique. Il n'a pas souffert de ces limitations qu'il s'est imposées. Au contraire il s'est épanoui. Lawrence s'est arraché à son monde et au royaume de l'art. Il a erré sur la terre comme une âme en peine, sans nulle part trouver la paix. Il a utilisé le roman pour prêcher la résurrection de l'homme, mais lui-même a connu une fin lamentable. Je dois beaucoup à D.H. Lawrence. Ces observations, ces comparaisons, je ne les ai pas faites pour condamner l'homme, j'ai simplement voulu marquer quelles étaient ses limites. Et comme moi je suis un Anglo-Saxon, je me sens libre de souligner ses lacunes. Nous avons tous grand besoin de la France. Je l'ai dit et répété. Et je le répéterai sans doute encore jusqu'à ma mort.

Vive la France ! Vive Jean Giono !

Cela faisait cinq mois que j'avais laissé ces pages sur Giono, sachant bien que j'avais encore des choses à dire, mais décidé à attendre le moment opportun. Et voilà qu'hier, j'ai eu la visite inopinée d'un agent littéraire que j'avais connu il y a des années, à Paris. C'est le genre de personnage qui, en entrant dans une maison, commence par passer dans votre bibliothèque et par tripoter vos livres et vos manuscrits avant de vous regarder. Et quand il vous regarde, ce n'est pas *vous* qu'il voit, mais seulement ce qui est exploitable en vous. Après l'avoir entendu remarquer, assez sottement me parut-il, qu'il ne visait qu'à aider les écrivains, je sautai sur l'occasion et je lançai le nom de Giono.

« Il y a un homme pour qui vous pourriez faire quelque chose, si ce que vous dites est vrai », lui déclarais-je tout net. Je lui montrai *Pour saluer Melville*. Je lui expliquai que Viking ne semblait nullement désireux de publier d'autres ouvrages de Giono.

« Et savez-vous pourquoi ? » demanda-t-il.

Je lui rapportai ce qu'on m'avait écrit.

« Ce n'est pas la véritable raison », répondit-il. Et il entreprit de m'exposer ce qu'il considérait, il en était sûr, comme la vraie raison.

« Et même si ce que vous dites est exact, dis-je, bien que je n'en croie rien, il y a toujours ce livre que j'aimerais voir publier. C'est un livre magnifique et que j'adore.

— À vrai dire, ajoutai-je, mon affection et mon admiration pour Giono sont telles que peu m'importe ce qu'il fait ou ce qu'on dit qu'il a fait. Je connais mon Giono. »

Il me regarda d'un œil interrogateur et, comme pour me provoquer, déclara : « Il y a *plusieurs* Giono, vous savez. »

Je devinais ce qu'il entendait par là, mais je répondis simplement : « Je les aime tous. »

Cela parut lui couper ses effets. J'étais d'ailleurs certain qu'il ne connaissait pas aussi bien Giono qu'il le prétendait. Ce qu'il voulait me dire, sans doute, c'était que le Giono d'une certaine période était bien meilleur que le Giono d'une autre période. Le « meilleur » Giono, naturellement, c'était *le sien*. Ce sont les bavardages de ce genre qui entretiennent les milieux littéraires en état de perpétuelle fermentation.

Quand *Colline* parut, on aurait dit que le monde entier reconnaissait la valeur de Giono. Il en fut de même lors de la publication de *Que ma Joie demeure*. Et cela se reproduisit sans doute un certain nombre de fois. Quoi qu'il en fût, chaque fois que cela arrive, chaque fois qu'un livre s'acquiert immédiatement une audience universelle, on est je ne sais pourquoi convaincu qu'il reflète fidèlement la personnalité de l'auteur. C'est à croire que jusqu'à ce moment-là, l'homme n'existait pas. Ou peut-être convient-on que l'homme existait, mais pas l'écrivain. Et pourtant, si paradoxal que cela puisse sembler, l'écrivain existe avant l'homme. L'homme ne serait jamais devenu ce qu'il est s'il n'avait pas eu en lui le germe créateur. Il mène la vie qu'il rapporte en mots. Il rêve sa vie avant de la vivre ; il la rêve *pour la vivre*.

Dans leur premier livre « à succès », certains auteurs donnent d'eux-mêmes une image complète, et malgré tout ce qu'ils pourront dire par la suite, elle persiste, s'impose et éclipse souvent toutes celles qui lui succèdent. Le même phénomène se produit parfois à l'occasion de notre première rencontre avec quelqu'un. Sa personnalité nous frappe si vivement que, même s'il change ou s'il révèle de nouveaux aspects de lui-même, c'est cette première image qui subsiste. Parfois, c'est une bénédiction qu'on puisse conserver l'impression première ; parfois aussi, c'est une criante injustice dont souffre celui que nous aimons.

Que Giono soit un homme aux multiples visages, ce n'est pas moi qui dirai le contraire. Je ne nierai pas non plus que, comme nous tous, il a ses bons et ses mauvais côtés. Dans le cas de Giono, il se trouve qu'avec chacun de ses livres il se révèle pleinement. Cette révélation, on la trouve à chaque phrase. Il est toujours lui-même et il se donne toujours. C'est une des qualités précieuses qu'il possède et qui le distinguent d'une foule d'écrivains mineurs. Je l'imagine très bien disant, comme Picasso : « Est-il nécessaire que tout ce que je fais se révèle un chef-d'œuvre ? » De lui, comme de Picasso, je dirai que le « chef-d'œuvre » était l'acte créateur en lui-même, et non pas telle ou telle œuvre qui s'est trouvée plaire à un vaste public ou être acceptée comme le corps même du Christ.

Supposez que vous vous soyez fait une image d'un homme et qu'un beau jour, tout à fait à l'improviste, vous le surpreniez dans une humeur étrange, se comportant ou parlant d'une façon dont vous ne l'auriez jamais cru capable. Refuserez-vous cet aspect de lui comme inacceptable ou l'incorporerez-vous dans une nouvelle image, plus large ? Vous croyiez qu'il s'était entièrement révélé à vous. Et voilà que vous le voyez sous un jour tout différent. Est-ce *votre* faute ou *la sienne* ?

J'imagine aisément un homme pour qui écrire est l'œuvre de toute sa vie, et qui révèle tant d'aspects de lui-même à mesure qu'il va qu'il déconcerte et surprend ses lecteurs. Et plus ils sont déconcertés par sa nature protéiforme, moins ils sont qualifiés, me semble-t-il, pour parler de « chefs-d'œuvre » ou de « révélations ». Un esprit large attendrait au moins que le dernier mot eût été écrit. C'est le moins qu'on puisse faire. Mais il est dans la nature des petits esprits d'abattre un homme avant que son heure soit venue, d'arrêter son développement au point le plus opportun pour leur confort intellectuel. Qu'un auteur s'avise de se poser un problème qui n'est pas du goût de notre petit bonhomme, ou qui dépasse sa compétence, et que se passe-t-il ? Eh bien, on entend la déclaration classique : « Il n'est plus l'écrivain qu'il était ! » Ce qui signifie toujours : « Il n'est plus l'écrivain que *je connais*. »

Pour un créateur, Giono est encore un homme relativement jeune. Il n'a pas fini d'en entendre de la part des critiques pointilleux. On le datera et redatera, on le classera et reclassera, on le ressuscitera et reressuscitera... jusqu'à la fin. Et ceux qui se complaisent à ce jeu, qu'ils identifient avec l'art de l'interprétation, subiront évidemment eux-mêmes bien des changements. Les enragés se gausseront de lui jusqu'au bout. Les tendres idéalistes iront de désillusion en désillusion et n'en finiront pas de retrouver leur bien-aimé. Les sceptiques demeureront toujours sur la brèche, sur celle-ci ou sur celle-là, mais sans jamais désarmer.

Tout ce qu'on écrit sur un homme comme Giono en dit plus sur le critique ou sur l'interprète que sur Giono. Car, comme le chant du monde, Giono poursuit sa route. Le critique pivote autour de cet homme solide et aux racines bien plantées. Comme la girouette, il dit de quel côté souffle le vent, mais il n'appartient pas au domaine du vent ni des airs. Il fait songer à une automobile sans bougies.

Un homme simple qui ne se vante pas de ses opinions mais qui est capable d'être ému, un homme simple qui est dévoué, aimant et loyal, est bien plus à même de vous parler d'un écrivain comme Giono que les doctes critiques. Fiez-vous à l'homme dont le cœur est ému. Ce sont de tels hommes que l'écrivain a pour compagnons quand il ordonne sa création. Ils ne l'abandonnent pas quand l'auteur s'engage sur des chemins qui dépassent leur entendement. Leur silence est bienséant et instructif. Comme les gens d'une grande sagesse, ils savent rester disponibles.

Chaque jour, dit Miguel de Unamuno, *je crois de moins en moins au problème social, au problème poli-*

tique, au problème moral, et à tous les autres problèmes que les gens ont inventés pour ne pas avoir à affronter résolument le seul qui se pose vraiment : le problème humain. *Tant que nous ne l'abordons pas, nous nous contentons simplement de faire du bruit pour nous étourdir.*

Giono est un des écrivains de notre époque qui aborde sans détour ce problème humain. Et c'est en grande partie pour cela qu'il a si mauvaise réputation. Ceux qui s'affairent sur la périphérie le considèrent comme un renégat. À leurs yeux, il ne joue pas le jeu. D'aucuns refusent de le prendre au sérieux parce qu' « il n'est qu'un poète ». Certains conviennent qu'il a un admirable don de conteur mais pas le sens de la réalité. D'autres s'imaginent qu'il écrit une légende de son pays et non pas l'histoire de notre époque. D'autres encore voudraient nous faire croire qu'il n'est qu'un rêveur. Il est tout cela et bien d'autres choses encore. C'est un homme qui ne se détache jamais du monde, même quand il rêve. Et surtout pas du monde des créatures humaines. Dans ses livres, il parle comme père, mère, frère, sœur, fils et fille. Il ne dépeint pas la famille humaine avec pour décor la nature, il fait d'elle un élément de la nature. Si la souffrance existe et le châtiment, c'est par le truchement de la loi divine au sein de la nature. Le cosmos que hantent les créatures de Giono est soumis à une stricte ordonnance. Tous les éléments irrationnels y trouvent place. Et ce cosmos ne cède pas, ne rompt pas ni ne s'affaiblit parce que les personnages de fiction qui le peuplent agissent parfois à l'encontre des lois qui régissent notre monde de tous les jours ou parce qu'ils les bravent. Le monde de Giono possède une réalité bien plus tangible, bien plus durable que celui que nous tenons pour le monde réel. Tolstoï dans son dernier ouvrage a exprimé la nature de cette autre réalité plus profonde :

Voici donc tout ce que j'aimerais dire : j'aimerais dire

que nous vivons à une époque et dans des conditions qui ne peuvent se prolonger et que, de toute façon, nous serons obligés de choisir une voie nouvelle. Afin de suivre cette voie, il n'est pas nécessaire d'inventer une nouvelle religion ni de découvrir des théories scientifiques originales pour expliquer comment la vie ou l'art peuvent nous guider. Surtout il est inutile de revenir à une activité particulière ; il suffit d'adopter une méthode qui nous libère des superstitions du faux christianisme et de la raison d'État.

Que chacun de nous comprenne bien qu'il n'a pas le droit, ni même la possibilité, d'organiser la vie des autres ; qu'il devrait conduire sa vie selon les principes religieux suprêmes qui lui ont été révélés, et que, sitôt qu'il aura agi ainsi, c'en sera fini de l'ordre actuel ; cet ordre qui règne aujourd'hui parmi les nations soi-disant chrétiennes, l'ordre qui a causé tant de souffrances au monde, qui est si peu conforme à la voix de la conscience, et qui rend chaque jour l'humanité plus misérable. Quoi que vous soyez : législateur, juge, propriétaire, ouvrier ou vagabond, méditez et ayez pitié de votre âme. Si embrumé que le pouvoir, l'autorité et la fortune aient rendu votre cerveau, si harassés que vous soyez par la pauvreté et l'humiliation, souvenez-vous que vous possédez et que vous incarnez comme nous tous un esprit divin qui demande aujourd'hui sans équivoque : « Pourquoi vous martyrisez-vous et faites-vous souffrir tous ceux qui vous approchent ? » Comprenez plutôt qui vous êtes vraiment, combien insignifiant et vulnérable est cet être que vous appelez vous et que vous reconnaissez sous vos traits, et à quel point, au contraire, le véritable vous est démesurément votre vous spirituel ; et après avoir compris cela, commencez à vivre chaque instant pour accomplir votre vraie mission dans la vie, telle que vous l'ont révélée la sagesse universelle, les enseignements du Christ et votre propre conscience. Consacrez le meilleur de vous-même à hâter l'émancipation de votre esprit des illusions de la chair et son initiation à l'amour de votre prochain, ce qui revient au même. Dès que vous commencerez à pratiquer ce genre d'existence, vous éprouverez une joyeuse impression de liberté et de bien-être. Vous serez surpris de découvrir que les mêmes objectifs extérieurs qui vous préoccupaient et que vous étiez si loin d'atteindre ne dresseront plus d'obstacles sur le chemin de votre plus grand bonheur. Et si vous êtes malheureux — et je sais que vous l'êtes — méditez sur ce que je viens de vous dire. N'y voyez pas le produit de ma seule imagination, mais le résultat des méditations et des réflexions des cœurs et des âmes les plus éclairés ; dites-vous donc bien que c'est le seul et unique moyen de vous libérer de votre malheur et de découvrir le plus grand bien que la vie puisse offrir. Voilà ce que j'aimerais dire à mes frères avant de mourir [1].

Remarquez que Tolstoï parle du « plus grand bonheur possible » et du « plus grand bien possible ». Je suis persuadé que ce sont les deux buts que Giono aimerait voir l'humanité atteindre. Le bonheur ! Qui, depuis Maeterlinck, s'est plus longtemps étendu sur cet état ? Qui parle aujourd'hui du « plus grand bien possible » ? Parler aujourd'hui de bonheur et de bien, c'est suspect. Ils n'ont place ni l'un ni l'autre dans notre image de la réalité. Certes, on discute indéfiniment du problème politique, du problème social, du problème moral. On s'agite beaucoup, mais l'on n'accomplit rien de valable. On n'accomplira rien tant que l'on ne considérera pas l'être humain comme un tout et non pas comme un animal tantôt politique, tantôt social et tantôt moral.

En prenant le dernier livre de Giono — *les Âmes fortes* — pour parcourir la liste de ses œuvres, je me rappelle la visite que j'ai faite à son domicile en son absence. En entrant dans sa maison, j'ai tout de suite été frappé de l'abondance des livres et des disques. La demeure sem-

1. *La Loi d'amour et la loi de violence.*

blait regorger de provende spirituelle. Sur un rayon, tout en haut, près du plafond, se trouvaient les livres qu'il avait écrits. Même alors, il y a onze ans de cela, ils étaient en nombre prodigieux pour un homme de son âge. Je consulte aujourd'hui la liste placée au verso de la page de garde, dans son dernier ouvrage publié par Gallimard. Combien de titres j'ai encore à lire ! Et combien ces titres à eux seuls sont éloquents ! *Solitude de la pitié, le Poids du Ciel, Naissance de « l'Odyssée », le Serpent d'étoiles, les Vraies Richesses, Fragments d'un déluge, Fragments d'un Paradis, Présentation de Pan...* Une secrète sympathie me lie à ces œuvres que je ne connais pas. Souvent, la nuit, quand je vais fumer une cigarette dans le jardin, quand je lève les yeux vers Orion, et les autres constellations qui font si étroitement partie du monde de Giono, je me demande ce qu'il peut y avoir dans ces livres que je n'ai pas lus et que je me promets de lire dans des moments de paix profonde et de sérénité, car agir autrement serait faire injustice à Giono. Je l'imagine aussi se promenant dans son jardin, jetant un coup d'œil aux étoiles, méditant sur l'œuvre en cours, se préparant à soutenir de nouveaux combats contre les éditeurs, les critiques et le public. Dans ces moments-là, je ne songe plus qu'il est loin, dans un pays qui s'appelle la France. Il est à Manosque et, entre Manosque et Big Sur, il existe une affinité qui abolit l'espace et le temps. Il est dans ce jardin où règne encore l'esprit de sa mère, non loin de la crèche où il est né et où son père, qui lui a enseigné tant de choses, travaillait à son banc de savetier. Son jardin est ceint d'un mur ; ici, il n'y a pas de clôture. C'est une des différences entre l'Ancien Monde et le Nouveau. Mais aucun mur ne sépare l'esprit de Giono du mien. C'est ce qui m'attire en lui : sa franchise d'âme. On la perçoit dès l'instant qu'on ouvre ses livres. On est la proie d'un ravissement qui vous grise, qui vous envoûte.

Giono nous livre le monde où il vit, un monde de rêve, de passion et de réalité. C'est un monde français, oui, mais cette épithète ne suffirait pas à le décrire.

C'est une certaine région de France, oui mais cela ne suffit pas à le définir. C'est sans équivoque le monde de Jean Giono et de nul autre. Si vous êtes une âme sœur, vous le reconnaîtrez aussitôt, où que vous ayez vu le jour et grandi, quelque langue que vous parliez, quelles que soient les coutumes que vous ayez adoptées, la tradition que vous suiviez. Un homme n'a pas besoin d'être chinois, ni même poète, pour reconnaître aussitôt des esprits comme Lao-tseu ou Li Po. Dans l'œuvre de Giono, ce que tout être sensible et sain devrait pouvoir percevoir d'emblée, c'est « le chant du monde ». Pour moi, ce chant, dont chaque nouveau livre donne à l'infini des refrains et des variations, est infiniment plus précieux, plus bouleversant, plus poétique que *le Cantique des Cantiques*. Il est intime, personnel, cosmique, libre et ininterrompu. Il embrasse les trilles de l'alouette, et du rossignol et de la grive ; le bruissement des planètes et le tournoiement à peine perceptible des constellations ; les sanglots, les pleurs, les cris et les gémissements des âmes blessées des mortels, tout comme le rire et les alléluias des élus ; la musique séraphique des anges et les hurlements des damnés. Outre cette musique pandémique, Giono rend toute la gamme des couleurs, des saveurs, des odeurs et des sensations. Les objets les plus inanimés y livrent leurs mystérieuses vibrations. La philosophie qui se cache derrière cette symphonie n'a pas de nom : elle a pour fonction de libérer, de maintenir grandes ouvertes les portes de l'âme, d'encourager la méditation, l'aventure et le culte passionné.

« Sois ce que tu es, seulement sois-le de toute ton âme ! » Voilà l'enseignement qu'elle murmure.

Est-ce français ?

VI

INFLUENCES

J'ai déjà dit qu'à l'appendice je donnais la liste de tous les livres que je me souviens avoir lus. Je le fais pour un certain nombre de raisons. L'une d'elles est que j'aime jouer à des jeux, et que ce jeu-là est un des plus anciens : celui de la poursuite. Une seconde raison, meilleure celle-là, est que jamais je n'ai vu une liste des livres lus par un de mes auteurs préférés. Je donnerais n'importe quoi pour connaître, par exemple, *tous* les titres des livres dévorés par Dostoïevsky, ou par Rimbaud. Enfin, il y a une raison encore plus importante, que voici : les gens se demandent toujours *quelles* influences un écrivain a subies, sur quel grand auteur ou quels grands auteurs il a pris exemple, qui l'a le plus directement inspiré, lesquels ont le plus contribué à modeler son style, etc. Je vais donc décrire ici ma lignée, dans un ordre aussi strictement chronologique que possible. Je citerai des noms, parmi lesquels ceux de quelques hommes et femmes (dont certains ne sont pas écrivains du tout) que je considère comme des « livres vivants », c'est-à-dire qu'ils ont eu (pour moi) tout le poids, le pouvoir, le prestige, la magie et la sorcellerie que l'on attribue aux auteurs de grands livres. Je citerai également quelques « pays » ; ce sont, tous, des pays où je n'ai pénétré que par les livres, mais ils sont pour moi aussi vivants et ils ont autant contribué à modeler ma pensée et mon comportement que s'ils étaient des livres.

Mais pour en revenir à cette liste... Je veux bien préciser ici qu'elle comprend à la fois les bons et les mauvais livres. Je dois d'ailleurs convenir que, lorsque j'y pense, je suis incapable de dire lesquels ont été bons pour moi et lesquels ont été mauvais. S'il me fallait donner un critère en ce qui concerne les livres bons ou mauvais, je dirais... qu'il y a ceux qui sont vivants et ceux qui sont morts. Certains livres non seulement donnent une sensation de vie, entretiennent la vie, mais encore, à l'exemple de quelques rares êtres humains, *augmentent la vie*. Certains auteurs morts depuis longtemps sont moins morts que les vivants ou, si l'on veut, ils sont « les plus vivants d'entre les morts ». L'*époque* où ces livres ont été écrits, *celui* qui les a écrits importent peu. Ils exhaleront la flamme de vie jusqu'à la fin des livres. J'estime qu'il est inutile de chercher à définir *quels* livres appartiennent à cette catégorie, de discuter des raisons pour et contre. Sur ce sujet, chacun est son meilleur juge. Chacun a raison, en ce qui le concerne personnellement. Point n'est besoin que tout le monde s'accorde sur la source de l'inspiration d'un homme ou sur le degré de vitalité qu'il possède : il suffit de savoir et de reconnaître qu'il *est* inspiré, qu'il *est* profondément vivant.

En dépit de ce que je viens de dire, on ne cessera de se demander quels auteurs, quels livres ont exercé sur moi l'influence la plus marquante. Je ne puis espérer mettre fin à ces questions. Tout comme chacun interprète l'œuvre d'un auteur avec ses moyens propres, les lecteurs de ce livre, en examinant ma liste, tireront leurs propres conclusions quant à ceux qui m'ont vraiment influencé. Le sujet est gros de mystère, et je ne lui enlèverai rien de ce mystère. Je sais, pourtant, que cette liste procurera un plaisir extraordinaire à certains de mes lecteurs, peut-être surtout à ceux qui me liront dans un siècle d'ici. Il est impossible, certes, de se rappeler *tous* les livres qu'on a lus, mais je suis cependant presque sûr que je pourrai en citer au moins la moitié. Je le répète, je ne me considère pas comme un grand lecteur. Les quelques hommes que je connais qui ont beaucoup lu, et que j'ai interrogés sur l'étendue de leurs lectures, me stupéfient par leurs réponses. Il semble que vingt à trente mille livres soit une bonne moyenne pour un individu cultivé à notre époque. Pour moi, je doute en avoir lu plus de cinq mille, mais je peux me tromper.

Quand je regarde ma liste, qui ne cesse de s'allonger, je suis horrifié en constatant le temps que j'ai perdu à lire la plupart de ces livres. On dit souvent des écrivains qu'ils « font profit de tout ». Mais comme pour tout dicton, il ne faut croire à celui-ci qu'avec quelques réserves. Un écrivain a besoin de très peu de chose pour le stimuler. Le fait qu'il est un écrivain veut dire que plus qu'un autre il est porté à cultiver son imagination. La vie elle-même lui fournit une matière abondante. Surabondante. Plus on écrit, moins on est stimulé par des livres. On lit pour chercher une confirmation, autrement dit pour avoir le plaisir de voir ses propres pensées exprimées différemment par les autres.

Quand on est jeune, l'appétit que l'on a, tant pour l'expérience pure que pour les livres, ne connaît pas de limites. Quand il y a faim excessive, et non pas simple appétit, c'est qu'il y a une raison vitale à cet état de choses. Il est absolument évident que notre vie actuelle n'offre pas une nourriture suffisante. Sinon, je suis sûr que nous lirions moins, travaillerions moins, lutterions moins. Nous n'aurions pas besoin de produits de remplacement, nous n'accepterions pas de substitutions d'existence. Cela s'applique à tous les domaines : la nourriture, le sexe, le voyage, la religion, l'aventure. Nous prenons un mauvais départ. Nous avançons sur la grande route avec un pied dans la tombe. Nous n'avons ni but ni dessein bien défini, et nous ne sommes pas libres d'avoir ni but ni dessein bien défini. Nous sommes, la plupart d'entre nous, des somnambules, et nous mourons sans avoir jamais ouvert les yeux.

Si les gens prenaient un plaisir profond à tout ce qu'ils lisent, je n'aurais aucune excuse à parler ainsi.

Mais ils lisent comme ils vivent... sans but, au hasard, faiblement et de façon vacillante. S'ils sont déjà endormis, ce qu'ils lisent les plonge dans un sommeil encore plus profond. S'ils sont simplement abrutis, ils deviennent plus abrutis encore. S'ils sont paresseux, ils deviennent plus paresseux. Et ainsi de suite. Seul celui qui est bien réveillé est capable de prendre plaisir à un livre, d'en extraire ce qui est vital. Celui-là prendra plaisir à toutes les expériences qui lui seront proposées, et, à moins que je ne me trompe affreusement, ne fera pas de différence entre les expériences offertes par la lecture et celles, multiples, de la vie quotidienne. L'homme qui prend un plaisir extrême à tout ce qu'il lit ou fait, ou même à ce qu'il dit, ou simplement à ce dont il rêve ou qu'il imagine, profite pleinement de tout. L'homme qui *cherche* à profiter, par une forme de discipline ou une autre, se trompe lui-même. C'est parce que je suis si fermement convaincu de ce fait que j'ai horreur que l'on fasse des listes de livres à l'usage de ceux qui sont sur le point d'entrer dans la vie. Les avantages qu'on peut tirer de cette sorte d'autodidactisme sont encore plus douteux, à mon sens, que les avantages que sont censées offrir les méthodes ordinaires d'éducation. La plupart des livres qui figurent sur de telles listes ne peuvent commencer à être compris et appréciés qu'une fois que l'on a vécu et pensé soi-même. Tôt ou tard, il faut régurgiter tout le bazar.

Et maintenant, je vais vous donner des *noms*. Les noms de ceux dont *j'ai conscience* qu'ils m'ont influencé, et dont j'ai prouvé l'influence, à maintes reprises, dans mes écrits [1]. Il faut que je dise, pour commencer, que *tout* ce qui est jamais entré dans le champ de mon expérience m'a influencé. Que ceux qui ne se trouveront pas cités sachent que pour moi ils figurent aussi sur la liste. Quant aux morts, ils savaient sûrement à l'avance qu'ils me marqueraient de leur sceau. Je ne les cite que parce que c'est l'usage.

1. Voir l'appendice pour référence à des auteurs et des livres abordés dans mes écrits, ainsi que pour des essais sur certains d'entre eux.

Avant tous les autres viennent les livres de l'enfance, ceux qui traitent de légendes, de mythes, de récits imaginaires, tous saturés de mystère, d'héroïsme, de surnaturel, de merveilleux et d'impossible, de crime et d'horreurs de toute sorte et à tous les degrés, de cruauté, de justice et d'injustice, de magie et de prophéties, de perversion, d'ignorance, de désespoir, de doute et de mort. Ces livres ont modifié tout mon être : ils ont façonné mon caractère, ma manière de voir la vie, mon attitude vis-à-vis des femmes, de la société, de la loi, de la morale, du gouvernement. Ils ont déterminé le *rythme* de ma vie. À partir de l'adolescence, les livres que j'ai lus, et en particulier ceux que j'adorais et qui m'enchaînaient, ne m'ont plus modifié que partiellement : certains touchaient l'homme, d'autres l'écrivain, d'autres l'âme nue. Cela vient peut-être de ce que déjà mon être était morcelé. Peut-être aussi parce que le contenu des lectures d'un adulte ne peut absolument pas toucher l'homme tout entier, tout son être. Il y a des exceptions, bien sûr, mais elles sont rares. En tout cas, l'ensemble de mes lectures enfantines se classe sous le signe de l'anonymat ; ceux qui sont curieux trouveront les titres à l'appendice. Je lisais ce que lisaient les autres enfants. Je n'étais pas un prodige, et je ne formulais pas d'exigences particulières. Je prenais ce que l'on me donnait et je l'avalais. Le lecteur qui m'a suivi jusqu'ici doit déjà avoir recueilli nombre de renseignements sur le genre de mes lectures. J'ai déjà abordé aussi le sujet des livres que je lisais étant jeune garçon, j'ai cité avant tout autre des noms comme ceux de Henty, Dumas, Rider Haggard, Sienkiewicz et d'autres, la plupart très connus. Rien d'extraordinaire à signaler sur cette époque, sinon que je lisais trop.

C'est à l'aube de l'âge d'homme que commencent à jouer les influences spécifiques, c'est-à-dire à l'époque où j'ai commencé à rêver que moi aussi je pourrais un jour devenir un « écrivain ». Les noms qui suivent peuvent donc être considérés comme des noms d'auteurs qui m'ont influencé en tant qu'homme et en tant qu'écrivain, les deux devenant de plus en plus inséparables à mesure que le temps passait. Depuis le moment où je commençai à atteindre l'âge d'homme, tous mes actes étaient conditionnés ou motivés par le fait que je me considérais d'abord en puissance, puis en germe et, enfin, en réalité comme un écrivain. Donc, si ma mémoire est juste, voici ma lignée généalogique : Boccace, Pétrone, Rabelais, Whitman, Emerson, Thoreau, Maeterlinck, Romain Rolland, Plotin, Héraclite, Nietzsche, Dostoïevsky (et d'autres écrivains russes du XIXe siècle), les dramaturges grecs de l'Antiquité, les dramaturges élisabéthains (Shakespeare exclu), Theodore Dreiser, Knut Hamsun, D.H. Lawrence, James Joyce, Thomas Mann, Élie Faure, Oswald Spengler, Marcel Proust, Van Gogh, les dadaïstes et les surréalistes, Balzac, Lewis Carroll, Nijinsky, Rimbaud, Blaise Cendrars, Jean Giono, Céline, tout ce que j'ai lu sur le bouddhisme Zen, tout ce que j'ai lu sur la Chine, l'Inde, le Thibet, l'Arabie, l'Afrique, et bien sûr la Bible, les hommes qui l'ont écrite et surtout les hommes qui ont fait la version du Roi Jacques Ier, car c'est la langue de la Bible plutôt que son « message » qui m'a frappé d'abord et dont je porterai à jamais l'empreinte.

Quels ont été les sujets qui m'ont fait rechercher les auteurs que j'aime, qui m'ont permis d'être influencé, qui ont façonné mon style, mon caractère, ma conception de la vie ? Les voici en gros : l'amour de la vie, la poursuite de la vérité, de la sagesse et de la compréhension, le mystère, la puissance du langage, l'ancienneté et la gloire de l'homme, l'éternité, le but de l'existence, l'unité de toute chose, la libération de soi-même, la fraternité humaine, la signification de l'amour, les rapports entre le sexe et l'amour, le plaisir sexuel, l'humour, les bizarreries et les excentricités dans tous les aspects de la vie, les voyages, l'aventure, la découverte, la prophétie, la magie (blanche et noire), l'art, les jeux, les confessions, les révélations, le mysticisme, et plus particulièrement les mystiques eux-mêmes, les religions et cultes divers, le merveilleux dans tous les domaines et sous tous ces aspects car « il n'y a que le merveilleux et rien que le merveilleux ».

En ai-je oublié ? Remplissez vous-mêmes les vides ! Je me suis intéressé, et je continue à m'intéresser à tout. Même à la politique... « vue d'en haut ». Mais le combat que livre l'être humain pour s'émanciper, c'est-à-dire pour se libérer de la prison qu'il s'est bâti lui-même, voilà pour moi le sujet suprême. C'est pour cela, peut-être, que je ne parviens pas à être complètement l'« écrivain ». C'est peut-être pour cela que, dans mes ouvrages, j'ai fait une si grande place à la simple expérience de la vie. Peut-être aussi est-ce pour cela — bien que si souvent les critiques ne sachent pas le percevoir — que je suis tellement attiré vers les sages, ceux qui ont fait pleinement l'expérience de la vie et qui donnent la vie — les artistes, les grandes figures de la religion — les pionniers, les innovateurs et les iconoclastes de toute sorte. Et peut-être — pourquoi ne pas le dire — est-ce pour cela que j'ai si peu de respect pour la littérature, si peu de considération pour les auteurs accrédités, que j'apprécie si peu les révolutionnaires sans lendemain. A mes yeux, les seuls vrais révolutionnaires sont les inspirateurs et ceux qui poussent à l'action, les figures comme Jésus, Lao-tseu, le Bouddha Gautama, Akhénaton, Ramakrishna, Krishnamurti. La mesure que j'emploie c'est la vie : la position des hommes face à la vie. Je ne cherche pas à savoir s'ils ont réussi à renverser un gouvernement, un ordre social, une forme de religion, un code moral, un système d'éducation, une tyrannie économique. Mais plutôt quelle influence ils ont eue sur la vie elle-même. Ce qui distingue, en effet, les hommes auxquels je pense c'est qu'ils n'ont pas imposé leur autorité à l'homme ; au contraire, ils ont cherché à détruire l'autorité. Leur but et leur dessein étaient de révéler la vie, de donner à l'homme le goût de la vie, d'exalter la vie... et de ramener tous les problèmes à la vie. Ils ont exhorté l'homme à comprendre qu'il possédait toute la liberté en lui-même, qu'il n'avait pas à se préoccuper du destin du monde (problème qui ne le concernait pas) mais à résoudre son propre problème individuel, lequel était de se libérer, et rien de plus.

Et maintenant, venons-en aux « livres vivants »... J'ai dit à plusieurs reprises que j'avais rencontré, à diverses époques de ma vie, des hommes et des femmes que je considère comme des « livres vivants ». J'ai expliqué pourquoi je les appelais ainsi. Je vais être encore plus explicite maintenant. Ils restent avec moi, ces gens, comme le font de bons livres. Je peux les ouvrir quand je le désire, comme je le ferais d'un livre. Quand je regarde une page de leur être, si je puis dire, ils me parlent aussi éloquemment qu'ils l'ont fait quand je les avais en face de moi en chair et en os. Les livres qu'ils m'ont laissés sont leurs vies, leurs pensées, leurs actes. C'est la fusion de la pensée, de l'être et de l'action qui fait que chacune de ces vies est remarquable et qu'elle m'inspire. Les voici donc, et je ne crois pas avoir oublié un seul nom : Benjamin Fay Mills, Emma Goldman, W.E. Burghardt, Dubois, Hubert Harrison, Elizabeth Gurley Flynn, Jim Larkin, John Cowper Powys, Lou Jacobs, Blaise Cendrars. Curieux assemblage en vérité. Tous, sauf un, sont ou étaient des figures connues. Il y en a d'autres, bien sûr, qui, sans le savoir, ont joué un rôle important dans ma vie, qui ont contribué à ouvrir le livre de la vie devant moi. Mais les noms que j'ai cités sont ceux que je révérerai toujours, ceux envers qui je me sens à jamais une dette.

VII

LIVRES VIVANTS

Pour me rappeler Lou Jacobs, l'inconnu, il me suffit de dire *Asmodée or the Devil on Two Sticks*. Il est curieux qu'un livre que je n'ai jamais lu soit pour moi la pierre de touche magique. Ce livre était toujours là, sur le rayonnage, dans le petit appartement de Lou Jacobs. Plusieurs fois, je l'ai pris, j'en ai feuilleté une ou deux pages, puis je l'ai remis en place. Il y a près de quarante ans maintenant que je garde dans un coin de ma tête cet *Asmodée* que je n'ai pas lu. À côté de lui, sur le même rayonnage, il y avait *Gil Blas*, que je n'ai jamais lu non plus.

Pourquoi me sentir obligé de parler de cet inconnu ? Parce que, entre autres choses, il m'a appris à rire du malheur. J'ai fait sa connaissance dans une période de misère totale. Tout était noir, noir, noir. Pas d'issue. Pas d'espoir d'issue. J'étais plus prisonnier qu'un homme qui purge une condamnation à perpétuité dans un bagne. Je vivais alors avec ma première maîtresse, concierge à titre officieux d'une maison de deux étages dans laquelle nous partagions un appartement avec un jeune homme qui se mourait de tuberculose et un conducteur de tram qui était notre pensionnaire vedette, surveillé de près par l'ogresse qui était propriétaire de la maison, sans argent, sans travail, sans idée de ce que je voulais ou pouvais faire, convaincu que je n'avais pas de talent — deux lignes écrites au crayon suffisaient à confirmer mes soupçons sur ce point —

essayant de sauver la vie du jeune homme, qui était le fils de ma maîtresse, me cachant de mes amis et des gens de ma famille, me rongeant de remords pour avoir abandonné la jeune fille que j'aimais (mon premier amour !), esclave du sexe, girouette que la moindre brise suffisait à faire tourner, perdu, complètement perdu ; et c'est à l'étage au-dessous qu'un jour je découvris ce Lou Jacobs, qui dès lors devint mon guide, mon consolateur, mon souffle du printemps. Quelle que fût l'heure, la circonstance, même quand la mort frappait à la porte, Lou Jacobs savait rire et me faire rire avec lui. *Le rire guérit tous vos maux !*

Si je me souviens bien, je n'avais à l'époque qu'une connaissance vague de Rabelais. Mais Lou Jacobs était son intime, j'en suis sûr. Il connaissait tous ceux qui apportaient de la joie, de même que ceux qui avaient souffert. Chaque fois qu'il passait devant la statue de Shakespeare dans le parc, il enlevait son chapeau. « Pourquoi pas ? » disait-il. Il pouvait réciter les lamentations de Job et me donner le remède à peine avait-il repris son souffle. (« Qu'est-ce que l'homme pour mériter que vous le regardiez comme quelque chose de grand, et le Fils de l'homme pour que vous le visitiez ? »)

On avait toujours l'impression qu'il ne faisait rien, rien du tout. Sa porte était toujours ouverte à tout un chacun. La conversation commençait tout de suite... *instanter*. En général, il était à demi claqué, mais son état ne semblait jamais progresser, ou dégénérer, si vous préférez. Sa peau était comme du parchemin, son visage couturé de petites rides, son abondante chevelure était toujours huileuse, ébouriffée et lui retombait sur les yeux. Il aurait pu être centenaire, mais je doute qu'il ait eu plus de soixante ans.

Il exerçait le métier de fonctionnaire comptable diplômé, et on le payait bien. Il paraissait n'avoir aucune espèce d'ambition. Faire une partie d'échecs avec vous, quand vous en exprimiez le désir, était pour lui une aussi bonne façon de passer le temps qu'une autre occupation. (Sa technique à ce jeu était la moins orthodoxe, la plus fantasque, la plus excentrique et la plus brillante qu'on puisse imaginer.) Il dormait peu, était à tout moment bien vivant et réveillé, jovial, pétillant d'ironie et d'esprit de repartie, moqueur en apparence mais au fond empli d'adoration et de respect.

Les livres ! Il ne m'est jamais arrivé de citer un titre qu'il n'eût pas lu le livre. Et il était sincère. Je finis par être convaincu qu'il avait lu *tout* ce qui valait la peine d'être lu. Dans la conversation, il en revenait toujours à Shakespeare et à la Bible. Il me rappelait en cela Frank Harris, qui lui aussi parlait sans cesse de Shakespeare et de la Bible, ou plutôt de Shakespeare et de Jésus.

Absolument sans m'en rendre compte, je recevais de cet homme ma première et véritable éducation. C'était une méthode indirecte d'enseignement. Comme celle des vieux maîtres, sa technique consistait à montrer ce qu'il *ne* fallait *pas* faire. Quant à ce qu'il fallait faire, Lou Jacobs m'enseigna à ne jamais l'aborder de front, à ne jamais le nommer ni le définir. Il procédait par la bande. Il y avait les premières et les dernières choses. Mais pas une première ni une dernière. On allait toujours du centre vers l'extérieur. Toujours la spirale : jamais la ligne droite, jamais d'angles aigus, jamais d'impasse ni de cul-de-sac.

Oui, Lou Jacobs possédait une sagesse que je *commence* seulement à acquérir. Il avait la faculté de regarder toute chose comme un livre ouvert. Il avait cessé de lire pour découvrir les secrets de la vie ; il lisait pour le simple plaisir. L'essence de tout ce qu'il avait lu avait imprégné son être tout entier, s'était amalgamée à l'ensemble de l'expérience qu'il avait de la vie. « Il n'y a pas plus de douze thèmes de base dans toute la littérature », me dit-il un jour. Mais il se hâta aussitôt d'ajouter que chaque homme avait sa propre histoire à raconter, et que cette histoire était unique en son genre. Je le soupçonnais d'avoir, lui aussi, essayé jadis d'écrire. Personne certes ne savait s'exprimer mieux ni plus clairement que lui. Sa sagesse, toutefois, n'était pas de celles qui se préoccupent de se répandre. Bien qu'il sût tenir sa langue, personne ne prenait plus de plaisir que lui à la conversation. Qui plus est, il avait une manière à lui de ne jamais faire complètement le tour d'un sujet. Il aimait à multiplier les escarmouches et les reconnaissances, à tâter le terrain, à faire miroiter des indices, à ouvrir des perspectives, à suggérer plutôt qu'à informer. Que son auditeur le voulût ou non, il l'obligeait à réfléchir par lui-même. Je ne me rappelle pas avoir une fois reçu de lui un conseil ou une leçon, et pourtant tout ce qui sortait de sa bouche était conseil ou leçon... quand on savait comment le prendre !

Dans les œuvres de Maeterlinck, en particulier dans un livre comme *Sagesse et Destinée,* on est amené à méditer sur des grandes figures du passé (prises dans la vie et dans la littérature) qui ont affronté l'adversité avec une noble sérénité. De tels livres n'ont plus, j'en ai peur, la faveur des lecteurs. Nous ne nous tournons plus vers des auteurs comme Maeterlinck pour puiser dans leurs œuvres du réconfort, une consolation ou un courage nouveau. Pas plus que vers Emerson dont le nom est souvent lié au précédent. La nourriture spirituelle qu'ils peuvent offrir est aujourd'hui suspecte. Dommage ! En réalité, nous n'avons plus de nos jours de grands auteurs vers qui nous tourner... si nous sommes en quête de vérités éternelles. Nous nous sommes laissé emporter par le flux. Nos espoirs, faibles et vacillants, semblent n'être centrés que sur des solutions politiques. Les hommes se détournent des livres, autrement dit des écrivains, des « intellectuels ». Excellent signe... si seulement ils se détournaient des livres pour faire face à la vie ! Mais le font-ils ? Jamais la peur de la vie n'a été aussi violente. La peur de la vie a remplacé la peur de la mort. La vie et la mort en sont venues à signifier la même chose. Et pourtant, jamais la vie n'a contenu plus de promesses que maintenant. Jamais auparavant dans l'histoire de l'humanité la question n'a été posée aussi clairement... création ou annihilation. Mais oui, jetez donc vos livres ! Surtout s'ils obscurcissent la question. Jamais plus qu'aujourd'hui la vie elle-même n'a été un livre ouvert. *Mais, savez-vous lire le livre de la vie ?*

(« Que fais-tu là par terre ?

— J'enseigne l'alphabet aux fourmis. »)

C'est étrange, mais on ne peut s'empêcher de remarquer que, depuis quelque temps, les seuls esprits gais, et jeunes parmi nous sont les « vieux ». Ils continuent joyeusement à faire leur travail de création quels que soient les sinistres présages qui empoisonnent l'atmosphère. Je pense à certains peintres en particulier, des hommes qui ont déjà une somme énorme de travail derrière eux. Peut-être leur vision des choses n'a-t-elle jamais été troublée par la lecture de nombreux livres. Peut-être la profession même qu'ils ont choisie les a-t-elle préservés d'une vue morne, stérile, morbide de l'univers. Leurs signes et leurs symboles sont d'un autre ordre que ceux de l'écrivain ou du penseur. Ils manient les formes et les images, or les images ont une façon à elles de rester fraîches et vivantes. À mon sens, le peintre regarde le monde plus directement. Toujours est-il que ces vétérans, ces joyeux vieillards auxquels je pense, ont des yeux jeunes. Alors que nos jeunes — du moins par le nombre des années — ont une vision troublée, brouillée ; ils sont tremblants de peur et d'appréhension. Une pensée les hante jour et nuit : est-ce que notre monde va s'éteindre avant que nous ayons eu une chance d'en profiter ? Et il n'y a personne pour oser leur dire que même si le monde s'éteignait demain, ou le jour suivant, cela n'aurait pas d'importance en fait... puisque la vie dont ils ont un désir si ardent de profiter est impérissable. Personne ne leur dit non plus que la destruction de notre planète, ou sa préservation ou sa gloire éternelle dépendent de leurs pensées à eux, de leurs actes à eux. L'individu a été identifié aujourd'hui, malgré lui, avec la société. Rares sont ceux qui sont encore capables de voir que la société est faite *d'individus*. Qui est encore un individu ? Qu'est-ce qu'un individu ? Et qu'est-ce que la société, si ce n'est plus la somme ou l'ensemble des individus qui la composent ?

Je me souviens qu'il y a de cela plus de trente ans, je lisais chaque jour en allant à mon travail et sur le chemin du retour le *Heroes and Hero Worship* de Carlyle. Je lisais ce livre dans le métro aérien. Un jour une pensée énoncée par l'auteur m'émut si profondément que lorsque je levai les yeux de la page j'eus de la peine à reconnaître les figures bien trop familières qui m'entouraient. J'étais dans un autre monde... et complètement. Quelque chose que l'auteur avait dit — je ne me rappelle plus ce que c'était — m'avait secoué jusqu'au plus profond de mon être. À cet instant même, j'eus la conviction que mon sort, ou ma destinée, serait différent de ceux des gens qui m'entouraient. Je me vis soudain soulevé — projeté ! — hors du cercle qui m'emprisonnait. Un sentiment momentané de fierté et d'exaltation, de vanité aussi sans aucun doute, accompagna cette révélation, mais il s'évanouit vite, et fit bientôt place à une calme acceptation et une résolution profonde ; en même temps s'éveilla en moi un sens plus fort de communion, le lien qui me rattachait à mon voisin devint beaucoup plus humain.

Carlyle est lui aussi de ces écrivains dont on ne parle plus beaucoup aujourd'hui. « Beaucoup trop grandiloquent » sans doute. Trop fuligineux. D'ailleurs, nous n'adorons plus les héros, ou, si nous employons ce terme, c'est pour distinguer ceux qui sont à notre propre niveau. Lindbergh, par exemple, a été un extraordinaire héros... d'un jour. Nous n'avons pas de panthéon permanent où placer, adorer et révérer nos héros. Notre panthéon est la feuille de chou quotidienne, que l'on compose et qu'on détruit d'un jour à l'autre.

L'une des raisons pour lesquelles si peu d'entre nous agissent jamais, au lieu de réagir, c'est que nous étouffons sans cesse en nous nos impulsions les plus profondes. Je peux illustrer cette pensée en choisissant de montrer par exemple la façon dont la plupart d'entre nous lisent. S'il s'agit d'un livre qui nous excite et qui nous pousse à penser, nous le parcourons à toute allure. Nous avons hâte de savoir à quoi il mène ; nous voulons saisir, posséder le message caché. Sans arrêt, nous tombons, dans de tels livres, sur une phrase, un passage, parfois un chapitre tout entier, qui nous stimule et nous aiguillonne au point que c'est à peine si nous comprenons ce que nous lisons, tant notre esprit est chargé de pensées et d'associations qui lui sont propres. Comme il nous arrive rarement d'interrompre notre lecture pour nous abandonner au luxe de nos propres pensées ! Non, nous étouffons et nous réprimons *nos* pensées, en prétendant que nous allons y revenir quand nous aurons fini le livre. Mais nous ne le faisons jamais, bien entendu. Comme ce serait mieux et plus sage, et aussi combien plus instructif et plus enrichissant si nous avancions à une allure de tortue ! Qu'importerait qu'il faille un an, au lieu de quelques jours, pour finir le livre !

« Mais je n'ai pas le temps de lire les livres de cette façon-là ! objectera-t-on. J'ai autre chose à faire. J'ai des devoirs et des responsabilités. »

Précisément. C'est à celui-là même qui s'exprime ainsi que ces mots sont destinés. Quiconque craint de négliger ses devoirs en lisant lentement, en prenant le temps de réfléchir et de cultiver ses pensées, celui-là négligera ses devoirs de toute façon, et pour des raisons plus mauvaises encore. Peut-être était-il décidé d'avance que vous perdriez votre travail, votre femme, votre foyer. Si la lecture d'un livre peut vous émouvoir au point de vous faire oublier vos responsabilités, c'est que ces responsabilités n'avaient pas grand sens pour vous. C'est que vous aviez des responsabilités plus hautes. Si vous vous étiez fié à ce que vous dictait votre véritable instinct, vous vous seriez dirigé vers un terrain plus ferme, vers une position avantageuse. Mais vous aviez peur qu'une voix ne vous souffle : « Tourne ici ! Frappe là ! Entre par cette porte ! » Vous aviez peur d'être déserté et abandonné. Vous avez pensé à la sécurité et non à une vie nouvelle, à des champs nouveaux d'aventure et d'exploration.

Ce n'est qu'un exemple de ce qui peut arriver, ou ne pas arriver, quand on lit un livre. Étendez-le aux multiples occasions qu'offre constamment la vie et vous comprendrez facilement pourquoi les hommes ne réussissent pas, non seulement à devenir des héros, mais même à devenir de simples individus. De la même façon qu'on lit un livre, on lit la vie. Maeterlinck, à qui j'ai fait allusion il y a un instant, écrit des choses aussi profondes et aussi attachantes sur les insectes, les fleurs, les étoiles, et même l'espace, que sur les hommes et les femmes. Pour lui le monde est un tout continu, dont les éléments agissent les uns sur les autres et sont interchangeables. Il n'y a ni murs ni barrières. Nulle part il n'y a de mort. Un instant du temps est aussi riche et complet que dix mille années. N'est-ce pas une splendide tournure de pensée !

Mais revenons à nos moutons. Je suis parti sur Maeterlinck et Carlyle parce qu'il y avait quelque chose dans le caractère de Lou Jacobs qui me rappelait ces deux hommes. Peut-être décelais-je sous sa gaîté et sous sa belle insouciance ce qu'il y avait en lui de sombre et de tragique. Je dois dire que c'était un homme dont personne ne savait grand-chose, qui ne paraissait pas avoir d'amis intimes et qui ne parlait jamais de lui-même. Quand il quittait son bureau à quatre heures de l'après-midi personne au monde ne pouvait prédire où les pas de Lou Jacobs le mèneraient jusqu'au moment où il arriverait chez lui pour dîner. En général, il s'arrêtait dans un bar ou deux, et il s'amusait à bavarder à bâtons rompus avec un jockey, un boxeur ou un souteneur dans la misère. Il était sûrement plus dans son élément avec ces gens-là qu'avec les membres plus respectables de la société. Parfois, il s'en allait jusqu'au marché aux poissons et se perdait dans la contemplation des créatures des profondeurs, pas au point d'oublier toutefois de rapporter chez lui un assortiment d'huîtres, de palourdes, de crevettes, d'anguilles ou de toute autre chose qui lui faisait envie. Ou encore il entrait chez un marchand de livres d'occasion, non pas tant pour trouver un bouquin rare que pour parler à quelque vieux libraire, car il aimait parler livres encore plus qu'il n'aimait les livres eux-mêmes. Mais quelque nouvelle expérience qu'il vînt de faire, quand vous le rencontriez après le dîner, il était toujours libre, prêt à entrer dans n'importe quel jeu, ouvert à toutes les suggestions. C'était toujours le soir que je le voyais. En général, quand j'entrais, je le trouvais assis devant la fenêtre, occupé à regarder le spectacle en bas. Comme pour Whitman, tout semblait être pour lui d'un intérêt égal et tout l'absorbait autant. Je ne l'ai jamais connu malade, je ne l'ai jamais vu de mauvaise humeur. Il aurait pu venir de perdre son dernier sou, personne ne s'en serait aperçu.

J'ai parlé de la façon dont il jouait aux échecs. Jamais un adversaire ne m'intimida plus que lui. Certes, je n'étais pas à l'époque, et je ne suis toujours pas un bon joueur. Probablement même pas aussi bon que Napoléon. C'est ainsi que le jour où Marcel Duchamp m'invita à jouer avec lui, j'oubliai tout ce que je savais du jeu parce que la connaissance que lui en avait, m'inspirait un respect quasi superstitieux. Avec Lou Jacobs c'était pire. Je n'ai jamais pu me faire une idée nette de sa connaissance du jeu. Ce qui me perdait avec lui c'était son extrême nonchalance. « Voulez-vous que je vous donne une reine ou deux tours ou un cavalier et deux fous ? » Il ne prononçait jamais ces paroles mais elles étaient sous-entendues dans son attitude. Il ouvrait n'importe comment, comme s'il méprisait mes capacités, ce qui n'était jamais le cas ; il ne méprisait personne. Non, il ne le faisait probablement que pour s'amuser, pour voir quelles libertés il pouvait prendre, jusqu'où il pouvait se permettre d'aller. Le fait de gagner ou de perdre la partie lui semblait indifférent ; il jouait avec l'aisance et l'assurance d'un sorcier, s'amusant de ses erreurs autant que de ses réussites. D'ailleurs, qu'est-ce que cela pouvait bien représenter pour un homme comme lui de perdre une partie d'échecs, ou dix parties, ou cent ? « J'y jouerai au paradis, semblait-il dire. Allons, on va rire ! Jouons avec audace, sans réfléchir ! » Naturellement, moins il réfléchissait, plus je devenais prudent. Je le soupçonnais d'être un génie. Et n'était-il pas un génie pour me troubler et me confondre ainsi ?

Tout comme il jouait aux échecs, il jouait au jeu de la vie. Seuls les « vieux » peuvent le faire. Lao-tseu était un de ces joyeux vieux drilles. Parfois, quand l'image de Lao-tseu assis sur le dos d'un zébu me traverse l'esprit, quand je pense à son sourire continuel, patient, doux, pénétrant, à cette sagesse si fluide et bienveillante, je pense à Lou Jacobs assis en face de moi devant un échiquier. Prêt à jouer le jeu de la façon qui vous plaisait. Prêt à se réjouir de son ignorance ou à rayonner de plaisir devant sa propre bouffonnerie. Jamais malveillant, jamais mesquin, jamais envieux, jamais jaloux. Un grand consolateur, aussi loin de vous pourtant que Sirius. Se retirant toujours avec un petit salut, mais plus il s'éloignait plus il était près de vous. Toutes ces citations de Shakespeare et de la Bible dont il émaillait sa conversation, comme elles étaient plus instructives que le plus pesant sermon ! Il ne levait jamais un doigt pour appuyer ses dires, n'élevait jamais la voix pour souligner un argument ; tout ce qui était important était exprimé par les rides joyeuses qui craquelaient son visage desséché quand il parlait. Seuls les « anciens » pouvaient reproduire le son de son rire. Il venait de haut, comme s'il était accordé à nos vibrations terrestres. C'était le rire des dieux, le rire qui guérit, qui, soutenu par sa propre connaissance sans entrave de la vie, fait voler en éclats et tomber en ruine toute étude, toute gravité, toute moralité, toute prétention et tout artifice.

Je veux le laisser là, avec son visage craquelé de rides, l'écho de son rire faisant vibrer les lustres de l'enfer. Je veux penser à lui tel qu'il prit congé de moi un soir, un whisky à la main, la glace tintant légèrement contre le verre, ses yeux brillants comme des perles, sa moustache humide de whisky, son souffle divinement parfumé d'ail, d'oignon, de poireau et d'alcool. Il n'était ni de ce temps ni d'aucun temps que je connaisse. Il était le parfait inapte, l'imbécile heureux, le maître habile, le grand consolateur, le mystérieusement anonyme. Et il n'était pas seulement un de ceux-là mais tous ceux-là ensemble. Salut, brillant esprit ! Quel livre de vie vous étiez !

Et maintenant parlons d'un autre « livre vivant », un personnage *connu* celui-là. Cet homme est toujours vivant, grâce au Seigneur, et il mène une vie riche et paisible dans un coin du Pays de Galles. Je veux parler de John Cowper Powys, ou, comme il se qualifie lui-même dans son *Autobiographie* [1] : « Prester John », le prêtre Jean.

Ce ne fut que quelques années après que Lou Jacobs eut disparu de ma vie que je rencontrai ce célèbre auteur et conférencier. Je l'ai rencontré à l'issue d'une de ses conférences au Labour Temple, Second Avenue, à New York.

Il y a quelques mois, un ami m'ayant appris le lieu de résidence de John Cowper Powys, je lui envoyai, obéissant à une soudaine impulsion, une lettre d'hommage. C'est une lettre que j'aurais dû écrire il y a vingt ans au moins. J'aurais été un homme beaucoup plus riche aujourd'hui si je l'avais fait. Car, recevoir une lettre de « Prester John » est un événement qui compte dans une vie.

Cet homme, dont je suivais souvent les conférences, dont je dévorais avidement les livres, je ne l'ai rencontré qu'une fois en chair et en os. Il me fallut tout le courage que je possédais alors pour m'approcher de lui après la conférence, lui dire quelques mots d'appréciation, lui serrer la main, et puis fuir la queue entre les jambes. J'avais pour lui une intense vénération. Chaque mot qu'il prononçait me semblait atteindre droit au but. Dans ses écrits comme dans ses conférences, il traitait de tous les auteurs qui me passionnaient alors. Pour moi, il était comme un oracle.

1. Édité par John Lane, The Bodley Head, London, 1934.

Maintenant que je l'ai retrouvé, maintenant que j'ai régulièrement de ses nouvelles, c'est comme si j'avais retrouvé ma jeunesse. Il demeure pour moi « le maître ». Même aujourd'hui, ses paroles ont le pouvoir de m'ensorceler. En ce moment même, je suis plongé dans son *Autobiographie*, un livre de six cent cinquante-deux pages serrées qui nourrit et stimule l'esprit au plus haut point. C'est le genre de biographie dont je me délecte, car elle est extrêmement franche, véridique, sincère, et elle contient une surabondance de détails (des plus révélateurs !) aussi bien que les événements majeurs, les grands tournants d'une vie.

> *Si toutes les personnes qui écrivent des autobiographies osaient y mettre les choses qui dans leur vie leur ont causé leurs plus intenses douleurs, elles feraient beaucoup plus de bien qu'en s'acharnant à longueur de page à justifier leurs actions publiques*, dit l'auteur.

Comme Céline, Powys a la faculté de raconter ses malheurs avec humour. Comme Céline, il peut parler de lui-même dans les termes les plus péjoratifs, se traiter d'imbécile, de clown, de faible, de lâche, de dégénéré, même d'être « sub-humain », sans le moins du monde se diminuer. Son livre est plein d'une expérience de la vie qui ne se révèle pas tant par les grands événements que par les petits.

L'auteur a écrit son livre dans sa soixantième année. Il y a deux passages, entre beaucoup, beaucoup d'autres, que j'aimerais citer, car ils découvrent un aspect de l'homme qui m'est particulièrement précieux. Voici le premier :

> *Qu'est-ce donc que nous perdons tous quand nous vieillissons ? C'est une qualité de la vie elle-même. Oui, c'est* dans *la vie, mais c'est beaucoup plus profond — non ! pas plus profond exactement ; je veux dire que c'est d'une essence plus précieuse — que ce qu'en pen-*

sée nous appelons « vie » en vieillissant. Je suis enclin à penser aujourd'hui que j'ai conservé jusqu'à ma soixantième année et à un degré tout à fait inhabituel les façons de ma petite enfance ; et puisqu'il en est ainsi, je suis tenté de me dire que plus je mettrai d'obstination à exploiter cette puérilité, plus je m'appuierai sur elle, plus ma vie d'homme mûr sera sage, — même si elle est moins humaine.

Et voici le second passage :

Toute ma vie peut se diviser en deux moitiés ; la première va jusqu'à ma quarantième année ; la seconde commence après *ma quarantième année. Pendant la première moitié, j'ai fait des efforts désespérés pour éveiller et pour ordonner en moi des sentiments correspondant à ce que j'admirais dans mes livres favoris, mais pendant la seconde moitié de ma vie je me suis efforcé de découvrir quels étaient mes réels sentiments, de les raffiner, de les équilibrer et de les harmoniser, de façon à ne les faire correspondre à aucune autre méthode qu'à la mienne propre.*

Mais revenons-en à l'homme que je connais... sur l'estrade où il fait ses conférences. Ce fut John Cowper Powys, descendant du poète Cowper, fils d'un clergyman anglais, ce fut cet homme qui avait du sang gallois dans les veines et dont l'esprit était plein de feu et de magie comme celui de tout vrai Gaélique, qui le premier m'éclaira sur les horreurs et les sublimités qui se rattachent à la famille d'Atrée. Je le revois encore parfaitement se drapant dans sa robe, fermant les yeux et les couvrant d'une main, avant de se lancer dans un de ces envols inspirés qui me laissaient étourdi et sans voix. À l'époque, je trouvais son attitude et ses gestes chargés, je pensais qu'ils étaient peut-être l'expression d'un tempérament trop dramatique. (John Cowper Powys est, bien sûr, un acteur, mais pas sur cette scène-là, comme il le fait lui-même remarquer. Il est plutôt une sorte d'acteur spenglerien.) Mais plus je l'écoutais, plus je lisais ses œuvres, moins j'étais porté à le critiquer. Souvent, lorsque je quittais la salle après une de ses conférences, j'avais l'impression qu'il m'avait envoûté. Et c'était un envoûtement merveilleux. Mise à part, en effet, ma célèbre expérience avec Emma Goldman à San Diego, c'était ma première rencontre intime, mon premier contact réel avec l'esprit vivant de ces quelques rares êtres qui visitent notre terre.

Powys, inutile de le dire, avait choisi lui-même les « phares » à propos desquels il « délirait ». J'emploie ce mot de « délirer » à bon escient. Jamais auparavant, je n'avais entendu quelqu'un *délirer* en public, surtout à propos d'auteurs, de penseurs, de philosophes. Emma Goldman, également inspirée sur l'estrade, et tenant souvent des propos sibyllins, donnait néanmoins l'impression de rayonner à partir d'un centre intellectuel. Pour ardente et passionnée qu'elle fût, la chaleur qu'elle dégageait avait un caractère électrique. Chez Powys, on voyait exploser le feu et la fumée de l'âme, ou les profondeurs au sein desquelles l'âme repose. La littérature était pour lui comme une manne tombant du ciel. À coups répétés, il perçait le voile. Pour nourriture, il nous donnait des plaies, et les cicatrices ne s'en sont jamais refermées.

Si je me souviens bien, l'un de ses adjectifs favoris était « fatidique ». Je ne sais pas pourquoi je le dis ici, sinon parce que cette épithète évoquait en moi une foule de mystérieuses associations enfouies au fond de moi et chargées jadis d'une signification formidable. Quoi qu'il en soit, le sang de Powys était saturé de mythes raciaux et de légendes, de souvenirs de hauts faits magiques et d'exploits surhumains. Par ses traits aquilins, qui rappelaient ceux de notre Robinson Jeffers, il me donnait l'impression que je me trouvais en présence d'un être dont l'ascendance était différente de la nôtre, plus ancienne, plus obscure, plus païenne, beaucoup plus païenne que ne l'étaient nos ancêtres historiques. À mes yeux, il était surtout chez lui dans le monde méditerranéen, exactement le monde pré-méditerranéen de l'Atlantide. Bref, il était « dans la tradition ». Lawrence aurait dit de lui qu'il était un « aristocrate de l'esprit ». C'est pourquoi, probablement, il demeure dans mon souvenir l'un des rares hommes cultivés que j'ai connus que l'on puisse aussi qualifier de « démocratiques »... démocratiques dans le sens où Whitman emploie ce terme. Ce qu'il avait de commun avec les êtres inférieurs que nous étions, c'était une considération extrême pour les droits et les privilèges de l'individu. Toutes les questions *vitales* avaient pour lui de l'intérêt. C'était cette curiosité si vaste et pourtant passionnée qui lui permettait d'arracher aux époques « mortes » et aux lettres « mortes » les qualités humaines universelles que l'érudit et le pédant ont perdu la faculté de voir. C'était un grand privilège que d'être assis aux pieds d'un homme vivant, d'un contemporain, dont les pensées, les sentiments et les préoccupations étaient apparentés en esprit avec ceux des grandes figures du passé. Je pouvais imaginer ce représentant de notre époque discutant sans difficulté et sur un pied d'égalité avec des esprits tels que Pythagore, Socrate, ou Abélard ; je ne pouvais jamais m'imaginer John Dewey, par exemple, ou Bertrand Russell dans la même situation. Je pouvais évaluer et respecter la complexité d'un tel esprit, ce dont je suis incapable quand il s'agit de Whitehead ou de Ouspensky. Parce que je suis borné, sans aucun doute. Mais, il y a des hommes qui me prouvent en quelques brefs instants leur rotondité... je ne connais pas de meilleur mot pour définir cette qualité qui à mon sens embrasse, enveloppe et résume tout ce qu'il y a en nous de véritablement humain. John Cowper Powys était un homme arrondi. Il illuminait tout ce qu'il touchait, le reliant toujours aux feux centraux qui nourrissent l'univers lui-même. Il était un « interprète » (ou poète) au sens le plus haut de ce mot.

Il existe à notre époque d'autres hommes plus doués, plus brillants peut-être, plus profonds, c'est possible, mais ni leurs proportions ni leurs aspirations ne s'accordent au monde parfaitement humain où Powys prend position et où il existe. À la dernière page de l'*Autobiographie*, à laquelle je n'ai pas pu m'empêcher de jeter un coup d'œil, il y a un paragraphe extrêmement révélateur sur ce qu'il y a de plus intime et d'essentiel chez Powys :

> *Il n'y a pas que le monde astronomique. Nous sommes en contact avec d'autres dimensions, d'autres couches de vie. Et parmi les puissances qui jaillissent de ces* autres couches *se dresse une Puissance, d'autant plus terrible qu'elle refuse de recourir à la cruauté, une Puissance qui n'est ni capitaliste, ni communiste, ni fasciste, ni nazie, une Puissance qui n'est* pas de ce monde, *mais qui est capable d'insuffler à l'âme de l'individu la ruse du serpent et la douceur de la colombe.*

Je ne suis nullement étonné d'apprendre qu'au déclin de sa vie, Powys a trouvé le temps de nous donner un livre sur Rabelais et aussi un livre sur Dostoïevsky, deux pôles de l'esprit humain. Il faut être un interprète exceptionnel de l'esprit humain pour pouvoir soupeser et poser en équilibre deux êtres si différents. Dans toute la littérature, il m'est difficile de penser à deux plus grands extrêmes que Rabelais et Dostoïevsky, que je continue à vénérer tous les deux. Il ne peut y avoir d'écrivains plus mûrs que ces deux-là ; il ne peut y en avoir qui révèlent avec plus d'éloquence l'éternelle jeunesse de l'esprit. Il est curieux que j'y pense juste maintenant, mais je doute que Rimbaud, le symbole même de la jeunesse, ait jamais entendu parler de son contemporain, Dostoïevsky. C'est là un des traits mystérieux et anormaux de l'âge moderne qui se vante tellement de l'extension de ses moyens de communication. C'est dans ce XIXe siècle, en particulier, ce siècle si riche en figures démoniaques, prophétiques et individualistes à l'extrême, que nous découvrons avec surprise que telle grande figure ignorait l'existence de telle autre. Le lecteur pourra vérifier ce fait lui-même. Il est indéniable et d'une haute signification. Rabelais, homme de la Renaissance, connaissait ses contemporains. Les hommes du Moyen Âge, en dépit de toutes les difficultés que l'on imagine, communiquaient entre eux, et se rendaient visite. Le monde cultivé formait à cette époque une immense toile dont les fils étaient durables et conducteurs d'électricité. Nos écrivains à *nous*, ces hommes qui devraient exprimer et former les tendances du monde, donnent l'impression de vivre en reclus. Leur importance, leur influence, en tout cas, est pratiquement nulle. Les intellectuels, les écrivains, les artistes d'aujourd'hui sont échoués sur un récif que chacune des vagues qui déferlent successivement menace d'anéantir.

John Cowper Powys appartient à cette race d'hommes qui ne s'éteint jamais. Il est de ces rares élus qui, en dépit des cataclysmes qui ébranlent le monde, se trouvent toujours dans l'arche. Le pacte qu'il a conclu avec ses semblables constitue l'assurance et la garantie de sa survivance. Comme ils sont rares ceux qui ont découvert ce secret ! Le secret, qui fait qu'on s'incorpore à l'esprit vivant de l'univers. J'ai dit de Powys qu'il était un « livre vivant ». Est-ce que cela ne revient pas à dire qu'il est tout flamme, tout esprit ? Le livre qui devient vivant c'est le livre que le cœur dévorant a pénétré de part en part. Tant qu'il n'est pas ranimé par le feu d'un esprit aussi vivant que celui qui lui a donné naissance, un livre demeure mort pour nous. Des mots dépouillés de leur magie ne sont que des hiéroglyphes morts. Des vies privées de recherche, d'enthousiasme, de dons échangés, sont aussi dénuées de sens et vides que des lettres mortes. Rencontrer un homme que l'on peut appeler un livre vivant c'est arriver à la source même de la création. Un tel homme nous permet de contempler le feu dévorant qui fait rage à travers l'univers tout entier et qui ne donne pas seulement chaleur et lumière, mais une vision durable, une force durable, un courage durable.

VIII

« THE DAYS OF MY LIFE »

Je viens de recevoir de mon ami Lawrence Powell les deux volumes de l'autobiographie de Rider Haggard (*The Days of My Life*), un ouvrage que j'attendais avec la plus vive impatience. À peine avais-je ouvert le paquet et fébrilement consulté la table des matières que je me suis installé pour lire sans attendre le chapitre 10, consacré aux *Mines du roi Salomon* et à *She*.

Durant les quelques semaines qui se sont écoulées depuis que j'ai lu *She*, je n'ai cessé de penser à la genèse de ce « roman ». Maintenant que j'ai sous les yeux les confidences de l'auteur, je suis littéralement stupéfait. Voici ce qu'il dit :

> *Je me souviens que, quand je me suis mis à la tâche, j'avais les idées les plus vagues sur la façon dont j'allais développer mon thème. La seule notion précise que j'avais en tête, c'était celle d'une femme immortelle animée d'un amour immortel. Tout le reste a pris forme autour de ce personnage. Et les mots sont venus... plus vite que ma pauvre main endolorie pouvait les coucher sur le papier.*

C'est à peu près tout ce qu'il dit de la conception de cette œuvre remarquable.

Le roman tout entier, précise-t-il, *fut écrit en un peu*

plus de six semaines. Il n'a jamais été réécrit et le manuscrit ne porte que de rares corrections. Le fait est qu'il a été composé à bride abattue, pour ainsi dire d'une traite, et c'est bien là la meilleure façon d'écrire.

Mais peut-être devrais-je citer aussi le passage suivant, qui ne laissera sans doute pas de surprendre ceux qui aiment cet extraordinaire récit :

Je me rappelle fort bien avoir porté le manuscrit terminé à mon agent littéraire, Mr A. P. Watt, et l'avoir lancé sur sa table en déclarant : « Voilà celle de mes œuvres qui restera. » Je me rappelle aussi avoir rendu visite à Mr Watt à son bureau, situé alors au 2 Paternoster Square, et ne pas l'y avoir trouvé. Comme il s'agissait d'une affaire urgente et que je ne tenais pas à revenir, je m'installai à sa table, demandai du papier et, dans l'heure et demie qui suivit, j'écrivis en l'attendant la scène de l'anéantissement de She consumée par le Feu de la Vie. Cela se passait bien entendu quelque temps — quelques jours, je crois — avant que je lui remisse mon manuscrit.

Vingt ans après, « comme je l'avais toujours prévu » note Haggard, fut publiée la suite intitulée *Ayesha* ou *le Retour de She*.

Quant au titre de *She*, si évocateur, si merveilleusement inoubliable, en voici, selon lui, l'origine :

She, *si mes souvenirs sont exacts, était le nom d'une certaine poupée en chiffons qu'une bonne d'enfants à Bradenham avait coutume de tirer d'un placard pour terrifier ceux de mes frères et sœurs dont elle avait la garde.*

Imagine-t-on rien de plus décevant, ou aussi de plus passionnant, que ces quelques maigres renseignements ? En ce qui concerne les ouvrages de fiction, je présume que le cas est classique. Si j'en ai le temps, je me propose de retrouver ainsi les « faits » connus à propos d'autres grands livres d'imagination. En attendant, et surtout comme on m'affirme qu'un renouveau d'intérêt se manifeste en faveur des œuvres de Rider Haggard, je crois opportun de citer une lettre écrite à l'auteur par Walter Besant en personne. La voici :

12, Gayton Crescent,
Hampstead.
2 janvier 1897.

Mon cher Haggard,

*Pendant que je suis sous le charme d'*Ayesha *(c'est-à-dire de* She*) que je viens tout juste de terminer, il me faut vous écrire pour vous féliciter d'être l'auteur d'un ouvrage qui vous place certainement à la tête — et très en tête — de tous les écrivains de fiction contemporains. Si c'est dans le domaine de la pure invention que le roman s'épanouit le mieux, alors vous êtes assurément le premier des romanciers modernes.* Les Mines du roi Salomon *sont loin derrière. Ce n'est pas seulement la conception centrale si splendide dans son audace, mais c'est l'impitoyable logique avec laquelle vous avez développé le sujet dans ses moindres détails qui me frappe de stupeur.*

Je ne sais ce qu'en diront les critiques. Sans doute n'en liront-ils que le strict nécessaire et se contenteront-ils d'énoncer quelques généralités. Si le critique est une femme, elle reposera le livre en observant qu'il est invraisemblable : presque toutes les femmes ont cette attitude en face du merveilleux.

Quoi que vous fassiez d'autre, vous aurez toujours She *derrière vous, qui sera prétexte à d'odieuses comparaisons. Et quelle que soit l'opinion des critiques, le livre ne manquera pas d'être un magnifique succès. Il fera se lever aussi une moisson d'imitateurs. Et tous les petits conteurs empêtrés dans la convention seront secoués hors de leurs ornières... jusqu'à ce qu'ils en découvrent de nouvelles...*

Le livre connut en effet un grand succès, ainsi qu'en témoignent les chiffres de vente donnés par son éditeur, sans parler des lettres qui déferlèrent sur l'auteur de toutes les parties du monde, certaines d'entre elles dues à la plume de personnalités bien connues des milieux littéraires. Haggard lui-même déclare que les contrefaçons se chiffraient par dizaines de milliers.

Il avait trente ans quand il écrivit *She*, entre le début de février 1886 et le 18 mars de la même année. Il commença environ un mois après avoir terminé *Jess*. C'était une remarquable période de création, ainsi que l'indique le passage suivant :

> *Il semblerait donc qu'entre janvier 1885 et le 18 mars 1886, j'ai écrit de ma propre main, et sans l'aide d'aucune secrétaire* les Mines du roi Salomon, Allan Quatermain, Jess *et* She. *Je continuai en même temps d'exercer ma profession, passant plusieurs heures par jour à travailler dans mon cabinet ou au tribunal, car je servais de nègre à un avocat, faisant ma correspondance, et m'occupant des affaires que peut avoir un jeune homme ayant une petite famille et quelques biens immobiliers.*

Comme je me suis maintes fois plaint amèrement de la corvée que c'était de répondre aux milliers de lettres que je reçois, je crois que les observations suivantes d'Haggard ne manqueront pas d'intéresser « qui de droit » :

> *Peu après, mon travail devint plus accablant encore, car il s'y ajoutait le fardeau d'une énorme correspondance que m'expédiait sans merci une foule de gens des quatre coins du monde. Si j'en juge par les lettres qui restent marquées de la lettre R pour « répondu », j'ai, semble-t-il, fait de mon mieux pour répondre à toutes ces épîtres, qui se chiffraient par centaines, même à celles des chasseurs d'autographes, et cette tâche a dû me prendre le plus clair de mes journées, en venant*

s'ajouter encore à toutes mes autres occupations. Il ne faut pas s'étonner que ma santé ait fini par en souffrir, harcelé en outre que j'étais à cette période par d'incessantes et perfides attaques.

Dans *la Crucifixion en rose*, où je parle longuement de mes relations avec Stanley, mon premier ami, se trouvent des allusions fréquentes et d'ordinaire ironiques à la passion de Stanley pour les romans romanesques. C'était un bon roman de ce genre que Stanley espérait toujours écrire un jour. Je suis mieux placé aujourd'hui pour comprendre et pour apprécier son désir sincère. À cette époque, je le considérais simplement comme un autre Pôle, la tête farcie d'absurdités romanesques.

Je ne me souviens pas avoir parlé avec lui de Rider Haggard, et je me rappelle pourtant certaines discussions à propos de Marie Corelli. Entre dix et dix-huit ans, nous ne nous vîmes pratiquement pas et avant cet âge, nos « discussions » littéraires ne devaient guère compter. Ce fut quand Stanley découvrit Balzac — et tout d'abord *la Peau de chagrin* — et bientôt après d'autres écrivains européens tels que Pierre Loti, Anatole France, Joseph Conrad, que nous commençâmes à parler livres avec passion. À vrai dire, je ne sais si je comprenais clairement ce que Stanley entendait par « romans ». Pour moi, le terme était associé dans mon esprit à des phrases creuses, à de vaines fictions. Je ne me doutais pas du rôle que tenait la « réalité » dans ce domaine de la pure imagination.

Rider Haggard décrit avec force détails un rêve qu'il faisait souvent. Voici la fin de ce passage :

> *Je me vois... plus jeune que je ne suis maintenant, arborant une sorte de vêtement blanc et travaillant, penché sur mon bureau, des papiers étalés devant moi. À cette image une terreur me prend, à l'idée que cet endroit pourrait n'être qu'un purgatoire parfumé où, en expiation de mes péchés, je serais* condamné à écrire éternellement des romans.

« À quoi suis-je donc en train de travailler ? demandé-je, inquiet, à mon guide, qui debout à mes côtés brille d'un éclat soutenu.

— Vous écrivez l'histoire d'un monde » (ou était-ce du *monde, je ne sais plus), me répond-il...*

D'*un* monde ou *du* monde, quelle différence cela fait-il ? Ce qui compte, comme le laisse entendre William James dans son introduction à *la Vie dans l'au-delà* de Fechner, c'est que « Dieu a une histoire ». L'imagination unifie tous les mondes, et dans ce monde de la Réalité, l'homme joue le rôle principal, car là l'homme et Dieu ne font qu'un et tout est divin. Quand Haggard formule l'espoir que dans une autre vie la tâche qui l'attend ne soit pas d'écrire des romans mais de l'histoire (« que j'adore »), quand il ajoute que « dans tous les mondes qui existent au-dessus de nous, il doit y avoir du travail pour un historien (et du bon travail à faire) », il dit, me semble-t-il, que le sujet qui convient à un écrivain, c'est de rédiger l'histoire éternelle de la création. L'histoire de l'homme est liée à celle de Dieu, et l'histoire de Dieu est la révélation de l'éternel mystère de la création.

Je crois, dit Haggard, *que j'ai raison de dire que personne n'a jamais écrit de grand roman ne traitant, par exemple, que de la vie radicalement différente existant sur un autre monde ou sur une autre planète, avec quoi les humains ne puissent avoir absolument aucun contact.*

Quoi qu'il en soit, il est indiscutable que certains auteurs ont fait de l'imagination un tel usage qu'ils ont réussi à rendre incroyables les réalités de ce monde-ci, de *notre* monde. Peut-être n'est-il pas nécessaire de visiter des mondes lointains pour connaître les vérités essentielles de l'univers, ou pour comprendre son ordonnance et son fonctionnement. Les livres qui n'appartiennent pas à la grande littérature, les livres qui ne sont pas « de grand style », nous rapprochent souvent davantage du mystère de la vie. Ils traitent de l'expérience fondamentale de l'homme, de son « inaltérable » nature humaine, d'une façon qui ne ressemble en rien à la manière des écrivains classiques. Ils parlent de ce fonds commun qui nous unit non seulement les uns aux autres, mais à Dieu. Ils voient dans l'homme une partie de l'univers et non pas « la réussite de la création ». Ils parlent de l'homme comme si lui seul avait reçu le privilège de découvrir le Créateur. Ils rattachent la destinée de l'homme à celle de toute la création ; ils ne font pas de lui une victime du destin ni un « objet de rédemption ». En glorifiant l'homme, ils glorifient l'ensemble de l'univers. Peut-être, comme je l'ai dit, leur style n'est-il pas noble. Ils s'intéressent moins à la langue qu'au sujet, et plus aux idées qu'aux formules dont ils les enrobent. Aussi font-ils souvent figure de piètres écrivains, et prêtent-ils le flanc au ridicule et à la caricature. Rien de plus facile que de railler la nostalgie du sublime. On notera que cette nostalgie est souvent masquée, dissimulée ; souvent l'auteur lui-même n'a pas conscience de ce qu'il cherche, ni de ce qu'il exprime de façon si voilée.

Quel est le thème de ces livres si souvent méprisés ? En gros, la trame de la vie et de la mort ; la quête de l'identité à travers le drame de l'identification ; les terreurs de l'initiation ; l'attrait de visions indescriptibles ; la voie de l'acceptation ; la rédemption du monde des créatures et la métamorphose de la nature ; la perte finale de la mémoire et l'abandon en Dieu. Dans la texture de ces livres se trouve tissé tout ce qui représente un symbole durable : non pas les étoiles ni les planètes, mais les espaces qui les séparent ; non pas les autres mondes ni leurs habitants hypothétiques, mais les échelles qui y donnent accès ; non pas les lois ni les principes, mais les cercles de la création se déployant à l'infini et les hiérarchies qui les constituent.

Quant au drame qui donne leur cadre à ces ouvrages, il n'a rien à voir avec celui qui oppose l'individu à la société, ni avec la « lutte pour la vie », ni même avec le conflit qui dresse le bien contre le mal. Car les auteurs auxquels je songe n'auraient pu écrire une seule ligne si l'homme n'avait jamais connu la liberté ou en tout cas ce qu'elle représente. Ici la vérité et la liberté sont synonymes. Dans ces livres, le drame ne commence que quand l'homme ouvre volontairement les yeux. Ce geste, le seul dont on puisse dire qu'il a une signification héroïque, déplace tout le bruit et la fureur de la matière historique. Conçu pour une destinée extérieure, l'homme est enfin capable de plonger en lui-même un regard chargé de grâce et de certitude. Cessant de considérer la vie du point de vue du monde, l'homme cesse d'être la victime du hasard et des circonstances : il « choisit » de suivre sa vision, de ne faire plus qu'un avec l'imagination. Dès ce moment, il commence à voyager ; tous ses déplacements antérieurs n'étaient que de la circumnavigation.

Les noms de ces livres précieux ?

Je vous répondrai par les paroles de Gurdjieff, que cite Ouspensky :

> *Si vous aviez compris tout ce que vous avez lu dans votre vie, vous sauriez déjà ce que vous cherchez maintenant* [1].

Il convient de méditer longuement cette déclaration. Elle révèle le véritable lien qui unit les livres et la vie. Elle dit *comment* il faut lire. Elle prouve — à mes yeux du moins — quelque chose que j'ai maintes fois répété, à savoir que la lecture doit apporter la joie de la confirmation et que c'est *cela* l'ultime découverte que l'on fait en ce qui concerne les livres. Quant à la véritable lecture — qui, elle, ne cesse jamais — elle peut se faire avec n'importe quoi : un brin d'herbe, une fleur, un sabot de cheval, les

1. *In Search of the Miraculous*, de P.D. Ouspensky, Harcourt, Brace and Co, New York, 1949.

yeux d'un enfant quand l'extase ou l'émerveillement y allument des étincelles, la fière allure d'un vrai guerrier, la forme d'une pyramide, ou la sereine attitude de toutes les statues du Bouddha. Si la faculté de poser des questions n'est pas morte, si le sens du merveilleux n'est pas atrophié, si l'on est doué d'une faim réelle et non pas d'un peu d'appétit ou d'une simple envie, on ne peut s'empêcher de lire au hasard de la vie. L'univers tout entier doit alors devenir un livre ouvert.

Cette joyeuse lecture de la vie ou des livres n'implique point l'affaiblissement de la faculté critique. Bien au contraire. S'abandonner totalement à l'auteur, ou plutôt à l'Auteur avec une majuscule, exige l'exaltation de la faculté critique. S'en prenant à l'usage du mot « constructif » que fait la critique littéraire, Powys écrit :

> *Oh, ce mot de « constructif » ! Comment, au nom du mystère du génie, la critique peut-elle être autre chose qu'une idolâtrie, un culte, une métamorphose, une histoire d'amour*[1] *!*

Inlassablement, le doigt qui s'avance désigne le plus profond de l'être, non pas pour gronder, mais dans un geste d'affectueuse leçon. Les mots écrits sur le mur n'ont rien de menaçant ni de mystérieux à qui sait les interpréter. Les murs s'écroulent et avec eux nos craintes et nos répugnances. Mais le dernier mur à céder, c'est celui qui protège l'*ego*. Celui qui lit avec d'autres yeux que ceux de son moi le plus intime ne lit pas. Le regard intérieur transperce les murs, déchiffre toutes les écritures, transforme tous les « messages ». Ce n'est pas un œil qui lit ni qui critique, mais un œil qui renseigne. Il ne reçoit pas de lumière de l'extérieur, il la prodigue. La lumière et aussi la joie. La lumière et la joie ouvrent le monde et le révèlent tel qu'il est : ineffable beauté et création sans fin.

1. *Visions and Revisions*, de John Cowper Powys, G. Arnold Shaw, New York, 1915.

IX

KRISHNAMURTI

Quelqu'un a dit un jour que « le monde n'a jamais connu ses plus grands hommes ». Si nous pouvions connaître leur vie et leur œuvre, nous aurions sans doute « une biographie de Dieu sur terre ».

Auprès des écrits inspirés, qui sont nombreux, les créations des poètes semblent pâles. D'abord viennent les dieux, puis les héros (qui incarnent le mythe), puis les mages et les prophètes et enfin les poètes. Le propos du poète est de recréer la splendeur et la magnificence du passé toujours renaissant. Le poète est sensible, de façon presque insoutenable, aux terribles privations dont souffre l'humanité. Pour lui, « la magie des mots » apporte quelque chose qui échappe totalement à l'homme ordinaire. À jamais prisonnier du royaume dont il est issu, sa province est de celles que l'homme ordinaire n'explore jamais et dont sa naissance même lui interdit l'accès. L'immortalité réservée au poète le récompense de son inébranlable allégeance à la Source où il puise son inspiration :

Écoute Pic de La Mirandole : « Au milieu du monde, le Créateur dit à Adam : « Je t'ai placé de façon que tu « puisses plus facilement regarder autour de toi et voir « tout ce qu'il y a dans la Création. J'ai fait de toi un « être ni céleste ni terrestre, ni tout à fait mortel ni « pleinement immortel, de façon que tu puisses être ton

« propre libérateur et ton propre vainqueur ; libre à toi « de dégénérer jusqu'au rang de la bête et libre à toi de « renaître à une existence divine... »

N'est-ce pas là un résumé parfait de l'essence et du propos de l'existence humaine ? Le Créateur a placé l'homme *au milieu du monde*. Point de vue « anthropocentrique » disent nos tristes sages. Promenant leurs regards autour d'eux, ils ne voient que crasse. Pour eux la vie n'est qu'un conte dit par un idiot et dénué de sens. Si l'on suit jusqu'au bout leur pensée, la substance même de notre mère la Terre n'est que néant. Dépouillant le cosmos de toute spiritualité, ils ont finalement réussi à démolir le terrain même sur lequel ils se trouvent : la matière. Ils s'adressent à nous à travers un vide d'hypothèses et de conjectures. Ils ne comprendront jamais que « le monde est une forme généralisée de l'esprit, son image symbolique », comme dit Novalis. Bien qu'ils s'expriment comme si « chaque roc avait un conte écrit sur sa face tannée par les intempéries », ils se refusent à lire ce qui s'y trouve écrit ; ils veulent ajouter leurs ridicules histoires de création à des mythes et à des légendes solidement enracinés dans la vérité et dans la réalité. Ils calculent en années-lumière, en utilisant les signes et les symboles de leur caste de grands prêtres, mais ils s'inquiètent quand on affirme que voilà cent mille ans s'épanouissait une civilisation supérieure, due à des hommes supérieurs. Quand il s'agit de l'homme, les anciens lui ont accordé une plus grande antiquité, une plus grande intelligence et une plus grande compréhension que nos hommes de peu de foi dont une science prétentieuse vient encore aiguiser la vanité.

Tout cela pour dire que les livres que j'ai le plus de plaisir à lire sont ceux qui me mettent en rapport avec l'incroyable nature de l'être humain. Rien de ce qu'on attribue à la puissance ou à la gloire de l'homme n'est pour me surprendre. Je crois volontiers à tout ce qui concerne l'histoire de notre terre et des merveilles qu'elle comprend. Plus j'en viens à être dégoûté par ce qu'on appelle « l'histoire », plus j'ai haute opinion de l'homme. Si je me passionne pour l'existence des artistes, dans tous les domaines, je m'intéresse plus vivement encore à l'homme dans son ensemble. Dans ma brève expérience de lecteur du verbe imprimé, il m'a même été donné d'assister à des merveilles qui dépassent l'entendement. Même s'il ne s'agissait que des « imaginations » d'écrivains inspirés, leur réalité ne s'en trouve nullement atteinte. Nous sommes aujourd'hui sur le seuil d'un monde où rien de ce que les hommes osent penser ou croire n'est irréalisable. (Les hommes ont déjà cru cela à certaines époques du passé, mais c'était seulement comme en rêve, et cela venait des profondeurs de l'inconscient.) On nous répète chaque jour, par exemple, que les esprits prosaïques et pratiques qui dirigent certains services du gouvernement travaillent sérieusement aux moyens d'atteindre la lune — et même des planètes plus éloignées — d'ici à cinquante ans. (Et ce n'est là qu'une estimation très modeste !) Ce qu'il y a derrière ces plans et ces projets, c'est une autre affaire. Est-ce que « nous » pensons à défendre la planète Terre ou à attaquer les habitants d'autres planètes ? Ou bien envisageons-nous d'abandonner ce monde où il n'y a pas, semble-t-il, de solution à nos maux ? Soyez assurés, quelle que soit la vraie raison, quelque audacieux que soient ces plans, que les motifs n'ont rien de noble.

Cet effort pour conquérir l'espace n'est cependant que l'un des nombreux rêves jusqu'alors impossibles dont nos hommes de science nous promettent la réalisation. Les lecteurs de quotidiens ou de magazines de vulgarisation scientifique peuvent discourir d'abondance sur ces questions, tout en ne connaissant eux-mêmes pour ainsi dire rien aux données scientifiques qui sont à la base de ces théories, plans et projets fantastiques et incroyables.

À la vie de Nicolas Flamel se trouve étroitement

mêlée l'histoire du *Livre d'Abraham le Juif*. La découverte de ce livre et les efforts tentés pour en pénétrer le secret constituent un roman d'aventures de tout premier ordre.

> *En même temps,* dit Maurice Magre [1], *qu'il* (Flamel) *apprenait le moyen de faire de l'or avec n'importe quelle matière, il avait acquis la sagesse de la mépriser avec son esprit.*

Comme dans tout ouvrage concernant le fameux alchimiste, il y a dans celui-ci des passages étonnants et, si nous avions l'esprit plus ouvert à ce genre de connaissances, infiniment révélateurs. Je voudrais n'en citer qu'un paragraphe, quand ce ne serait que parce qu'il suggère justement le contraire de ce que je disais plus haut. Ce passage concerne deux éminents alchimistes du XVIIe siècle ; libre au lecteur, s'il le veut, de les considérer comme des « exceptions » :

> *Ils avaient vraisemblablement atteint l'état parfait de dépouillement humain, opéré la transmutation de leur âme. Ils participaient de leur vivant au monde spirituel. Ils avaient régénéré leur être, accompli la tâche de l'homme. Ils étaient deux fois nés. Ils se consacraient à aider leurs semblables et ils le faisaient de la façon la plus utile qui ne consiste pas à guérir les maux du corps ou à améliorer le bien-être physique des hommes. Ils pratiquaient le bien supérieur qui ne peut s'exercer que sur un petit nombre, mais qui s'exercera à la longue sur tous. Ils aidaient les esprits les plus élevés à atteindre le but qu'ils venaient eux-mêmes de franchir. Ils les cherchaient au cours de leurs voyages et dans les villes où ils passaient. Ils n'avaient pas d'école et d'enseignement régulier, parce que leur enseignement était à la limite de l'humain et du divin. Mais ils savaient que la parole versée à une certaine heure, dans*

1. Maurice Magre. *Magiciens et Illuminés*, Fasquelle, Paris, 1930.

une certaine âme, réalisait un progrès mille fois plus grand que celui qui peut résulter de la connaissance des bibliothèques, de la possession de la science humaine.

Les merveilles dont je parle sont de toute sorte. Il ne s'agit parfois que de pensées ou d'idées ; parfois de croyances ou de pratiques extraordinaires ; tantôt ce sont des recherches matérielles, et tantôt de purs exploits linguistiques ; parfois ce sont des systèmes ; des découvertes aussi ou des inventions ; ou bien l'on trouve le récit d'événements miraculeux ; il y a aussi des incarnations d'une sagesse, dont l'origine est suspecte ; des témoignages sur le fanatisme, la persécution, l'intolérance ; ces merveilles prennent quelquefois aussi la forme d'utopies ; ou encore s'expriment par des actes d'un héroïsme surhumain, des exploits d'une incroyable beauté ; et parfois aussi ce sont les chroniques de tout ce qui est monstrueux, maléfique et perverti.

Pour donner une idée de ce que j'entends par là, voici pêle-mêle une série de pierres de touche : Joachim de Floris, Gilles de Rais, Jacob Boehme, le marquis de Sale, l'*I-Ching*, le palais de Knossos, les Albigeois, Jean-Paul Richter, le Saint-Graal, Henrich Schliemann, Jeanne d'Arc, le comte de Saint-Germain, la *Summa Theologica*, le grand empire Uighur, Apollonius de Tyane, Mme Blavatsky, saint François d'Assise, la légende de Gilgamesh, Ramakrishna, Tombouctou, les Pyramides, le bouddhisme Zen, l'île de Pâques, les grandes cathédrales, Nostradamus, Paracelse, la sainte Bible, l'Atlantide et la Lémurie, les Thermopyles, Akhénaton, Cuzco, la Croisade des Enfants, *Tristan et Iseult*, Ur, l'Inquisition, *Arabia Deserta*, le roi Salomon, la Peste noire, Pythagore, Santos Dumont, *Alice au pays des merveilles*, Hermès Trismégiste, la fraternité blanche, la bombe atomique, Gautama le Bouddha.

Il est un nom que je n'ai pas cité et qui tranche sur tout ce qui est secret, suspect, confus, livresque et asservissant : Krishnamurti. Voilà un homme de notre temps dont on peut dire que c'est un maître de la réalité. Il est seul. Il a renoncé à plus de choses qu'aucun autre homme, à l'exception du Christ. Dans son essence, il est si facile à comprendre qu'on s'explique sans mal la confusion qu'ont provoquée ses propos clairs et directs, ses actions sans équivoque. Les hommes répugnent à accepter ce qu'ils atteignent facilement. Par une perversité plus profonde que toutes les ruses de Satan, l'homme refuse de reconnaître les droits que Dieu lui a conférés : il exige un intermédiaire pour assurer sa délivrance ou son salut ; il cherche des guides, des conseillers, des maîtres, des systèmes, des rituels. Il part en quête de solutions qui sont dans son cœur. Il place la science au-dessus de la sagesse, le pouvoir au-dessus de l'art du discernement. Mais surtout, il refuse de travailler à sa propre libération, en prétendant qu'il lui faut d'abord libérer « le monde ». Et pourtant, comme l'a souligné Krishnamurti à maintes reprises, le problème du monde est lié au problème de l'individu. La vérité est à jamais présente, l'éternité est là, aujourd'hui. *Et le salut ?* Qu'est-ce donc, ô homme, que tu veux sauver ? Ton moi mesquin ? Ton âme ? Ton identité ? Perds-la donc et tu te trouveras toi-même. Ne t'inquiète pas de Dieu : Dieu est assez grand pour s'occuper de ses affaires Lui-même. Cultive tes doutes, tente toutes les expériences, continue à désirer, tâche de ne pas plus oublier que de te souvenir, assimile ce que t'a apporté l'expérience.

Telle est, en gros, la doctrine de Krishnamurti. Ce doit être révoltant parfois de répondre à toutes les questions stupides et sans intérêt que les gens ne cessent de lui poser. « Émancipez-vous ! » supplie-t-il. Mais personne ne le fera, parce que personne n'en est capable. Cette voix qui vient du désert est, bien sûr, la voix d'un chef. Mais Krishnamurti a renoncé à ce rôle aussi.

Ce fut le livre de Carlo Suarès sur Krishnamurti [1] qui

1. *Krishnamurti*, Éditions Adyar, Paris, 1932. Ce livre a été refondu sous un nouveau titre *Krishnamurti et l'unité humaine*, Le Cercle du Livre, Paris, 1950.

me révéla ce phénomène dont notre époque était le témoin. Je l'ai lu pour la première fois à Paris et depuis lors, je l'ai relu souvent. Je n'ai lu aussi attentivement ni annoté aucun autre livre sinon *l'Absolu collectif*. Après des années de lutte et d'effort, j'ai découvert l'or.

Je ne crois pas que ce livre ait été traduit en anglais, et je ne sais d'ailleurs pas davantage ce qu'en pense Krishnamurti lui-même. Je n'ai jamais rencontré Krishnamurti, et pourtant il n'y a pas de contemporain que je serais plus honoré de connaître. Chose curieuse, il n'habite pas très loin de chez moi. Mais il me semble que cet homme a bien le droit de vivre tranquillement sa vie, sans être à la merci du premier visiteur venu, désireux de faire sa connaissance et d'obtenir de lui quelques miettes de sagesse. « Vous ne pourrez jamais me connaître », dit-il quelque part. C'est assez de savoir ce qu'il représente, ce qu'il incarne.

Ce livre de Carlo Suarès est inestimable. Il regorge de phrases de Krishnamurti, recueillies dans ses écrits et dans ses conférences. Toutes les phases de son évolution (jusqu'à l'année de publication du livre) y sont exposées, avec lucidité et vigueur. Suarès se tient discrètement à l'arrière-plan. Il a la sagesse de laisser la parole à Krishnamurti.

Le lecteur trouvera pages 116 à 119 du livre de Suarès le texte dont je donne ci-dessous la substance...

Après avoir longuement discuté avec Krishnamurti, un homme de Bombay lui dit : « Ce que tu affirmes pourrait amener la venue de surhommes, d'hommes capables de se gouverner eux-mêmes, d'instaurer l'ordre en eux-mêmes, d'hommes qui seraient maîtres absolus de leur âme. Mais qu'adviendra-t-il de l'homme qui est tout en bas de l'échelle, qui dépend d'une autorité extérieure, qui doit recourir à toute sorte de béquilles et qui est obligé de se soumettre à un code moral qui peut, en fait, ne pas lui convenir ? »

Et Krishnamurti de répondre : « Vois ce qui se passe dans le monde. Les forts, les violents, les puissants, les hommes qui usurpent le pouvoir sont au sommet ; en bas sont les faibles et les doux, qui se débattent et qui échouent. Pense par contraste à l'arbre, dont la force et la gloire dépendent de ses racines profondément enfouies ; dans le cas de l'arbre, le faîte est couronné de feuilles délicates, de tendres pousses, de branches fragiles. Dans la société humaine, telle du moins qu'elle est constituée aujourd'hui, les forts et les puissants sont soutenus par les faibles. Alors que dans la nature ce sont les forts et les puissants qui supportent les faibles. Tant que tu persisteras à considérer chaque problème d'un point de vue perverti, tu accepteras l'état actuel des choses. Moi, je regarde le problème sous un angle différent... Comme tes convictions ne sont pas le fruit de tes méditations personnelles, tu répètes ce que te disent les autorités ; tu amasses des citations, tu dresses une autorité contre une autre, l'ancien contre le nouveau. Je n'ai rien à dire alors. Si tu envisages la vie d'un point de vue qui ne soit point déformé ni mutilé par l'autorité ni faussé par la science d'autrui, d'un point de vue personnel né de tes souffrances, de ta réflexion, de ta culture, de ton intelligence, de ton cœur, alors tu comprendras ce que je dis : "Car la méditation du cœur est l'entendement"... Personnellement, et j'espère que tu vas me comprendre, *je n'ai point de croyance et je ne suis aucune tradition* [1]. J'ai toujours eu cette attitude envers la vie. Étant donné que la vie varie de jour en jour, non seulement je n'ai que faire des croyances et des traditions, mais, si je devais me laisser enchaîner par elles, elles m'empêcheraient de comprendre la vie... Tu peux atteindre à la libération, où que tu sois et quelles que soient les circonstances, mais il te faut posséder la force du génie. Car le génie, au fond, c'est la faculté de se libérer soi-même des circonstances dont on est le prisonnier, la faculté d'échapper au cercle vicieux... Tu me diras peut-être : cette force-là, je ne l'ai pas. C'est exactement mon avis. Afin de découvrir ta propre force, le *pouvoir qui est en toi*, tu dois être prêt à affronter toute

1. Les italiques sont de moi.

sorte d'expériences. Et c'est précisément ce que tu refuses de faire ! »

Voilà un langage dépouillé, révélateur et vibrant d'inspiration. Il perce les nues de la philosophie qui confondent notre pensée, il rebande les ressorts de l'action. Il jette bas les édifices branlants des gymnastes du verbe et déblaie le sol de leurs débris. Au lieu d'une course d'obstacles ou d'un piège à rats, il fait de la vie quotidienne une joyeuse poursuite. Dans une conversation avec son frère Théo, Van Gogh disait un jour : « Le Christ a été aussi infiniment grand parce qu'il n'y avait sur son chemin aucun meuble ni aucun accessoire dérisoire. » On a le même sentiment en ce qui concerne Krishnamurti. *Rien ne l'arrête.* Sa carrière, sans pareille dans l'histoire des chefs spirituels, me rappelle la fameuse épopée de Gilgamesh. Salué dès sa jeunesse comme le Sauveur, Krishnamurti a renoncé au rôle qu'on lui avait préparé, écarté tous ses disciples, repoussé tous les mentors et précepteurs. Il n'a prêché ni dogme nouveau ni foi nouvelle, il a tout mis en question, cultivé le doute (surtout dans ses moments d'exaltation) et, au prix d'efforts héroïques et constants, il s'est libéré de l'illusion et de l'enchantement, de l'orgueil, de la vanité, et de toute forme subtile de supériorité sur autrui. Il est allé chercher à la source même de la vie le soutien et l'inspiration. Pour résister aux pièges et aux ruses de ceux qui cherchaient à l'enchaîner et à l'exploiter, il fallait une vigilance jamais démentie. Il a, pour ainsi dire, libéré son âme du monde inférieur comme du monde supérieur, l'ouvrant ainsi « au paradis des héros ».

Est-ce nécessaire de définir cet état ?

Il y a dans les propos de Krishnamurti quelque chose qui rend parfaitement superflue la lecture de ses livres. Il y a aussi un autre fait plus frappant encore et que Suarès ne manque pas de souligner :

> *plus ses paroles sont claires, moins on comprend son message.*

Krishnamurti a dit un jour :

> *J'entends être vague à dessein ; je pourrais parfaitement être explicite, mais telle n'est pas mon intention. Car dès l'instant qu'une chose est définie, elle est sans vie...*

Non, Krishnamurti ne définit pas plus qu'il ne répond oui ou non. Il repousse qui l'interroge et le force à chercher en lui-même la réponse. Il répète inlassablement :

> *Je ne vous demande pas de croire ce que je dis... Je ne désire rien de vous, ni votre bonne opinion, ni votre accord, ni que vous me suiviez. Je ne vous demande pas de* croire, *mais de* comprendre *ce que je dis.*

Collaborez avec la vie ! tel est son éternel conseil. De temps en temps il cingle les pharisiens. Qu'avez-vous accompli, leur demande-t-il, avec toutes vos belles paroles, vos slogans, vos étiquettes et vos livres ? Combien d'individus avez-vous rendus heureux, d'une façon non point éphémère mais durable ? Et ainsi de suite.

> *C'est une grande satisfaction de se décerner des titres, des noms, de s'isoler du monde et de s'estimer différent des autres ! Mais si tout ce que vous dites est vrai, avez-vous sauvé un seul de vos semblables du malheur et de la souffrance ?*

Tous les faux-fuyants — sociaux, moraux, religieux — qui donnent l'illusion de secourir et d'aider les faibles pour qu'ils puissent être guidés et conduits vers une vie meilleure sont justement ce qui empêche les faibles de profiter d'une expérience directe de la vie. Au lieu de l'expérience brute et dépouillée, les hommes cherchent à se protéger et par là même se mutilent. Ces artifices deviennent les instruments du pouvoir, de l'exploitation spirituelle et matérielle. (Telle est du moins l'interprétation de Suarès.)

Une des différences fondamentales entre un homme comme Krishnamurti et les artistes en général réside dans la conception qu'ils se font respectivement de leur rôle. Krishnamurti souligne qu'il y a une constante opposition entre le génie créateur de l'artiste et son *ego*. L'artiste s'imagine, dit-il, que c'est son *ego* qui est grand ou sublime. Cet *ego* veut utiliser à son profit le moment d'inspiration durant lequel il était en contact avec l'éternel, moment précisément où l'*ego* était absent et remplacé par le résidu de son expérience de la vie. C'est l'intuition, affirme-t-il, qui devrait être le seul guide. Quant aux poètes, musiciens, bref quant à tous les artistes, ils devraient tendre à l'anonymat, se détacher de leurs créations. Mais pour la plupart des artistes, c'est juste le contraire : ils tiennent à voir leur signature sur leurs créations. Et pourtant, tant que l'artiste se cramponnera à l'individualisme, il ne réussira jamais à donner à son inspiration ni à sa faculté créatrice un caractère permanent. La qualité ou la condition du génie n'est que la première phase de la délivrance.

Je ne suis pas traducteur : j'ai eu le plus grand mal à transcrire et à condenser les observations précédentes. Je ne veux pas tenter non plus de livrer l'ensemble de la pensée de Krishnamurti, telle qu'elle est révélée dans le livre de Carlo Suarès. J'ai été amené à parler de lui parce que, si solidement que Krishnamurti soit ancré dans la réalité, il a créé à son insu autour de sa personne un mythe, une légende. Les gens ne veulent tout simplement pas reconnaître qu'un homme qui s'est fait lui-même, un homme pur, droit et sincère, ne dissimule pas on ne sait quoi de plus complexe et de plus mystérieux. Tout en prétendant que leur plus ardent désir c'est de s'extirper des cruelles difficultés dans lesquelles ils se débattent, ils sont en fait ravis de rendre tout compliqué, obscur et susceptible de se réaliser seulement dans un lointain avenir. La dernière chose qu'ils veuillent bien admettre, c'est qu'ils ont eux-mêmes créé ces difficultés. La réalité, si un instant ils vont jusqu'à croire à son existence — dans la vie quotidienne — est toujours désignée comme la « dure » réalité. On en parle comme si elle s'opposait à la divine réalité ou, pourrait-on dire, à un paradis doux et secret. L'espoir que nous puissions un jour nous éveiller à une existence totalement différente de celle que nous connaissons chaque jour rend les hommes tout prêts à être les victimes de n'importe quelle forme de tyrannie et d'oppression. L'homme est abêti par l'espoir et par la crainte. Le mythe qu'il vit quotidiennement, c'est de pouvoir un jour s'évader de la prison qu'il s'est créée à son usage et qu'il attribue aux machinations d'autrui. Tout héros authentique a fait sienne la réalité. En se libérant, le héros fait exploser le mythe qui nous lie au passé et à l'avenir. C'est l'essence même du mythe : il voile çà et là le merveilleux.

Ce matin, j'ai découvert sur un rayon un autre livre sur Krishnamurti dont j'avais oublié que je le possédais. Il m'avait été offert par un ami à la veille d'un long voyage. J'avais rangé le livre sans jamais l'ouvrir. Ce préambule afin de remercier mon ami du grand service qu'il m'a rendu, et pour annoncer au lecteur qui ne connaît pas le français l'existence d'une autre excellente interprétation de la vie et de l'œuvre de Krishnamurti. Le livre s'intitule *Krishnamurti* (« L'homme est son propre libérateur ») par Ludowic Réhault, publié par Christopher Publishing House, Boston, 1939. Comme l'ouvrage de Suarès, il contient également d'abondantes citations puisées dans les écrits et dans les conférences de Krishnamurti. L'auteur, aujourd'hui décédé, appartenait à la Société théosophique,

> *dont je suis loin d'approuver les tendances,* déclare-t-il dans la préface, *mais dont je soutiens toujours fermement les grands principes de l'Évolution, de la Réincarnation et du Karma.*

Puis vient cette déclaration :

Je tiens à informer mes lecteurs que je ne suis pas pour Krishnamurti : je suis avec lui.

Comme je ne connais pas d'homme vivant dont la pensée soit plus inspiratrice et plus fécondante, puisque je ne connais aucun homme vivant qui soit plus libre de préjugés de tout ordre, *et* comme je constate par expérience qu'il est perpétuellement mal interprété, mal compris, je considère comme important et tout à fait opportun, fût-ce au risque d'ennuyer le lecteur, de m'attarder un peu plus longtemps sur Krishnamurti. À Paris, où pour la première fois j'entendis prononcer son nom, j'avais un certain nombre d'amis qui parlaient sans cesse des « Maîtres ». Aucun d'eux, à ma connaissance, n'était membre d'un groupe ni d'une secte. C'étaient simplement des chercheurs en quête de la vérité. Et c'étaient tous des artistes. Les livres dont ils faisaient leur pâture m'étaient à l'époque tout à fait inconnus : je veux dire qu'ils lisaient Leadbeater, Steiner, Besant, Blavatsky, Mabel Collins et consorts. Bien mieux, en les entendant citer ces auteurs, il m'arrivait de leur rire au nez. (Je dois avouer qu'aujourd'hui encore le style de Rudolf Steiner pique mon sens du ridicule.) Dans le feu de la discussion, je me faisais parfois traiter de « fainéant spirituel ». Comme je ne suis pas de ceux dont on fait aisément un disciple, ces amis, tous des âmes ardentes, tous consumés du désir de convertir, me considéraient comme une terre à conquérir. Dans ma colère, je leur disais parfois de ne jamais revenir me voir, à moins d'être décidés à parler d'autre chose. Mais le jour suivant les trouvait à ma porte, comme si de rien n'était.

La seule qualité qu'ils avaient en commun, je dois le dire, c'était leur totale impuissance : ils étaient tout prêts à me sauver, mais ils étaient incapables de se sauver eux-mêmes. Il me faut avouer ici que ce dont ils parlaient, ce qu'ils citaient de leurs lectures, ce qu'ils s'efforçaient si bien de me faire connaître n'était pas aussi absurde ni aussi ridicule que je le croyais alors.

Loin de là ! Mais ce qui m'empêchait de « voir les choses sous l'angle qui convenait » c'était, comme je l'ai dit, leur parfaite incapacité à profiter de la sagesse qu'ils étaient si disposés à prodiguer. J'étais impitoyable avec eux, ce que je n'ai jamais regretté. Je crois que mon attitude irréductible leur a peut-être fait du bien. Ce ne fut que quand ils eurent cessé de me harceler que je pus vraiment m'intéresser à « toutes ces bêtises ». (Si d'aventure certains d'entre eux lisent ces lignes, ils comprendront que malgré tout je demeure leur débiteur.) Mais il n'en demeure pas moins qu'ils faisaient exactement ce que « les Maîtres » désapprouvaient.

> *Peu importe,* dit Krishnamurti, *celui qui parle. Ce qui compte, c'est la pleine signification de ce qu'il dit.*

Naturellement, comprendre toute la signification de ce qui était dit, l'assimiler, dépendait entièrement de l'individu. Je me souviens d'un professeur d'anglais en classe qui nous criait sans cesse : *Tâchez d'assimiler ça !* C'était un homme fat et gonflé de prétentions, un véritable âne bâté s'il en fût jamais. S'il avait seulement « assimilé » le centième de ce qu'il nous avait lu et si pompeusement recommandé de noter, il aurait vraiment enseigné la littérature anglaise : il aurait été un auteur, ou bien, s'il avait été sincèrement humble, en vrai maître, en mentor, en guide, il nous aurait inspiré l'amour de la littérature, ce qui n'était certainement pas son cas !

Mais revenons aux « Maîtres »... Dans l'*International Star Bulletin* de novembre 1929, on cite ces propos de Krishnamurti :

> *Vous tous, vous vous intéressez passionnément aux Maîtres, vous vous demandez s'ils existent ou non, et quelle est mon opinion à leur égard. Je vais vous la dire. Pour moi, peu importe en vérité qu'ils existent ou qu'ils n'existent pas, car quand vous devez vous rendre à la gare, par exemple, il y a des gens devant vous, des gens qui se trouvent plus près de la gare, des gens qui*

sont partis plus tôt. Qu'est-ce qui compte le plus : d'arriver à la gare ou bien de vous asseoir et d'adorer l'homme qui est avant vous ?

Dans son livre sur Krishnamurti, Réhault fait remarquer que le point de vue de Krishnamurti sur « les Maîtres » n'a jamais varié. Ce qui avait changé, c'était

son opinion sur ceux qui recherchent les Maîtres et les invoquent à tout propos et hors de propos avec une familiarité ridicule et déplacée.

Il cite une déclaration antérieure (1925) de Krishnamurti :

Nous croyons tous que les Maîtres existent, qu'ils sont quelque part et qu'ils s'inquiètent de nous, mais cette croyance n'est pas assez vivante, pas assez réelle pour nous faire changer. Le but de l'évolution est de nous rendre semblables aux Maîtres qui sont l'apothéose, la perfection de l'humanité. Comme je l'ai dit, les Maîtres sont une réalité. Du moins pour moi.

L'extraordinaire logique qui caractérise ces allusions *apparemment* contradictoires aux « Maîtres » est typique de l'attitude toujours en évolution de Krishnamurti devant la vie. Il insiste d'abord sur l'existence des Maîtres avant de mettre l'accent sur le pourquoi de leur existence, et cela démontre assez sa vigilance, ses inlassables efforts pour atteindre l'essentiel de toute chose.

Pourquoi vous souciez-vous des Maîtres ? L'essentiel est que vous soyez libres et forts et vous ne pourrez jamais être libres ni forts si vous êtes les disciples d'autrui, s'il vous faut des gurus, *des médiateurs, des Maîtres auprès de vous. Vous ne pourrez pas être libres ni forts si vous faites de moi votre Maître, votre* guru. *Je ne veux pas de cela...*

Quelques mois seulement après avoir fait cette déclaration sans équivoque (avril 1930) et pressé de répondre à la question : « Existe-t-il des Grands Adeptes, des Maîtres ? », il répond :

La question pour moi est sans importance. Elle ne m'intéresse pas... Je ne cherche pas de faux-fuyants... Je ne nie pas leur existence. Dans l'évolution, il doit y avoir une différence entre les sauvages et les êtres plus cultivés. Mais quel intérêt cela présente-t-il pour l'homme détenu entre les murs d'une prison ?... Je serais fou de nier la gamme des expériences qui constitue ce que vous appelez l'évolution. Vous vous préoccupez plus de l'homme qui est devant vous que de vous-mêmes. Vous êtes prêts à adorer un être lointain, et non pas vous-mêmes ni votre voisin. Il existe peut-être de Grands Adeptes, des Maîtres, je ne le nie pas, mais je ne puis comprendre quel intérêt ils présentent pour vous en tant qu'individu.

Quelques années plus tard, il affirma, paraît-il :

Ne désirez pas le bonheur. Ne recherchez pas la vérité. Ne cherchez pas la raison dernière.

Sauf pour les chicaneurs et les falsificateurs, cette déclaration n'est pas en désaccord avec la position qu'il a toujours prise.

Vous recherchez la vérité, répète-t-il, *comme si c'était l'opposé de ce que vous êtes.*

Si des paroles aussi claires, aussi nettes n'éveillent pas les esprits, autant vaut alors renoncer tout de suite.

L'homme est son propre libérateur ! N'est-ce pas l'ultime enseignement ? Cette vérité a été professée maintes et maintes fois et aussi souvent démontrée par les grandes figures de l'humanité. *Les Maîtres ?* Sans doute. Les hommes qui ont épousé la vie, et non point des principes, des lois, des dogmes, des morales, des croyances.

Les professeurs dignes de ce nom n'édictent point de lois, ils ne cherchent qu'à libérer l'homme. (Krishnamurti.)

Ce qui distingue Krishnamurti, même des grands prophètes d'antan et des figures exemplaires, c'est son absolu dépouillement. Le seul rôle qu'il se permette de jouer c'est le sien, celui d'un être humain. Vêtu seulement de la fragilité de sa chair, il ne s'appuie que sur l'esprit qui ne fait qu'un avec la chair. S'il a une mission, c'est de dépouiller les hommes de leurs illusions, bonnes ou mauvaises, de jeter bas les appuis trompeurs des idéaux, des croyances, des fétiches, les béquilles de tout ordre, et de rendre ainsi à l'homme toute la majesté, toute la puissance de son humanité. On l'a souvent appelé « le Professeur du monde ». S'il est un homme vivant qui mérite ce titre, c'est bien lui. Mais à mes yeux ce qui importe c'est que Krishnamurti s'impose à nous, non comme professeur, non comme Maître, mais comme *homme*.

Découvre toi-même, dit-il, *quels sont les possessions et les idéaux que tu ne désires pas. En sachant ce que tu ne veux pas, par élimination, tu délivreras ton esprit d'un fardeau, et tu comprendras alors l'essentiel qui se trouve à jamais là.*

X

LA PLAINE D'ABRAHAM

Quand vous serez prêt, Griswold, tirez !

Je crois que c'était dans le livre *With Dewey at Manila Bay*, dont j'ai parlé plus haut et qui, si je me souviens bien, sortit à peu près au moment où la guerre hispano-américaine prenait fin (ces pauvres Espagnols, ils n'avaient pas la moindre chance !) : je crois que c'est Dewey lui-même — ou alors peut-être était-ce l'amiral Sampson — qui lança cet ordre, cet ordre qui restera en moi jusqu'au dernier jour de ma vie. C'est idiot de se rappeler une chose pareille mais, tout comme cette autre phrase : « Attendez de leur voir le blanc des yeux », celle-ci demeure gravée en moi. Bien sûr, il reste beaucoup plus (de la lecture d'un livre) que ce que laisse échapper la mémoire. Mais ce n'en est pas moins un perpétuel objet de curiosité de voir ce que telle personne se rappelle et ce que telle autre oublie.

Les restes... comme si nous parlions de cadavres !

Je m'éveillais l'autre matin, l'esprit encore tourmenté par l'effort continuel que je faisais pour me rappeler des titres, des auteurs, des noms de lieux, des événements et des détails d'apparence la plus insignifiante, et je m'aperçus que j'étais en train de songer, savez-vous à quoi ? À la plaine d'Abraham ! Oui j'avais l'esprit plein de Montcalm et Wolfe aux prises là-haut, près du toit du monde. Nous appelons cela la guerre du Canada si je ne me trompe. Sept longues années de combats. Ce fut probablement cette bataille de la plaine d'Abraham, que ma piètre mémoire situe quelque part dans le voisinage de Québec, qui décida du sort des Français en Amérique du Nord. J'ai dû étudier cette satanée guerre en détail, à l'école. En fait, je suis certain de l'avoir étudiée. Et qu'en reste-t-il ? *La plaine d'Abraham*. Pour être plus précis, cela se ramène à un ensemble d'images qui pourraient tenir dans le creux d'une coquille. Je vois Montcalm — ou était-ce Wolfe ? — en train de mourir en plein air, entouré par sa garde et d'un groupe d'Indiens aux crânes rasés hérissés de quelques plumes, de longues plumes profondément enfouies dans le crâne. Des plumes d'aigle, probablement. Montcalm fait un discours avant de mourir, il prononce ces fameuses « dernières paroles » dans le genre de : « Je regrette de n'avoir qu'une vie à donner à ma patrie. » Je ne me rappelle plus ses paroles exactes, mais je crois qu'il dit : « La fortune de la bataille est contre nous. » Qu'importe, d'ailleurs ? Dans quelques minutes, il sera mort, c'est dans l'histoire. Et le Canada, à l'exception d'une étroite bande à l'Est, sera anglais — ce qui est dommage pour nous ! Mais comment se fait-il que je voie un immense oiseau perché sur l'épaule de Montcalm ? D'où vient cet oiseau de mauvais augure ? Peut-être est-ce le même qui s'est pris dans le tulle surmontant le berceau du petit James Ensor, l'oiseau qui l'a hanté toute sa vie ? Il est là, en tout cas, grand comme la vie et dominant l'arrière-plan infini de mon tableau imaginaire. Pour une raison qui m'est obscure, le site de ce célèbre champ de bataille me donne une impression de profonde tristesse ; le ciel semble peser sur ce paysage de toute sa masse impalpable. Il n'y a pas beaucoup d'espace à cet endroit entre la terre et le ciel. Les têtes de braves guerriers semblent balayer la voûte céleste sans nuages. La bataille finie, les Français descendront la pente abrupte du promontoire à l'aide d'une échelle de corde. Ils s'engageront sur les rapides dans des canoës, par poignées, et les Anglais les harcèleront sans merci d'en haut avec leur mitraille. Quant à Montcalm, comme il est noble de naissance, et général, ses restes seront emportés avec tous les honneurs de la guerre. La nuit tombe rapidement, et les Indiens abandonnés là sans ressources, n'ont plus qu'à s'en tirer comme ils pourront. Les Anglais, qui ont maintenant le champ libre, déferlent sur le Canada. On trace la frontière avec des poteaux et de la corde. « Nous », nous n'avons plus rien à craindre ; nos voisins sont des amis et des parents...

Si ce n'est pas déjà fait, on devrait citer cette bataille parmi les quinze batailles décisives du monde. Toujours est-il que ce matin-là dont je parle, je ne parvenais à penser à rien d'autre qu'à des batailles et à des champs de bataille. Il y avait Teddy, à la tête de ses Rough Riders, prenant d'assaut San Juan Hill ; il y avait le pauvre vieux château de Morro mis en miettes par notre artillerie lourde, et la chaîne qui enferma la flotte espagnole dans une simple vieille chaîne de fer rouillée. Oui, et il y avait Aguinaldo menant ses troupes rebelles (des Igorotes en majeure partie) à travers les marais et la jungle de Mindanao, alors que sa tête était mise à prix. À côté des amiraux Dewey et Sampson, il y a l'amiral Schley, qui dans mon souvenir demeure un homme doux, sensible, pas trop assoiffé de sang, pas trop bon stratège, mais « bien ». L'extrême opposé de John Brown le libérateur, l'homme d'Ossawatomie et d'Harper's Ferry, l'homme qui attribua son retentissant échec au fait qu'il avait eu trop d'égards pour l'ennemi. Un fanatique chevaleresque, ce John Brown. L'une des étoiles les plus brillantes de tout le firmament de notre brève histoire. Celui qui se rapproche le plus chez nous de Saladin. (*Saladin !* Pendant toute la dernière guerre, j'ai pensé à Saladin. Quel gracieux prince, comparé aux « bouchers » qu'on trouvait d'un côté comme de l'autre à cette guerre-ci ! Comment se fait-il que nous ayons tout oublié à son sujet ?) Imaginez que nous ayons deux hommes du calibre de John Brown et de Saladin pour lutter contre la corruption du monde ! Que nous faudrait-il de plus ? John Brown a juré qu'avec des hommes bien choisis — deux cents suffisaient, a-t-il dit — il pouvait vaincre les États-Unis tout entiers. Et il n'était pas loin de la vérité, quand il se vanta ainsi.

Oui, en pensant à ce haut et solennel champ de bataille que fut la plaine d'Abraham, j'en vins à penser à un autre champ de bataille : celui de Platée. Celui-là, je l'ai vu de mes propres yeux. Mais à l'époque, j'oubliai que c'était là que les Grecs avaient passé au fil de l'épée plus de trois cent mille Perses. C'était un nombre considérable, pour l'époque ! Si je me souviens bien de l'endroit, il était parfait pour un « massacre en masse ». Lorsque j'y arrivai, venant de Thèbes, le sol était ensemencé en blé, en orge, en avoine. De loin, on aurait dit un immense échiquier. En plein milieu, comme dans les échecs chinois, était fiché le roi. Techniquement parlant, la partie était terminée. Mais alors suivit le massacre... *comme d'habitude* [1]. Que serait la guerre sans massacre ?

Des lieux de massacre ! Ma pensée vogua plus loin. Je me rappelai notre propre guerre entre les États, connue maintenant sous le nom de guerre de Sécession. J'avais visité quelques-uns de ces terribles champs de bataille ; j'en connaissais certains par cœur, tant j'avais entendu dire et lu de choses sur leur compte. Oui, il y avait Bull Run, Manassas, la bataille du désert, Shiloh, Missionary Ridge, Antietam, Appomatox Court House, et bien entendu... Gettysburg. La charge de Pickett : la charge la plus folle, la plus téméraire de l'histoire. C'est toujours ce que l'on vous dit. Les Yankees acclamant les rebelles pour leur courage. En attendant (comme toujours) que « nous » approchions juste encore un peu, pour qu'ils puissent, « nous » voir le blanc des yeux. Je pensai à la charge de la brigade légère. « Ils allaient de l'avant les six cents ! » (Au son de quarante-neuf vers et de la mort éternelle.) Je pensai à Verdun et aux Allemands grimpant toujours plus haut par-dessus le tas de

1. En français dans le texte.

leurs propres morts empilés. Marchant au pas cadencé, bien alignés, comme à la parade. L'état-major ne se préoccupant pas du nombre d'hommes qu'il fallait pour prendre Verdun, mais ne le prenant jamais. Encore une « erreur stratégique » comme on l'explique si spécieusement dans les manuels de tactique militaire. Comme nous les avons payées cher, ces erreurs ! C'est tout de l'histoire maintenant. Rien n'est accompli, rien gagné, rien appris. Des bévues voilà tout. Et la mort en gros. On ne permet qu'aux généraux et aux généralissimes de faire des « erreurs » aussi horribles. Cela ne nous empêche pas de continuer à en fabriquer. Nous ne nous fatiguons jamais de faire de nouveaux généraux, de nouveaux amiraux... ou de nouvelles guerres. « Des guerres fraîches », comme on dit. Je me demande souvent ce qu'il y a de « frais » dans la guerre.

Si vous vous demandez parfois pourquoi certains de nos contemporains célèbres sont incapables de dormir, ou dorment irrégulièrement, remémorez-vous seulement certaines de ces sanglantes batailles. Essayez de vous imaginer là-bas dans les tranchées ou cramponné à un vaisseau de guerre qui a chaviré ; essayez de vous représenter les « sales Japonais » sortant de leur cachettes en flammes de la tête aux pieds ; essayez de vous rappeler les exercices à la baïonnette, d'abord avec des sacs bourrés et ensuite avec la chair molle et résistante de l'ennemi, qui est *au fond* [1] votre frère par la chair. Pensez à tous les gros mots dans toutes les langues de Babel, et quand vous les aurez tous articulés, demandez-vous si au plus fort de la mêlée, vous étiez capable de trouver un seul mot qui aurait pu exprimer ce que vous ressentiez. On peut lire *The Red Laugh, The Red Badge of Courage, Men in War* ou *J'ai tué*, et tirer de ces lectures un certain plaisir esthétique malgré le caractère horripilant de ces livres. C'est là un des traits étranges, si étrange, du mot écrit, c'est qu'on peut vivre la chose affreuse en esprit et non seulement ne pas

1. En français dans le texte.

devenir fou, mais se sentir un peu ragaillardi, souvent guéri même. Andreyev, Crane, Latzko, Cendrars... ces hommes étaient des artistes en même temps que des meurtriers. Je ne sais pourquoi, mais je ne peux jamais penser à un général comme à un artiste. (Un amiral peut-être, mais un général jamais). Pour moi un général *doit* avoir une peau de rhinocéros, sinon il ne serait rien de plus qu'un adjudant major ou un sergent d'intendance... Est-ce que Pierre Loti n'était pas officier dans la marine française ? C'est étrange que son nom me vienne ainsi brusquement à l'esprit. Mais la marine, comme je l'ai déjà dit, nous offre une petite chance de préserver le peu d'humanité qui nous reste. Loti, d'après l'image de lui que je garde de mes lectures de jeunesse, paraît si cultivé, si raffiné..., un peu gymnaste aussi, si je me souviens bien. Comment *pouvait-il* tuer ? Ce qu'il y a de certain, c'est qu'il n'y a pas beaucoup de cran dans ses écrits. Mais il a laissé un livre que je ne peux pas rejeter comme une simple fadaise romanesque bien qu'il ne s'agisse peut-être de rien d'autre : je veux parler des *Désenchantées*. (Quand je pense que le moine dominicain qui est venu me rendre visite il y a quelques jours à peine a vu l'« héroïne » de ce tendre roman en chair et en os !) Toujours est-il qu'avec Pierre Loti s'en va Claude Farrère, tous deux des reliques maintenant, comme le *Monitor* et le *Merrimac* [1].

Pensant aux Thermopyles, à Marathon, à Salamine, je me rappelle une illustration d'un livre pour enfants que j'ai lu il y a longtemps. C'était une image représentant les braves Spartiates, probablement à la veille de leur dernier jour de résistance, peignant leurs longs cheveux. Ils savaient qu'ils mourraient jusqu'au dernier, et pourtant (ou peut-être justement pour cela) ils peignaient leurs longs cheveux. Les longues mèches leur tombaient jusqu'à la taille... et elles étaient nattées je

1. Les deux premiers navires de guerre modernes, des cuirassés, utilisés, le premier par les Sudistes, le second par les Nordistes durant la guerre de Sécession.

crois. Ce détail leur donnait aux yeux de l'enfant que j'étais, un air efféminé. Cette impression m'est restée. Au cours de mon expédition à travers le Péloponnèse, avec Kastimbalis (le « Colosse ») j'ai été stupéfait d'apprendre que pas un poète, pas un artiste ou un savant n'était sorti du Péloponnèse. Seulement des guerriers, des légistes, des athlètes... et des pauvres hères obéissants.

L'*Histoire de la guerre du Péloponnèse* de Thucydide est reconnue pour un chef-d'œuvre. C'est un livre que je n'ai jamais été capable de finir, mais néanmoins, je l'estime. C'est une de ces œuvres qu'il faudrait lire avec attention à notre époque.

> *Thucydide montre ce que c'est que la guerre, pourquoi elle a lieu, ce qu'elle fait et ce qu'elle doit continuer à faire, à moins que les hommes n'apprennent à se conduire mieux* [1].

Vingt-sept années de guerre... sans rien accomplir, rien gagner. (Si ce n'est la destruction habituelle.)

> *Athéniens et Spartiates ne se battirent que pour une raison... parce qu'ils étaient puissants et que de ce fait ils étaient forcés (ce sont les mots mêmes de Thucydide) de chercher à accroître encore leur puissance. Les deux adversaires se battirent non pas parce qu'ils étaient différents — Athènes étant une démocratie et Sparte une oligarchie — mais parce qu'ils étaient semblables. La guerre n'avait rien à voir avec les divergeances d'idées ou les conceptions du bien et du mal. La démocratie est-elle le bien et le gouvernement de la masse par quelques-uns le mal ? Se poser la question aurait été pour Thucydide chercher à s'éloigner du problème. Il n'y avait pas de puissance représentant le bien. La puissance, quel que fût celui-ci qui l'exerçait, était le démon, le corrupteur des hommes*[1].

1. *The Great Age of Greek Literature*, par Edith Hamilton, W.W. Norton, New York, 1942.

Pour l'auteur,

> *Thucydide a probablement été le premier à saisir, et en tout cas à exprimer par des mots, cette nouvelle doctrine qui allait devenir celle du monde tout entier.*

La doctrine selon laquelle un État qui recherche le pouvoir non seulement doit, mais a raison de sauter sur toute occasion qui peut lui être avantageuse.

Quant à Sparte, comme elle est moderne la description que nous en fait Plutarque :

> *À Sparte, le mode de vie des citoyens était fixé une fois pour toutes. En général, ils n'avaient ni la volonté ni les moyens d'avoir une vie privée. Ils étaient comme une communauté d'abeilles, collés en essaim autour du chef et transportés d'enthousiasme et d'ambition désintéressée, ils appartenaient tout entiers à leur pays.*

Quand vous serez prêt, Griswold, tirez !

Trois mille, cinq mille, dix mille années d'histoire... et notre promptitude, notre habileté à faire la guerre demeurent l'élément suprême, le destructeur quotidien de nos vies. Nous n'avons pas avancé d'un pas, malgré tous les traités pleins de raisons irréfutables, toutes les diatribes faites sur ce sujet. À peine sommes-nous capables de lire que l'on nous met entre les mains l'histoire de notre glorieux pays. C'est une histoire écrite dans le sang, qui parle de soif de puissance, d'avidité, de haine, d'envie, de persécution, d'intolérance, de vol, de meurtre et de dégradation. Enfants, nous frémissons à la lecture du massacre des Indiens, de la persécution des Mormons, de la défaite écrasante du Sud rebelle. Nos premiers héros sont des soldats, des *généraux* surtout, naturellement. Pour le Nordiste, Lincoln est presque une sorte de Christ. Pour le Sudiste, Robert E. Lee est l'incarnation de la grâce, de l'esprit chevaleresque, de la valeur et de la sagesse. Ces deux hommes ont mené leurs partisans au massacre. Tous deux ont combattu pour le bien. Le Nègre, qui était la cause de la lutte, continue à être un esclave et un paria.

« Tout ce que l'on nous enseigne est faux », disait Rimbaud. Comme toujours, il voulait dire absolument tout. Dès que l'on commence à étudier à fond un sujet quel qu'il soit, on se rend compte comme on sait peu de choses, comme la majeure partie de ce que l'on sait n'est que conjecture, hypothèse, supposition et spéculation. Chaque fois que l'on va jusqu'au plus profond des choses, on se trouve face au spectre à trois têtes : préjugé, superstition, autorité. Si on cherche un enseignement vital on peut mettre au rancart à peu près tout ce qui a été écrit pour notre édification.

En grandissant, nous apprenons à lire ces mythes, fables et légendes qui nous ont enchantés dans notre enfance. Nous lisons de plus en plus de biographies... et la philosophie de l'histoire plutôt que l'histoire elle-même. Nous nous intéressons de moins en moins aux faits, et de plus en plus aux envols purs de l'imagination et à la perception intuitive de la vérité. Nous découvrons que le poète, quel que soit son moyen d'expression, est le seul authentique inventeur. C'est dans ce type unique que se fondent tous les héros que nous avons adorés à un moment ou un autre. Nous observons que le seul véritable ennemi de l'homme est la peur, et que tous les actes d'imagination (tout ce qui est héroïque) sont inspirés par le désir et la ferme résolution de vaincre la peur... sous quelque forme qu'elle se manifeste. Le héros-poète est à la fois l'inventeur, le guide, le pionnier et le chercheur de vérité. C'est lui qui tue le dragon et qui ouvre les portes du paradis. Si nous nous obstinons à placer ce paradis dans un au-delà ce n'est pas la faute du poète. La croyance et le culte qui inspirent la vaste majorité sont reflétés par une absence innée de foi et d'adoration. Le poète-héros habite la réalité : il cherche à établir cette réalité pour l'humanité tout entière. Le purgatoire qui sévit sur terre est la caricature de la seule et unique réalité ; et c'est parce que le poète-héros refuse de reconnaître autre chose que la vraie réalité qu'il est toujours massacré, toujours sacrifié.

J'ai dit un peu plus haut que nos premiers héros étaient des soldats. En gros, c'est vrai. C'est vrai si par « soldat » nous entendons quelqu'un qui agit en suivant sa propre volonté, qui lutte pour le bien, le beau et le vrai en accord avec ce que lui dicte sa propre conscience. Dans ce sens-là du terme, le doux Jésus lui-même pourrait être appelé « un bon soldat ». La même chose vaut pour Socrate et d'autres grands personnages à qui nous ne pensons jamais en tant que soldats. Et il faut considérer aussi les grands pacifistes comme de fameux soldats. Mais cette conception-là du soldat est dérivée d'attributs autrefois réservés au héros. Le seul bon soldat, strictement parlant, est le héros. Les autres sont des soldats de plomb. Qu'est-ce alors que le héros ? L'incarnation de l'homme « dans sa fragilité » luttant contre des obstacles insurmontables. Pour être plus exact, c'est l'impression que nous en laisse la lecture des légendes héroïques. Quand nous étudions les vies de ce type de héros connus comme des saints et des sages, nous nous rendons nettement compte que les obstacles ne sont pas insurmontables, que l'ennemi n'est pas la société, que les dieux ne sont pas contre l'homme, et, ce qui est plus important, nous percevons que la réalité que ces héros s'efforcent d'affirmer, d'établir et de préserver n'est pas du tout une réalité désirée, mais une chose toujours présente, cachée seulement par l'aveuglement volontaire de l'homme.

Avant d'en venir à adorer un personnage comme Richard Cœur de Lion, nous avons déjà été charmés et subjugués par la figure plus sublime du roi Arthur. Avant d'en venir au grand Croisé, nous avons eu pour compagnons, dans nos moments les plus beaux, ces personnages très réels, très vivants appelés Jason, Thésée, Ulysse, Sindbab, Aladin, et leurs semblables. Nous connaissons bien les figures de l'histoire comme le grand roi David, Joseph en Égypte, Daniel qui affronta la fosse aux lions, et d'autres moins grandes comme Robin des Bois, Daniel Boone, Pocahontas. Peut-être aussi avons-nous subi le charme de créations purement littéraires, comme *Robinson Crusoé, Gulliver*, ou *Alice*... car Alice, elle aussi, était à la recherche de la réalité et elle a poétiquement prouvé son courage en passant de l'autre côté du miroir.

D'où qu'ils vinssent, tous ces charmeurs de notre enfance ont « ensorcelé aussi notre espace ». Même certains personnages historiques semblent posséder la faculté de dominer le temps et l'espace. Tous étaient soutenus et fortifiés par des pouvoirs miraculeux qu'ils avaient ou bien arrachés aux dieux ou bien développés en eux en cultivant ce qu'ils avaient en naissant d'ingéniosité, de ruse et de foi. La morale profonde de la plupart de ces histoires c'est qu'en réalité l'homme est libre, qu'il ne commence à utiliser les pouvoirs qui lui ont été donnés par Dieu que lorsqu'il a acquis la foi inébranlable qu'il possède ces pouvoirs. L'ingéniosité et la ruse apparaissent sans cesse comme les qualités de base de l'intelligence. Peut-être n'est-ce qu'un petit truc qu'il est donné au héros de connaître, mais cela suffit largement à compenser tout ce qu'il ne connaît pas, ne connaîtra jamais, n'aura jamais besoin de connaître. Le sens en est évident. Pour nous échapper de l'engrenage, nous devons employer tous les moyens qui sont en notre possession. Il ne suffit pas de croire ou de connaître : il faut agir. Et je dis bien agir, non pas déployer de l'activité. (Les « actes » des apôtres, par exemple.) L'homme ordinaire est entraîné dans l'action, le héros agit. La différence est immense.

Oui, longtemps avant d'être remplis d'adoration pour les incarnations du courage et de la vaillance, nous avons été imprégnés de l'esprit d'êtres plus sublimes, d'hommes chez qui l'intelligence, le cœur et l'âme sont soudés en un triomphant unisson. Et pouvons-nous passer sous silence, puisque nous citons ces personnages vraiment masculins, les figures royales du sexe féminin qu'ils ont attirées ? Il semble que nous ne puissions trouver que dans ce lointain passé des femmes qui soient les égales et le pendant en esprit des grands. Quelles désillusions nous attendent à mesure que nous avançons dans l'histoire et dans la biographie ?

Alexandre, César, Napoléon... pouvons-nous comparer ces conquérants avec des hommes comme le roi David, le grand roi Arthur, ou Saladin ? Comme nous avons de la chance de goûter au surnaturel et au supersensuel au seuil de notre vie d'élèves ! Ce terrible épisode de l'histoire européenne connu sous le nom de Croisade des Enfants, est-ce qu'ils ne le rejouent pas sans cesse, ceux que nous mettons au monde sans penser à leur véritable bien-être ni nous en préoccuper ? Presque depuis le début, nos enfants nous abandonnent en faveur des vrais guides, des vrais chefs, des vrais héros. Ils savent d'instinct que nous sommes leurs geôliers, leurs maîtres tyranniques, et qu'ils doivent nous fuir aussi tôt que possible ou alors nous massacrer vivants. « Petits primitifs », voilà comment nous les appelons parfois. Oui, mais on peut dire aussi... « petits saints », « petits sages », « petits guerriers ». Ou, *tout court* [1]... « petits martyrs ».

Tout ce que l'on nous enseigne est faux. Oui, mais ce n'est pas tout. On nous punit sans relâche et sans merci parce que nous ne croyons pas « leurs » mensonges ; on nous humilie, on nous insulte et on nous blesse parce que nous n'acceptons pas « leurs » vils succédanés ; on nous met fers et menottes parce que nous luttons pour nous libérer de « leurs » serres qui nous étranglent. Oh, les tragédies qui se jouent quotidiennement dans chaque foyer ! Nous supplions qu'on nous laisse voler, et ils nous disent que seuls les anges ont des ailes. Nous supplions qu'on nous laisse nous offrir sur l'autel de la vérité, et ils nous disent que Christ est la vérité, le chemin et la vie. Et si, l'acceptant, nous demandons à le suivre à la lettre et jusqu'à la triste fin, on rit et on se moque de nous. À chaque tournant, on nous accable de

1. En français.

confusion nouvelle. Nous ne savons pas où nous sommes ni pourquoi nous devons agir de telle plutôt que de telle autre façon. Pour nous, la question pourquoi demeure à jamais sans réponse. Notre lot c'est d'obéir, non de demander pourquoi. Nous commençons dans les chaînes et nous finissons dans les chaînes. Des pierres en guise de pain, des logarithmes en guise de réponses. Dans notre désespoir, nous nous tournons vers les livres, nous nous confions à des auteurs, nous cherchons refuge dans les rêves.

Ne me consultez pas, ô misérables parents ! N'implorez pas mon aide, ô enfants perdus et abandonnés ! Je sais que vous souffrez. Je sais comment vous souffrez et pourquoi. Il en a été ainsi depuis le commencement des temps, ou en tout cas depuis que nous savons quelque chose sur l'homme. C'est irréparable. Même créer n'est qu'un allégement et qu'un palliatif. Il faut se libérer sans l'aide de personne. « Devenir comme des petits enfants. » Chacun baisse la tête en silence en entendant répéter cette phrase. Mais personne n'y croit vraiment. Et les parents seront toujours les derniers à y croire.

Le roman autobiographique, dont Emerson a prédit que son importance croîtrait avec le temps, a remplacé les grandes confessions. Ce genre de littérature n'est pas un mélange de vérité et de fiction, mais une extension et un approfondissement de la vérité. C'est un genre plus authentique, plus véridique, que le journal. Les auteurs de ces romans autobiographiques nous offrent non pas la vérité sans consistance des faits, mais celle qu'ils ont ressentie, pensée, et comprise, la vérité digérée et assimilée. L'être qui se révèle le fait à tous les niveaux en même temps.

C'est pourquoi des livres comme *Mort à crédit* et le *Portrait of the Artist As a Young Man* nous prennent aux tripes. À travers la haine, la rage et la révolte d'hommes comme Céline et Joyce, la misère de la jeunesse mal éduquée prend une signification nouvelle. Quant au dégoût qu'inspirèrent ces livres lors de leur parution, nous avons sur ce sujet le témoignage d'hommes de lettres très éminents. *Leurs* réactions sont elles aussi significatives et révélatrices. Nous voyons quelle est *leur* position vis-à-vis de la vérité. Bien qu'ils parlent au nom de la Beauté, nous savons bien que ce n'est pas la Beauté qui les préoccupe. On peut beaucoup plus se fier au critère de Rimbaud, qui a pris la Beauté sur ses genoux et qui l'a trouvée laide. Lautréamont, qui a blasphémé plus qu'aucun homme des temps modernes, était bien plus proche de Dieu que ceux qui frissonnent et grimacent en entendant ses blasphèmes. Quant aux grands menteurs, ces hommes dont chaque parole soulève les railleries parce qu'ils inventent et qu'ils entourent tout de phantasmes, qui pourrait plus sûrement et plus éloquemment qu'eux plaider la cause de la vérité ?

La vérité est plus étrange que la fiction parce que la réalité précède et inclut l'imagination. Ce qui constitue la réalité est illimité et indéfinissable. Les hommes de peu d'imagination nomment et classent ; les grands s'abstiennent volontiers de se livrer à ce jeu. La vision et l'expérience leur suffisent. Ils n'essayent même pas de dire ce qu'ils ont vu et ressenti, car leur domaine, c'est l'indicible. Les grandes visions qui sont venues jusqu'à nous en paroles ne sont que les pâles reflets enjolivés d'aventures indescriptibles. Les grands événements peuvent être émouvants, mais les grandes visions vous clouent au sol. En tant que saint — c'est-à-dire, en tant que pauvre pécheur luttant avec sa conscience — Augustin est magnifique ; en tant que théologien, il est ennuyeux, terriblement ennuyeux. En tant que maître et amant, Abélard est magnifique, car dans ces deux domaines il était dans son élément. Il ne devint jamais un saint ; il se contenta de rester un homme. La vraie sainte c'est Héloïse, mais l'Église n'a jamais voulu le reconnaître. L'Église est une institution humaine qui confond souvent le criminel avec le saint et vice versa.

Avec Montezuma, nous pénétrons dans un monde entièrement différent. Nous retrouvons le lustre et le rayonnement intérieur. Nous retrouvons la splendeur, la magnificence, la beauté, l'imagination, la dignité et la vraie noblesse. L'ambiance éclatante et grandiose où évoluent les dieux. Quel bandit que Cortez ! Cortez et Pizarre... ils font saigner notre cœur de dégoût. Leurs exploits font tomber l'homme au plus bas de la dégradation. Ils demeurent les plus grands vandales de tous les temps.

L'ouvrage monumental [1] de Preston, que l'on a généralement l'occasion de lire au cours de l'adolescence, est une de ces créations terrifiantes et révélatrices qui font sombrer à jamais dans l'abîme nos rêves et nos aspirations de jeunesse. Nous qui sommes de ce continent, nous adolescents qui avions été drogués et hypnotisés par les légendes héroïques des livres d'histoire (qui ne commencent qu'*après* la préface sanglante écrite par les conquistadores), nous apprenons avec horreur que notre glorieux continent a été violé avec une sauvagerie inhumaine. Nous apprenons que la « fontaine de jouvence » est un joli symbole qui masque une ignoble histoire de soif de richesses et d'ambition. C'est sur la soif de l'or que repose notre empire du Nouveau Monde. Colomb a suivi un rêve, mais pas ses hommes, pas les bandits bretailleurs qui sont venus après lui. Enveloppé des brumes de l'histoire, Colomb apparaît aujourd'hui comme un fou tranquille et serein. (Tout le contraire de Don Quichotte.) Ce qu'il a déclenché malgré lui, ce qu'un éminent écrivain anglais appelle « l'horreur américaine [2] », a la qualité et les éléments

1. *The Conquest of Mexico and Peru.*

2. « Il est très difficile d'échapper à *l'horreur américaine* ; et il est presque impossible, je crois, d'expliquer à ceux qui ne le perçoivent pas ce que ses victimes y voient. L'horreur peut être très grande. Mais elle peut aussi être très petite. La plupart des choses de ce genre peuvent se détecter à l'odeur ; et je crois que l'on trouve généralement à cette horreur-là — comme à l'intérieur d'un cercueil américain une fois qu'on a procédé à l'embaumement — une odeur qui est un mélange de triste vernis et de décomposition innommable. Ce qu'il y a de curieux, c'est que c'est une horreur que seuls peuvent ressentir les gens imaginatifs. C'est plus que la simple négation de tout ce qui est doux, charmant, harmonieux, paisible, organique, satisfaisant. Ce n'est pas une négation du tout ! C'est une terrifiante affirmation. Je crois qu'à la base il y a une sorte de violence vampiresque d'une affreuse vulgarité. En tout cas,

d'un cauchemar. Chaque bateau amenait une cargaison nouvelle de vandales, d'assassins. Des vandales et des assassins qui ne se contentaient pas simplement de dépouiller, de piller, de violer et d'exterminer les vivants, mais qui s'abattaient comme des démons incarnés sur la terre elle-même, la profanaient, anéantissaient les dieux qui la protégeaient, détruisaient jusqu'au dernier vestige de culture et de raffinement, ne cessant leurs déprédations que lorsqu'ils se retrouvaient en face de leurs propres fantômes affreux.

L'histoire de Cabeza de Vaca (en Amérique du Nord), et c'est pourquoi j'en parle encore et toujours, porte en elle le souffle magique de la rédemption. C'est une histoire à la fois très triste et encourageante. Ce bouc émissaire d'Espagnol expie vraiment les crimes de ses rapaces prédécesseurs. Nu, abandonné, pourchassé, persécuté, réduit en esclavage, abandonné même par le Dieu qu'il adorait pour la forme, il est traîné jusqu'au bord de l'abîme. Le miracle se produit lorsque ceux qui l'ont fait prisonnier (les Indiens) lui ayant ordonné de prier pour eux, de les guérir de leurs maux s'il ne voulait pas mourir, il obéit. C'est un miracle en effet qu'il accomplit... sur l'ordre de ceux qui l'ont fait prisonnier. Lui qui n'était que poussière est relevé, glorifié. Le pouvoir de guérir et de restaurer, de créer la paix et l'harmonie, ne disparaît pas. Cabeza de Vaca traverse le désert de ce qui est aujourd'hui le Texas comme un Christ ressuscité. En revoyant en esprit la vie qu'il menait en Espagne, alors qu'il était « Européen » et serviteur fidèle de Sa Majesté l'Empereur, il comprend à quel point cette vie était vide. Ce n'est que dans le désert, abandonné à un destin cruel, qu'il a pu se trouver face à face avec son Créateur, et avec ses frères. Augustin L'a trouvé « dans les vastes salles de sa

---

cette horreur aime danser une sorte de "danse macabre" d'une frénétique outrecuidance. Il y a là quelque chose qui est contraire à l'essence même de ce à quoi les vieilles civilisations nous ont habitués depuis dix mille ans. » (John Cowper Powys dans son *Autobiographie*.)

mémoire ». De Vaca, comme Abraham, L'a trouvé « dans la conversation directe ».

Si seulement notre histoire avait pris son orientation définitive à cet instant crucial ! Si seulement cet Espagnol, avec toute la puissance et la gloire qui lui furent révélées, était devenu le précurseur de l'Américain à venir ! Mais non, ce personnage qui devrait nous inspirer, cet authentique guerrier, est si profondément enfoui qu'on ne le voit presque plus. Bien qu'auréolé de lumière, il est absent des chroniques que l'on donne à lire à nos enfants. Peu de gens ont écrit sur lui. Très peu. L'un d'eux, Haniel Long, a interprété pour nous le document historique de de Vaca lui-même. C'est une « traduction interlinéaire » de premier ordre. Le vrai récit a été exhumé et tout ce qu'il comporte d'essentiel a été rendu avec toute la liberté que peut prendre un poète. Comme un phare puissant, ce récit illumine la confusion sanglante, le cauchemar atroce de nos débuts ici, sur la terre du Peau-Rouge.

XI

« THE STORY OF MY HEART »

Quelques années avant de m'embarquer pour la France, je rencontrai à plusieurs reprises mon vieil ami Emil Schnellock, au Prospect Park de Brooklyn. Nous arpentions à pas lents les dunes par les soirs d'été, tout en discutant des problèmes fondamentaux de l'existence et en parlant livres. Malgré la divergence de nos goûts, il y avait certains auteurs, comme Hamsun et D.H. Lawrence, à propos desquels nous partagions un même enthousiasme. Mon ami Emil avait une façon adorable de minimiser l'étendue de sa culture et de ses connaissances ; feignant l'ignorance ou la stupidité, il me harcelait de questions auxquelles seul un sage ou un philosophe pourrait répondre. Je garde un souvenir très vivace de cette brève période, car ce fut pour moi un constant exercice d'humilité et de maîtrise de moi-même. Le désir de faire montre envers mon ami d'une absolue sincérité me faisait comprendre combien je savais peu de choses, combien j'avais peu à révéler, bien qu'il prétendît toujours que j'étais pour lui un guide et un mentor. Bref, ces rencontres eurent pour résultat que je commençai à douter de tout ce que j'avais allégrement considéré comme admis. Plus je m'efforçais d'expliquer mon point de vue, plus je pataugeais. Peut-être estimait-il que je m'en tirais honorablement, moi pas. Souvent, après l'avoir quitté, je continuais interminablement en mon for intérieur la discussion.

Je crois qu'à cette époque j'étais plutôt arrogant et vaniteux, et que j'avais tout du snob intellectuel. Même si je n'avais pas réponse à tout, comme on dit, je devais donner l'illusion de tout savoir. J'avais la parole facile ; je savais toujours tisser de brillants discours. Les questions sincères et directes d'Emil, toujours empreintes de la plus parfaite humilité, faisaient dégonfler ma vanité. Elles avaient je ne sais quoi de diaboliquement habile, ses questions. Elles me faisaient clairement comprendre que, non content d'en savoir plus qu'il ne le prétendait, il en savait souvent plus que moi. S'il ne lisait pas autant que moi, il lisait avec une attention beaucoup plus soutenue, aussi retenait-il davantage. Je lui trouvais une mémoire stupéfiante et de fait elle l'était, mais je découvris plus tard que c'était le fruit de la patience, de l'amour et de l'étude. Il possédait en outre un don que je n'appris que bien plus tard à estimer : celui de découvrir dans chaque auteur ce qu'il y avait de valable et de durable. Auprès de lui, je faisais figure d'impitoyable fanatique. Il y avait certains auteurs que je ne pouvais absolument pas digérer : je les classais comme indignes d'attention. Dix ans, parfois vingt ans plus tard, je pouvais avouer à mon bon ami Emil que je leur avais découvert quelque mérite, aveu qui souvent le surprenait car, frappé par mes affirmations tranchantes, il avait fini entre-temps par se demander s'il ne les plaçait pas trop haut. Il y avait toujours ce décalage amusant — et parfois étonnant — entre nos opinions respectives sur certains auteurs.

Il doit bien y avoir vingt ans de cela, il me recommanda chaleureusement tel auteur. Comme je ne savais rien de lui ni du petit livre qu'il avait écrit, n'ayant jamais entendu prononcer son nom avant ce jour, je notai cela dans ma tête et je n'y pensai plus. Pour je ne sais quelle raison, au moment où Emil m'en parla, j'eus l'impression que c'était un récit du genre « sentimental ». Le livre avait pour titre *The Story of My Heart*, et l'auteur était un Anglais, Richard Jefferies, tout bonnement. Cela ne me disait rien. Je le lirais un jour... quand je n'aurais rien de mieux à faire.

C'est étrange — j'en ai déjà touché un mot, je le sais — mais même si l'on oublie le titre et l'auteur d'un livre qu'on vous a recommandé un jour, on n'oublie pas la façon dont on vous a fait cette recommandation. Un mot, une phrase, un peu plus de chaleur ou de zèle, tout cela laisse des échos dans le fond de la mémoire. On devrait toujours être aux aguets de ces vibrations qui sommeillent. Peu importe si la personne qui vante le livre est un imbécile, on ne devrait jamais négliger ces conseils. Bien sûr, mon ami Emil était loin d'être un imbécile. C'était une nature exceptionnellement cordiale, tendre, sympathique et croyante. Ce je ne sais quoi dont il avait entouré sa recommandation ne cessa donc jamais de me travailler.

J'aimerais ouvrir ici une parenthèse pour parler d'une chose à quoi j'ai souvent pensé depuis quelque temps. Il s'agit d'un garçon du genre « obèse » et dont je me plais à croire qu'il s'appelait Louis, car il y a dans ce prénom de Louis quelque chose qui lui va comme un gant. (« Je me nomme Louis Salavin ! ») Louis donc, j'y songeais l'autre jour, était celui qui présidait généralement aux discussions sur la vie et sur les livres que nous avions dans le terrain vague près de chez moi. Il était gros, je l'ai dit, et s'il me fallait chercher *le* mot qui le caractérise, je choisirais l'épithète de *déclassé*. (Ou, disons « déraciné ».) J'entends que ce Louis, comme toute sa tribu, n'avait ni bases solides ni foyer, et pas davantage de parents, de famille, de traditions, de coutumes ni d'habitudes stables. Détaché, à part, il ne se mêlait au monde que suivant le caprice d'une sublime condescendance. Il possédait naturellement un don d'orateur. Je revois notre Louis, perché comme un vautour empaillé au sommet de la palissade qui clôturait le terrain vague. C'est le mois de novembre et un grand feu brûle gaiement. Nous avons tous apporté notre obole au festin : figues sèches, patates crues, carottes, pommes, tout ce sur quoi nous avons pu faire main basse. Bientôt nous ferons cercle aux pieds de Louis, mâchonnant notre part et prenant des forces pour la discussion qui ne manquera pas de suivre. Ce jour dont j'ai gardé le souvenir est celui où nous avons parlé des *Mystères de Paris* [1]. C'était un monde étrange pour nous autres gosses que ce monde d'Eugène Sue qui fut, dit-on, l'un des auteurs favoris de Dostoïevsky. Nous étions beaucoup plus à l'aise dans les univers imaginaires des auteurs de romans feuilletons. Louis écoutait d'un air bienveillant et dirigeait la discussion d'une baguette invisible. De temps en temps, il lançait une ou deux paroles sibyllines. On aurait dit que Moïse parlait. Personne ne mettait jamais en doute la véracité des propos de Louis. « J'ai dit » : tel était le ton habituel de ses « propos ».

J'ai complètement oublié ce que Louis disait exactement. Tout ce qui en reste, c'est le ton d'autorité, la certitude qu'on percevait derrière ses paroles. Il y avait encore une autre qualité, une sorte de grâce, dont Louis nous faisait bénéficier dans ces discussions. C'était une approbation, une bénédiction, si l'on préfère. « Continuez vos vagabondages, semblait-il dire. Suivez chaque piste, chaque indice, si fragile paraisse-t-il. Vous finirez par savoir la vérité. » Si nous avions des doutes, il nous pressait de les cultiver. Si nous croyions passionnément, aveuglément, il approuvait aussi. « C'est votre affaire », avait-il l'air d'insinuer. Tout comme Sade déclare :

> *Votre corps n'est qu'à vous seul ; vous êtes la seule personne au monde qui ait le droit d'en tirer du plaisir et de permettre à autrui d'y prendre plaisir* [2]...

C'était à l'esprit que Louis s'intéressait. Non pas à « nos » esprits, ni à tel esprit en particulier, mais à l'Esprit avec un E majuscule. On aurait dit que Louis nous révélait la nature essentielle de l'esprit. Pas de la pensée, de l'esprit. Un mystère y était attaché.

1. Voir à la fin du chapitre la note sur Eugène Sue.
2. *La Philosophie dans le boudoir.*

N'importe qui était capable de s'attaquer à la pensée, mais *l'esprit ?...* Peu importait donc à Louis ce que pouvait être la « vérité » dans le problème que nous affrontions pour la première fois de nos jeunes existences. Louis essayait de nous faire comprendre que tout cela n'était, pour ainsi dire, qu'un jeu. Un jeu très noble, bien sûr. Ses réponses, ses observations, pour mystérieuses qu'elles fussent parfois, avaient pour nous l'importance d'une révélation. Elles conféraient une importance nouvelle au questionneur plutôt qu'à la question. *Qui interroge ? D'où vient cette question ? Pourquoi ?*

> *Devine ou meurs, tel était le redoutable dilemme posé par le sphinx aux candidats au trône de Thèbes. La raison en est que les secrets de la science sont en fait ceux de la vie ; les alternatives sont de régner ou d'être asservi, d'être ou de n'être pas. Les forces naturelles nous briseront si nous ne les utilisons pas pour la conquête du monde. Il n'est pas de juste milieu entre la situation exaltée du chevalier et l'abîme où gît la victime, à moins qu'on ne se contente de figurer au nombre de ceux qui ne sont rien parce qu'ils ne demandent pas pourquoi ils sont ni ce qu'ils sont* [1].

Il me semble aujourd'hui incontestable que Louis, alors qu'il n'était encore qu'un simple adolescent, avait deviné quelque extraordinaire secret de la vie. Il baignait dans le plérome. Se trouver seulement en sa présence, c'était participer à une indescriptible plénitude. Il ne prétendait jamais détenir une grande sagesse ni des connaissances extraordinaires. Il préférait notre compagnie à celle des garçons de son âge. Savait-il — c'est bien possible ! — que ces derniers étaient déjà « perdus », abandonnés au monde ? Quoi qu'il en soit, sans s'en douter le moins du monde, Louis avait pris le rôle d'un hiérophante.

1. *L'Histoire de la magie*, d'Éliphas Lévi (Alphonse-Louis Constant), William Rider & Son, Londres, 1922.

Combien nous en apprîmes plus avec Louis qu'auprès de nos instructeurs patentés ! Je m'en rends compte aujourd'hui, quand je pense à un autre garçon de mon âge, que j'aimais beaucoup et qui tous les jours faisait un crochet pour me raccompagner jusqu'à ma porte en revenant de classe. Il s'appelait Joe Maurer. J'avais le plus grand respect pour son intelligence et pour sa personnalité. Lui et le jeune Français, Claude de Lorraine, dont j'ai parlé ailleurs, étaient pratiquement mes modèles à cette époque. Je commis un jour l'erreur de présenter à Louis mon ami Joe Maurer. Jusqu'alors, je ne me doutais absolument pas qu'il existait chez Joe Maurer une très grave lacune. Ce fut en écoutant Louis, qui s'était lancé dans un monologue, que je lus sur le visage de Joe Maurer ce seul mot : DOUTE. Je fus alors témoin d'un affreux événement : l'incinération de mon cher jeune sceptique. Devant ce suave sourire de compassion que Louis savait parfois arborer, je vis le petit Joe Maurer se consumer comme une brindille. Louis avait approché une torche de cette intelligence mesquine et vantarde qui m'avait fait si forte impression. Il avait braqué sur lui toute la puissance de l'Esprit... et plus rien ne restait pour moi de l'intelligence, du caractère, ni de la personnalité de mon camarade.

Maintenant que je revois Louis dans mon souvenir, à califourchon sur la palissade tapissée d'affiches — de grandes affiches aux couleurs flamboyantes — annonçant les festivités à venir (*Rebecca de Sunnybrook Farm, En route pour l'Orient, le Magicien d'Oz*, le Cirque Barnum & Bailey, les Travelogues de Burton Holmes, Houdini, Jim Corbett et sa troupe, Pagliacci, Maude Adams dans l'éternel *Peter Pan*, et ainsi de suite), maintenant, disais-je, que je revois Louis perché là comme un sorcier bedonnant, un garçon de seize ans et pourtant si supérieur à nous, si distant et cependant si proche, si sérieux et en même temps si insouciant, si sûr de lui et malgré cela s'intéressant si peu à sa propre personne, à son sort, je me demande : *Qu'est-il advenu de Louis ?* At-il disparu pour devenir le principal personnage de quelque étrange livre d'occultisme ? A-t-il, sous le manteau de l'anonymat peut-être, écrit des œuvres que j'ai lues et admirées ? Ou bien est-il parti, à un âge encore tendre, pour l'Arabie, le Thibet, l'Abyssinie, afin de disparaître « du monde » ? Des personnages comme Louis ne connaissent jamais un sort banal.

Il y a quelques instants, il était aussi vivant pour moi que quand j'étais un gamin de dix ans debout dans le terrain vague du coin de la rue. Je suis certain qu'il est encore tout ce qu'il y a de plus vivant. Je ne serais pas surpris le moins du monde si un beau jour il s'annonçait à Big Sur. Tous ces autres garçons qui furent mes compagnons de jeux et qui furent mes amis très, très intimes, me semblait-il alors, je ne m'attends jamais à entendre parler d'eux. L'idée un jour m'a traversé qu'il était étrange que jamais plus nos routes ne se croisassent. Mais c'est tout. Il n'y a qu'une poignée d'amis qui demeurent toujours à vos côtés, « jusqu'à la fin du monde y comprise ».

Mais *Louis !* que faisait-il sous cette grotesque enveloppe ? Pourquoi avait-il choisi un pareil déguisement ? Était-ce pour se protéger contre les imbéciles et les ignorants ? Louis, Louis, que ne donnerais-je pas pour connaître ta véritable identité !

Mon ami Emil, il est grand temps que je reconnaisse la dette que j'ai envers toi. Comment, au nom du ciel, ai-je pu éviter si longtemps de lire ce livre ? Pourquoi ne m'en as-tu pas *crié* le titre aux oreilles ? Pourquoi n'as-tu pas insisté davantage ? Voilà un homme qui énonce mes pensées les plus intimes. Il est l'iconoclaste que je sens en moi sans qu'il se révèle jamais tout à fait. Il formule les plus extrêmes exigences. Il rejette, il efface, il annihile. Quel chercheur ! Quel audacieux chercheur ! En lisant le passage suivant, je voudrais que tu essaies de te rappeler ces conversations que nous avons eues dans Prospect Park, que tu t'efforces de te souvenir, si tu peux, de mes réponses embarrassées à ces « profondes » questions que tu posais...

L'esprit est infini et apte à comprendre tout ce qui se présente à lui ; il n'y a pas de limite à sa compréhension [1]. *La seule limite, c'est la petitesse des choses et l'étroitesse des idées qu'on lui a donné à considérer. Car les philosophies du temps jadis et les découvertes de la recherche moderne ne sont rien auprès de lui. Elles ne suffisent pas à l'emplir. Une fois qu'il les a déchiffrées, l'esprit passe à autre chose et demande une autre pâture. À elles toutes, elles ne sont rien. Ces éléments ont été réunis au prix d'un immense labeur, d'un labeur si énorme que d'y penser seulement est fatigant ; mais pourtant, quand tout est rassemblé et rédigé, l'esprit l'accueille aussi aisément que la main cueille des fleurs. C'est comme une simple phrase : on la lit et c'est fini* [2].

Emil, en lisant Richard Jefferies, je me rappelle soudain ma *sublime* — pardonne-moi si j'emploie ce qualificatif — oui, ma sublime impatience. *Qu'attendons-nous ? Pourquoi marquons-nous le temps ?* N'était-ce pas ce que je répétais sans cesse ? Cela t'agaçait, je sais, mais tu étais tolérant avec moi. Tu me posais une question et je répondais en en posant une plus grave encore. J'étais incapable de comprendre, avec la meilleure volonté du monde, pourquoi on n'effaçait pas aussitôt tout pour repartir de zéro. C'est pourquoi, quand je suis tombé sur certaines phrases de Louis Lambert — *encore un Louis !* — j'ai cru défaillir. Je ressentais exactement alors les souffrances qu'il avait endurées.

Je ne suis nullement persuadé qu'il existe beaucoup de gens qui souffrent pour les raisons mentionnées par Louis Lambert et au point où il nous affirme avoir souffert. À maintes reprises, j'ai laissé entendre qu'il existe en

1. Curieux que Lautréamont ait dit à peu près la même chose : « Rien n'est incompréhensible. »

2. Cette citation, comme les suivantes, est empruntée à la réédition faite par Haldeman-Julius de *The Story of My Heart* de Jefferies.

moi un tyran qui persiste à affirmer que la société doit un jour être gouvernée par ses vrais maîtres. Quand je lis la déclaration de Jefferies :

> *En douze mille ans d'écriture, le monde ne s'est pas encore bâti une Maison, empli un Grenier, pas plus qu'il n'a organisé son confort,*

ce vieux tyran qui refuse de laisser étouffer sa voix redresse la tête. Souvent, à propos de certains livres, de certains auteurs, me souvenant de l'extraordinaire effet de choc de leurs déclarations — des hommes, par exemple, comme Emerson, Nietzsche, Rimbaud, Whitman, les maîtres Zen — je pense avec une rage mêlée de rancœur (encore !) à ces premiers pédagogues aux mains desquels on nous confie. Il y avait notre principal, au « bon vieux 85 », par exemple. Quel être gonflé de vanité et de suffisance ! Il entre en classe un jour que nous étudions l'arithmétique, prie notre professeur de lui céder la place et, au bout de quelques minutes, s'approche du tableau et y trace le chiffre huit horizontalement au lieu de verticalement. « Que signifie ce signe ? » interroge-t-il. Silence impressionnant. Bien entendu, personne ne le sait. Sur quoi, il annonce d'un ton sentencieux : « Mes enfants, c'est le signe de l'infini ! » Et il n'en dit pas plus. Un œuf couché sur le côté, voilà tout. Un peu plus tard, au collège, je trouve le docteur Murchisson, un autre mathématicien, ancien commandant de la marine de guerre. Un vivant monument à la discipline, cet oiseau-là. « Ne demandez jamais pourquoi ! Obéissez ! » Voilà le commandant Murchisson. Un jour, je rassemblai tout mon courage afin de lui demander pourquoi nous apprenions la géométrie. (Cela me semblait un sujet parfaitement absurde et inutile.) Pour toute réponse, il me dit que c'est une excellente discipline pour l'esprit. Est-ce une réponse, je vous le demande ? Et puis, pour me punir de ma témérité et de mon impudence, il me fait apprendre par cœur un discours qu'il a composé à mon intention et que je dois prononcer devant toute l'école. Il y est question de navires de guerre, de leurs divers types, du genre d'armements qu'ils portent, de leurs vitesses respectives et de la portée de leurs pièces. Vous étonnerez-vous après cela que je nourrisse encore un solide mépris envers ce vieux pédagogue ? Il y avait aussi « Bulldog » Grant, le professeur de latin... notre *premier* professeur de latin. (Pourquoi j'ai choisi d'étudier le latin, j'en suis encore à me le demander.) Quoi qu'il en soit, cet individu était pour nous une perpétuelle énigme. Tantôt il était au bord de l'apoplexie tant il était en rage, littéralement hors de lui, « fou de colère », comme on dit, les veines saillant à ses tempes comme des cordages, la sueur ruisselant le long de ses joues gonflées et rouges comme des pommes. Pourquoi ? Parce qu'un élève avait commis une erreur de genre ou employé l'ablatif au lieu du vocatif. Tantôt, il était tout sourires, et nous racontait une histoire, généralement assez grivoise. Chaque jour, il commençait son cours en faisant l'appel, comme si nous étions les personnages les plus importants de la création. Puis, pour nous mettre en train, il nous faisait lever et, après nous être éclairci la voix, hurler à pleins poumons : « Hic, haec, hoc... hujus, hujus, hujus... huic, huic, huic... » qu'il nous faisait décliner jusqu'au bout. Ça et la conjugaison du verbe *amo*, voilà tout ce que je retiens de mes trois premières années de latin. Instructif, n'est-ce pas ? Plus tard, alors que nous avions un autre professeur de latin du nom d'Hapgood, un brave type d'ailleurs, qui avait une véritable passion pour son satané Virgile, nous avions droit de temps en temps à une visite surprise du principal, le docteur Paisley. Jusqu'à ce jour, je vous l'affirme, ce dernier demeure pour moi le symbole incarné du pédagogue. Outre qu'il était une buse et un âne bâté, c'était un véritable tyran. Le seul fait de l'approcher m'emplissait de crainte et d'appréhension. Il avait un cœur de pierre. Son jeu favori — écoutez bien ! — consistait à venir nous surprendre, à s'avancer à pas de loup jusqu'au milieu de la classe et, sous prétexte qu'il ne voulait pas perdre la main, à prier le cher professeur Hapgood (qui n'avait pas le choix) de le laisser faire le cours durant quelques minutes. S'installant alors à la chaire du professeur, il s'emparait du livre (*l'Énéide*) qu'il devait connaître par cœur, le feuilletait d'un air intrigué puis demandait paisiblement à notre maître (sans nous quitter des yeux) où nous en étions. Hmm ! Il tournait alors quelques pages, choisissait un passage qu'il lisait tout bas, puis désignait l'un de nous pour le traduire. Inutile de dire que, terrifiés que nous étions tous par sa présence, le peu que savait de latin sa pauvre victime disparaissait comme neige au soleil. Mais le docteur Paisley ne semblait point du tout surpris ni fâché ; au contraire, il réagissait comme si ce phénomène — ce vide total de l'esprit — était parfaitement naturel et ordinaire. Il n'attendait que l'occasion de nous donner sa version *à lui* de *l'Énéide*. Il traduisait d'une voix hésitante, comme s'il tâtonnait à travers ce satané texte. De temps en temps, il levait les yeux et, s'adressant au plafond, nous demandait si nous ne préférions peut-être pas cette interprétation à celle-là. Nous nous en fichions tous bien. Tout ce que nous souhaitions, c'était qu'il s'en allât le plus tôt possible. Je dois préciser qu'il répandait autour de lui une odeur de camphre, d'arnica et de fluide à embaumer. Un vrai corps enseignant...

Il y en a encore un dont je voudrais parler : le docteur Payne. C'était un type susceptible, mais bien brave, surtout en dehors du collège. Il fumait beaucoup, avions-nous observé, et attendait avec autant d'impatience que nous la fin de la classe. Cela signifiait pour lui quelques bouffées à tirer. Il nous enseignait l'histoire ancienne, médiévale et moderne : l'une après l'autre, à la queue leu leu. Pour lui, l'histoire, c'étaient des dates, des batailles, des traités de paix, des noms de généraux, d'hommes d'État, de diplomates, bref, le grand jeu. Comme il était plus humain que les autres, je ne peux lui pardonner ses « omissions ». Ce que j'entends par là ? Voici : pas une fois, au début d'un semestre il ne nous donna un aperçu général de ce que nous allions étudier. Jamais l'idée ne lui vint de nous orienter au milieu de ce fatras de dates, de noms, de villes, etc. S'il s'étendait un peu, c'était sur quelque campagne oubliée depuis longtemps, sur quelque « bataille décisive » pour le sort du monde. Je le revois, craie en main — de la craie rouge, blanche ou bleue — désignant par des sortes de chevrons la position des différentes armées. Il était indispensable pour nous de savoir pourquoi à un certain moment la cavalerie avait chargé, pourquoi le centre avait cédé, ou pourquoi on avait décidé telle autre manœuvre stupide. Jamais il ne s'étendait sur le caractère, le tempérament, le génie (militaire ou autre) des protagonistes de ces grands conflits. Jamais il ne nous exposait les causes des diverses guerres. Nous suivions les manuels qu'il nous remettait et, si nous avions des idées personnelles, nous leur mettions un bâillon. Il était plus important de connaître la date exacte, les termes précis du traité, que d'avoir une vue d'ensemble de la question. Il aurait pu dire, en ouvrant le manuel d'histoire ancienne, par exemple, et je me permets ici de broder un peu : « Mes enfants, en l'an 9763 avant Jésus-Christ, le monde traversait une période statique particulièrement marquée. L'herbe et les plantes avaient pratiquement disparu de l'une et l'autre rive de l'Irraouadi. Les Chinois, qui commençaient à se mettre en train, étaient en marche. La civilisation minoéenne de la Crète et de ses colonies ne menaçait pas les autres nations du monde. Les rudiments de toutes les inventions actuelles existaient déjà. Les arts florissaient partout, comme ils l'avaient fait depuis des temps immémoriaux. Voici quelles étaient les principales religions. Personne ne sait pourquoi, à ce moment précis de l'histoire, certains mouvements bien définis s'amorcèrent. En Orient, on observait tel alignement des forces ; en Occident, tel autre. Soudain apparut un personnage du nom d'Hochintuxityscy ; on ne sait presque rien de cette extraordinaire figure, sinon qu'on lui doit l'initiative d'un nouveau départ... » Vous comprenez ce que je veux dire. Il aurait pu dessiner pour nous, sur ce tableau noir qui nous causait tant de tourments, une carte du monde d'alors et, sur l'autre face, une carte du monde actuel. Il aurait pu, à l'aide de traits horizontaux et verticaux, tracer des cases afin de placer là quelques noms, dates et événements marquants : pour que nous puissions nous orienter un peu. Il aurait pu dessiner un arbre et, sur ses rameaux et ses branches, nous montrer l'évolution des arts, des sciences, des religions et des idées métaphysiques à travers l'histoire. Il aurait pu nous dire qu'à l'époque moderne, l'histoire est devenue la métaphysique de l'histoire. Il aurait pu nous montrer comment et pourquoi les plus grands historiens ont des divergences d'opinion. Il aurait pu faire plus, en tout cas, que de nous obliger à apprendre par cœur des noms, des dates, des batailles et ainsi de suite. Il aurait même pu se hasarder à nous brosser un tableau du siècle à venir, ou nous demander de décrire notre conception personnelle du futur. Mais il n'en fit jamais rien. Et c'est pourquoi je dis : « Au diable le gaillard et tous les livres d'histoire ! » De l'étude de l'histoire, des mathématiques, du latin, de la littérature anglaise, de la botanique, de la physique, de la chimie, du dessin, je n'ai rien retiré qu'angoisse, désespoir et désarroi. Il ne me reste rien de mes quatre années de collège que le souvenir du plaisir fugitif que je pris à lire *Ivanhoé* et *les Idylles du roi*. De l'école communale, je ne me souviens que d'un petit incident : encore une fois durant un cours d'arithmétique. Voilà tout ce que j'ai retiré de huit ans d'enseignement, ce bref souvenir : notre professeur, Mr. Mac Donald, un homme sombre et décharné, presque totalement dépourvu de sens de l'humour et facilement enclin à la colère, me posa un jour une question à laquelle je fus incapable de répondre. Comme il avait, je crois, une assez grande affection pour moi, il prit la peine d'aller au tableau et de m'expliquer en détail le problème. (Ce devait être une histoire de fractions.) Quand il eut fini, il se tourna vers moi en disant : « Et maintenant, Henry, est-ce que tu comprends ? » Sur quoi je répondis : « Non, monsieur. » Et toute la classe d'éclater de rire. Je restai planté là, tout bête. Mais, brusquement, voilà que Mr. Mac Donald se tourne vers la classe d'un air furieux en ordonnant aux élèves de se taire. « Au lieu de vous moquer de lui, dit-il, je voudrais que vous preniez tous exemple sur Henry. C'est un garçon qui veut s'instruire. Il a le courage d'avouer qu'il ne comprend pas. Tâchez de vous en souvenir ! Et essayez donc d'en faire autant, au lieu de faire semblant de comprendre quand vous ne comprenez pas. » Cette petite leçon fit son effet. Non seulement elle pansa mon orgueil blessé, mais elle m'enseigna la véritable humilité. Toute ma vie, est-ce à cause de cet incident ou non, j'ai pu dire dans les moments critiques : « Non, je ne comprends pas. Expliquez-moi encore une fois, si vous voulez bien. » Ou bien, si l'on me pose une question à laquelle je sois vraiment incapable de répondre, je peux très bien déclarer sans rougir, sans me sentir honteux ni gêné : « Je suis navré, mais je ne connais pas la réponse. » Et quel soulagement de parler ainsi ! C'est dans ces moments-là que vient d'ordinaire la vraie réponse, après qu'on a confessé son ignorance ou son incapacité. La réponse est toujours là, mais nous devons nous préparer à l'accueillir. Nous devrions pourtant savoir qu'il y a des gens auxquels on ne doit jamais poser certaines questions. Ils n'en possèdent pas la réponse ! Parmi ces gens se trouve toute la clique des pédagogues auxquels dès notre plus tendre enfance on nous livre, corps et âme. Ceux-là ne connaissent manifestement pas les réponses. Et, ce qui est pire, ils ne savent pas davantage nous faire chercher ces réponses en nous-mêmes.

> *Si l'œil est toujours aux aguets, et l'esprit toujours en alerte, le hasard finit par fournir la solution,* dit Jefferies.

C'est vrai. Mais ce qu'il appelle ici le hasard est une de nos créations.

Brusquement, je me rappelle le nom et la présence du docteur Brown. Le docteur Brown prononçait le discours d'adieu à chaque distribution de prix annuelle. Il faut absolument que je parle du docteur Brown, car, qu'il soit mort ou qu'il vive encore, je ne voudrais surtout pas qu'il s'imagine que je l'inclus parmi les nullités que je viens de citer. Le docteur Brown faisait toujours son apparition à la veille des vacances, sur les ailes de l'amour. On avait l'impression qu'elles battaient encore, ses ailes, quand il se levait de son siège sur l'estrade pour dire quelques mots. On aurait dit que le docteur Brown nous connaissait chacun intimement et qu'il nous enveloppait tous dans les plis de son amour. Ses paroles nous arrivaient, chargées d'une affection palpitante. Il venait toujours de rentrer, semblait-il, d'Asie, d'Afrique ou d'Europe, et il voulait que nous fussions les premiers à profiter de ses passionnantes expériences. C'était l'impression qu'il donnait et je suis sûr qu'il était sincère. C'était un homme qui adorait les enfants. Je ne me souviens plus quelles étaient exactement ses fonctions. Peut-être était-il directeur d'un établissement ; sans doute était-il aussi membre du conseil de fabrique de la paroisse. Peu importe. C'était un homme au cœur généreux et débordant d'amour. On qualifie aujourd'hui d'« inspirés » des discours comme ceux du docteur Brown. Il y a des gens qu'on paie pour en prononcer sur commande. L'effet, bien sûr, est inexistant : tout le monde reconnaît la caricature. Le docteur Brown, lui, était un être véritablement inspiré. Tout ce qu'il avait lu, et c'était un homme d'une grande culture, tout ce qu'il avait vu au cours de ses voyages autour du monde, car c'était un vrai globe-trotter, il l'avait assimilé et intégré à la substance même de son être. Il était semblable à une éponge bien gorgée : une légère pression, et l'eau se mettait à sourdre. Quand il se levait pour prendre la parole, il était si plein, si chargé de choses à dire que, pendant un bon moment, il était incapable de commencer. Mais une fois lancé, son esprit lançait mille feux. Il était sensible à la moindre indication : il savait déceler aussitôt ce que nous attendions de lui, et il y répondait aussitôt. En un quart d'heure de ce genre de communication, il nous « instruisait » comme jamais on ne l'avait fait durant des semaines ou des mois de classe. Si nous l'avions comme professeur, il aurait sans doute été rapidement congédié. Il était trop grand pour le système, pour n'importe quel système. Il parlait avec le cœur, non pas avec la tête. Je n'ai guère besoin de préciser que personne jamais ne nous parlait ainsi, pas même le pasteur. Non, il émanait du pasteur une sorte d'amour vague et obligatoire, comparable à du lait coupé d'eau. Le pasteur ne s'intéressait à aucun de nous personnellement : il ne s'occupait (soi-disant) que de sauver les âmes, mais lui-même n'avait pas tant d'âme que cela. Le docteur Brown parvenait jusqu'à nos âmes par le chemin de nos cœurs. Il avait un sens de l'humour fort développé, un signe infaillible de libération. Quand il avait fini — son allocution nous paraissait toujours trop courte — c'était comme si on venait de nous donner un bain de champagne. Nous nous sentions détendus, rafraîchis, lisses comme de la soie au-dedans comme au-dehors. Bien mieux, nous avions un courage nouveau, un courage que je qualifierais de « métaphysique ». Nous nous sentions braves en face du monde parce que le bon docteur Brown nous avait rendu notre royaume. Nous étions encore des enfants — il ne faisait jamais mine de nous prendre pour des « jeunes gens » — mais nous étions devenus des enfants dont les yeux étaient gorgés de visions, dont l'appétit de vivre s'était aiguisé. Nous étions prêts à accomplir de rudes tâches, de vaillants exploits.

Je crois que je puis maintenant reprendre avec une conscience pure le fil de mon discours.

... Le petit livre que Richard Jefferies appelle son « autobiographie » est, pour employer une fois encore ce terme abusif, une lecture vivifiante. Dans toute la littérature, il n'y a que peu d'ouvrages de ce genre. Bien des choses qu'on qualifie de vivifiantes ne le sont pas du tout ; c'est ce que les hommes qui se « spécialisent » dans la question voudraient nous faire prendre pour des œuvres où souffle l'esprit. J'ai parlé déjà d'Emerson. Je n'ai jamais rencontré personne qui ne convienne qu'Emerson est un auteur qui vous inspire. On peut ne pas accepter sa philosophie dans son ensemble, mais de la lecture de ses œuvres on sort purifié, pour ainsi dire, et exalté. Il vous entraîne sur les hauteurs, il vous donne des ailes. Il est audacieux, très audacieux. Je suis sûr qu'aujourd'hui, on le musellerait. Il y a d'autres hommes, comme Orage et Ralph Waldo Trine (entre autres) qu'on range parmi les écrivains qui inspirent leurs lecteurs. Ils ont sans nul doute eu cet effet sur un grand nombre de gens. Mais demeureront-ils ? Le lecteur sourira peut-être, sachant quel genre de personnage je suis, de me voir citer même un nom comme celui de R.W. Trine [1]. Il croira que je me moque. Non pas. À chacun son dû. À certains stades de notre évolution, certains individus font figure de maîtres. De maîtres au vrai sens du terme : ils nous ouvrent les yeux. Il y a ceux qui nous ouvrent les yeux et ceux qui nous élèvent au-dessus de nous-mêmes. Ces derniers ne cherchent pas à nous imposer de nouvelles croyances, mais à nous aider à pénétrer plus profondément la réalité, à progresser, autrement dit, dans la science de la réalité. Ils commencent par niveler toutes les superstructures de la pensée. Puis ils désignent un objet au-delà de la pensée, ils montrent, par exemple, l'océan de l'esprit, où flotte la pensée. Et, pour finir, ils nous forcent à penser tout seuls. Ainsi, Jefferies déclare au milieu de sa confession :

> *Aujourd'hui, tandis que j'écris, je suis exactement dans la position de l'Homme des cavernes. La tradition écrite, les systèmes de culture, les modes de pensée n'ont pas d'existence pour moi. Si jamais ils ont eu*

1. On trouvera dans mon livre *Plexus* une longue satire de *En harmonie avec l'Infini*.

prise sur mon esprit, cela n'a dû être que passager ; voilà longtemps qu'ils ont disparu.

Déclaration courageuse. Héroïque. Qui peut la reprendre à son compte, honnêtement et sincèrement ? Qui même aspire à le faire ? Jefferies nous dit vers la fin de son livre comment il avait essayé à maintes reprises de coucher par écrit les pensées qui s'étaient emparées de lui. Toujours il échouait. Et ce n'est pas étonnant, car ce qu'il a réussi à nous livrer finalement, pour fragmentaire que ce soit — il en convient lui-même, — est presque un défi à la pensée. Expliquant comment, « dans de tristes circonstances », il se mit enfin à l'œuvre (en 1880), il déclare qu'il fut incapable d'aller plus loin que de rédiger quelques notes.

> *Même alors,* dit-il, *je ne pouvais pas continuer, mais j'ai gardé les notes (j'avais détruit tous les commencements précédents) et enfin, deux ans plus tard, j'entrepris cet ouvrage.*

Il en parle comme d'« un simple fragment, et encore un fragment à peine élagué ». Puis il ajoute, et ce passage mérite d'être souligné :

> *Si je ne lui avais pas donné une forme personnelle, j'aurais été bien en peine de lui en donner une... Je n'ai que trop vivement conscience de ses imperfections, car j'ai derrière moi dix-sept ans durant lesquels j'ai eu conscience de mon incapacité à exprimer cette idée que je me faisais de mon existence.*

Dans ce même petit paragraphe, il glisse une affirmation qui m'est très chère et qui est la seule concession qu'il fasse aux critiques. Parlant de l'insuffisance des mots pour exprimer des idées — et il entend par là, bien sûr, les idées qui se situent par-delà les domaines familiers de la pensée — il tente brièvement de donner sa définition de termes aussi controversés que prière, âme, immortalité ; et s'avouant encore insatisfait, il conclut :

Il me faut laisser mon livre comme un tout pour qu'il donne sa signification propre à chacun des mots qui le composent.

Peut-être la clef de cet étonnant petit livre est-elle la phrase où il est dit :

Aucune des pensées que j'ai jamais eues n'a satisfait mon âme.

L'histoire de sa vie commence donc au moment où il comprend la faim de son âme, la quête qu'elle brûle d'entreprendre. Tout ce qui a précédé ce moment s'évanouit.

Repartez de zéro. Allez droit vers le soleil, vers les forces immenses de l'univers, vers l'Entité inconnue ; allez plus haut qu'un dieu ; plus profondément que la prière ; et inaugurez un jour nouveau.

On dirait du D.H. Lawrence. Je me demande aujourd'hui si Lawrence a jamais lu Jefferies. Il n'y a pas seulement une similitude de pensée, mais d'accent aussi, et de rythme. Il est vrai qu'on trouve cette même idiosyncrasie de langage, en anglais du moins, chaque fois qu'il s'agit d'un penseur original. L'iconoclaste nous exhorte toujours en phrases brèves et saccadées. On dirait qu'il télégraphie un message d'une lointaine station située sur quelque éminence. C'est un rythme radicalement différent de celui des prophètes qui ne sont que malheur et lamentations, objurgations et malédictions. Que l'on accepte ou non leurs ordres, on est quand même ému ; nos pieds esquissent le geste de marcher en avant, nos poitrines se gonflent comme pour aspirer de nouvelles bouffées d'oxygène, nos yeux se lèvent pour saisir la vision fugitive.

Et revenons maintenant à « la quatrième idée » qui est en fait l'épitomé des aspirations de son âme. Voici ce qu'il en dit :

Depuis le début de l'histoire écrite, on n'a fait que trois découvertes concernant la conscience profonde. Trois découvertes seulement en douze mille ans d'écriture ou de gravure, et durant la période de ténèbres qui a précédé celle-ci. Trois idées que les hommes des cavernes ont arrachées à l'inconnu, à la nuit qui nous entoure, même en plein jour : l'existence de l'âme, l'immortalité, la divinité. Ces découvertes faites, la prière a suivi tout naturellement. Depuis lors, en douze mille ans, on n'a pas avancé d'un pas de plus, comme si les hommes étaient satisfaits et avaient estimé que cela leur suffisait. Mais cela ne me suffit pas. Je désire aller plus avant, arracher une quatrième découverte aux ténèbres de la pensée, et peut-être ne pas m'arrêter là. Je veux des précisions sur les rapports de l'âme et de la vie : je suis sûr qu'on peut en apprendre encore dans ce domaine. Une vie exaltante — toute une civilisation — attend juste au-delà des limites de la pensée commune. Des cités et des pays, des habitants, des intelligences, une culture... bref, toute une civilisation. Sauf en s'aidant d'illustrations tirées des choses familières, il est impossible de faire connaître une idée neuve. Je ne parle pas de cités réelles, de civilisation tangible. Une pareille vie est différente de tout ce qu'on a imaginé jusqu'alors. Un ensemble d'idées existe dont on ne sait rien, un vaste système d'idées, un cosmos de pensée. Il y a une Entité, une Âme-Entité, qu'on ignore encore. Ces éléments, ainsi sommairement exprimés, constituent ma quatrième idée. Elle est au-delà, ou à côté, des trois autres découvertes faites par les hommes des cavernes ; elle s'ajoute à l'existence de l'âme ; à l'immortalité ; et à l'idée de la divinité. Je crois qu'il y a quelque chose qui transcende l'existence telle que nous la concevons.

À la même époque où Jefferies énonçait ces théories, ou plutôt lançait cet appel en faveur de conceptions nouvelles, plus profondes, plus riches, plus vastes, Mme Blavatsky publiait deux extraordinaires volumes dans lesquels se trouvaient compilés les fruits d'un labeur si prodigieux que les hommes aujourd'hui se cassent encore la tête dessus. Je veux parler de *la Doctrine secrète* et d'*Isis dévoilée*. Même s'ils n'ont rien apporté d'autre, ces deux ouvrages ont certainement porté un rude coup à l'idée qu'on se faisait de l'apport de l'homme des cavernes à notre culture. Puisant à toutes les sources imaginables, Mme Blavatsky amasse une énorme documentation pour prouver la continuité de la tradition ésotérique. Selon cette thèse, il n'y a jamais eu d'époque où, après « l'homme des cavernes », et même bien avant lui, on n'ait pas trouvé des êtres supérieurs, et j'entends par là supérieurs dans tous les sens du terme. Certainement supérieurs en tout cas à ceux que nous considérons aujourd'hui comme tels. Elle affirme catégoriquement, comme ses disciples, l'existence non pas d'êtres supérieurs isolés, mais bien de vastes et brillantes civilisations dont nous ne soupçonnons même pas l'existence.

J'ignore si Jefferies a eu connaissance de ces théories et les a rejetées. Peu lui aurait importé, j'imagine, que les trois seules idées arrachées à l'inconnu nous fussent venues par le truchement de mages d'époques oubliées, ou par celui des hommes des cavernes, comme il le dit. Je le vois balayant tout l'étincelant attirail de la connaissance. Il serait encore capable d'affirmer que ces trois idées sont tout ce que nous avons, et que peu lui chaut de savoir quand elles ont été introduites et par qui. Ce qu'il s'efforce magnifiquement de nous faire comprendre, admettre, accepter, c'est que ces idées sont venues d'une source qui n'a jamais tari et qui ne tarira jamais ; que nous marquons le temps, en nous desséchant, en nous ossifiant, en nous abandonnant à la mort, tant que nous nous contentons de ces trois précieuses idées sans faire aucun effort pour remonter jusqu'à la source.

Comme il est empli d'une admiration dévorante, de respect pour la vie, comme il n'a jamais assez de mer, d'air et de ciel, qu'il a vainement « lu tous les livres », et qu'il est décidé à méditer seul, on ne s'étonnera pas de l'entendre affirmer que la durée de la vie humaine pourrait être prolongée bien au-delà de tout ce qu'on croit possible aujourd'hui. Il va même plus loin, beaucoup plus loin, et, comme un véritable homme de caractère, il affirme que

> *la mort n'est pas inévitable pour l'homme idéal. Il est taillé pour une sorte d'immortalité physique.*

Il nous conjure de réfléchir sérieusement à ce qui pourrait se passer

> *si tous les hommes unissaient leurs efforts pour éliminer les causes de décadence.*

Quelques paragraphes plus loin, il dit, et comme il a raison :

> *En vérité, nous mourons par l'intermédiaire de nos ancêtres, ce sont eux qui nous assassinent. Leurs mains mortes se tendent hors de la tombe et nous attirent vers leurs os qui tombent en poussière. Et nous, à notre tour, nous préparons aujourd'hui la mort de notre postérité à naître.* De nos jours, ceux qui meurent ne meurent pas au sens qu'avait autrefois ce terme, ils sont massacrés [1].

Tout personnage révolutionnaire, qu'il s'agisse de religion ou de politique, ne le sait que trop bien. *Repartez de zéro !* C'est le vieux, l'éternel cri. Mais se débarrasser des fantômes du passé est une tâche que l'humanité a toujours estimée au-dessus de ses forces.

> *Une poule n'est que la façon qu'a un œuf de faire un autre œuf,* disait Samuel Butler.

On se demande ce qui incite l'homme à continuer de

1. C'est moi qui souligne.

produire des ratés, et alors qu'il est entouré de tous côtés des puissances les plus formidables et les plus divines, à se contenter de ne demeurer pas plus qu'il n'est et qu'il n'a toujours été. Imaginez de quoi l'homme est capable, dans son ignorance et dans sa cruauté, pour arracher au marquis de Sade ces mots terribles à sa première sortie de prison :

> *... Tous mes sentiments sont éteints. Je n'ai plus de goût à rien, je n'aime plus rien ; le monde que j'avais la folie de regretter si fort me semble si ennuyeux... et si morne... Je n'ai jamais été plus misanthrope que maintenant que je suis revenu parmi les hommes, et si je parais bizarre aux autres, ils peuvent être assurés qu'ils produisent le même effet sur moi...*

La plainte de ce malheureux est reprise aujourd'hui par des millions de voix. De tous les coins du monde monte un cri de détresse. Pire encore, un cri de profond désespoir.

> *Quand,* demande Jefferies (en 1882 !), *pourra-t-on être certain qu'on a épuisé la capacité d'un seul atome ? À tout moment, quelque heureux incident peut révéler une puissance neuve.*

Nous savons aujourd'hui — et quel usage éhonté n'en avons-nous pas fait ! — que l'atome recèle une puissance considérable. Et c'est aujourd'hui, plus que jamais, que l'homme rôde affamé, nu et abandonné.

Repartez de zéro ! L'Orient gronde. Les peuples de l'Orient tentent enfin un héroïque effort pour secouer les chaînes qui les lient au passé. Et quel en est le résultat ? Nous autres Occidentaux, nous tremblons de peur. Nous voudrions les retenir. *Où* est le progrès ? *Qui* détient la sagesse ?

Il y a dans le petit livre de Jefferies une phrase qui saute littéralement de la page, du moins est-ce l'impression qu'elle me fait.

> *Il reste encore à inventer une méthode de raisonnement permettant d'aller droit au but recherché.*

J'entends déjà l'esprit critique protester : « Parfait, mais pourquoi ne l'invente-t-il pas lui-même ? » Mais une des vertus caractéristiques des hommes qui nous inspirent, c'est qu'ils laissent toujours la voie libre ; ils suggèrent, ils stimulent, ils soulignent. Ils ne nous prennent pas par la main pour nous conduire. Je pourrais dire aussi qu'il existe des hommes qui, en cet instant même, s'efforcent de nous montrer comment parvenir au but. Pour le moment, ils sont pratiquement inconnus, mais quand le jour viendra, ils se dévoileront. Malgré les apparences, nous ne dérivons pas au hasard. Mais peut-être devrais-je citer ici la pensée de Jefferies dans sa totalité, car il l'a formulée de façon inoubliable...

> *À l'heure présente, des rayons ou des ondes subtiles se déversent sans doute sur nous, sur toute la terre, méconnus, et chargés de messages et de renseignements en provenance de l'invisible*[1]*. Nous n'en savons pas plus aujourd'hui là-dessus que ceux qui décorèrent les papyrus n'en savaient sur la lumière. Il existe encore une infinité de connaissances à acquérir, et tout un monde de pensée encore au-delà. On n'a pas encore inventé d'instrument mental qui permette de poursuivre les recherches jusqu'à leur terme. Tout ce qu'on a découvert, c'était par d'heureux accidents ; en cherchant une chose, on en a trouvé une autre. Il reste encore à inventer une méthode de raisonnement permettant d'aller droit au but recherché. Car actuellement, la particule la plus infime suffit à détourner le cours de la recherche, et l'incident le plus minime est assez pour cacher des vérités évidentes, éclatantes... Les efforts tentés pour faire des découvertes sont comparables à l'observation du ciel entre les branches d'un chêne. Ici*

1. Nous voilà très près de la pensée de Maeterlinck telle qu'elle est exprimée dans *la Magie des étoiles*.

une étoile splendide brille d'un vif éclat ; là une branche masque une constellation ; ailleurs c'est un univers qui est caché par une feuille. Il faudrait un instrument mental permettant de distinguer entre la feuille qu'on peut enlever et un vide réel, pour savoir quand il faut cesser de regarder dans une direction pour regarder dans une autre... Il me semble qu'il y a encore des infinités à découvrir, mais qu'elles sont cachées par une feuille...

Repartez de zéro ! Attaquez sous un nouvel angle. Ou, comme dit Claude Houghton : *Hommes, changez tout !* Ou, comme dit Klakusch dans *l'Affaire Maurizius :*

Arrêtez-vous, monde des humains, et attaquez le problème sous un autre angle !

Inlassablement une voix intérieure nous commande de sortir de l'ornière, d'abandonner armes et bagages, de changer de voiture, de changer de direction. De temps en temps un individu obéit à ces secrètes injonctions et en lui s'opère ce que les hommes appellent une conversion. Mais jamais un monde ne se prend par la peau du cou pour sauter en plein inconnu.

Les phénomènes qu'on a bien à tort qualifiés de surnaturels me semblent fort simples, dit Jefferies, *plus naturels que la nature, la terre, la mer ou le soleil... C'est la matière qui est surnaturelle et difficile à comprendre... La matière dépasse l'entendement, elle est mystérieuse, impénétrable ; je la touche facilement, mais je ne la comprends pas. L'âme, l'esprit — la pensée, l'idée — sont faciles à comprendre, se comprennent tout seuls et ont conscience de leur existence. Le surnaturel bien mal nommé, en fait le naturel, constitue le réel. Pour moi, tout est surnaturel. Quel étrange état d'esprit qui ne peut admettre que la terre, la mer, l'univers tangible ! Sans le surnaturel, ainsi qualifié à tort, tout cela me semble incomplet, inachevé. Sans âme, toutes ces choses sont mortes. Sauf quand je marche au bord de la mer et que mon âme est là, la mer est morte. Ces mers devant lesquelles l'homme ne s'est jamais planté — qui n'ont jamais senti la présence d'une âme — qu'elles soient sur la terre ou sur quelque autre planète, sont mortes. Qu'importe la majesté des planètes qui roulent dans l'espace : faute d'une âme là-bas, elles sont mortes.*

Faute d'une âme là-bas, elles sont mortes. L'homme d'aujourd'hui devrait être mieux à même de comprendre cela que les contemporains de Jefferies. Pour lui, cette planète où nous sommes est déjà pratiquement un monde éteint.

Environ 1880, les romanciers anglais d'imagination — les auteurs de romans « romanesques » — commencèrent à introduire dans leurs œuvres cet élément dénommé à tort « surnaturel ». Ils se révoltaient contre la fatale tendance de l'époque, dont notre génération goûte les fruits amers. Où se situe la faille, sur le plan de la pensée ou du sentiment, entre ces écrivains (considérés aujourd'hui comme ridicules et égarés) et nos savants métaphysiciens qui s'efforcent vainement de donner une vue plus large, plus profonde, plus significative de l'univers ? Il est aujourd'hui de notoriété publique que l'homme de la rue accepte les miracles de la science avec la plus grande simplicité. Chaque jour de sa vie, l'homme ordinaire a recours à des moyens que les hommes d'autres époques auraient qualifiés de miraculeux. Par la gamme de ses inventions, sinon par ses facultés d'invention, l'homme d'aujourd'hui est plus près que ne l'ont jamais été ses prédécesseurs d'être un dieu. (C'est du moins ce que nous nous plaisons à croire !) Et cependant, jamais il n'a moins été à l'image d'un dieu. Il accepte et utilise sans poser de questions les dons miraculeux de la science ; il ignore la surprise, l'étonnement, la révérence, l'ardeur, la vitalité, la joie. Il ne tire pas de conclusions du passé, le présent ne lui offre ni paix ni satisfaction, et il se moque éperdument de l'avenir. Il marque le temps. C'est tout ce qu'on peut en dire.

Il faut ajouter quand même que cette conception du temps et de l'espace, ainsi que d'autres notions solidement ancrées, telles que la doctrine sacrée de la causalité, le bon travail, le progrès, le but à atteindre, le devoir et autres, ont été anéanties par le savant, le philosophe, l'inventeur, le grand patron et le militariste. Il ne reste pas grand-chose de l'univers où l'homme est né. Il est pourtant là, rien n'y manque, et il accompagnera l'homme dans son voyage en avant ou en arrière. Ce sont seulement les concepts de l'homme qui ont été modifiés. Pas sa façon de penser. Pas sa faculté de pensée ni sa puissance intellectuelle. Il demeure incroyablement imperméable et inaccessible à tout ce qui se passe autour de lui. Il ne participe pas, il est tiré par les cheveux. Il n'a aucune initiative, sinon sous forme parfois de réaction. Quelle image que celle de l'homme moderne ! L'image d'un pauvre hère affolé et ahuri, terrorisé, qu'on tire par les cheveux, je viens de le dire, vers un haut lieu redoutable où tout va lui être révélé, mais où on le lancera, gémissant et frissonnant, à travers le vide. C'est ainsi, et seulement ainsi, que je le vois pénétrer le grand arcane de la vérité et de la sagesse. Comment pourrait-il en être autrement ? Il a lui-même bouclé toutes les portes ; il a renversé tous les rapports dont il pouvait disposer ; il s'est lui-même *élu* (si l'on peut ainsi le distinguer) pour être précipité dans « le chaudron de la résurrection ». Spectacle sublime et ignominieux. Salut et châtiment en un seul acte.

Qu'est-ce donc, demande-t-on, qui constituerait ou pourrait constituer un « miracle » pour l'homme dans l'état d'indolence où il se trouve ? Serait-ce un miracle que de lui épargner son juste sort ? Serait-ce un miracle si ses yeux soudain s'ouvraient alors qu'il allait tomber dans l'abîme ? Qu'attend donc l'homme moderne en fait de miracles, si tant est qu'il en attende ? Le seul miracle que je puisse envisager pour lui serait de quémander, au dernier moment, une chance de repartir de zéro.

N'est-ce pas étrange que cette espèce humaine qui croit si solidement à la réalité concrète et à elle seule, puisse parler de la lune ou de planètes plus lointaines encore, comme si elles n'étaient que des points de départ dans l'imminente exploration physique qu'il va entreprendre de l'univers ; qu'il puisse songer à entrer en communication avec des créatures inconnues peuplant les sphères étoilées ou, ce qui est plus curieux encore, qu'il puisse penser aux moyens de se défendre contre une éventuelle invasion de ces créatures ; qu'il puisse s'imaginer abandonnant cette planète Terre et adoptant un nouveau mode de vie quelque part dans les cieux, tout en se rendant très bien compte qu'un pareil changement de résidence aurait des répercussions sur son âge physique, sur sa structure et sur son être même, bref le transformerait si totalement qu'il ne se reconnaîtrait plus lui-même ? N'est-ce pas étrange, disais-je, que de telles pensées ne le terrifient pas : ni l'exil loin de sa planète natale, ni le changement du temps, du rythme de la vie, du métabolisme, ni la rencontre d'êtres bien plus extraordinaires que tous ceux qu'il a jamais imaginés ? Et pourtant, oui, *et pourtant*, quand il s'agit de lui faire aimer et respecter son prochain, comprendre son semblable, partager avec lui ses biens, ses joies et ses peines, amasser des provisions pour sa progéniture, bannir l'inimitié, la jalousie et la rivalité, décréter et respecter quelques lois élémentaires — dans son propre intérêt —, cesser de lutter pour une existence sans joie et profiter de la vie, s'efforcer de supprimer (et pas seulement soigner) la maladie, la vieillesse, la misère, la solitude — oh, tant, tant de choses ! —, quand il s'agit de lui faire accueillir des idées nouvelles sans qu'elles l'effraient, de le faire renoncer à la superstition, au fanatisme, à l'intolérance, et à tous les faux semblants qui le tiennent à la gorge... non, il refuse avec obstination de faire un seul pas dans cette direction. Il préférerait planter là ses vrais problèmes, abandonner la planète et ses frères humains. Imagine-t-on pire « renégat » ? Faut-il s'étonner si, sans attendre la venue de son glorieux « renouveau » au sein des espaces interstellaires, il redoute déjà que ses nouveaux voisins ne prennent mal son intrusion ? Que peut-il en effet apporter aux habitants de ces mondes encore inconnus ? Quoi d'autre que le désastre et la ruine ? Son orgueil lui souffle qu'il est supérieur à ces créatures extraterrestres, mais son cœur lui tient un autre langage. Peut-être, là où le temps est d'un autre ordre, là où l'atmosphère crée une autre ambiance, attendent-« ils » la venue de ce redoutable événement ? Peut-être nulle part dans les essaims innombrables de planètes habitables n'y a-t-il d'êtres gonflés de la vanité, de l'orgueil, de l'arrogance, de l'ignorance et de l'insensibilité dont témoignent les créatures de notre Terre ? C'est du moins ce que suppose Marie Corelli. Et elle a raison ! Non, tels que nous sommes aujourd'hui, il se pourrait bien que nous ne fussions pas bien accueillis dans ces retraites stellaires. Si nous n'avons pas trouvé le paradis en nous, il est certain que nous ne le trouverons pas au-dehors. Mais il y a une possibilité — un espoir bien vague, bien peu fondé pour qu'ayant entrevu « là-bas » un ordre, une paix, une harmonie que nous ignorons, nous qui nous appelons des hommes retombions sur notre enfer terrestre avec le propos d'y repartir de zéro.

À travers toute la grande littérature court l'idée du voyage circulaire. Quelque entreprise que poursuive l'homme, en quelque point du temps ou de l'espace qu'il projette son corps las, il finit par revenir, par revenir à lui-même. Je suis absolument convaincu que le voyage dans la lune deviendra d'ici peu un fait accompli. Et l'on ne tardera guère à entreprendre des voyages vers des régions plus lointaines. Le temps s'enroule comme une carpette. Entre l'homme et ses désirs, dans le bref intervalle qui le sépare de leur réalisation, peut-être n'y a-t-il guère de place. Comme les héros de Franz Werfel, dans *l'Étoile de ceux qui ne sont pas nés*, nous découvrirons peut-être comment braquer l'aiguille vers l'endroit où nous souhaiterions être, pour nous y trouver instantanément transportés. Pourquoi pas ? Si l'esprit est capable de faire ce bond, le corps peut le faire aussi. Nous n'avons qu'à apprendre la technique. Nous n'avons qu'à le *désirer* et il en sera ainsi. L'histoire de la pensée humaine et des réussites humaines corrobore cette vérité. L'homme à présent refuse de croire, ou n'ose pas croire que les choses puissent se produire ainsi. Entre la pensée et le but, il se cale confortablement sur ses inventions. Il *fabrique* des ailes, mais il refuse encore de « prendre son essor ». Pour la pensée, cependant, c'est déjà chose faite. L'Esprit qui contient tout et qui est tout lui donne des ailes. Actuellement, l'homme est si infiniment plus loin en pensée qu'en réalité, qu'il s'en trouve pour ainsi dire distendu, comme une comète. La queue de cet être monstrueux cause des ravages en traversant des domaines nouveaux et imprévisibles. Une partie de l'homme rêve de connaître la lune et les autres mondes lointains, sans se douter qu'une autre partie de lui-même évolue déjà parmi des royaumes plus mystérieux et plus spectaculaires.

Est-ce à dire que l'homme doit parcourir tout le circuit des cieux avant de se retrouver ? Peut-être. Peut-être devra-t-il répéter l'acte symbolique du grand dragon de la création : se tordre et s'enrouler, s'emmêler et se nouer jusqu'à ce qu'il parvienne enfin à se mordre la queue.

Le vrai symbole de l'infini, c'est le cercle complet. C'est aussi le symbole de l'accomplissement. Et l'accomplissement, c'est le but de l'homme. Là seulement, il trouvera la réalité.

Enfin, il nous faut y aller de tout notre cœur. *Chez nous*... où est-ce, sinon partout et nulle part à la fois ? Quand il sera maître de son âme, alors l'homme sera pleinement vivant, peu lui importera l'immortalité, il ignorera la mort.

Repartir vraiment de zéro signifie peut-être vivre enfin !

Note sur Eugène Sue :

Une lettre de Pierre Lesdain, de Belgique, m'apporte sur Eugène Sue les renseignements suivants :

« Vous m'avez demandé des éclaircissements sur Eugène Sue. Je ne suis pas un lecteur assidu de Sue ; j'ai lu *les Mystères de Paris* dans ma tendre jeunesse et puis, jamais plus rien. Voici la liste des livres d'Eugène Sue :

Kernock le Pirate, 1830.
Plick et Plock, 1831.
Atar-Gull, 1832.
La Salamandre, 1832.
La Vigie de Koat-Ven, 1833.
Arthur, 1833.
Histoire de la marine française (5 vol.), 1835.
Cécile, 1835.
Lautréamont (2 vol.), 1837.
Jean Cavalier (2 vol.), 1840.
Deux Histoires, 1840.
Le Marquis de Létorière.
La Morne au Diable (2 vol.), 1840.
Mathilde (6 vol.), 1841.
Le Commandeur de Malte, 1841.
Les Mystères de Paris (10 vol.), 1842-1843.
Pauli Monti, 1842.
Thérèse Dunoyer, 1842.
Le Juif errant (10 vol.), 1844-1845.
Martin ou l'Enfant trouvé, 1847.
Le Républicain des campagnes, 1848.
Le Berger de Kravan.
Les Sept Péchés capitaux (16 vol.).
Les Mystères du peuple ou Histoire d'une famille à travers les âges (16 vol.).
Les Enfants de l'amour (6 vol.), 1852.
Fernand Duplessis (6 vol.).
Le Marquis d'Amalfi (2 vol.), 1853.
Gilbert et Gilberte (7 vol.), 1853.
La Famille Jouffroy (7 vol.), 1854.
Le Fils de famille (7 vol.), 1856.
Les Secrets de l'oreiller (7 vol.), 1858.

« Cette liste est étourdissante, elle me donne le vertige. Et que reste-t-il de l'œuvre, immense, quant au poids-papier des volumes et à leur nombre, qui témoigne d'une luxuriance tropicale ? Il n'en reste rien. À peine le nom de l'auteur, nom prédestiné qui provoque la plaisanterie facile. Mais on ne lit plus rien d'Eugène Sue. Il est dans le domaine public, et aucun journal ne pense jamais à reprendre un de ses romans comme feuilleton. Avant la guerre de 1940, je ne sais plus quel écrivain suisse — de talent — a voulu publier un « condensé » des *Mystères de Paris*. (L'ancêtre des « condensés », peut-être.) Sans succès, je crois. Ô la parole de *l'Ecclésiaste !*

« Car Eugène Sue de son vivant a connu la gloire comme peu d'écrivains au monde, une gloire tapageuse, une gloire d'idole de la foule. On raconte qu'Eugène Sue, garde national, comme tout le monde en ce temps-là, ne s'était pas présenté pour prendre son tour de faction. Condamnation automatique. Pour se venger, l'écrivain refuse de donner au journal la suite de celui de ses romans qui y passait en feuilleton et que les lecteurs attendaient avidement. Il y a presque une petite émeute à Paris et le ministre doit lever la punition d'Eugène Sue.

« Eugène Sue a-t-il eu réellement une influence sur Balzac et Dostoïevsky ? C'est très vite dit ; le prouver serait beaucoup plus long. Le succès d'Eugène Sue a incité peut-être Balzac et Dostoïevsky à situer leurs romans dans les milieux semblables à ceux dont Eugène Sue exploitait la nouveauté en ce temps-là. Les personnages du roman français, jusqu'alors, étaient factices, d'imagination pure, créés par jeu — comme *Gil Blas* — qui n'a rien de spécifiquement espagnol... Il y a sur cette classe de la société des romans d'une psychologie aiguë et profonde tels *la Princesse de Clèves*, ou bien *les Liaisons dangereuses*, mais il fallait, comme Mme de La Fayette ou Choderlos de Laclos, avoir été "nourri dans le sérail" pour en "connaître les détours".

« Eugène Sue n'est pas un romancier profond. Il a une imagination débordante, c'est quelque chose, bien sûr, mais pas assez pour venir frapper à la porte de la postérité, confiant qu'elle l'ouvrira. L'imagination d'Eugène Sue qui frappait si fort ses contemporains nous fait sourire souvent et, quelquefois franchement éclater. Le fin du fin pour Eugène Sue était d'amener dans un roman, le plus fréquemment qu'il se pouvait, un genre de dissertation morale, ce qu'il appelait ses utopies. Par exemple : on ne devrait plus exécuter les condamnés à mort ; pour les châtier de leurs crimes, il serait préférable de leur percer les yeux. Le procédé à la longue devient intolérable et crispant...

« Eugène Sue est né en 1804 ; mort en 1857. Son père était médecin ; l'impératrice Joséphine fut sa marraine. Il abandonne ses études avant la rhétorique ; étudie la médecine sous son père, qui le fait embarquer comme chirurgien à bord d'un bateau. (Les premières œuvres littéraires d'Eugène Sue sont maritimes.) Son père lui laissa en mourant une fortune d'un million (francs de l'époque). Je ne sais pas si Eugène Sue en fit bon usage... »

XII

LETTRE À PIERRE LESDAIN

3 mai 1950.

Mon cher Pierre Lesdain,

L'idée m'est venue, depuis que j'ai lu votre longue et bienvenue lettre du 20 avril, de vous faire une place dans ce livre sur les livres que je suis en train d'écrire. C'est pourquoi cette lettre commence à la page 256. Il n'est personne à qui j'aie plus de plaisir à confier mes pensées, surtout mes pensées *larvaires*. Vous êtes un des lecteurs les plus enthousiastes que je connaisse. Dans vos critiques, vous êtes souvent « contre », mais vous êtes plus souvent « pour » l'auteur. En attaquant, vous révélez votre amour, non pas votre rancœur, votre envie, votre dépit ni votre jalousie. Souvent, quand j'évoque mes débuts, je pense à vous, et je vous vois toujours un livre à la main ou sous votre bras. Bien mieux, à mesure que je vous découvre mieux en lisant chaque semaine votre chronique dans *Volonté* [1], je suis maintenant convaincu que nous lisions souvent le même auteur, sinon le même livre de cet auteur, au même moment.

Voici près de deux semaines aujourd'hui que je n'ai rien écrit, et ma tête bouillonne de pensées. Comme je vous l'ai peut-être expliqué déjà, la raison qui me maintient en perpétuel état d'ébullition, c'est que je relis des

1. Un hebdomadaire de Bruxelles qui a cessé de paraître depuis lors.

livres, les livres que je préfère. Tout me nourrit, tout me stimule. Mon intention première était d'écrire une mince plaquette ; il semble maintenant que ce sera un gros volume. Chaque jour, je note sur mon calepin de nouveaux titres qui me reviennent à la mémoire. C'est le côté passionnant de mon entreprise, cette exhumation des insondables profondeurs de la mémoire de quelques nouveaux titres chaque jour. Il faut parfois deux ou trois jours à un livre dont j'ai le nom sur les lèvres pour s'annoncer complètement : auteur, titre, date et lieu de publication. Une fois qu'il est « fixé » dans ma mémoire, toute sorte d'associations d'idées affluent et des domaines oubliés de mon brumeux passé se trouvent ainsi révélés.

Ainsi, j'ai déjà écrit le peu que j'ai à dire de *Gil Blas* avant de recevoir l'exemplaire dont vous m'annoncez l'envoi. *Gil Blas* est un des livres que je n'ai jamais lus, mais autour duquel flotte une légende et — pour moi, du moins — la légende est toujours aussi importante que le livre. Il y a des auteurs qui m'intriguent à cause de tout ce que j'ai entendu ou lu à leur propos, parce que leur vie m'intéresse, et pourtant je ne parviens pas à lire leurs œuvres. Stendhal est un de ceux-là, et aussi l'auteur de *Tristram Shandy*. Mais peut-être l'exemple le plus remarquable à cet égard est-il celui du marquis de Sade. Tout ce que j'ai lu sur lui, pour ou contre, m'excite prodigieusement. Or, je n'ai lu que très peu de tout ce qu'il a écrit, et encore ai-je lu ce peu sans grand plaisir ni profit. Néanmoins, je crois en lui, si je puis dire. Je le considère comme un écrivain très important, une grande figure en même temps que l'un des êtres les plus malheureux qu'on ait vus. Je vais écrire un chapitre sur lui, naturellement, même si je ne dois jamais lire la totalité de son œuvre. (Qui l'a fait ?) Soit dit en passant, cela vous amusera peut-être de savoir que j'ai eu de grandes difficultés à me rappeler les titres des ouvrages soi-disant « obscènes », aussi bien ceux que j'avais lus que ceux dont j'avais entendu parler. C'est une des branches de la littérature que je connais assez mal. Mais s'agit-il vraiment d'une « branche » ou n'est-ce pas encore une fausse appellation ?

Voici une pensée qui me vient *en passant*. Chaque fois que je prends un volume d'Élie Faure, je suis la proie d'un grand conflit. À maintes reprises, dans mes propos et dans mes écrits, j'ai mentionné la dette que j'ai envers ce grand homme. Je devrais écrire son panégyrique, mais je doute que je le fasse, que j'en sois même capable, pas plus que j'y parviendrais s'il s'agissait de Dostoïevsky ou de Whitman. Il y a certains auteurs qui sont d'emblée trop grands et trop proches. On ne se libère jamais de leur enchantement. Impossible de dire où votre vie et votre œuvre se séparent ou divergent d'avec les leurs. Tout est inextricablement mêlé.

Il me semble, quand je songe à certains noms, que ma vie a recommencé plusieurs fois. Sans doute parce que chaque fois je redécouvrais, par le truchement de ces divins interprètes, mon être propre. Vous dites que vous vous êtes plongé trois années durant dans Nietzsche et dans lui seul. Je comprends, bien que je ne l'aie jamais fait avec aucun auteur. Mais pouvez-vous lire Nietzsche aujourd'hui avec la même ferveur ? Ah, c'est là le miracle ! Qui a le don de nous affecter de plus en plus profondément chaque fois que nous le lisons est bien un maître, quels que soient son nom, son rang, sa position. C'est une pensée qui me revient souvent quand je relis mes auteurs favoris. (Je suis certain, par exemple, que si je prenais *la Naissance de la tragédie* — le livre que j'ai relu plus que n'importe quel autre — je serais « fini » pour la journée.) Quelle est la signification de cet impérissable enthousiasme pour tant d'auteurs ? Je me pose fréquemment la question. Cela veut-il dire que je n'ai pas « évolué » ? Que je suis naïf ? Quelle que soit la réponse, je vous assure que je tiens cette faiblesse pour une singulière bénédiction. Et, si en ouvrant un de mes auteurs préférés, je rencontre par hasard dans son livre une citation d'un autre de mes favoris, alors ma joie ne connaît plus de bornes. Hier encore, en parcourant *la Danse sur le feu et sur l'eau*, voici ce qui m'est arrivé. Page 6, j'ai découvert cette citation de Walt Whitman :

Le monde sera complet pour qui est lui-même complet.

Et, page 84, de Whitman encore :

Vous tenez les Bibles et les religions comme divines, et je dis qu'elles sont divines. Et je dis qu'elles sont toutes venues de vous, qu'elles peuvent encore venir de vous et que ce ne sont pas elles qui donnent la vie mais vous.

(Puis-je déclarer, pour une fois dans ma vie, que je suis fier que ce soit un Américain qui ait dit cela !)

Une des raisons qui m'empêchent d'écrire d'abondance à propos de ces auteurs favoris, c'est d'abord que je ne puis me retenir de les citer, et puisqu'ils ont si profondément imprégné chacune de mes fibres que, dès l'instant où je commence à parler d'eux, je reprends leur langage. Ce n'est pas tant que j'aie honte de « plagier » les maîtres ; je crains plutôt de ne jamais pouvoir retrouver ma voix propre. Étant donné notre façon servile de lire, nous traînons avec nous tant d'entités, tant de voix, que bien rare est l'homme qui peut dire qu'il parle avec sa propre voix. En dernière analyse, cette parcelle d'individualité dont nous prétendons qu'elle est bien « nous », nous appartient-elle vraiment ? Tout ce que nous apportons de vraiment unique vient de la même source impénétrable d'où découle toute chose. Nous n'apportons rien d'autre que notre compréhension, ce qui est une façon de dire notre acceptation. Mais, puisque nous sommes tous faits d'après des modèles antérieurs qui existent à l'infini, félicitons-nous de ressembler parfois à nos glorieux prédécesseurs, de retentir du même fracas que ces créatures vidées de toute substance qui sont tout juste capables de dire : *Om.*

Mais revenons aux nombreux problèmes que vous

soulevez dans votre lettre... Je ne puis vous dire mon ravissement à savoir que vous avez si promptement fait usage de la citation que je vous ai envoyée de mon vieux « maître », John Cowper Powys. Dans le même courrier, je vois que le chroniqueur littéraire de *Combat* cite aussi un passage de la préface de *Visions and Revisions*. J'espère bientôt trouver pour vous un des livres d'interprétation de Powys qui, j'en suis sûr, vous plaira. Je crois qu'il n'a jamais été traduit en français : ce serait vraiment apporter de l'eau à la rivière. L'autre jour, pour lui réjouir l'âme et pour lui rendre un hommage que je lui devais depuis longtemps, je l'ai traité de « mon très cher grand maître ». Si Élie Faure avait encore vécu du temps que j'avais rassemblé le courage d'aller le voir, je serais sans doute tombé à genoux devant lui en lui baisant la main.

À propos de nos premières idoles, vous parlez de la nécessité de dominer un sentiment de « révolte ». C'est exact, encore qu'il ne s'agisse là, semble-t-il, que d'une phase de transition. On reconnaît généralement que les premières émotions, les premières réactions sont les seules authentiques et durables. (Et reconnaître, c'est se reprendre.) Je dois avouer cependant qu'il y a toujours certains auteurs pour lesquels on ne peut jamais retrouver son attitude d'antan dès l'instant qu'on a perdu l'affection ou la vénération qu'on leur portait. C'est comme quand on a perdu la grâce. Je ne puis pour le moment me souvenir d'un seul grand auteur — « grand » au sens où je l'entends — sur qui je me sois trompé. Au contraire, plus loin je remonte parmi mes idoles, plus mon adoration me semble sincère et durable. Pas de déceptions. Surtout parmi les auteurs pour la jeunesse. Non, ce qui m'ahurit, c'est qu'une fois ma fidélité acquise à l'un d'eux, je demeurais loyal. Je ne souligne le fait que parce que la loyauté n'est pas un de mes forts. Les exceptions sont absolument sans importance et ne méritent pas qu'on en parle. En ce qui concerne les auteurs, je reste ce qu'on appelle « un amoureux constant ».

C'est justement ce trait (appelez cela de la fidélité ou de l'adoration) qui m'amène à donner à ce livre (du moins dans son plan) des proportions surprenantes. Comment puis-je jamais terminer de porter témoignage ? Comment puis-je jamais mettre un terme à ce chant d'amour ? *Et d'ailleurs pourquoi le ferais-je ?* Moi qui n'ai jamais tenu de journal intime, je commence à entrevoir combien est tentant et obsédant le désir de noter les progrès que l'on fait dans son voyage intérieur. Mieux encore, moi qui ai juré à plusieurs reprises que j'en avais assez des livres, je suis allé jusqu'à devenir un travailleur manuel, pire encore — un véritable cul-terreux — dans l'espoir (fallacieux) de vaincre la maladie.

L'autre soir, en relisant *The Story of My Life* d'Helen Keller, je tombai sur les lignes suivantes écrites par son institutrice, Anne Mansfield Sullivan :

> *Je crois qu'on devrait distinguer la lecture des autres activités scolaires régulières. On devrait encourager les enfants à lire pour le seul plaisir de la lecture.* (Bravo !) *L'enfant devrait avoir vis-à-vis de ses livres une attitude de réceptivité inconsciente. Les grandes œuvres d'imagination devraient faire partie de sa vie, comme elles furent jadis la substance même des hommes qui les écrivirent.*

Elle ajoute :

> *Trop souvent, je crois, on fait écrire les enfants avant qu'ils aient rien à dire. Enseignez-leur à penser, à lire et à parler sans contrainte, et ils écriront parce qu'ils ne pourront pas s'en empêcher.*

En exprimant l'opinion que « les enfants s'éduqueront tout seuls s'ils se trouvent dans de bonnes conditions », que ce qu'il leur faut, « ce sont des conseils et de la sympathie bien plus que de l'instruction », elle m'a fait penser à l'*Émile* de Rousseau, et encore quand je suis tombé sur le passage suivant qui concerne le langage :

Le langage est issu de la vie, des nécessités et des expériences de la vie. Au début, l'esprit de ma jeune élève était pour ainsi dire vide. Elle avait vécu dans un monde qu'elle ne pouvait pas comprendre. Le langage *et la* connaissance[1] *sont indissolublement liés : ils sont interdépendants. Faire du bon travail sur le plan du langage présuppose et implique une réelle connaissance des choses. Dès qu'Helen eut compris que tout avait un* nom *et que par le truchement de l'alphabet sourd-muet ces noms pouvaient être transmis d'une personne à une autre, j'entrepris d'éveiller plus vivement son intérêt à l'égard des* objets *dont elle apprenait à épeler les noms avec une joie si manifeste.* Je ne lui ai jamais enseigné le langage en tant que tel, *mais j'ai toujours utilisé le langage comme moyen de communication de la* pensée*; ainsi l'acquisition du langage allait-elle de pair avec l'acquisition de la connaissance. Afin d'employer intelligemment le langage, on doit avoir un* sujet *de conversation, et avoir un sujet suppose qu'on a eu des expériences ; toutes les leçons du monde ne permettront pas à nos petits enfants d'utiliser le langage avec facilité tant qu'ils n'auront pas dans l'esprit une idée qu'ils veuillent communiquer, ou tant que nous n'aurons pas réussi à éveiller chez eux le désir de savoir ce qu'il y a dans l'esprit des autres.*

Tout cela m'amène à votre question sur Lawrence, pourquoi je n'ai jamais terminé l'étude sur lui que j'ai commencée à Paris il y a dix-sept ans de cela. Mais laissez-moi d'abord répondre à l'autre question : si je ne suis pas plus proche de Lawrence que de Joyce. Bien sûr que si. Peut-être même trop près, ou du moins *j'étais* trop près de lui quand j'ai commencé la rédaction de cet *opus magnum, l'Univers de Lawrence*. Comme le livre auquel je travaille actuellement, ce devait aussi être un « petit » ouvrage. L'éditeur de *Tropique du Cancer*, Jack Kahane, m'avait demandé si je ne voudrais pas écrire

1. Dans tout ce passage, c'est moi qui souligne.

pour lui une centaine de pages sur « mon auteur préféré », D.H. Lawrence. Il pensait publier cette « plaquette » avant la sortie du *Tropique du Cancer*, dont la publication était, pour une raison ou pour une autre, sans cesse remise depuis trois ans. L'idée ne me souriait guère, mais j'acceptai quand même. Le temps d'écrire une centaine de pages et j'étais tellement plongé dans l'étude de l'œuvre de Lawrence que je n'étais plus capable d'embrasser du regard la forêt tout entière et non pas les arbres. De cette tentative avortée, il reste au moins plusieurs centaines de feuillets au point. Il y en a quelques centaines d'autres qui auraient besoin d'être revus et, bien sûr, d'abondantes notes. Deux facteurs ont concouru à m'empêcher de mener à bien cette tâche : le premier, c'était le désir ardent de continuer ma propre histoire ; le second, c'était la confusion qui se produisit dans mon esprit sur ce que représentait exactement Lawrence

> *Avant qu'un homme étudie le Zen,* dit Ch'ing-yuan, *pour lui les montagnes sont des montagnes et les eaux sont des eaux ; quand, sous la direction d'un bon maître, il a eu un aperçu de la vérité du Zen, pour lui les montagnes cessent d'être des montagnes et les eaux des eaux ; mais lorsque, plus tard, il aura vraiment atteint le séjour de la sérénité, les montagnes redeviennent des montagnes et les eaux des eaux* [1].

Il en va sensiblement de même de quiconque aborde Lawrence. Aujourd'hui, il est redevenu ce qu'il était au début, mais maintenant que je le sais, que j'en ai la certitude, je n'éprouve plus le besoin d'exprimer mes opinions. Toutes ces études critiques et interprétatives d'auteurs si essentiels (à nos yeux) ne sont, je crois bien, entreprises que dans notre propre intérêt. Nos efforts ne servent qu'à nous faire nous mieux comprendre

1. Extrait de *Zen*, par Alan W. Watts, James Ladd Delkin, Stanford, Californie, 1948.

nous-mêmes. Les sujets que nous choisissons ont rarement besoin de notre plaidoyer ou de nos brillantes interprétations. Ils sont généralement morts quand nous nous attaquons à eux. Quant au public, je suis de plus en plus convaincu que « les lecteurs » ont de moins en moins besoin d'aide ou de conseils ; il est plus important pour eux, je crois, de lutter seuls.

Quant à Joyce, je lui dois certainement beaucoup. J'ai sûrement subi son influence. Mais mes affinités sont manifestement plus grandes avec Lawrence. Mes parrains, ce sont les écrivains romantiques, démoniaques, subjectifs. Ce sont les dons de styliste de Joyce qui m'attirent, mais comme je l'ai souligné dans mon essai intitulé : *l'Univers de la mort* [1], je préfère la langue de Rabelais à celle de Joyce. Cela dit, Joyce n'en demeure pas moins le géant sur ce plan. Il n'a pas d'égal ; c'est pratiquement un « monstre ».

C'est difficile, très difficile, je m'en aperçois, de distinguer les influences réelles des influences imaginaires. J'ai fait de mon mieux pour reconnaître *toutes* les influences que j'ai subies, mais je me rends bien compte qu'en jugeant mon œuvre, les écrivains de demain insisteront sur des influences que j'ai ignorées et négligeront certaines autres dont j'ai fait état. Vous citiez dans votre lettre *la Ballade du vieux marin*, de Coleridge. L'auteur de cette œuvre est un homme dont je ne parle guère. J'ai lu *la Ballade* en classe, comme tout le monde, ainsi que *le Lai du dernier Ménestrel*. Ils figurent parmi les quelques livres que j'ai pris plaisir à lire au collège, je vous l'affirme. Mais le livre dont je garde depuis l'école le souvenir le plus vif, le livre qui semble m'avoir laissé une impression indélébile, bien que je ne l'aie jamais relu, c'est *les Idylles du roi* de Tennyson. Pourquoi ? À cause du roi Arthur ! L'autre jour encore, en relisant une lettre du fameux Gladstone à Schliemann, l'homme qui découvrit Troie et Mycènes,

1. Dans *The Cosmological Eye*, New Directions, New York, 1938. Éditions Poetry, London, Londres.

je remarquai qu'il parlait de Schliemann comme si celui-ci appartenait à un autre âge, un âge de foi, de chevalerie. Assurément cet homme, cet homme d'affaires fort compétent et à l'esprit pratique remarquable, fit plus pour l'histoire que toute la bande des « historiens » gonflés de prétentions. Tout cela à cause d'un amour de jeunesse et du culte qu'il avait voué à Homère. Je fais mention de la lettre de Gladstone, une bien belle lettre, parce que, chaque fois que je touche aux mots foi, jeunesse, chevalerie, une flamme s'allume en moi. J'ai décrit tout à l'heure mes ascendances littéraires. Mais qu'est-ce qui nourrit et soutient des écrivains de la catégorie à laquelle j'appartiens ? L'héroïque, le légendaire ! En un mot, la littérature d'imagination et d'action. Quand je cite le nom du roi Arthur, je pense à un monde encore vivant, mais caché aux regards ; j'y pense, en fait, comme au monde éternel et réel, parce que dans ce monde l'imagination et l'action ne font qu'un, et qu'un aussi l'amour et la justice. On pourrait croire aujourd'hui que ce monde du temps d'Arthur est le domaine exclusif de l'érudit, mais il est ressuscité chaque fois qu'un jeune garçon ou qu'une petite fille s'enflamme en le découvrant.

Et cela m'amène à dire quelle triste erreur est celle des gens qui croient que certains livres, parce que universellement reconnus comme des « chefs-d'œuvre », sont les seuls à pouvoir nous inspirer et nous nourrir. Tout amateur de livres peut citer une douzaine de titres qui, parce qu'ils ouvrent les portes de son âme, parce qu'ils font s'ouvrir ses yeux à la réalité, sont pour lui les livres d'or. Peu importe l'estime dans laquelle les tiennent les érudits et les critiques, les mandarins et les autorités : pour l'homme qu'ils ont touché au vif, il n'y a rien au-dessus. Nous ne demandons pas à qui nous ouvre les yeux de qui il tient ses pouvoirs ; nous n'exigeons pas qu'il nous présente des lettres de créance. Nous ne devrions pas davantage être à jamais reconnaissants et pleins de respect envers nos bienfaiteurs, puisque chacun de nous a le pouvoir à son tour d'éveiller autrui et qu'il use souvent d'ailleurs à son insu de cette faculté. Le sage, le saint, le vrai savant apprend autant du criminel, du mendiant, de la prostituée que de l'apôtre, du maître ou du bon livre.

Oui, je vous serais fort reconnaissant si vous vouliez bien me traduire un ou deux récits tirés des *fabliaux*. Je n'ai presque rien lu de cette littérature. Ce qui me rappelle que, bien que j'aie reçu pas mal de livres de la liste que j'avais dressée, personne encore ne m'a envoyé un bon ouvrage sur Gilles de Rais ni sur Saladin, deux personnages auxquels je m'intéresse passionnément. Il y a certains noms qu'on ne rencontre pour ainsi dire jamais dans nos hebdomadaires littéraires. La grande différence entre les hebdomadaires littéraires européens et américains, c'est le vide qui caractérise ces derniers en ce qui concerne les noms et les événements littéraires. Dans les magazines européens, ce vide est parsemé de constellations : ainsi, dans une seule colonne du *Goéland* (publié à Paramé, en Bretagne), on peut rencontrer une douzaine ou plus de noms célèbres, passés ou contemporains, dont on n'a jamais entendu parler. Même dans *Volonté*, qui n'est pas un périodique strictement littéraire, je vois des articles sur des gens, sur des livres et sur des événements dont jamais nos journaux ni nos revues ne soufflent mot. Du temps que je travaillais dans le quartier financier de New York — pour la Compagnie du Ciment Éternel —, je me rappelle avec quel plaisir, tout en allant prendre mon métro à Brooklyn Bridge, je voyais au pied de l'interminable escalier s'entasser les exemplaires du dernier numéro de *Simplicissimus*. À cette époque, nous avions au moins deux excellents magazines aux États-Unis : *The Little Review*, et *The Dial*. Aujourd'hui, il n'existe pas un seul magazine convenable dans ce satané pays. Je m'en voudrais aussi de ne pas citer *Transition*, dans les pages duquel j'ai découvert les signatures étrangères les plus passionnantes, et parmi elles une que je n'oublierai jamais : celle de Gottfried Benn.

Mais revenons à Saladin et à Gilles de Rais — on ne

pourrait imaginer deux types plus opposés —, j'ai demandé dans nos bibliothèques quels livres on possédait à leur sujet, et j'ai recueilli quelques titres, dus pour la plupart à des auteurs anglais ou américains. Ces titres, cependant, ne m'incitent guère à me procurer ces livres ; ils ont tous ce caractère de recherche du sensationnel, qui est si éminemment américain. Je ne demande pas tant une interprétation érudite que poétique. Dans le cas de Gilles de Rais, je suppose que les études les plus sérieuses ont été faites par des psychanalystes. Mais je ne veux pas d'une étude psychanalytique de Gilles de Rais. S'il me fallait choisir, je préférerais encore une enquête catholique sur les mécanismes de cette âme étrange.

À propos de livres que je recherche encore, je devrais ajouter que je voudrais aussi un livre sur la Croisade des Enfants. En connaissez-vous un bon ? Je me souviens avoir lu quelque chose quand j'étais enfant à propos de cet épisode sans précédent dans l'histoire ; je me souviens de mon extrême surprise et aussi d'un sentiment de douleur comme je n'en ai jamais connu depuis lors. Depuis mon enfance, j'ai rencontré de temps en temps de vagues allusions à cette Croisade. Aujourd'hui que j'exhume mon lointain passé, j'ai l'impression que je *dois* étudier de nouveau ce sujet.

Quant à Restif de La Bretonne — *Monsieur Nicolas* et *les Nuits de Paris* — personne ne m'a encore envoyé ces ouvrages. J'attends d'un jour à l'autre un livre sur Restif écrit par un attaché américain à Djidda ; il m'a adressé plusieurs lettres pour m'entretenir des remarquables affinités qu'il y a entre l'auteur des *Tropiques* et cet écrivain français si singulier. Vous imaginez donc combien je suis curieux de goûter le sang de cette étrange créature.

À côté des livres que je n'ai pas demandés, j'en reçois beaucoup qui me faisaient grandement défaut ; je dois avoir pour l'instant reçu les deux tiers environ des titres énumérés sur ma liste. L'un sur lequel j'ai bondi à peine l'avais-je reçu était une biographie de George Alfred

Henty, mon auteur favori quand j'étais jeune garçon. Ce n'est pas un ouvrage particulièrement brillant (il a pour auteur G. Manville Fenn), mais il remplit son office. Il m'a donné, après une quarantaine d'années d'attente, le plaisir torturant de contempler le visage de mon auteur bien-aimé. Je dois dire que la photo qui sert de frontispice n'a rien de décevant ni de trompeur. Le voilà, mon cher Henty (pour moi, il a toujours été simplement « Henty »), grandeur nature, avec une belle tête massive, une barbe fleuve à la Whitman, un grand nez large, presque slave, et une expression franche, ouverte et bonne. Bien qu'ils ne se ressemblent pas, il me rappelle pourtant fortement une autre idole, Rider Haggard. Ils appartiennent au camp « mâle » des hommes de lettres britanniques. Des hommes rudes, vigoureux, honnêtes et honorables, peu enclins aux confidences, probes et droits, doués de nombreux talents et ayant d'autres intérêts que la littérature : des hommes actifs, braves, de solides remparts comme on dit. Dans leur allure et dans leur façon d'agir, malgré la variété et le champ de leurs activités, ils avaient de nombreux points communs tous les deux. Depuis un âge tendre, ils avaient connu les difficultés de la vie. L'un et l'autre ont été de grands voyageurs et ont passé beaucoup de temps en des pays lointains. Même dans leurs méthodes de travail, ils se ressemblaient à bien des égards. Tout en écrivant vite et avec une prodigieuse abondance, ils ont consacré de longues périodes à l'accumulation, à la préparation et à l'analyse de leurs matériaux. Ils avaient tous deux l'instinct du « chroniqueur ». Ils possédaient à un haut degré de l'imagination et de l'intuition. Et pourtant personne ne fut plus réaliste qu'eux, plus plongé dans la vie. Tous deux, également, ont connu une certaine prospérité vers le milieu de leur existence. Et l'un et l'autre ont eu la bonne fortune d'être assistés par des secrétaires extrêmement capables, à qui ils ont dicté leurs livres. (Comme je leur envie cela !)

Je me rends compte que Henty est un écrivain que vous ne connaissez peut-être pas ; mais il était célèbre auprès des jeunes Américains et des jeunes Anglais, et sans doute avait-il dans leur estime une place aussi élevée que Jules Verne, Fenimore Cooper, le capitaine Mayne Reid ou que Marryat. Mais permettez-moi de vous citer quelques-unes des observations de Fenn à propos de ce Henty, de son œuvre et des raisons de son succès. Elles éveillent chez moi des résonances. Un jeune garçon, déclare Fenn, ne veut pas de littérature *juvénile*.

Il veut devenir un homme et lire ce que les hommes font et ont fait. D'où le grand succès des œuvres de George Henty. Ce sont des livres très virils et Henty disait toujours qu'il voulait que ses garçons fussent audacieux, décidés et prêts à jouer le rôle d'un jeune homme, et non pas des lavettes.

(Henty fut pratiquement infirme durant toute sa prime jeunesse : il passa le plus clair de son temps au lit. Ce qui explique sa passion pour les livres dès son plus jeune âge : il lisait tout ce qui lui tombait sous la main. Cela explique aussi le développement aigu de son imagination... et la bonne santé dont il jouit par la suite, car seul l'homme qui a eu une enfance souffreteuse apprécie la bonne santé et sait la préserver.)

Inconsciemment, dit Fenn, *il allait assurer à ses livres d'enfants un plus grand succès en leur acquérant les suffrages de ce grand et puissant corps d'acheteurs de cadeaux que constituent les instructeurs de nos fils : en étudiant les catalogues des éditeurs, ils tombaient sur le nom fameux du héros de l'histoire et s'exclamaient : « Ha ! de l'histoire... on ne risque rien ! » Henty se gagna l'alliance du corps enseignant ; et c'est ainsi que cet écrivain qui, pendant tant d'années, continua à produire à la cadence magnifique de deux, trois et souvent quatre livres par an, se trouva donner aux enfants des leçons d'histoire plus durables que tous les pédagogues de sa génération.*

Mais assez sur ce chapitre. Je ne découvre pas sans étonnement, je dois en convenir, que mes premières idoles possédaient de « solides personnalités », qu'ils étaient des hommes d'affaires capables de s'intéresser aux réformes agraires, à la stratégie, au yachting, à la chasse au gros gibier, aux intrigues politiques, à l'archéologie, au symbolisme et que sais-je encore. Comme il est extraordinaire de lire de Henty, par exemple, que sa devise aurait pu être : « Dieu, le souverain et le peuple ! » Quel contraste avec les personnages qui m'influenceront plus tard, dont certains sont « pathologiques » ou, comme dirait Max Nordau, « dégénérés ». Même le cher vieux Walt, l'homme des grands espaces, le poète au coup d'œil cosmique, voilà maintenant qu'on l'étudie sous l'angle « pathologique ». La phrase de Fenn affirmant que « Henty était aussi éloigné du névrosé que peuvent l'être l'un de l'autre les deux pôles » me semble presque comique aujourd'hui. Le terme de « névrosé » était inconnu du temps de Henty. Hamsun employait fièrement le mot « neurasthénique ». Aujourd'hui, c'est « psychose » qu'on emploie ou « schizophrénie ». *Aujourd'hui !* Qui écrit aujourd'hui pour les jeunes garçons ? Je veux dire *sérieusement*. Quelle pâture ont-ils les jeunes d'aujourd'hui ? Voilà une question bien intéressante...

La nuit dernière, j'ai eu le plus grand mal à m'endormir. Cela m'arrive souvent depuis que je travaille sur ce livre. La raison en est simple : je me trouve devant une telle abondance de matériaux, j'ai un tel choix qu'il m'est difficile de décider ce dont je *ne* parlerai *pas*. Tout me semble convenir. Tout ce à quoi je touche me rappelle l'inépuisable flot d'influences qui ont contribué à ma formation intellectuelle. En relisant un livre, je songe à l'époque, au cadre, aux circonstances où s'épanouissaient mes anciens moi. Conrad dit quelque part qu'un écrivain ne commence à vivre que quand il a commencé à écrire. C'est en partie exact. Je sais ce qu'a voulu dire Conrad, mais voilà, la vie d'un créateur n'est pas la seule vie, ni peut-être la plus intéressante que mène un homme. Il y a un temps pour jouer et un temps pour travailler, un temps pour la création et un temps pour l'oisiveté. Et il y a un temps, glorieux aussi à sa façon, où c'est à peine si l'on existe, où l'on est un vide complet. Je veux dire où l'ennui semble l'essence même de l'existence.

Je parlais tout à l'heure de la Compagnie du Ciment Eternel : cela m'a rappelé les types épatants qui travaillaient avec moi dans ce bureau du 30 Broad Street à New York. Les souvenirs se sont soudain pressés si nombreux que j'ai saisi mon calepin et que j'ai commencé à noter les noms de ces gens et les incidents auxquels ils avaient été mêlés. Je les ai revus clairement et distinctement : Eddie Rink, Jimmy Tierney, Roger Wales, Frank Selinger, Ray Wetzler, Frank McKenna, *Monsieur* Blehl (ma bête noire), Barney je ne sais plus quoi (il avait l'air d'une souris), Navarro, le vice-président, que nous ne rencontrions qu'en allant aux lavabos ; Taliaferro, l'irascible homme du Sud, de Virginie, qui répétait vingt fois par jour au téléphone : « Pas Taliaferro... *Tolliver !* » Mais celui dont je garde le souvenir le plus vif est un garçon auquel je n'avais pas pensé une seule fois depuis le jour où j'ai quitté la maison... j'avais alors vingt et un ans. Il s'appelait Harold Street. Nous étions de gais compagnons. En notant son nom, j'écrivis à côté — pour mémoire ! — « jours vides ». C'est ainsi que j'associe son nom au mien : nous avons en commun le souvenir de jours de paisible flânerie dans un faubourg qu'on appelle la Jamaïque. Nous avions d'autres points communs, mais je ne me rappelle plus de quoi il s'agissait. Je suis sûr qu'il ne s'intéressait pas comme moi aux livres ni aux promenades à bicyclette. J'allais chez lui, une grande bâtisse lugubre et croulante où il habitait avec une grand-mère, et la journée passait comme dans un rêve. Je ne me souviens absolument pas de quoi nous parlions ni comment nous passions le temps. Mais aller lui rendre visite dans ce cadre paisible et enténébré avait sur moi l'effet d'un baume, j'en garde un souvenir très vif. Je crois que je lui enviais la tranquillité de sa vie. Pour autant que je pouvais juger, il n'avait pas de problèmes. Et cela me paraissait extrêmement étrange, car moi, j'en étais accablé. Harold était un de ces jeunes gens calmes et équilibrés, qui savent se débrouiller dans le monde, s'adapter, éviter la peine et l'affliction. C'était cela qui m'attirait chez lui. Je découvrirai sans nul doute les raisons plus profondes de cette attirance quand j'étudierai plus à fond cette période — dans *Nexus* que, comme vous le savez, je n'ai même pas commencé à écrire. Il me fallait pourtant attirer l'attention sur ces périodes de « vacances » durant lesquelles, heureusement pour nous, peu nous importe de savoir qui nous sommes et encore moins ce que nous ferons dans la vie. D'une chose, en tout cas, je suis sûr, c'est que ce fut le prélude à ma rupture avec ma famille, avec la routine du bureau ; l'esprit d'aventure s'était emparé de moi et j'allais bientôt dire adieu à tous mes amis et à ma famille pour mettre le cap sur l'Eldorado de l'Ouest (l'Eldorado de Puccini plutôt que celui des chercheurs d'or). « Plus de livres ! me dis-je. Assez de vie intellectuelle. » Et, dans la plantation de fruits de Chula Vista, en Californie, avec qui deviens-je copain sinon avec Bill Parr, un type du Montana, qui adore lire et qui fait de longues promenades avec moi après le travail pour discuter de nos auteurs favoris ! Et c'est à cause de mon affection pour Bill Parr que je tombe ensuite sur Emma Goldman, à San Diego, et que, sans en avoir le moins du monde l'intention, je me retrouve dans le monde des livres, par le truchement tout d'abord de Nietzsche, puis de Bakounine, de Kropotkine, de Most, de Strindberg, d'Ibsen et de tous les plus fameux dramaturges européens. Ainsi tourne la roue de la destinée !

Hier soir, impossible de m'endormir. Je venais de lire un autre de mes vieux favoris — Edgar Saltus — un auteur américain dont vous n'avez sans doute jamais entendu parler. Je lisais *The Imperial Purple*, un de ces livres où j'ai cru trouver des enseignements à propos du « style ». La nuit précédente, j'avais terminé la biographie d'Heinrich Schliemann par Emil Ludwig, et j'en étais resté étourdi, abasourdi car il est incroyable de penser à ce que cet homme a fait en une seule vie. Certes, je connais Jules César, Hannibal, Alexandre, Napoléon, Thomas Edison, René Caillé (l'homme de Tombouctou), Gandhi et des dizaines d'autres hommes « d'action ». Tous ont eu une existence incroyable. Mais ce Schliemann, un commis épicier qui devient un gros négociant, qui apprend dix-huit langues, pour ainsi dire « à côté » et qui les parle et les écrit couramment, cet homme qui toute sa vie a entretenu une abondante correspondance — et en gardant une copie manuscrite de toutes ses lettres ! — cet homme qui commence sa carrière en Russie comme exportateur-importateur, qui passe son temps à voyager, qui se lève d'ordinaire à quatre heures du matin, fait une promenade à cheval jusqu'à la mer (à Phaléron), prend un bain été comme hiver, est à son bureau ou sur le lieu des fouilles à huit heures pour prendre un second petit déjeuner, qui lit Homère à tout propos et qui, vers la fin de sa vie, refuse de parler même le grec moderne avec sa femme pour n'utiliser que la langue homérique, qui écrit ses lettres dans la langue du destinataire, qui exhume les plus grands trésors qu'un homme ait jamais trouvés, qui et cætera, et cætera... comment voulez-vous qu'on abandonne un livre pareil pour dormir ! L'ordre, la discipline, la sobriété, la persévérance, l'entêtement, le caractère autoritaire, comme il était Allemand ! Et cet homme s'était fait naturaliser citoyen américain ; il résida quelque temps à San Francisco et plus tard à Indianapolis. Profondément cosmopolite et pourtant Allemand jusqu'au fond de l'âme. Grec de cœur et cependant Teuton. L'homme le plus étonnant qu'on puisse imaginer. Découvrant les ruines de Troie, de Mycènes, de Tirynthe et de bien d'autres lieux, battant presque Sir Arthur Evans pour la découverte du labyrinthe du Minotaure. Vaincu parce que le paysan qui était prêt à lui vendre l'emplacement de Knossos lui avait menti sur le nombre d'oliviers que comprenait la propriété. Huit cent quatre-vingt-huit seulement au lieu de deux mille cinq cents. Quel homme ! J'ai parcouru ses énormes ouvrages sur Troie et sur Mycènes ; j'ai lu les passages autobiographiques qu'il a insérés dans un des volumes. Et j'ai décidé de lire le livre de Ludwig pour avoir de l'homme une vue complète.

Quelle tâche pour le biographe ! Herr Ludwig a consulté vingt mille documents. Écoutons-le plutôt :

> *Il y avait d'abord la longue collection de carnets et de journaux qu'il a tenus presque continuellement depuis sa vingtième jusqu'à sa soixante-neuvième et dernière année. Il y avait aussi ses archives commerciales et sa comptabilité, la correspondance qu'il échangea avec sa famille, les documents légaux, ses passeports et diplômes, les énormes ouvrages qu'il a consacrés à ses études linguistiques jusqu'à ses cahiers d'exercices de russe et d'arabe. Outre tout cela, il y avait des coupures de journaux de tous les coins du monde, des listes d'événements historiques et des dictionnaires compilés par lui en une douzaine de langues. Comme il gardait tout, j'ai trouvé parmi les mémoires les plus brillants, une invitation, par exemple, à un concert donné au bénéfice d'une veuve nécessiteuse. Chaque papier était daté de sa propre main.*

Je ne puis abandonner ce sujet sans mentionner un incident à la fois humoristique et pathétique concernant Agamemnon. Vers la fin de sa vie, discutant pour la millième fois peut-être la question de savoir si c'était ou non le corps d'Agamemnon qu'il avait exhumé, Schliemann déclara à son jeune assistant, Dörpfeld : « Alors ce n'est pas le corps d'Agamemnon, ce ne sont pas ses bijoux ? Très bien, appelons-le Schulze ! »

Chaque soir donc je me couche et je digère le ou les livres que j'ai lus dans la soirée. (Je n'ai guère plus de deux heures par jour à consacrer à la lecture.) Un soir, c'est la vie de Henty, le lendemain, c'est l'autobiographie en deux volumes de Rider Haggard, un autre jour, c'est un petit livre sur le bouddhisme Zen, ou bien la vie d'Helen Keller, une étude sur le marquis de Sade ou encore un livre sur Dostoïevsky, soit par Janko Lavrin (encore un de mes initiateurs favoris) soit par John Cowper Powys ; je passe rapidement d'une biographie à une autre — Rabelais, l'Arétin, Ouspensky —, puis c'est Hermann Hesse (*Voyage en Orient*) et son *Siddharta* (tous deux en anglais ce qui m'oblige à faire la comparaison avec la version allemande et la version française), Élie Faure, le tout entrecoupé de la lecture de certains passages de l'*Histoire de l'Art, The Black Death*, Boccace, *le Cocu magnifique*, et c'est bien magnifique, comme je vous l'ai dit par carte postale. Permettez-moi de m'arrêter un instant. Crommelynck ! Un génie flamand. A mes yeux, un autre John Ford. Un dramaturge qui a apporté une contribution absolument originale au répertoire du théâtre immortel. Et sur mon thème favori, la jalousie. *Othello* ? Je vous le laisse ! Je préfère Crommelynck. Proust était merveilleux, dans ses méandres. Mais Crommelynck atteint à l'absolu. Je ne vois pas comment on pourrait ajouter autre chose à ce grand thème. (Mes respects à votre collègue, J. Dypreau, pour son excellente critique à l'occasion de la récente représentation de la pièce à Bruxelles. Quand la verrons-nous ici, je me le demande ? Peut-être jamais.)

Oui, je ne peux dormir la nuit après avoir lu ces livres admirables. Chacun suffit à tourner la tête d'un homme pour une semaine. Certains sont une découverte pour moi, d'autres, je les connaissais de longue date : ils se chevauchent et s'entrecroisent. Ils se complètent l'un l'autre, même quand ils semblent être le plus différents. Tout ne fait qu'un. Ah, quelle était cette phrase de Faure dont je voulais me souvenir ? La voici. « L'artiste tend vers un ordre ultime. » C'est vrai. Trop vrai, hélas.

> *L'ordre est en nous et pas ailleurs,* dit-il. *Et il ne règne nulle part ailleurs, pourvu que nous soyons capables de le faire régner en nous.*

Un de mes lecteurs, un jeune psychanalyste français, m'adresse un extrait d'un livre de Berdiaeff où celui-ci parle du chaos du monde moderne que j'ai réussi à si bien rendre, puis il ajoute que ce chaos se trouve aussi en moi. Comme si je ne le savais pas ! « L'artiste tend vers un ordre ultime. » *Bien dit et vrai, même s'il essaie de ne rien donner que le chaos qui réside en lui-même. Ça, c'est mon avis. Aux autres de dénicher ou la vérité ou le complexe. Là, je reste, moi* [1].

Permettez-moi d'ajouter à cela qu'en écrivant à divers amis libraires pour leur demander les livres dont j'avais besoin, j'ai reçu en guise de réponse d'eux tous ce même camouflet gratuit : « Je n'ai jamais vu un assortiment aussi hétéroclite de titres ! » Comme si, en choisissant parmi tous les livres que j'avais lus depuis quarante ans, j'aurais dû faire une sélection comprenant un assemblage compréhensible de titres ! Là où ils ne voient que fatras, je distingue un ordre logique. Mon ordre à moi. Ma continuité. Qui a le droit de dire ce que j'aurais dû lire et dans quel ordre ? Quelle absurdité ! Plus je découvre mon passé tel qu'il se révèle dans les livres que j'ai lus, plus je discerne dans ma vie de logique, d'ordre et de discipline. On trouve à sa vie une signification grandiose, même si elle a toutes les apparences d'une fondrière. Certainement aucun Créateur n'aurait pu tracer les chemins innombrables et tortueux que l'on suit, fixer les décisions que l'on prend. Pouvons-nous imaginer un grand livre où seraient enregistrées les divagations de tous les mortels qui aient jamais vécu ? Ne serait-ce pas folie que de tenir un pareil livre ? Non, je suis sûr que, quelques difficultés que nous ayons nous autres mortels, à trouver notre voie, le Créateur doit en connaître d'analogues et de plus épineuses encore. Et si, comme j'en suis solennellement persuadé, il se retrouve au milieu de tout cela, pourquoi ne nous y retrouverions-nous pas aussi, du moins en ce qui concerne notre propre existence ?

1. En français dans le texte.

Si je n'arrive pas à dormir la nuit, ce n'est pas à cause des livres que je lis, car l'étendue de mes lectures est infinitésimale auprès de ce qu'un rat de bibliothèque dévore dans une journée. (Pensez à Napoléon à Sainte-Hélène, demandant chaque jour des piles de livres, les dévorant comme un termite et en réclamant toujours d'autres !) Non, ce ne sont pas les livres seuls, ce sont les souvenirs qui s'y trouvent associés, les souvenirs d'existences antérieures, comme je l'ai déjà dit. Je vois ces êtres que je fus jadis aussi distinctement que si je regardais l'un après l'autre des amis. Et pourtant, voici un fait que je ne puis simplement passer sous silence : l'homme que j'étais quand j'ai lu pour la première fois *Mystères*, par exemple, ne me semble guère différent de l'homme que j'étais hier, de l'homme que je suis encore. Mon opinion en tout cas n'a pas changé et j'éprouve toujours le même enthousiasme pour l'auteur de ce livre. (Qu'il ait « collaboré » durant la dernière guerre, par exemple, ne signifie strictement rien pour moi.) Même si, en qualité d'écrivain, je prends conscience à chaque relecture des « défauts » ou, pour être plus charitable, des « faiblesses » de mon auteur favori, l'homme que je suis accueille avec la même chaleur sa langue, son tempérament. J'ai pu grandir — ou peut-être pas ! — en stature intellectuelle, mais Dieu merci, me dis-je, je n'ai pas subi de profondes métamorphoses. Ce doit être, à mon avis, qu'un appel à l'âme a un caractère définitif et irrévocable. Et c'est avec l'âme que nous percevons l'essence d'un autre être, non pas avec l'esprit, ni même avec le cœur.

J'ai lu un jour dans le journal français *Combat* une lettre d'H.G. Wells à James Joyce datée de 1928. C'était une épître à faire rougir de confusion un confrère. Elle m'a rappelé une lettre de la même veine, mais plus réussie, de Strindberg à Gauguin à propos des nouvelles toiles tahitiennes de ce dernier. Mais écoutez le ton du pompeux homme de lettres anglais :

Vous croyez sans doute à la chasteté, à la pureté et à

un dieu personnel ; c'est pourquoi vous finissez toujours par vous répandre en cris de con, de merde et d'enfer[1].

« Oh, Henry, quelles belles dents en or tu as ! » s'exclama ma fille de quatre ans l'autre matin en grimpant dans mon lit. *C'est ainsi que je m'approche des œuvres de mes confrères.* Je vois combien leurs dents en or sont belles, et non pas comme elles sont laides ou artificielles...

Mais il y a de petites choses, de petits détails personnels qui me tiennent éveillé aussi quand j'ai fini un livre. Ainsi, il m'arrive maintes fois — et j'espère que vous ne verrez pas là une marque d'égoïsme de ma part — d'être frappé par le fait que tant d'écrivains ou d'artistes que j'adore semblent être parvenus au terme de leurs jours environ l'époque où je venais au monde. (Rimbaud, Van Gogh, Nietzsche, Whitman, pour n'en citer que quelques-uns.) À quoi cela m'avance-t-il ? À rien, en fait, mais cela m'emplit de stupéfaction. Ainsi j'étais en train de me frayer péniblement un chemin hors des entrailles maternelles, alors qu'ils s'apprêtaient pour le dernier repos ! Tout ce pour quoi ils ont combattu, tout ce pour quoi ils sont morts, il faut que je le répète d'une façon ou d'une autre. Leur expérience, leur philosophie de la vie, leur enseignement, rien de tout cela ne m'échoit en héritage par le seul fait qu'ils m'ont immédiatement précédé. Bien mieux, il me faut attendre vingt, trente, parfois quarante ans avant d'entendre même prononcer leur nom. Un autre détail à propos de ces grandes figures : je suis passionnément curieux de savoir comment ces héros ont péri : était-ce par accident, par maladie, par le suicide, par chagrin ? Parfois ce sont les circonstances entourant leur naissance qui me fascinent. (Jésus n'a pas été le seul à naître dans une mangeoire, je l'ai découvert. Pas plus que Swedenborg n'a été le seul à prédire le jour et

1. En français dans le texte.

l'heure de sa propre mort.) Ceux d'entre eux — et ils sont rares — qui ont connu le confort et l'aisance ne sont qu'une poignée auprès de la cohorte de ceux qui n'ont connu que le chagrin et la misère, qui ont été affamés, torturés, persécutés, trahis, insultés, emprisonnés, bannis, décapités, pendus, roués ou écartelés. Autour de tout homme de génie scintille une constellation de génies similaires ; rares sont ceux qui ne sont pas de leur époque. Tous autant qu'ils sont font corps avec une époque. Ceux qui sont dans la tradition, comme on dit, vivent et meurent suivant la tradition. Je pense, je ne sais pourquoi, à Nikolai V. Gogol, l'auteur du *Journal d'un fou*, de *l'Iliade* cosaque, qui déclare vers la fin d'un de ses récits :

Quel lieu sinistre que ce monde, messieurs !

Lui, Gogol, s'installe à Rome, figurez-vous, craignant de rester dans la Sainte Russie. (Avez-vous remarqué, à propos, en quels lieux étranges, lointains, et souvent désolés et perdus, nos écrivains accouchent de leurs œuvres les plus fameuses ?) C'est à Rome qu'il termina *les Âmes mortes*. Gogol brûla le second volume quelques jours avant sa mort ; quant au troisième, il ne fut jamais commencé. C'est ainsi que, malgré un pèlerinage de pénitence en Palestine, ce malheureux homme, inquiet, déprimé, qui avait espéré écrire une *Divine Comédie* pour son peuple, une œuvre contenant « un message » périt misérablement loin de sa patrie. L'homme qui a fait rire et pleurer des millions de lecteurs, qui a exercé une influence décisive sur les écrivains russes (et autres) qui l'ont suivi, est qualifié avant sa mort de

prédicateur du knout, apôtre de l'ignorance, défenseur de l'obscurantisme et de la plus sombre oppression [1].

Et par un ancien admirateur ! Mais comme il est mer-

1. Voir *From Pushkin to Mayakovsky*, de Janko Lavrin, Sylvan Press, Londres, 1948.

veilleux et prophétique, ce passage sur la troïka qui termine le premier volume ! Janko Lavrin, à qui j'ai emprunté les observations précédentes, dit que dans ce passage Gogol pose à la Russie une question que tous ses grands auteurs lui ont posée depuis lors... en vain. Voici le passage :

Russie, ne voles-tu pas comme une troïka sans égale ? Sous tes pas, la route n'est que fumée, les ponts, tonnerre, et tu laisses tout loin derrière toi. Sur ton passage, le promeneur s'arrête, frappé comme par un miracle divin. « N'était-ce pas un éclair ? » demande-t-il. Pourquoi cette course folle ? Et quelle est cette force inconnue qui pousse ainsi les chevaux et que je n'ai jamais vue ? Ah, chevaux, chevaux... quel équipage vous faites ! Vos crinières sont un tourbillon ! Et vos veines ne tintent-elles pas comme vos oreilles ? Vous avez perçu descendant du ciel les accents d'un chant familier ; et aussitôt à l'unisson, vous tendez vos poitrails de bronze et, effleurant à peine le sol de vos sabots, vous êtes transformés en flèches, en traits effilés qui fendent les airs et vous ruez sous l'empire de la divine inspiration !... Russie, où cours-tu ? Réponds-moi. Mais il n'y a rien à répondre. Les cloches sonnent et emplissent l'air de leur magnifique carillon ; l'air en vibre et en résonne ; tout sur la terre passe en regardant la Russie de travers, les autres peuples et les États s'écartent sur son passage.

Oui, c'est un passage mémorable, et prophétique incontestablement. Mais pour moi, il évoque aussi d'autres émotions, d'autres réactions. Dans ces mots — et surtout « réponds-moi. Mais il n'y a rien à répondre », il me semble entendre la musique retentissante de tant de fameux exilés, tous entonnant le même chant, même quand ils abhorraient la mère patrie. « Je suis ici. Vous êtes là. » Voilà ce qu'ils disent. « Je connais mon pays mieux que vous. Je l'aime davantage même si je crache dessus. Je suis le fils prodigue et je rentrerai un jour couvert d'honneurs... s'il n'est pas trop tard. Mais je ne bougerai pas d'ici que vous ne m'ayez fait citoyen d'honneur de ma ville natale. Je meurs d'esseulement, mais mon orgueil est plus grand que toutes les solitudes. J'ai un message pour vous, mais le temps n'est pas venu de le révéler. » Et ainsi de suite...

Je connais ces cœurs pleins d'angoisse, de désespoir, gonflés d'un mélange d'amour et de haine à les faire éclater.

Quand j'insistais pour que vous lisiez avec une attention toute particulière le morceau intitulé « The Brooklyn Bridge » (dans *The Cosmological Eye*), peut-être était-ce à tout cela que je songeais. Vous avez raison en ce qui concerne *Printemps noir*. Vous avez mis le doigt sur la phrase même qui illustre mon point de vue :

> *Je suis reconnaissant à l'Amérique de m'avoir fait prendre conscience de mes besoins...*

Mais n'ai-je pas dit aussi : « Je suis un homme du Vieux Monde ? » Ces critiques mesquines et pitoyables dont vous me parlez, ne perdons pas notre temps à en discuter. Qui dans cinquante ans d'ici se souciera de ce qu'ont écrit Robert Kemp, Edmund Wilson, et consorts ?

Me voici de retour en Amérique. Mes journées sont bien remplies. Trop bien. À six heures vingt chaque matin, le coq chante. Le coq, c'est Tony, mon petit garçon. Dès lors, plus un moment de répit. Je commence souvent la journée en le changeant de couche. Puis arrive Valentine, « le mystère de Dieu », comme elle s'est un jour baptisée elle-même. Parfois je jardine un peu avant le petit déjeuner, je creuse d'interminables tranchées où je remettrai ce que nous avons arraché au sol, comme un bon paysan chinois. Après le petit déjeuner, je me précipite dans mon bureau et je commence à répondre au courrier : chaque jour quinze ou vingt lettres auxquelles je dois répondre. Avant que le soleil se couche, j'emmène généralement les enfants faire une promenade. Si j'y vais seul, je rentre au trot, la tête bouillonnant d'idées. C'est seulement quand je pénètre dans la forêt que je suis vraiment seul, et c'est alors seulement que j'ai la possibilité de me vider l'esprit et de recharger la batterie. Certaines journées sont interrompues par l'arrivée de visiteurs. Généralement, ils viennent l'un après l'autre, comme des trains qui obéissent à un horaire bien calculé. À peine ai-je fait mes adieux à un convoi qu'un autre entre en gare. Beaucoup d'entre eux n'ont même pas lu mes livres. « Nous avons entendu parler de vous ! » disent-ils. Comme si c'était une excuse pour empiéter sur le temps précieux de quelqu'un !

Entre-temps, j'écris. Si je peux consacrer deux ou trois heures par jour à mon travail, je m'estime heureux. Cette lettre, par exemple, je l'ai commencée hier, et je la continuerai sans doute demain. Cela me fait du bien d'écrire une lettre qui ne soit pas une réponse à une demande, d'écrire une lettre gratuite, pour ainsi dire, dont les phrases se sont accumulées en moi comme les eaux d'un réservoir. Voilà longtemps que je vous devais cette lettre. Comme je déteste ces lettres d'étudiants qui ont l'intention d'écrire une thèse sur tel aspect de mon œuvre, ou sur l'œuvre d'un de mes amis. Les questions dont ils m'accablent, les exigences qu'ils peuvent formuler ! Quoi de plus inutile, quelle plus grande perte de temps et d'énergie qu'une thèse d'université ? (Ce n'est pas tous les jours qu'on trouve une thèse comme celle que Céline consacra à Semmelweiss !) Certains, en toute naïveté, ont le toupet de me demander de leur expliquer toute mon œuvre... en quelques lignes. Parfois, m'appuyant sur la pelle, je lève les yeux de la tranchée que je creuse — elle commence d'ailleurs à ressembler à ces parapets comme on en voyait dans les guerres balkaniques ! — parfois, dis-je, levant les yeux vers la vaste coupole bleue du ciel où planent les vautours, ou bien scrutant la mer pour y chercher peut-être un navire, je me demande à quoi rime tout cela, pourquoi poursuivre cette folle activité.

Ce n'est pas que je me sente seul. Je ne crois pas avoir éprouvé ce sentiment plus de deux ou trois fois dans ma vie. Non, je me demande simplement : pourquoi ? Vous m'écrivez, d'autres aussi m'écrivent que mon œuvre devrait connaître une plus large diffusion, qu'elle renferme un message susceptible d'intéresser le monde entier. Je n'en suis pas sûr. Comme ce serait bon de ne rien faire du tout pendant quelque temps ! De « souffler » et de méditer. De me tourner les pouces. Simplement. En fait, le seul moyen que j'aie de prendre des vacances, c'est d'inventer quelque malaise et de me mettre au lit pour la journée. Je peux rester allongé des heures sans regarder un livre. Je peux rester allongé sur le dos à rêver. Quelle volupté ! Bien sûr, si j'avais le choix, je préférerais passer mes « vacances » à faire quelque lointain voyage — à Tombouctou, par exemple, ou à La Mecque, ou à Lhassa. Mais comme je ne puis faire le voyage matériellement, je me déplace par la pensée. Je choisis mes compagnons selon mon cœur : Dostoïevsky, Ramakrishna, Élie Faure, Blaise Cendrars, Jean Giono, à moins que ce ne soit quelque démon ou saint que j'aille arracher à son repaire himalayen. Parfois, je me rétablis brusquement — tout ce qu'il me fallait, c'était un changement, un interlude — et, bondissant dans mes vêtements, je cours rendre visite à mon ami Schatz ou à mon ami Emil White. (Tous deux sont peintres, mais le dernier ne s'en rend pas encore compte. Il ne sait pas comment s'intituler, mais chaque jour il peint une autre miniature persane de Big Sur.) Pour voir un autre écrivain américain, il me faudrait parcourir Dieu sait combien de kilomètres.

Ce qui me rappelle que l'autre soir, j'ai lu une lettre bien intéressante et fort révélatrice de Sherwood Anderson à Théodore Dreiser (datée du 2 janvier 1936). Elle fut écrite à la suite du suicide de Hart Crane et de Vachel Lindsay, deux célèbres poètes américains.

Depuis un an ou deux, commence Anderson, *j'avais l'esprit hanté par quelque chose dont nous aurions dû discuter tous les deux et cette obsession est devenue plus vive encore après le suicide de gens comme Hart Crane, comme Vachel Lindsay et d'autres encore, pour ne rien dire de l'amertume d'un Masters.* (Edgar Lee Masters, auteur d'une *Spoon River Anthology.)*

S'il y a eu trahison en Amérique, poursuit-il, *je crois que c'est nous qui nous sommes trahis. Je ne crois pas que nous — et par « nous » j'entends les artistes, écrivains, chanteurs, etc. — nous soyons vraiment serré les coudes.*

Il continue en disant qu'il a pensé à exprimer son opinion sur la question dans une lettre ouverte ou un pamphlet intitulé *Un Américain à un Américain*. Il parle de notre esseulement. Il dit que cela nous aiderait peut-être à

revenir à la vieille habitude de correspondre d'homme à homme qui à certaines époques se pratiquait couramment.

Et puis il ajoute ceci :

Supposez par exemple, Ted, que chaque matin en allant vous mettre à votre bureau pour travailler vous commenciez la journée en écrivant, mettons une lettre à un autre homme exerçant le même genre d'activité que vous. Supposez que cet effort nous ralentisse un peu dans notre production littéraire. De toute façon nous produisons sans doute trop. Je fais cette suggestion, car c'est la seule solution que j'envisage. Ce n'est pas que je veuille que vous m'écriviez. Je pourrais vous donner les noms et adresses d'autres qui ont besoin de vous et dont vous avez besoin. Je crois qu'on peut établir ainsi un réseau de relations plus étroites entre écrivains, peintres, auteurs de chansons, etc.

Continuant cette lettre le lendemain, il dit encore :

Pouvez-vous croire que Vachel Lindsay aurait pris...

(ici un blanc de l'éditeur, pas de moi !) *si ce jour-là il avait reçu ne fût-ce que deux ou trois lettres de nous autres* [1] *?*

Je ne sais ce que vous penserez de cette idée d'Anderson. Elle vous paraîtra peut-être stérile. Mais à moi qui suis aussi un Américain, elle me plaît. J'entends par là que nous autres Américains, nous sommes toujours prêts à tenter une expérience, même si nous ne sommes pas convaincus au départ qu'elle réussira. Mais, comme je le disais à un jeune écrivain qui habite dans le voisinage et qui met cette idée en pratique, c'est un projet qui convient mieux à de jeunes écrivains inconnus qu'à des auteurs plus âgés. Pourquoi de jeunes auteurs ne communiqueraient-ils pas entre eux pour se confier leurs besoins, leurs désirs, leurs espoirs et leurs rêves ? Pourquoi ne créeraient-ils pas un véritable réseau, un noyau solide, un rempart en face de l'indifférence du monde, l'indifférence des écrivains plus âgés et déjà arrivés, l'indifférence, la stupidité et l'aveuglement des directeurs de revue et des éditeurs en particulier ? Un écrivain d'un certain âge, je l'ai remarqué, est tenté de dissuader plutôt que d'encourager un jeune auteur. Il connaît les pièges, les embûches, les déceptions, les chagrins qui attendent le novice. Il n'a plus guère d'illusions sur la valeur ou la nécessité de tout travail créateur, le sien compris.

Je suis intimement persuadé que l'aveugle devrait aider l'aveugle, le sourd venir en aide au sourd et les jeunes écrivains soutenir les jeunes écrivains. Et puis, nous, les aînés, nous avons plus à apprendre des jeunes qu'eux de nous. « Les insensés se précipitent là où les anges eux-mêmes craignent de s'aventurer. » Parfaitement ! Et c'est heureux. Il y avait ici l'autre jour un vieux savant pontifiant qui, discutant avec un de mes jeunes amis du prochain voyage dans la lune, prétén-

1. *The Portable Sherwood Anderson*, The Viking Press, New York, 1949.

dait que le temps n'était pas venu de penser sérieusement à de telles aventures et que débattre de pareilles questions prématurément était plus nuisible qu'autre chose. Quelle magnifique absurdité ! Comme si nous allions nous carrer dans nos fauteuils en attendant que les hommes de science aient terminé tous leurs préparatifs et qu'ils nous disent : « Partez ! » Arriverait-il jamais rien si l'on procédait ainsi ?

Mais revenons à Sherwood Anderson et à son bon ami Dreiser. Je crois bien avoir oublié de citer ces deux hommes parmi mes « influences » dans le chapitre où je traitais cette question. J'ai eu la bonne fortune de rencontrer Anderson quelques années à peine avant sa mort. C'était peu après mon retour d'Europe. J'étais par hasard descendu au même hôtel que lui. Je pris rendez-vous avec lui dans un bar voisin et, quand j'arrivai, je constatai avec ravissement que John Dos Passos était avec lui. Ma première impression en les voyant fut : que c'est curieux d'être assis là avec deux célèbres écrivains américains ! Il me semblait que je devrais étudier ces oiseaux rares. (À Paris, bien sûr, j'avais connu quelques écrivains américains, mais j'étais si lié avec eux que jamais je ne les considérai comme des « hommes de lettres ». Avant cela, durant toute ma période d'apprentissage en Amérique, c'est à peine si je puis me rappeler un seul auteur éminent, je veux dire un de nos écrivains, que j'aie approché et avec qui j'aie parlé.)

Naturellement ma réserve eut tôt fait de se dissiper devant la cordialité et l'amitié que me témoignaient ces deux hommes. Ils étaient très, très humains et me mirent tout de suite à l'aise. Je dis cela parce que, en regagnant l'Amérique, j'avais retrouvé mon ancienne attitude de novice, d'écrivain inconnu. Ni l'un ni l'autre, j'en suis sûr, n'avaient lu mes livres, mais ils me connaissaient de nom. Nous nous entendîmes très bien. Je fus émerveillé surtout par les dons de conteur d'Anderson. Son américanisme aussi me frappa, et pourtant en apparence il était rien moins que l'Américain type. Dos Passos aussi me parut très américain, tout cosmopolite qu'il fût. Je ne tardai pas à remarquer qu'ils étaient très à l'aise dans leur pays. Ils aimaient bien l'Amérique. Et ils l'avaient parcourue de part en part.

J'étais ravi, disais-je, de trouver Dos Passos dans ce bar. C'est vrai car, détail étrange, ce fut la lecture d'un des premiers textes qu'il eût donnés à une revue — *The Seven Arts*, je crois — qui me donna à penser que je pourrais peut-être devenir un jour aussi un écrivain. J'avais évidemment lu un grand nombre de ses premiers livres comme *Trois Soldats, Manhattan Transfer* et *Orient Express*. Je devinais le poète chez lui, comme j'avais flairé le conteur né chez Sherwood Anderson.

Mais avant d'aborder l'œuvre de l'un ou de l'autre, j'avais déjà lu et adoré Théodore Dreiser. Dans mes jeunes années, je lus de lui tout ce qui me tomba sous la main. Je m'inspirai même pour mon premier livre d'un ouvrage de lui intitulé *Douze Hommes*. J'aimais beaucoup aussi son frère qu'il a dépeint si tendrement dans ce roman : Paul Dreiser, le compositeur de chansons. Dreiser, ai-je besoin de le préciser, exerça une influence profonde sur les jeunes écrivains de son temps. Ses grands romans, comme *Jenny Gerhardt, le Titan, le Financier* — nous les qualifions aujourd'hui d'« énormes, démesurés et gauches » — firent sensation. Ils étaient sombres, réalistes, denses, mais jamais ennuyeux... du moins pour moi. C'étaient des romans passionnés, tout imprégnés de la couleur et du drame de la vie américaine ; ils venaient droit des tripes et gardaient encore la chaleur du sang. Ils semblent si sincères qu'aujourd'hui des hommes comme Sinclair Lewis, Hemingway, voire Faulkner paraissent artificiels auprès de Dreiser. C'était un homme qui avait jeté l'ancre en plein milieu du courant. Comme un reporter, il avait vu la vie de près, l'envers de la vie, bien sûr. Il n'était pas amer, il était honnête. Le plus honnête de tous les écrivains que nous ayons eus. Et voilà au moins ce qu'il m'enseigna : la faculté de regarder la vie honnêtement. Il avait encore une autre qualité, et c'était la richesse. Je sais que les Américains ont la réputation d'écrire des gros livres, mais gros ne veut pas toujours dire rempli. Je parlais tout à l'heure de la différence entre la « vacuité » des écrivains européens et américains. Le vide de l'Européen, me semble-t-il, tient aux matériaux qu'il utilise ; le vide de l'Américain tient à son héritage spirituel ou culturel. La « plénitude du vide », si manifeste dans l'art chinois, semble inconnue du monde occidental, que ce soit en Amérique ou en Europe. Quand je parlais du plaisir que j'éprouvais à feuilleter une revue ou un magazine littéraire européen, j'entendais par là le plaisir qu'éprouve l'artiste dans sa mansarde quand il regarde un paysan tourner la cuiller dans une marmite de ragoût qui mitonne, comme on dit, depuis une semaine ou plus. Ce n'est rien pour un écrivain français de truffer son article de noms prestigieux et de références éblouissantes : cela fait partie du train-train quotidien de la littérature. Nos essais de critique ou d'interprétation sont si pauvres à cet égard qu'on pourrait croire que nous sommes seulement sortis hier de la barbarie. Mais quand on en arrive au roman, à l'exposé de l'expérience brute de la vie, l'Américain l'emporte souvent sur l'Européen. Peut-être l'écrivain américain vit-il plus près de ses racines, est-il plus imprégné de ce qu'on appelle l'expérience. Je n'en suis pas sûr. D'ailleurs, il est dangereux de généraliser. Je peux citer un certain nombre de romans, dus notamment à des romanciers français, dont nous n'avons pas l'équivalent pour ce qui est du contenu, du matériau brut, des scories, de la richesse de veine, de l'abondance et de la profondeur de l'expérience. En général, toutefois, j'ai l'impression que l'écrivain européen commence en partant du toit, ou du firmament, si vous voulez. *Son* firmament particulier, racial et culturel, non pas *le* firmament. C'est comme s'il travaillait sur un instrument à trois claviers. Parfois, il reste sur les hautes notes, sa voix se fait fluette, il n'emploie que des matériaux prédigérés. Le grand Européen, bien sûr, utilise tous les registres à la fois ; il sait se servir de chaque clef et il est passé maître dans l'emploi des pédales.

Mais abordons le problème sous un autre angle. Comparons deux hommes qu'on ne devrait vraiment pas comparer, puisque l'un était un romancier et l'autre un poète : je veux parler de Dostoïevsky et de Whitman. Je les choisis arbitrairement parce qu'ils représentent pour moi les sommets de la littérature moderne. Dostoïevsky, bien sûr, était infiniment plus qu'un romancier, tout comme Whitman était plus grand qu'un poète. Mais ce qui les différencie, à mes yeux du moins, c'est que Whitman, bien qu'inférieur en tant qu'artiste, et moins profond, voyait plus grand que Dostoïevsky. Il avait l'ampleur cosmique, voilà. On l'appelle « le grand démocrate ». On ne pourrait jamais attribuer cette épithète à Dostoïevsky, non pas à cause de ses opinions religieuses, politiques ou sociales, mais parce que Dostoïevsky était à la fois plus et moins qu'un « démocrate ». (J'espère qu'on comprend que par « démocrate » je veux dire un type d'individu indépendant et dont aucun gouvernement n'a pu encore éveiller suffisamment la loyauté pour faire de lui un citoyen.) Non, Dostoïevsky était humain au sens d'« humain trop humain » où l'entendait Nietzsche. Il tord nos garrots quand il déroule son rouleau de vie. Whitman, à côté de lui, paraît impersonnel ; il embrasse les foules, les masses, les grands rassemblements d'humanité. Ses yeux sont constamment fixés sur les possibilités, sur les divines possibilités de l'homme. Il parle de fraternité ; Dostoïevsky parle de camaraderie. Dostoïevsky nous bouleverse jusqu'au fond de l'âme, il nous fait frissonner et grimacer, tiquer, fermer les yeux tour à tour. Pas Whitman. Whitman a la faculté de tout considérer, divin ou démoniaque, comme faisant partie de l'éternel flux d'Héraclite. Pas de commencement, ni de fin. Un vent noble et violent souffle à travers ses poèmes. Sa vision a des facultés curatives.

On sait que le grand problème pour Dostoïevsky, c'était Dieu. Dieu n'a jamais été un problème pour Whitman. Il était avec Dieu, tout comme le Verbe était depuis le commencement des temps avec Dieu. Dostoïevsky dut pratiquement créer Dieu — et quelle tâche herculéenne c'était ! Dostoïevsky surgit des profondeurs et, s'élevant jusqu'aux sommets, il a toujours gardé quelque chose qui rappelait ses origines. Avec Whitman, il me semble voir un homme dansant comme un bouchon sur un courant violent ; de temps en temps il est submergé, mais il ne risque jamais de couler vraiment. Sa substance même l'en empêche. On peut dire aussi que c'est Dieu qui nous a donné notre caractère. On peut dire aussi que la Russie du temps de Dostoïevsky était un monde très différent de celui où grandit Whitman. Mais après avoir catalogué et dûment souligné tous les facteurs qui déterminent le développement du caractère aussi bien que du tempérament d'un artiste, j'en reviens à la question de la vision. Tous deux avaient le don prophétique ; tous deux avaient un message pour le monde. Et tous deux avaient du monde une image extrêmement nette ! Tous deux, ne l'oublions pas non plus, se sont mêlés au monde. Whitman fait montre d'une largesse quasi divine ; on trouve chez Dostoïevsky une intensité et une acuité presque surhumaines. Mais l'un mettait l'accent sur l'avenir, l'autre sur le présent. Dostoïevsky, comme tant de Russes du XIXe siècle, est eschatologique ; il a le souffle messianique. Whitman, solidement ancré dans l'éternel présent, dans le flux, est pour ainsi dire indifférent au sort du monde. Il a souvent un ton cordial, tapageur, bon enfant. Il sait qu'au fond tout va pour le mieux. Bien plus. Il sait que si quelque chose ne va pas, ce n'est pas le replâtrage qu'il pourrait faire qui arrangera les choses. Il sait que le seul moyen de remettre de l'ordre, si l'on y tient, c'est que l'individu commence par revenir dans le droit chemin. Sa tendresse et sa compassion pour la putain, le mendiant, le hors caste, l'affligé lui évitent de se pencher sur les problèmes sociaux pour les étudier. Il ne prêche pas de dogmes, ne célèbre pas de culte, ne reconnaît pas de médiateur. Il vit au grand air, allant avec le vent, observant les saisons et les révolutions célestes. Son culte est implicite et c'est pourquoi il ne peut rien faire de mieux que de chanter hosanna toute la journée. Il a eu des problèmes, je ne l'ignore pas. Il a eu ses moments difficiles, ses épreuves et ses tribulations. Peut-être aussi a-t-il eu ses moments de doute. Mais jamais ils ne font obstacle à son œuvre. Il ne demeure pas tant le grand démocrate que le vaillant et cordial cosmocrateur. Il déborde de santé et de vitalité. Je viens peut-être *là* de mettre le doigt sur l'essentiel. (Non que je veuille comparer physiquement les deux écrivains : l'épileptique et l'homme des grands espaces. Non.) Je parle de la santé, de la vitalité qui transsude de sa langue même, qui reflète donc son état d'âme. En insistant sur ce point, je veux indiquer que l'indifférence vis-à-vis des problèmes culturels a sans doute beaucoup contribué à cette qualité tonique qui se dégage de sa poésie. Cela lui a épargné ces incursions qu'on observe de temps en temps chez les Européens les plus cultivés. Whitman semble à peu près immunisé en face des maladies du temps. Il ne vivait pas à une époque, mais dans un état de plénitude spirituelle. Un Européen a beaucoup plus de mal à demeurer dans un pareil « état » quand il est parvenu à l'atteindre. Il est harcelé de tous côtés. Il doit être pour ou contre. Il doit participer. Il lui est presque impossible d'être un « citoyen du monde » : il peut tout au plus être « un bon Européen ». Ici aussi, cela devient difficile d'être au-dessus de la mêlée, mais pas impossible. Il y a encore ici l'élément de hasard qui en Europe semble pratiquement éliminé.

Je me demande si je me suis clairement exprimé. Je parlais de la plénitude de la vie telle qu'elle se reflète dans la littérature. C'est en vérité la plénitude du monde qui m'intéresse. Whitman est plus près des *Upanishads*, Dostoïevsky du Nouveau Testament. Le riche ragoût de la culture européenne représente un genre de plénitude, le lourd minerai de la vie quotidienne en Amérique en représente un autre. Auprès de Dostoïevsky, Whitman à certains égards est vide. Ce n'est pas toutefois le vide de l'abstrait. C'est plutôt une sorte de vide divin. Il fait penser à ce vide indicible dont jaillit le chaos. C'est le vide préliminaire à toute création. Dostoïevsky est le chaos et la fécondité. L'humanité, avec lui, n'est qu'un tourbillon dans le bouillonnement du maelström. Il avait le don de donner naissance à bien des ordres d'humanité. Afin de prescrire un ordre vivable, il lui fallait, si l'on peut dire, créer un Dieu. Pour lui-même ? Parfaitement. Mais pour tous les autres hommes et femmes aussi. Et pour les enfants de ce monde. Dostoïevsky ne pouvait pas vivre seul, si parfaite que fût sa vie ou la vie du monde. Whitman, lui, en était capable, on le devine. Et c'est Whitman qu'on appelle le grand démocrate. Il était cela, bien sûr. Il l'était parce qu'il était parvenu à se suffire à lui-même... Quelles perspectives ouvre cette pensée ! Whitman est arrivé, Dostoïevsky bat encore des ailes pour accéder au ciel. Mais il ne saurait être question ici de préséance, de supériorité ni d'infériorité. L'un est un soleil, si vous voulez, l'autre une étoile. Lawrence a parlé un jour de Dostoïevsky s'efforçant d'atteindre la lune de son être :

> *Celui qui s'approche plus près du soleil est le chef, l'aristocrate des aristocrates, ou bien celui qui, comme Dostoïevsky, parvient le plus près de la lune de notre non-être.*

C'est bien une image de Lawrence. Elle s'appuie sur une thèse que Lawrence s'efforçait de défendre. Pour ma part, je suis très objectif : je les accepte tous les deux, Dostoïevsky et Whitman, dans leur essence comme dans leur mode d'expression propre. Je n'ai placé ces deux phares l'un à côté de l'autre que pour faire ressortir certaines différences. L'un me semble briller d'une lueur humaine, et on le tient pour un fanatique, pour une créature démoniaque ; l'autre émet une douce lumière cosmique, et on le considère comme le frère de tous les hommes, comme l'homme installé au milieu du courant de la vie. Tous deux ont donné de la lumière, et c'est cela le fait important. Dostoïevsky est tout passion, Whitman, tout compassion. Il y a une différence de voltage si vous voulez. Dans l'œuvre de Dostoïevsky, on a l'impression que l'ange et le démon marchent la main dans la main ; ils se comprennent et se montrent tolérants l'un envers l'autre. L'œuvre de Whitman ne contient pas de pareilles entités : on y trouve l'humanité brute, la nature dans ce qu'elle a de grandiose et d'éternel, et le souffle du grand Esprit.

J'ai souvent parlé de la célèbre photographie de Dostoïevsky que je contemplais il y a des années : elle était exposée dans la vitrine d'une librairie de la Deuxième Avenue à New York. Pour moi, ce sera toujours le vrai Dostoïevsky. C'est l'homme du peuple, l'homme qui a souffert pour lui et avec lui. L'éternel moujik. Peu importe que cet homme soit un écrivain, un saint, un criminel ou un prophète. On est frappé par son universalité. Quant à Whitman, la photo que j'avais toujours considérée comme son meilleur portrait, comme l'expression de ce qu'il est pour tous ses lecteurs, j'ai découvert l'autre jour que cette photo ne me satisfaisait plus.

Dans le livre de Paul Jamati sur Whitman [1], j'ai trouvé une photo de Whitman prise en 1854. Il a trente-cinq ans et vient tout juste de se découvrir. Il a l'air d'un poète oriental, j'allais presque dire d'un « sage ». Mais il y a quelque chose dans son regard qui n'est pas d'un sage. Il y a une nuance de mélancolie. Ou du moins me semble-t-il. Il n'est pas encore devenu ce barde au visage rude et embroussaillé de la fameuse photographie. C'est pourtant un beau visage, qui frappe, et le regard est d'une étonnante profondeur. Mais, si je puis m'aventurer à juger ainsi sur une simple photo, il y aussi dans ces yeux bleu clair une lueur lointaine, stel-

1. *Walt Whitman*, de Paul Jamati, Éditions Pierre Seghers, Paris, 1949. Cette même photo (de la collection Hart Crane) sert de frontispice à la réédition de *Walt Whitman the Wound Dresser*, de Richard M. Bucke, avec une introduction d'Oscar Cargill, Bodley Press, New York, 1949.

laire. Ce regard « voilé » qu'ils ont, et qui est en contradiction avec le dessin des lèvres, vient de cette habitude qu'a le poète de regarder le monde comme s'il s'agissait d'un univers « étranger » qu'on l'aurait emmené voir au prix d'une expérience inutile (?) peut-être ici-bas. C'est une étrange affirmation, je le sais, et peut-être dénuée de tout fondement. Une simple intuition. Mais cette pensée me hante et, qu'elle soit justifiée ou non, elle a changé la conception que je m'étais faite de la façon dont Whitman regardait le monde et dont le monde le regardait, lui. Elle ne correspond absolument pas à l'image que j'avais admise d'emblée, celle de l'homme qui a le génie de s'adapter, qui sait se mêler à la foule. Cette nouvelle image de Whitman date de six ans avant la guerre de Sécession, qui fut pour Whitman ce que fut la Sibérie pour Dostoïevsky. Sur ce visage de 1854, je lis cette faculté de partager sans limite les souffrances de ses semblables ; je comprends pourquoi il soignait les blessés sur le champ de bataille, pourquoi le destin, autrement dit, ne lui a pas mis une épée à la main. C'est le visage de l'ange secourable, d'un ange qui est en même temps poète et mage.

Il me faut parler encore de cette extraordinaire photo de 1854, qui n'est d'ailleurs pas celle que Jamati trouve si remarquable. Je viens d'examiner le cliché qu'admire tant Jamati, le daguerréotype qu'on a utilisé pour la gravure qui sert de frontispice à la première édition de *Leaves of Grass*. Je ne vois pas ce qu'il a de si remarquable ; des milliers de jeunes Américains de cette période auraient pu passer pour ce Whitman-là. Ce que je trouve extraordinaire, pour ma part, c'est que le même homme ait pu sembler si différent sur deux photos prises la même année !

Cherchant une description exacte de Whitman, je suis tombé sur le livre de son ami, le médecin canadien, Richard Maurice Bucke [1]. Il s'agit, malheureusement, d'un portrait de Whitman à l'âge de soixante et un ans. Enfin, tant pis... Voici ce que dit Bucke :

1. *Cosmic Consciousness*, Dutton & Co, New York, 1947, 13e édition.

> *Les sourcils sont en accent circonflexe, si bien que l'œil est loin du centre du sourcil. (C'est le trait qui frappe d'abord.) Quant aux yeux, ils sont bleu clair, pas grands — en fait, étant donné les proportions du visage et du crâne, ils paraissent plutôt petits ; ils ont un regard lourd, et pas tellement expressif : on y lit surtout la bonté, le calme, la douceur.*

Il continue en disant que

> *ses joues sont rondes et lisses. Son visage n'est pas ridé par les soucis, la fatigue ni par l'âge... Je n'ai jamais vu son regard exprimer, fût-ce momentanément, le mépris ni aucun sentiment désobligeant. Je ne l'ai jamais vu ricaner devant rien ni personne, ni manifester d'inquiétude ni d'appréhension, bien qu'il se soit trouvé en ma présence dans des situations qui auraient chez la plupart des hommes provoqué l'une ou l'autre.*

Il parle de la « couleur rosée » du corps de Whitman. Et il conclut :

> *Son visage est le plus noble que j'aie jamais vu.*

Dans les quelques pages que Bucke consacre à Whitman dans ce livre, il y a plus de choses que dans tous les ouvrages dus à des « professeurs de littérature », qui l'ont choisi comme « sujet d'étude ». Mais, avant que je ne cite quelques-uns des passages saillants, laissez-moi vous dire qu'en méditant sur la dualité de Whitman, j'ai complètement oublié qu'il était né sous le signe des Gémeaux, sans doute l'exemple le plus parfait de ce type qu'on ait jamais vu, tout comme Goethe était le plus bel exemple d'individu né sous le signe de la Vierge. Bucke a fait toute la lumière sur les divers personnages que Whitman a réussi à être en même temps. Insistant sur le brusque changement dans sa personnalité profonde qu'il a connu vers sa trente-quatrième ou trente-cinquième année, il déclare :

Nous attendons et nous trouvons toujours une différence entre les premiers écrits et les œuvres de maturité du même homme... Mais dans le cas de Whitman (comme dans celui de Balzac [1]) *des écrits dénués de toute valeur furent* immédiatement *suivis (et, pour Whitman du moins, sans long travail ni études patientes) par des pages où sont tracés en lettres de feu les mots* VIE ÉTERNELLE *; des pages qui ne sont pas seulement des chefs-d'œuvre mais telles qu'on n'en trouve pas de pareilles dix fois dans l'histoire de la race humaine...*

Et voici maintenant quelques-unes des observations que je trouve singulièrement intéressantes et significatives...

Walt Whitman, dans les conversations que j'avais avec lui à cette époque, désavouait toujours toute intention sublime dans ses gestes comme dans ses poèmes. À l'entendre, tout cela était simple et banal. Mais quand on en venait à réfléchir à ces explications et à en comprendre l'esprit, on s'apercevait que ce qu'il appelait simple et banal était en fait plein d'idéal et de spiritualité.

Il m'a dit un jour (je ne sais plus à quel propos) : « J'ai imaginé une vie qui devrait être celle de l'homme moyen dans des circonstances ordinaires, et qui serait cependant grandiose et héroïque. »

Je vous prie de bien noter cela ! Nous y reviendrons dans quelques instants. C'est extrêmement important.

Il lisait rarement un livre jusqu'au bout et ses lectures n'avaient rien (en apparence) de plus systématique que ses autres activités ; c'est-à-dire qu'il n'avait pas plus de système pour cela que pour autre chose.

Il ne lisait rien d'autre que l'anglais, je crois pourtant

1. C'est moi qui souligne.

qu'il savait plus de français, d'allemand et d'espagnol qu'il ne voulait bien l'avouer. Mais à l'entendre, il ne savait rien.

Jamais sans doute personne n'a aimé tant de choses et n'en a détesté si peu que Walt Whitman. Tous les objets naturels semblaient avoir un charme à ses yeux ; tous les spectacles, tous les sons, de quelque nature qu'ils soient, paraissaient lui plaire. Il avait l'air d'aimer (et je crois bien qu'il aimait vraiment) tous les hommes, femmes et enfants qu'il voyait (et pourtant je ne l'ai jamais entendu dire qu'il aimait personne), mais tous ceux qui le connaissaient avaient l'impression qu'il les aimait et qu'il aimait les autres aussi... Il était particulièrement affectueux avec les enfants et ceux-ci l'aimaient et avaient aussitôt confiance en lui.

Pour les jeunes comme pour les vieux, il avait un charme indescriptible et auquel ne pourraient croire d'ailleurs que ceux qui l'ont connu personnellement ou par Leaves of Grass. *Ce charme (plus physique que psychologique) expliquerait, si on pouvait le comprendre, tout le mystère du personnage, et comment il a pu exercer un pareil ascendant, non seulement sur les gens bien portants, mais sur les malades et les blessés.*

Il ne parlait pas beaucoup... Je ne l'ai jamais vu discuter ni se quereller, et il ne parlait jamais d'argent. Il excusait toujours, tantôt en plaisantant, tantôt très sérieusement, ceux qui disaient du mal de lui ou de ses œuvres, et j'ai souvent pensé qu'il prenait plaisir à ces critiques acerbes, à ces calomnies, aux assauts de ses ennemis. Il disait que ses critiques avaient raison, que derrière ce que voyaient ses amis il n'était pas du tout ce qu'on croyait et que, du point de vue de ses ennemis, son livre méritait toutes les choses désagréables qu'ils pouvaient en dire... et que lui-même méritait certainement ces critiques et bien d'autres encore.

Il m'a dit un jour : « Après tout, la grande leçon est qu'aucun grand spectacle naturel — que ce soient les Alpes, les chutes du Niagara, le Yosémite ou toute autre curiosité — n'est plus grandiose ni plus beau qu'un lever ou qu'un coucher de soleil ordinaires, que la terre, le ciel, l'herbe ou les arbres. » Si l'on comprend bien ce propos, il résume, je crois, l'enseignement de ses écrits et de sa vie, c'est-à-dire que le banal, le quotidien est encore ce qu'il y a de plus grand ; que l'exceptionnel n'est pas plus beau, meilleur, ni plus admirable que l'ordinaire et que ce qui nous manque vraiment, ce n'est pas de posséder quelque chose que nous n'avons pas pour l'instant, mais que nos yeux s'ouvrent pour voir et que nos cœurs sentent ce que nous possédons tous.

Il ne parlait jamais en termes méprisants d'aucune nationalité, d'aucune classe, ni d'aucune époque historique, pas même de la féodalité ; il ne disait jamais de mal d'un métier ni d'une profession, et pas davantage de tel animal, insecte, plante ou objet inanimé, pas plus que des lois de la nature ni que des effets de ces lois comme la maladie, les difformités ou la mort. Il ne se plaignait jamais non plus du temps, de la douleur, de la maladie, ni de quoi que ce fût. Jamais, dans la conversation, en aucune circonstance, il ne tenait des propos qu'on pût juger indélicats (il a bien sûr employé dans ses poèmes des termes qu'on a pu estimer inconvenants, mais qui ne le sont pas vraiment)... Il ne jurait jamais ; il n'en avait guère l'occasion au demeurant puisque je ne l'ai jamais vu parler sous l'empire de la colère, et que d'ailleurs il ne se mettait jamais en colère. Jamais il n'a manifesté de peur et je crois qu'il ignorait ce que c'était...

J'en arrive maintenant à cet extrait de la prose de Whitman, qui se rattache à cet autre dont j'ai fait mention. Bucke dit de ce passage qu'il « semble annoncer la venue d'une race nouvelle ». Quoi qu'il en soit, je voudrais vous dire, mon cher Lesdain, que non seulement je tiens ce passage pour la clef de la philosophie de Whitman, l'essence même de sa pensée, mais — et je vous demande une fois de plus de ne pas voir là une marque d'égoïsme — que j'y vois l'expression même de ma conception actuelle de la vie. J'irai même jusqu'à dire — et là, je vais peut-être vous surprendre — que cette conception me semble typiquement américaine ou, plutôt, que c'est la promesse fondamentale qui a inspiré nos meilleurs représentants et aussi que comprend le soi-disant « homme de la rue ». Et si je ne me trompe pas, si cette vue large et généreuse des choses, on la retrouve (si faiblement que ce soit) aussi bien dans les plus hautes que dans les plus basses couches de la société américaine, on peut alors espérer la naissance sur ce continent d'une race nouvelle, la création d'un nouveau paradis, d'une terre nouvelle. Mais je ne veux pas attendre davantage pour vous citer ce passage...

> *Une race de gens bien nés et bien développés, en harmonie avec le cadre où ils grandissent et exerçant une activité bien calculée, trouveraient sans doute dans ces conditions des raisons suffisantes de* vivre *— et, dans leurs relations avec le ciel, l'air, l'eau, les arbres et les innombrables spectacles naturels, dans le fait même* d'exister, *découvriraient le bonheur —; et l'Être baignerait nuit et jour dans une totale extase, surpassant tous les plaisirs que la fortune, la distraction et même l'intelligence satisfaite, l'érudition ou le sentiment artistique peuvent donner.*

Vous jugerez peut-être cela présomptueux de ma part, chauvin ou absurdement patriotique, mais je prétends que la teneur de ce passage, son accent même, son ampleur sont rigoureusement américains. Je dirais même que c'est sur ce roc — momentanément oublié — que l'Amérique a été fondée. Car c'est une solide assise, cette pensée, ce programme, et non pas une fumeuse abstraction d'intellectuel. C'est ce que les plus nobles représentants de l'espèce humaine ont eux-mêmes cru et prêché, bien que leurs pensées aient été tristement déformées et mutilées. Cela me semble d'autant plus vrai et d'autant plus valable que c'est là le destin de l'homme de la rue, de l'homme ordinaire, et non pas une voie réservée aux élus, aux *happy few*. J'ai toujours considéré les « élus » comme les précurseurs d'un type à venir. Considérés d'un point de vue historique, ils représentent le sommet des diverses pyramides que l'humanité a renversées. Considérés du point de vue de l'éternité — et ne sommes-nous pas toujours face à face avec l'éternel ? — ils représentent les semences qui formeront la base des nouvelles pyramides de demain. Nous attendons toujours la révolution. La vraie révolution se fait constamment. Et le nom de ce processus qui s'opère en profondeur, c'est l'émancipation, autrement dit l'*auto-libération*. Quelle est la formule de Whitman que citait Faure ? « Le monde sera achevé pour celui-là qui est lui-même achevé. » Est-il besoin d'ajouter que pour de tels individus un gouvernement est inutile ? Il ne peut y avoir de gouvernement — c'est-à-dire d'abdication du moi, des droits inaliénables de la personnalité — que là où il y a des êtres incomplets. La nouvelle Jérusalem ne peut être construite que par et pour des individus émancipés. C'est cela, la communauté. C'est cela « l'absolu collectif ». *Le verrons-nous jamais ?* Si nous pouvons le voir actuellement avec les yeux de l'esprit, nous le voyons dans la seule réalité qu'il connaîtra jamais.

« Le Zen, c'est la vie quotidienne », trouverez-vous dans tous les livres sur la question. « On peut parvenir *tout de suite* au Nirvana », lirez-vous aussi dans ces mêmes ouvrages... Comme c'est bien dans l'esprit du Zen, cette formule de Whitman : « A-t-on de la chance d'être venu au monde ? On a en tout autant de mourir. »

En conclusion des pages qu'il consacre à Whitman, Bucke fait la déclaration suivante :

> *Chez personne le sens de la vie éternelle n'était si absolu.*
>
> *Il ignorait la crainte de la mort. Il ne semblait pas plus l'éprouver quand il était malade que quand il était*

en bonne santé, et on a toute raison de penser qu'il ne l'a jamais connue.
Il n'avait pas le sens du péché.

Et le mal ? Soudain, c'est la voix de Dostoïevsky que j'entends. Si le mal existe, il ne peut y avoir de Dieu. N'était-ce pas cela la pensée qui hantait Dostoïevsky ? Quiconque connaît Dostoïevsky est au courant des tourments que lui a fait endurer ce conflit. Mais le rebelle, le sceptique finissent par être réduits au silence, par une magnifique affirmation. (« Et non par résignation », comme le souligne Janko Lavrin.)

Aimez la création de Dieu tout entière, et chaque grain de sable qu'elle contient. Aimez chaque feuille, chaque rayon de la lumière de Dieu. Si vous aimez toute chose, vous préserverez leur divin mystère. (Père Zosima, *alias*, le vrai Dostoïevsky.)

Et le mal ?

Voici ce qu'a répondu Whitman, non pas une fois, mais maintes et maintes fois : « Et j'affirme qu'en fait le mal n'existe pas. »

Vingt ans après avoir adopté cette vie nouvelle, après avoir pris le chemin nouveau pour devenir lui-même le chemin, comme Lao-tseu, comme Bouddha, comme Jésus, Whitman nous donne ce poème révolutionnaire, *la Prière de Colomb*, de toute évidence sa propre prière comme le dit Bucke ; et dans ces vers, il en est deux qui décrivent l'illumination qui lui a été accordée :

Lumière rare et indicible, qui éclaire la lumière même,
Par-delà tous les signes, toutes les descriptions, tous les langages.

Il s'imagine sur son lit de mort ; aux yeux du monde, il est dans un bien triste état. On dirait que Dieu l'a abandonné ou puni. Whitman doute-t-il ? Les deux derniers vers du poème dont je viens de parler répondent à cette question. Voici ce qu'en pense Bucke :

Que doit-il dire à Dieu ? Il affirme que Dieu le connaît à fond et qu'il est prêt à s'abandonner aux mains de Dieu.

Comment pourrait-il y avoir un doute dans le cœur d'un homme qui a écrit :

Je sens et je sais que la mort n'est pas la fin, comme on le croyait, mais plutôt le vrai commencement — et que rien n'est ni ne peut jamais être perdu, ni même mourir, âme ou matière.

Les interrogations, les doutes, voire les dénégations qu'on trouve à chaque page de l'œuvre de Dostoïevsky, dans la bouche de ses divers personnages, et qui révèlent à quel point l'obsède le problème de la certitude, offrent un frappant contraste avec l'attitude qu'a toujours eue Whitman. À certains égards, Dostoïevsky nous rappelle Job. Il accuse le Créateur et la vie elle-même. Pour citer encore une fois Janko Lavrin :

Incapable d'accepter spontanément la vie, force lui était de la considérer comme un problème.

Et d'ajouter aussitôt :

Mais si la vie est un problème, il faut lui prêter un sens qui satisfasse notre raison aussi bien que notre inconscient. À un certain stade le sens de la vie peut même devenir plus important que la vie elle-même. On peut repousser la vie, à moins que la signification qu'elle a ne réponde aux plus hautes exigences de notre conscience.

Voici quelques semaines, en feuilletant mes papiers, je suis tombé sur un article que j'avais découpé dans le magazine *Purpose* (Londres, 1937). Un article d'Erich Gutkind sur Job. Cette nouvelle lecture m'a laissé une vive impression. Je n'avais, j'en suis sûr, jamais vraiment compris le sens profond de son texte quand je l'avais lu et conservé soigneusement en 1937. Je cite ce petit essai, substantiel et nourri, parce que Gutkind y donne une explication du problème comme je n'en avais encore jamais trouvé. Une explication qui se rattache à ce que je viens de dire à propos de Dostoïevsky.

> *Dans le* Livre de Job, écrit-il, *Dieu ne se mesure plus à l'échelle du monde, de l'ordre ou du désordre du monde. C'est le monde qui se mesure à l'échelle de Dieu. L'unité de mesure est Dieu (comme c'est pour Einstein la lumière). Et c'est cela qui change tout. Le* Livre de Job *nous permet de comprendre plus profondément le monde.*

Il entreprend alors d'expliquer que l'idée chrétienne du péché, tout comme la doctrine de la réincarnation avec sa notion de Karma, la conception suivant laquelle « les souffrances de chacun s'expliquent par les péchés qu'il a commis » est violemment condamnée dans le *Livre de Job*.

> *La souffrance,* dit-il, *n'est pas le paiement d'une dette, mais plutôt une accablante responsabilité. Job n'avait pas à répondre des péchés qu'il avait commis. Il a pris sur lui d'affronter le terrible problème de la souffrance.* (Remarquez comme tout cela s'applique aussi à Dostoïevsky.) *Ce problème est une des questions fondamentales de l'ordre du monde, celui de la lutte entre Dieu et Satan... C'est la question de savoir si le monde a ou non un sens. Le monde est-il bon ou est-il mauvais ?*

Et ainsi de suite. Gutkind fait observer en passant que finalement on a tout rendu à Job : fortune, santé, famille.

> *Job ne périt pas comme les héros grecs.*

Puis, plongeant au cœur du problème, il ajoute :

Mais demandons-nous avec Job : Que représente l'aveugle royaume du Destin ? Quelle étrange sphère est-ce où Dieu laisse au hasard le soin de tout décider ?

Il affirme que la réponse de Dieu à Job ne semble pas faire écho au cri de son âme. Dieu, dit-il, a répondu à Job sur le plan cosmologique. « Où étais-tu, homme, quand j'ai créé l'univers ? » Voilà la réponse de Dieu. Il fait remarquer que « dans le cosmos, tout prend place suivant la loi. Tout s'équilibre avec tout »... La nature, dit-il, est le royaume du destin. Job, en cherchant à comprendre les voies de Dieu « prend Dieu pour une sorte de cause, de force de la nature ».

Mais, poursuit-il, *Dieu n'est pas seulement un principe par lequel on puisse expliquer l'univers ou lui donner un sens. C'est le Dieu des théologiens, un Dieu abstrait.*

Dans l'univers, l'homme et Dieu ne peuvent jamais se rencontrer. L'idée panthéiste, suivant laquelle on trouve Dieu partout dans la nature, est une des causes du déclin du concept de Dieu... Rien n'a de réalité en soi. La Nature est le triomphe du relatif. Chaque phénomène s'intègre dans un réseau incroyablement compliqué de relations. Ce n'est pas là qu'on doit trouver la réalité. La tradition juive nous enseigne qu'Abraham cherchait Dieu dans le cosmos. Mais il ne l'y a pas trouvé. Et comme il ne pouvait pas le trouver, il a dû chercher Dieu là où il se révèle, j'entends dans les conversations qu'Il a directement avec l'homme.

Vient ensuite le passage où je voulais arriver :

On doit toujours se comporter comme s'il n'y avait pas de Dieu ! Nous ne pouvons pas expliquer par Dieu l'énigme de la nature : ce serait la fin de la science. Nous ne pouvons pas attendre de Dieu un secours : ce serait la fin de toute initiative humaine. Moins nous faisons intervenir l'idée de Dieu dans notre explication du monde et dans notre vie quotidienne, plus clairement Dieu nous apparaîtra. C'est ce que nous enseigne le Livre de Job *quand Dieu demande : « Où étais-tu quand j'ai créé l'univers ? »* Et encore : *« Où es-tu quand je dirige l'univers ? »*

On a souvent dit de Whitman qu'il était gonflé de son importance. Je suis sûr qu'on pourrait en dire autant de Dostoïevsky, si l'on voulait y réfléchir un peu, car dans l'extrême humilité de celui-ci, il y avait une extraordinaire arrogance. Mais on n'apprend rien à examiner la personnalité de pareils hommes. Ils dépassaient leur propre moi : l'un par sa façon incessante et presque insoutenable de tout mettre en question, l'autre par son affirmation nette et résolue de la vie. Dostoïevsky s'est efforcé, autant qu'on pouvait humainement le faire, de prendre à son compte les problèmes, la torture et l'angoisse des hommes, et surtout, on le sait, l'incompréhensible souffrance des enfants. Whitman a répondu aux problèmes de l'homme, non pas en les soupesant et en les étudiant, mais par un continuel chant d'amour et de résignation, où la réponse était toujours sous-entendue. *Song of Myself* est, au fond, un hymne de création.

D.H. Lawrence termine ses *Études de littérature américaine classique* par un chapitre consacré à Whitman. C'est un étrange morceau, un mélange de balivernes sans intérêts où brillent des éclairs d'une surprenante pénétration. À mon avis, Whitman est le roc sur lequel Lawrence s'est brisé. Il lui fallait bien en arriver à Whitman et il y est venu. Il est incapable de lui rendre un hommage sans restriction : ce n'est pas le genre de Lawrence. En vérité, il est incapable de prendre la mesure de l'homme. Whitman pour lui est un phénomène, un phénomène d'un genre très particulier, le phénomène *américain*.

Mais, malgré toutes les extravagances et les propos fumeux, malgré les foutaises par quoi commence l'essai, Lawrence réussit quand même à dire sur Whitman des choses impérissables. Il y a chez Whitman beaucoup de choses qu'il ne comprend pas, qu'il ne *pouvait* pas comprendre, car, pour parler net, il ne le valait pas, et puis c'était un homme qui n'était jamais parvenu à l'individuation. Mais le message fondamental de Whitman, il l'a perçu, et il l'interprète d'une façon qui peut laisser pantois tous ceux qui voudront l'interpréter après lui.

> *Le message essentiel de Whitman,* dit Lawrence, *c'était la route ouverte. Laisser l'âme libre, libre devant son destin et devant la route ouverte. Ce qui est la doctrine la plus courageuse qu'un homme se soit jamais fixée.*

Lawrence assure que l'on trouve chez Whitman le véritable rythme du continent américain, qu'il est le premier aborigène blanc, le plus grand, le premier et le seul maître américain (et non pas messie !), il dit encore qu'il est un de ceux qui ont le plus contribué à changer le sang dans les veines des hommes. C'est à cet endroit de son essai qu'il entonne son véritable péan d'admiration, d'affection et de vénération pour Whitman...

> *Whitman, le grand poète, a signifié tant de choses pour moi. Whitman, le seul qui ouvre un chemin nouveau. Whitman, le pionnier. Et seulement Whitman... Avant lui, rien. Avant tous les poètes, marchant en éclaireur dans la vie sauvage, Whitman. Et après lui, personne.*

Lawrence devient extatique. Il parle d'« une nouvelle doctrine, d'une nouvelle morale, une morale de vie pratique et non de salut... » La morale de Whitman, déclare-t-il,

> *était une morale de l'âme vivant sa vie, sans chercher son salut... L'âme vivant sa vie tout au long du mystère incarné de la route ouverte.*

Ce sont là des paroles magnifiques, et Lawrence était certainement sincère. Vers la fin de l'essai, parlant de « la vraie démocratie » que prêchait Whitman, parlant des moyens qu'elle a de se faire connaître, il dit, et avec quelle perspicacité :

Pas par un développement de la piété, ni par les œuvres de charité. Par aucune action d'ailleurs. Par rien d'autre qu'elle-même. L'âme qui passe sans éclat et sans être plus qu'elle-même simplement. Et reconnue pourtant au passage ou saluée comme il faut. S'il s'agit d'une grande âme, elle sera célébrée tout au long de la route.

Les seules richesses, ce sont les grandes âmes.

C'est la dernière phrase de l'essai et du livre. (Date de Lobos, dans le Nouveau Mexique.)

Et c'est là-dessus, je crois, que je vais terminer ma lettre, mon très cher Pierre Lesdain.

Big Sur, Californie,
10 mai 1950.

Post-scriptum. — Je ne puis arrêter là ma lettre. J'ai d'autres choses à dire. Qu'importe si cette missive prend des proportions éléphantines ? Sans m'en douter, me voilà amené à exprimer certaines vues, certaines opinions que j'aurais toujours tues si je ne m'étais pas lancé dans ces longs discours. Vous êtes probablement le seul homme en Europe qui ne tique ni ne sourcille pas à tout ce que je dis, le seul que je ne puisse duper ni décevoir, quand bien même je ferais l'idiot. Vous avez toujours été extrêmement modeste et réservé en ce qui vous concerne. Je ne sais presque rien de vous. Mais je sais que vous êtes plus grand que vous ne l'imaginez, quand ce ne serait qu'à cause de votre foi inébranlable, de votre loyauté, de votre dévouement. On ne trouve pas toutes ces qualités réunies chez un être insignifiant.

Quoi qu'il en soit, j'aimerais développer certaines

idées que j'ai lancées, concilier d'apparentes contradictions et reprendre quelques-uns des fils que j'ai laissés en suspens. Permettez-moi d'abord de m'attaquer à cette dernière tâche, rapidement...

En face de la page 65 du livre de Jamati se trouve une photographie de Whitman que je n'ai jamais vue. On pourrait la prendre, au premier abord, pour une photo de Lincoln. La date, explique-t-on au bas de la photo, est incertaine, mais sans doute a-t-elle été prise avant celle de 1854 que j'ai signalée à votre attention et à propos de laquelle j'aurai peut-être encore des choses à dire. Entre parenthèses, puisque nous parlons de l'aspect physique de Whitman, ai-je précisé qu'outre son teint rose, des yeux bleu clair, et un nez aquilin, il avait aussi des cheveux noirs qui, sur la photo de 1854, commencent à grisonner ? Je ne sais pourquoi, je ne me le suis jamais imaginé avec des cheveux noirs et des yeux bleus ; c'est chez un homme ou chez une femme, une combinaison irrésistible. On la rencontre parfois chez les Irlandais.

Quant à Lincoln, un des hommes les plus simples qui soient à l'en croire, je pense que, bien que leurs routes se soient croisées un certain nombre de fois, ils ne se sont jamais adressé la parole. Whitman vouait à Lincoln une vénération peu commune. À maintes occasions, vers la fin de sa vie, il assista, au risque de compromettre sa santé, à des services commémoratifs en l'honneur de Lincoln. N'est-il pas surprenant aussi que Lincoln ait parlé de Whitman dans les mêmes termes à peu près dont usait Napoléon à propos de Goethe ? Tous deux avaient reconnu *l'homme*.

Pensant aux gouvernements, aux excellents gouvernements que nous aurions pu et que nous pourrions encore avoir, en dépit de tous les obstacles, je ne pouvais m'empêcher de songer tout en écrivant cette lettre à ce que pourrait être aujourd'hui l'Amérique si, tout de suite après la guerre de Sécession, et en supposant que Lincoln n'ait pas été assassiné, il avait eu dans son cabinet les personnages suivants : Tom Paine, Thomas

Jefferson, Robert E. Lee, John Brown, Ralph Waldo Emerson, Henry David Thoreau, Mark Twain, Walt Whitman.

Je pense aux funérailles de Whitman, telles que les décrit Jamati : dire que c'est Bob Ingersoll qui prononça son oraison funèbre ! Qui aurait cru que ces deux hommes seraient ainsi unis par la mort ? Et ce n'est pas tout, il n'y eut pas que la foule immense qui suivit le cortège ou qui était massée le long du parcours ; on lut aussi devant la tombe des extraits des œuvres de Whitman et de celles de ses pairs, comme dit Jamati. *Et qui étaient-ils, ces pairs ?* Bouddha, Confucius, Zoroastre, Jésus, Platon, Mahomet ! Quel poète américain a jamais eu droit à de pareils adieux ?

Et puis l'admirable chance, explicable d'ailleurs et justifiée, qui permit à Whitman tout au long de sa carrière de faire apprécier son œuvre à sa juste valeur. Quelle liste de noms on trouve auprès du sien ! À commencer par Emerson qui, en recevant un exemplaire de la première édition de *Leaves of Grass*, écrit :

> *Les Américains qui sont à l'étranger peuvent rentrer ; il nous est né un artiste* [1].

Emerson, Thoreau, Bucke, Carlyle, Burroughs, William Douglas O'Connor, Horace Traubel, Mark Twain, la merveilleuse Anne Gilchrist, John Addington Symonds, Ruskin, Joaquin Miller (le Whitman de Californie), les Rosetti, Swinburne, Edward Carpenter... quelle liste prestigieuse ! Enfin, mais ce n'est sans doute pas le moindre, Peter Doyle, le conducteur d'omnibus. Quant à Joaquin Miller [2] — nous voici plus près de chez moi ! — c'était ce poète des sierras qui, bouleversé par le tollé que soulevait Whitman, s'écria : « Cet homme vivra, je vous le dis ! Cet homme vivra, soyez-en sûrs, lorsque le

1. En français dans le texte.
2. Il s'appelait de son vrai nom Cincinnatus Heine Miller et il était né dans l'Indiana.

dôme puissant de votre Capitole là-bas n'élèvera plus ses épaules rondes contre les cercles du temps. »

Ne passons pas sous silence un autre événement insigne de la carrière de Whitman, sa présence à Baltimore lors de l'inauguration du monument à la mémoire d'Edgar Allan Poe. (« Le seul poète américain qui ait répondu à l'invitation du comité », dit Jamati).

N'oublions pas non plus le fait que, alors que son œuvre commençait à attirer l'attention en Europe — en Angleterre surtout, détail étrange ! — alors qu'une traduction après l'autre paraissait dans divers pays, la première traduction *française* (de fragments seulement) paraît en *provençal.* Je vois là une heureuse coïncidence.

Et Léon Bazalgette, le plus dévoué des biographes de Whitman ! Quelle œuvre d'amour que la sienne ! Quel tribut du Vieux Monde ! Je me souviens avoir lu à Paris le livre de Bazalgette ; je me souviens aussi, encore que ma mémoire puisse être défaillante, qu'à la même période je lisais des ouvrages étrangement différents : *les Confessions* de saint Augustin et *la Cité de Dieu*, le *Journal* de Nijinsky, *The Absolute Collective* d'Erich Gutkind, *The Spirit of Zen* d'Alan Watts, *Louis Lambert* et *Séraphita* de Balzac, *Mort de Quelqu'un* de Jules Romains ; la vie du saint Thibétain, *Milarepa* et *Connaissance de l'Est* de Paul Claudel. (Non, je n'étais jamais seul. En mettant les choses au pire, comme je l'ai dit quelque part, j'étais avec Dieu !)

Il y a un aspect de Whitman sur lequel je n'ai pas assez insisté et qui me semble extrêmement révélateur : je veux parler de sa façon paisible, obstinée, inébranlable de poursuivre le but fixé. Combien d'éditions de son œuvre ont été faites à compte d'auteur ! Quelle lutte pour faire entrer dans une édition définitive ces quelques poèmes « odieux » et soi-disant « obscènes » ! Remarquez qu'il ne perd jamais son temps à lutter contre ses ennemis. Il va de l'avant, résolu, sans broncher, sans hésiter. Son regard décidé ignore ses ennemis. À mesure qu'il s'avance sur « la route ouverte », des amis, des partisans, des champions surgissent de partout. Ils suivent son sillage. Voyez la façon dont il traite Emerson quand celui-ci entreprend de lui reprocher d'avoir fait figurer ces poèmes « choquants » dans une édition postérieure. N'est-ce pas évident que des deux, c'est Whitman qui l'emporte ? Si Whitman avait capitulé sur ce point, la situation n'aurait plus du tout été la même. (Bien sûr, il a fait des concessions à ses bienfaiteurs britanniques en omettant des éditions anglaises les textes incriminés, mais il l'a fait, j'en suis sûr, en sachant qu'il finirait par triompher dans son pays natal.) Cette lutte contre les autorités en place, au milieu et vers la fin du XIXe siècle — la période la plus conservatrice de notre histoire — est d'une extrême importance. Tout le cours de la littérature américaine s'en est trouvé bouleversé. (Comme il le fut de nouveau avec la publication de *Sister Carrie* de Dreiser.) Quand on en arrive au cas de James Joyce c'est par une sorte de « juste retour des choses » qu'un tribunal américain absout l'auteur d'*Ulysse*. Combien il était plus facile d'autoriser la libre circulation d'*Ulysse*, dans la seconde décennie du XXe siècle, que d'accorder à Whitman une entière liberté d'expression un demi-siècle plus tôt ! Il reste encore à voir quel sera le verdict définitif des autorités françaises, anglaises et américaines, en ce qui concerne celles de mes œuvres qui peuvent inquiéter la censure... Mais je n'ai pas abordé ce thème pour attirer l'attention sur mon propre cas ; je voudrais seulement faire observer qu'une providence particulière semblait guider la destinée d'un homme comme Whitman. Lui qui ignorait le doute, qui n'employa jamais le langage de la négation, qui jamais ne moqua, n'insulta ni ne railla autrui, il était protégé par une cohorte résolue d'amis et d'admirateurs. Jamati parle de la stupéfaction que témoigna Anne Gilchrist en apprenant qu'on protestait contre la franchise des poèmes de Whitman.

Elle y voit une glorification, un respect, un amour de la vie tout religieux et elle se demande avec ingénuité, en s'apercevant qu'elle vibre si naturellement au diapason des Feuilles d'herbe, *si ces versets n'ont pas été écrits spécialement pour des femmes... Cette femme au grand cœur, cette mère accomplie, respectée, admirée, qui sait découvrir « quelque chose de sacré dans tout »*, *quel témoin pour lui !*

Son *ingénuité*, dit Jamati. Je dirais plutôt sa « sensibilité ». Son courage. Son caractère sublime. N'oubliez pas qu'elle était *anglaise*. Non, même si Whitman n'a pas écrit « spécialement » pour des femmes, ses paroles s'adressaient à des femmes aussi bien qu'à des hommes. C'est l'une des rares vertus de Whitman que dans ses poèmes la femme reçoive le même hommage exalté que l'homme. Il les a considérés comme égaux. Il a exalté la virilité des uns et la féminité des autres. Il a vu ce qu'il y avait de féminin chez l'homme et ce qu'il y avait de masculin chez la femme... bien longtemps avant Otto Weininger ! On l'a calomnié parce qu'il a proclamé la dualité sexuelle de toute l'espèce humaine. Dans les rares cas où il a fait subir à son texte de profondes modifications, c'était pour substituer une femme à la place d'un homme, pour éviter, a-t-on dit, d'être soupçonné de tendances « homosexuelles ». Quelles horreurs n'a-t-on pas écrites à ce propos ! À quelles absurdités ne nous a pas menés la psychanalyse ! Quiconque parle d'amour, de grand amour, devient suspect ! On a accablé des mêmes brocards les plus grands bienfaiteurs de la race humaine. L'amour qui embrasse tout semble toujours nous dégoûter. Et pourtant, s'il faut en croire la vieille légende de la création, l'homme à l'origine était bisexuel. Le premier Adam se suffisait à lui-même, ou il était hermaphrodite. Au fond de son être, l'homme sera toujours complet, c'est-à-dire homme *et* femme à la fois.

Quand je faisais allusion, quelques pages plus haut, à ce regard voilé et distant de Whitman, j'espère n'avoir pas donné de lui l'impression que je le jugeais froid, indifférent, hautain, enfermé dans une « splendeur brahmanique », et daignant quand l'envie l'en prend se mêler au *vulgum pecus* ! Il a passé suffisamment d'années sur les champs de bataille et dans les hôpitaux pour être à l'abri d'un tel soupçon. Quel plus grand sacrifice, quel plus grand renoncement pour un homme ? Il est sorti de cette épreuve ébranlé jusqu'à l'âme [1]. Il avait été témoin de plus d'horreurs qu'on ne peut l'exiger d'un homme. Non seulement il a compromis sa santé, mais encore il dut se soumettre aux désagréments d'une trop étroite communion. On a beaucoup parlé de son inépuisable sympathie. *Empathie* serait un terme plus exact s'il existait dans notre langue.

Cette expérience, comparable, je le répète, à ce que connut Dostoïevsky en Sibérie, incite à d'infinies méditations. Dans les deux cas, il s'agissait d'un calvaire. Les sentiments innés de fraternité de Dostoïevsky, l'esprit de camaraderie naturelle de Whitman furent soumis à l'épreuve du creuset par le destin. Si grand qu'ait été en eux le sens de l'humanité, ni l'un ni l'autre n'aurait choisi de son plein gré une telle expérience. (Qu'on ne voie pas là une remarque désinvolte. Il y a eu dans l'histoire de l'homme de glorieux exemples où des individus ont délibérément choisi de se soumettre à une terrible épreuve : je pense aussitôt à Jésus et à Jeanne d'Arc.) Whitman ne s'est pas précipité tête baissée pour s'engager comme soldat de la République. Dostoïevsky ne s'est pas lancé dans le « mouvement » pour prouver qu'il pouvait supporter le martyre. Dans les deux cas, la situation leur a été imposée. Mais après tout, c'est à cela qu'on mesure un homme : à la façon dont il réagit devant les coups du sort ! C'est en exil que Dostoïevsky s'est véritablement familiarisé avec les enseignements de Jésus. C'est sur le champ de bataille, parmi les morts et les blessés, que Whitman a découvert le sens de l'abnégation ou plutôt du dévouement sans idée de récompense. Seuls des hommes héroïques pouvaient

1. Voir page XVI de l'introduction d'Oscar Cargill (« Walt Whitman le saint ») dans *The Wound Dresser*.

survivre à de telles épreuves. Seuls des hommes illuminés par la grâce pouvaient tirer de là de grandioses messages d'amour et de bénédiction.

Whitman avait vu la lumière, il avait reçu l'illumination quelques années avant cette période cruciale de sa vie. Il n'en était pas de même de Dostoïevsky. Tous deux avaient une leçon à apprendre et ils l'ont apprise au milieu de la souffrance, de la maladie et de la mort. L'esprit insouciant de Whitman changea, acquit de la profondeur. Son sens de la « camaraderie » évolua pour devenir une acceptation plus passionnée de ses semblables. Cet air qu'il a sur la photo de 1854, l'air d'un homme un peu abasourdi par ce qu'il a vu, cède la place à un regard plus profond et qui embrasse tout l'univers des créatures sensibles, aussi bien que le monde inanimé. Son expression n'est plus celle d'un homme qui arrive de loin, mais d'un homme qui est en plein « dans le bain », qui accepte pleinement son sort et qui s'en réjouit, quel qu'il soit. C'est une expression moins divine peut-être, mais plus purement humaine. Whitman avait besoin de cette humanisation. Si, comme j'en suis persuadé, sa conscience connut un élargissement (en 1854 ou 1855), cette évolution s'accompagnait aussi, s'il ne voulait pas devenir fou, d'un réajustement de toutes les valeurs humaines. Whitman devait vivre comme un homme, et non comme un Dieu. On sait, dans le cas de Dostoïevsky, comment (grâce à Soloviev sans doute) cette obsession de l'idée d'un « hommedieu » persista. Dostoïevsky, dont l'illumination venait des profondeurs, devait humaniser le dieu qui était en lui. Whitman, dont l'illumination provenait de plus lointaines frontières, cherchait à diviniser l'homme en lui. La fécondation du dieu et de l'homme — de l'homme en dieu, du dieu en homme — eut chez l'un comme chez l'autre des conséquences incalculables. On entend couramment dire aujourd'hui que les prophéties de ces deux grands hommes ne se sont pas réalisées. La Russie comme l'Amérique s'est profondément mécanisée, elle est devenue autocratique, tyrannique, matérialiste et ivre de puissance. Mais attendez ! L'histoire doit suivre son cours. L'aspect négatif précède toujours l'aspect positif. Les biographes et les critiques s'attachent souvent à ces périodes cruciales de la vie d'un sujet et, insistant sur ces notions de « fraternité » et d'« universalité d'esprit », nous donnent l'impression que c'était la simple proximité de la souffrance et de la mort qui a développé ces qualités chez leur héros. Mais, si j'ai bien compris leur caractère respectif, ce qui a touché Whitman et Dostoïevsky, ç'a été ce constant dépouillement de l'âme dont ils ont été les témoins. Leur âme à eux s'en est trouvée touchée, *blessée* est le mot. Dostoïevsky n'est pas allé en prison en qualité d'assistante sociale, ni Whitman sur les champs de bataille comme infirmier, médecin ou aumônier. Dostoïevsky a été contraint de mener la vie de chacun de ses compagnons de cellule parce que aucune vie privée n'était concevable : il vivait comme une bête, les documents qu'on possède nous l'apprennent. Whitman dut devenir à la fois infirmier, médecin et aumônier parce qu'il n'y avait personne d'autre qui possédât en même temps ces rares qualités. Jamais son caractère ne l'aurait amené à choisir aucune de ces vocations. Mais ce même magnétisme animal — ou la même divine inspiration — a poussé ces deux êtres, sous l'empire des mêmes nécessités, à se dépasser. (Comme ce fut le cas de Cabeza de Vaca.) Un homme ordinaire, une fois libéré de ces obligations, aurait peut-être consacré sa vie à soulager les malheureux ; peut-être aurait-il considéré que là était sa « mission ». Mais Whitman et Dostoïevsky reviennent à leur métier d'écrivain. S'ils ont une mission, elle s'exprimera dans leur « message ».

Si je ne me suis pas encore fait bien comprendre, laissez-moi vous dire que c'est précisément parce qu'ils étaient d'abord et avant tout des artistes que ces deux hommes ont provoqué les conditions particulières où s'est inscrite leur cruelle expérience, et qu'ils se sont *ensuite* adaptés de façon à transmuer et à ennoblir cette épreuve même. Tous les grands hommes ne sont pas capables de supporter cette rencontre de l'âme avec l'âme, comme ce fut le cas pour ces deux-là. Voir, non pas une mais cent fois, mille fois, l'homme mettre à nu son âme est un spectacle qui dépasse presque les limites de l'endurance humaine. Généralement on ne se présente pas avec l'âme à nu. On peut dévoiler son cœur, mais pas son âme. Quand un homme se révèle ainsi à un autre, il exige de lui une réponse que peu de ses semblables, semble-t-il, sont en mesure de lui apporter. J'estime qu'à certains égards la situation de Dostoïevsky était plus pénible que celle de Whitman. Tout en rendant à ses compagnons de souffrance tous les services dont s'acquittait Whitman, il était quand même considéré comme l'un d'entre eux, c'est-à-dire comme un criminel. Il ne pensait naturellement pas plus à une « récompense » que Whitman, mais on ne lui laissait même pas sa dignité d'être humain. D'un autre côté, bien sûr, on pourrait dire que cela lui permettait plus facilement de jouer « l'ange providentiel ». Cela supprimait en lui toute idée qu'il était effectivement un ange. Il pouvait se voir comme une victime souffrante car c'est en fait ce qu'il était.

Mais un point demeure capital et je ne veux pas l'oublier : qu'ils aient choisi ou subi le rôle qu'ils ont joué, c'est vers ces deux hommes que se sont instinctivement tournées les âmes angoissées. Agissant comme médiateurs entre Dieu et l'homme, ou en tout cas comme intercesseurs, ils ont surpassé les « experts » dont ils avaient assumé la charge. La seule qualité qu'ils possédaient en commun, c'était leur incapacité de refuser aucune expérience. C'était leur profonde humanité qui les rendait capables d'accepter la grande « responsabilité » de la souffrance. Ils faisaient plus que leur part, parce que c'était un « privilège » et non parce que c'était leur mission ou leur devoir dans l'existence. Ainsi, tout ce qui se passait entre eux et leurs compagnons de souffrance dépassait la gamme des expériences ordinaires. Les hommes voyaient dans leur âme et ils voyaient dans l'âme des hommes. Dans chaque cas, le petit moi se consumait. Quand c'en était fini, ils ne pouvaient faire autrement que de reprendre leurs tâches personnelles. Ils n'étaient plus des « hommes de lettres », non, même plus des artistes, mais des libérateurs. On ne sait que trop bien comment leurs messages respectifs ont fait craquer les cadres des vieux véhicules qui les transportaient. Comment pouvait-il en être autrement ? La révolution artistique qu'ils ont aidé à promouvoir, et dont nous n'avons pas encore bien pris conscience, n'était qu'un aspect de la tâche plus vaste qui consistait à modifier toutes les valeurs humaines. L'intérêt qu'ils portaient à l'art n'était pas du même ordre que celui des autres révolutionnaires célèbres. Chez eux, il s'agissait d'un mouvement partant du fond même de l'homme vers l'extérieur, et nous ne savons pas encore quelles répercussions cela peut avoir sur cette sphère extérieure (qui demeure toujours dissimulée à nos regards). Mais n'allons pas un instant croire que c'était un vain effort de l'esprit. Dostoïevsky a plongé plus profond que personne avant de lancer ses flèches ; Whitman a plané plus haut que quiconque avant de se régler sur notre longueur d'ondes.

Je n'en ai pas encore fini avec cette épreuve très particulière qu'ils ont subie. Il faut que j'y revienne maintenant, par un autre biais, à ma façon. Il y a là quelque chose que je voudrais rendre tout à fait clair...

Vous savez que pendant près de cinq ans j'ai été directeur du personnel d'une compagnie télégraphique. Vous savez par *Tropique du Capricorne* ce qu'a été pour moi cette expérience. Même un crétin pourrait deviner qu'une pareille débauche de contacts humains devait avoir son effet. Je me rends compte que j'ai insisté sur le nombre, sur la diversité des individus et des situations que j'étais amené chaque jour à rencontrer. J'ai fait de brèves allusions, trop brèves me semble-t-il aujourd'hui, au caractère poignant de ces contacts d'homme à homme auxquels j'étais quotidiennement soumis. Mais ai-je assez insisté sur cet aspect de mon expérience quotidienne : sur le fait que les hommes s'abaissaient devant moi, qu'ils mettaient leur âme à nu, qu'ils ne cachaient rien, absolument rien ? Ils pleuraient, ils s'agenouillaient devant moi, ils me couvraient la main de baisers. Oh, jusqu'où n'allaient-ils pas ? *Et pourquoi ?* Pour obtenir du travail, ou pour pouvoir me remercier de leur en trouver ! Comme si j'étais Dieu Tout-Puissant ! Comme si j'étais le maître de leur destin ! Et moi, le dernier homme au monde à vouloir intervenir dans la destinée d'autrui, le dernier à vouloir me placer au-dessus ou au-dessous d'un autre, moi qui voulais regarder chaque homme en face et le saluer comme un frère, comme un égal, j'ai été obligé, ou je me suis imaginé être obligé de jouer ce rôle pendant près de cinq ans. (Parce que j'avais une femme et un enfant à ma charge, parce que je ne pouvais pas trouver d'autre travail, parce que j'étais foncièrement incapable de faire quoi que ce fût d'autre que de tenir ce rôle obtenu par accident. Par accident, oui ! parce que j'avais seulement demandé à être messager et non pas chef du personnel !) Et ainsi chaque jour, je me surprenais à éviter mon regard. Je connaissais tour à tour l'humiliation et l'exaspération. J'étais humilié que quelqu'un pût me considérer comme son bienfaiteur, exaspéré de penser que des êtres humains pouvaient mendier aussi ignominieusement pour trouver du travail. Certes, j'avais lutté moi-même pour avoir le privilège d'être un « messager ». Repoussé, peut-être parce qu'on ne m'avait pas pris au sérieux, j'avais forcé le bureau du président. Oui, moi aussi, j'en avais fait tout un plat de cette malheureuse place de messager. (J'avais vingt-huit ans. Un peu vieux pour ce genre de travail.) Comme j'avais été blessé dans mon orgueil, j'insistai sur mes droits. *Comment, on repoussait ma candidature !* Moi qui avait accepté l'emploi le plus humble qui fût ? C'était incroyable ! Aussi, quand je suis sorti du bureau du président pour me rendre chez le directeur général, sachant d'avance que je tenais la victoire — que c'est dostoïevskien ! — je ne pouvais me considérer que comme *le suprême messager cosmodémoniaque*, le propre messager de Dieu, pourrait-on dire. Je sais tout aussi bien que le fieffé crétin qui m'écoute qu'il n'est plus question que j'aie une place de messager. Si mon interlocuteur m'avait annoncé qu'il allait me préparer à succéder au président de la compagnie au lieu de me nommer chef du personnel, j'étais à ce point gonflé d'orgueil que je n'aurais pas tiqué. Mais, sans devenir candidat à la présidence, j'obtins quand même plus que je n'en avais demandé. Je n'avais jamais compris avant de prendre ce poste de chef du personnel, tenant entre mes mains les destinées d'un millier d'individus, quel effet doivent faire aux oreilles de Dieu les prières et les supplications des malheureux. (Qu'un Être n'existe pas, tel que l'imaginent ces pauvres diables, voilà qui confère à la chose une ironie plus horrible encore.) Pour ces pauvres messagers « cosmococciques », j'étais tout bonnement Dieu. Pas Jésus-Christ, ni Sa Sainteté le Pape, mais Dieu ! Et être Dieu, ne serait-ce qu'en simulacre, c'est à peu près la situation la plus pénible dans laquelle un homme puisse se trouver. Ces tyrans sans envergure qui se baptisent dictateurs, ces souris qui s'imaginent pouvoir seules gouverner le monde des hommes, je souhaite seulement qu'on leur permette de jouer le rôle pour lequel ils se croient faits jusqu'aux plus extrêmes limites ! Pourquoi, nous qui connaissons leur immense fatuité, pourquoi ne pouvons-nous tous leur laisser pour quelque temps une autorité absolue ? Rien ne ferait plus vite éclater cette bulle de prétention (que nous possédons tous à un degré plus ou moins marqué) qu'une pareille épreuve. Mais si nous ne voulons même pas nous abandonner aux mains de Dieu — je parle de ceux qui croient vraiment en Lui — comment pouvons-nous jamais espérer tenter un jour une expérience aussi radicale et aussi amusante ?

Ce Dieu que les hommes imaginent sans cesse la main à l'oreille pour mieux entendre leurs supplications, leurs flatteries et leurs cajoleries, ne rougit-il pas, ne sourcille-t-il pas, ne frissonne-t-il pas d'angoisse, de chagrin et de mortification quand il écoute ces piteux miaulements montant de ce recoin qu'on appelle la Terre ? (Car nous ne sommes pas le seul et unique ordre de la création. Loin de là ! Et les autres retraites stellaires ? Pensez à ces étoiles explosées depuis longtemps et à toutes celles qui n'ont pas encore sauté !)

Mon cher Lesdain, voici ce que je cherche à exprimer... on peut dépouiller un homme de sa dignité humaine en le plaçant dans une situation où il domine ses semblables, en lui demandant ce qu'aucun homme n'a le droit de faire, à savoir donner et retirer des dispenses, juger et condamner, accepter des remerciements pour une faveur qui n'est pas une faveur mais un privilège auquel a droit tout être humain. Je ne sais ce qui était le plus pénible à supporter, de leurs supplications éhontées ou de leur gratitude que je ne méritais pas. Je sais seulement que j'étais déchiré, qu'avant tout je voulais vivre ma vie et ne plus jamais rejouer à ce jeu cruel du maître et de l'esclave. Ma solution était d'écrire et cela nécessitait une nouvelle descente dans le gouffre. Cette fois, je suis vraiment dessous, et non au-dessus comme avant. Maintenant, il me faut écouter ce que les autres veulent, ce qu'ils estiment bien ou mal, et surtout ce qu'ils considèrent comme « commercial ». Mais ce nouveau rôle a du moins une consolation : je n'enlève le pain de la bouche de personne. Si j'ai un patron, il est invisible. Et je ne le prie jamais plus que je ne priais le Grand Patron.

Et puis, quand je me dis que je suis devenu un travailleur qualifié, quand je crois que je connais mon métier, que je peux donner satisfaction, quand je finis même par me résigner à ce qu'on recule l'échéance où l'on me paiera « mes honoraires », je me trouve nez à nez avec ce terrible croquemitaine : le goût du public. J'ai dit, vous vous en souvenez, que si Whitman avait capitulé sur ce point, s'il avait suivi les avis de ses conseillers, c'est un tout autre édifice qu'on aurait vu s'élever. Il y a des amis, des supporters, qui apparaissent quand vous nagez dans la foule ; il y en a d'autres qui viennent à vous quand vous êtes menacé. Ces derniers sont les seuls qui méritent le nom d'amis. C'est étrange, mais le seul genre d'appui qui ait un sens vient de ceux qui croient en vous totalement. Ceux qui vont jusqu'au bout. Au moindre flottement, au plus léger doute, à la moindre défection, votre soi-disant supporter devient votre ennemi le plus acharné. Un total dévouement exige d'abord une totale acceptation. Ceux qui vous défendent *malgré* vos erreurs finissent à la longue par vous nuire. Quand vous vous faites le champion de quelqu'un, il doit être un homme tout d'une pièce ; il doit être ce qu'il est et rien d'autre et sans qu'aucun doute subsiste à ce propos.

(Je reprends après une interruption de trente-six heures. Le fil est rompu. Mais ça ne fait rien, je vais rentrer par la porte de derrière...)

Quand l'homme qui a reçu l'illumination est rendu au monde, quand sa vision s'ajuste pour qu'il puisse retrouver ce point de vue que le commun des mortels n'abandonne jamais, le rond de l'œil semble devenir plus plein, plus profond, plus lumineux. Il met du temps à se réajuster, à revoir les montagnes comme des montagnes et les eaux comme des eaux. On ne se voit pas en train de voir, on voit avec une acuité accrue. Ce perfectionnement se traduit par la sérénité du regard. La bouche aussi exprime cette extra-lucidité, si j'ose m'exprimer ainsi. Elle ne se ferme pas, lèvres serrées : les lèvres, au contraire, demeurent toujours légèrement entrouvertes. En fait, le corps tout entier exprime la joie de l'abandon. Plus il se détend, plus il rayonne. L'être entier devient incandescent.

On sait combien Balzac fut bouleversé de lire dans Swedenborg qu'il existe des anges « solitaires ». C'est là une affirmation extraordinaire, il faut bien le dire. Et Whitman n'a-t-il pas dit :

> *Tôt ou tard, nous en arrivons à une seule âme solitaire ?*

Eh oui, pour finir, on en arrive aux assises, au cœur

même qui est aussi éternel chez l'être humain que chez Dieu. Et si, en présence de tels individus, nous avons l'impression...

(Encore une interruption de trente-six heures... fâcheux contretemps, en vérité. Je ne sais plus quelle pensée je voulais exprimer. Mais cela me reviendra sûrement. C'est aujourd'hui le 15 mai !)

Entre-temps, malgré tous ces retards, certaines phrases demeurent fixées dans ma tête, qui m'aideront à retrouver ce fil perdu. L'une d'entre elles, c'est :

> *Il faudra bien qu'un jour on soit l'humanité* (Jules Romains.)

Une autre (de moi) :

> *Le ver dans la pomme. Cherchez le ver !*

Puis vient l'ordre de regarder la préface de *Looking Backward* (2000 à 1887 de notre ère) par le fils d'Edward Bellamy. Ce livre — impossible de trouver l'édition avec la préface du fils — a connu un succès de librairie sans précédent, qui a presque rivalisé avec celui de la Bible [1]. Il a été traduit en je ne sais combien de langues. Et aujourd'hui il est pratiquement oublié. Mais voici quelques lignes de Bellamy que je crois dignes d'être citées :

> *Le long et accablant hiver de la race est fini. Son été a commencé. L'humanité a fait éclater la chrysalide. Les cieux s'offrent à elle.*

Ces mots ont été écrits vers la fin du XIXe siècle, pour

1. Je viens de retrouver la préface de Paul Bellamy. Voici ce qu'il dit : *Looking Backward*, dont la première édition a paru dans l'hiver de 1887-1888, a connu un tel succès dans le monde entier que vers les années 1890, on disait qu'il s'était vendu plus d'exemplaires de ce livre que d'aucun livre écrit par un Américain, à l'exception de *la Case de l'oncle Tom* et de *Ben-Hur*.

être exact, cinq ans avant la mort de Whitman. Ils suivent d'assez près ces paroles de Whitman :

> *Les poèmes de la vie sont grands, mais il doit y avoir aussi les poèmes sur le sens de la vie, non pas en elle-même, mais au-delà d'elle-même.*

Le ver dans la pomme... Je crois que partout et chaque fois que le ver fait son apparition, celle-ci devrait être saluée comme un signe de renouveau. On devrait l'appeler « l'ange-ver ». Au fond, la littérature, ça n'existe pas, pas plus que l'art, la religion, la civilisation, ni même que l'humanité. Au fond, il n'y a rien d'autre que la vie, qui se manifeste de mille façons impénétrables. Vivre, être vivant, c'est participer au mystère. L'autre soir, j'ai retrouvé un vers, certainement fameux, d'Héraclite :

> *Vivre, c'est combattre pour la vie.*

Cette phrase m'a laissé songeur. Je ne pouvais croire que par « combattre pour la vie » Héraclite ait seulement voulu parler de la lutte pour la vie. Je ne pouvais croire qu'en réaliste sévère il entendait par là que dès l'instant de notre naissance nous approchons de la mort. Je ne crois pas que par « combattre pour la vie » il voulait dire défendre ou protéger la vie. Je ne connais pas le contexte, je l'avoue. Mais, en méditant sur ces mots, je suis arrivé à la conclusion que, quelle qu'ait été l'intention d'Héraclite, ce qu'il disait en fait c'était ceci : la vie est le tout, la vie est le seul privilège, la vie ne connaît rien, ne comprend rien d'autre que la vie ; autrement dit être vivant implique une soumission consciente, une foi suprême. Dès que nous sommes nés, nous engageons un combat contre des forces indéfinissables. Presque tout ce que nous glorifions a un caractère commémoratif, rappelle le souvenir de notre lutte héroïque. Nous mettons la lutte au-dessus du flux, le passé et l'avenir au-dessus du présent. Mais la vie nous oblige à nager dans le flot éternel. La cosmologie est le mythe du mystère de la création. Quand Dieu répond à Job *cosmologiquement*, c'est pour rappeler à l'homme qu'il n'est qu'un élément de la création, que son devoir est de s'accorder avec l'ensemble de celle-ci ou de périr. Quand l'homme sort la tête du courant de la vie, il prend conscience de lui-même. Et avec cette prise de conscience vient l'immobilité, la fixation symbolisées de façon si frappante par le mythe de Narcisse.

Le ver dans la pomme de l'existence humaine, c'est la conscience. Elle se glisse à la surface de la vie, furtivement, comme une intruse. Dans ce miroir, tout n'est plus qu'un cadre où s'épanouit le moi. Les prophètes, les mystiques, les visionnaires ne cessent de briser ce miroir en miettes. Ils ramènent l'homme au flux primordial, ils le rejettent dans le courant comme un pêcheur qui vide son filet. Il y a une réplique de *Tête d'Or* de Claudel qui dit :

> *Mais rien n'empêchera que je meure du mal de la mort, à moins que je ne saisisse la joie...*

Belle réplique, et profonde. La joie dont il parle est celle de l'abandon. Il ne pourrait s'agir d'une autre.

Dans mon étude sur Balzac, j'ai cité un certain nombre de phrases que prononce Louis Lambert. J'aimerais les citer encore ici...

> *Ma pensée est de déterminer les rapports réels qui peuvent exister entre Dieu et l'homme. N'est-ce pas une nécessité de notre époque ?... Si l'homme est lié à tout, n'y a-t-il rien au-dessus de lui à quoi il soit lié à son tour ? S'il est le terme des transmutations inexpliquées qui montent jusqu'à lui, ne doit-il pas être le lien entre la nature visible et une nature invisible ? L'action du monde n'est pas absurde ; elle aboutit à une fin et cette fin ne doit pas être une société constituée comme l'est la nôtre ! Il me semble que nous sommes à la veille d'une grande bataille humaine ; les forces sont là, seulement je ne vois pas de général...*

Le Balzac qui écrivit ces lignes, et d'autres plus pénétrantes encore, plus inspirées (dans *Séraphita*) ne se trompait pas. Pas plus qu'Edward Bellamy, que Dostoïevsky ou que Walt Whitman.

J'ai dit plus haut dans cette lettre que j'avais récemment eu des nouvelles de l'homme que je considérais dans ma jeunesse comme un maître, et que j'ai cité dans ces pages comme un « livre vivant ». John Cowper Powys. Avec sa lettre, il m'envoyait un nouveau livre de lui intitulé *Obstinate Cymric*. Il y a dans cet ouvrage un chapitre intitulé « Pair Dadeni », ce qui en gallois signifie « la Chaudière de la Résurrection ». J'ai trouvé dans ce livre, et notamment dans le chapitre en question, les mêmes formules éblouissantes qui caractérisent les œuvres des écrivains que je viens de citer. Parlant des transformations par lesquelles va passer l'humanité avec notre entrée dans le signe du Verseau, parlant de la « nouvelle révélation » qui nous est faite et qui, dit-il, « sera peut-être l'élan vital au cœur de toute vie », il déclare :

> *Ce que je m'efforce de faire comprendre dans tout cela, c'est que le secret qui est à l'origine de ce grand bouleversement historique que subit la race humaine, ce bouleversement si étroitement lié aux mouvements des corps célestes et qui nous fait passer pour deux mille ans du signe des* Poissons *dans celui du* Verseau, *ce bouleversement comparable au lent retour à la vie d'un organisme vivant ou même à la naissance d'un enfant émergeant bien vivant du sein de sa mère mourante, ce bouleversement est peut-être rien moins que ce* changement de cœur *dont les prophètes ont toujours parlé et en quoi les* revivalistes *ont toujours cru, un « changement de cœur », toutefois, sans rapport aucun avec la « loi » promulguée ni avec les prédictions des « prophètes » ; il s'apparenterait plutôt à ce « courant de tendance » de la nature sans cesse en évolution et qui évolue en bravant non seulement la Loi et les prophètes mais Dieu et le Diable.*

Permettez-moi de citer quelques lignes encore, car elles nous concernent, elles concernent notre place — ou notre refus de prendre place — dans cette nouvelle vision des choses, ce nouveau mode d'existence.

> *Aucun de nous ne comprend la nature de ce courant caché, de cette vague occulte, de cette force obscure qui nous pousse en avant. Notre but immédiat semble mesquin et indigne auprès de cette force à laquelle nous cédons sans nous en rendre compte. Nous sommes comparables à des somnambules qui marchent de conserve, qui tuent et qui sont tués dans une immense migration qui fait passer le monde d'un climat de pensée dans un autre.*
>
> *Dans le climat que nous sommes contraints d'abandonner, que nous réagissions avec une foi aveugle ou avec une sourde hostilité, on distingue encore les contours incertains des vieux totems et des anciens tabous qui disparaissent. Nous nous cramponnons avec une rage désespérée à ces phantasmes qui s'agitent encore tandis que le courant nous entraîne.*
>
> *Nous ne sommes nous-mêmes que le corps agonisant qui retombe sans force et sans vie, au moment où le nouveau-né pousse son premier cri, et nous sommes aussi le nouveau-né.*
>
> *Oui, et plus désespérément nous nous accrochons, plus violemment nous lançons nos imprécations et nos folles accusations contre cette marée gravitationnelle, et plus sûrement nous sommes entraînés. « Le Destin conduit ceux qui acceptent et traîne ceux qui regimbent. »*

Nous ne sommes plus « au seuil d'un grand conflit humain », comme l'écrivait Balzac, nous sommes en plein dedans. Et Powys a raison de dire que c'est *l'âme humaine* qui se révolte. L'âme est lasse de ce culte nécrophage de la vie que l'humanité célèbre depuis quelques millénaires.

Un astrologue américain, Dane Rudhyar, a écrit à

propos de cette évolution les choses les plus pertinentes et les plus pénétrantes que j'aie jamais lues. Un grand nombre de ses articles ont paru dans les colonnes d'un magazine populaire consacré à l'astrologie. Ses livres n'ont pas une large audience. Si nous avions conscience de ce qui se passe, si nous étions sensibles à ces tendances profondes, nous ne reléguerions pas un écrivain comme lui dans les colonnes d'un magazine pour bibliothèques de gare. Le fait que son nom se trouve associé à la « pseudo-science » de l'astrologie suffit à rendre suspects ses propos. Telle est l'opinion des gens instruits — et aussi des gens sans instruction. Je ne le cite ici que pour dire qu'il envisage l'âge qui s'annonce comme « l'Âge de la Plénitude ». La coupe va déborder, elle va fertiliser et donner de la vigueur à la terre tout entière, à toute l'humanité. Les forces occultes contenues dans ce « vaisseau d'or » seront la propriété commune de tous les hommes. Le monde n'approche pas de sa fin, comme tant de gens semblent aujourd'hui le craindre. Le règne qui est fini, c'est celui des fétiches, des superstitions, des fanatismes, des formes stériles de cultes, des termes injustes du contrat social qui du miracle de la vie ont fait une cérémonie funèbre. Nous n'avons rien à perdre que le cadavre de la vie. Les chaînes vont tomber avec la momie qu'elles lient à la terre. L'esclave ne se libère pas en se contentant de rompre les liens qui l'entravent. Dès l'instant où son esprit est libéré, il est absolument libre... et à jamais. Il faut que la putréfaction soit totale avant qu'il puisse y avoir une vie nouvelle. La liberté doit se manifester aux racines avant de pouvoir devenir universelle.

L'Amérique, comme la Russie, précipite ce processus de putréfaction et de décomposition. Ces deux grands peuples, comme des vers affairés, forent un tunnel jusqu'au cœur même de la pomme afin de provoquer, sans s'en douter, la métamorphose vitale. Tout à fait inconsciemment, ils utilisent les nouvelles forces de vie pour leur propre destruction. L'Europe, toujours plus consciente dans ce domaine, est affolée, paralysée même, devant la menace d'extinction que représentent les jeux de ces deux Goliaths au pas incertain. L'Europe tient pour la sauvegarde délibérée de l'ancien état de choses, tout en essayant timidement, prudemment, les innovations. L'Europe n'a rien d'une somnambule. C'est plutôt un vieil homme las, accablé de sagesse et incapable pourtant de manifester une foi quelconque. La peur et l'angoisse sont ses passions dominantes. Si l'Amérique est comme un fruit qui pourrit avant d'être parvenu à maturité, l'Europe est semblable à un valétudinaire qui vivrait dans une cage de verre. Tout ce qui se passe dans le monde extérieur est un péril, une menace pour ce frêle prisonnier volontaire. Cette créature délicate et qui souffre depuis longtemps a connu tant de bouleversements et de catastrophes que le mot même de « révolution », la seule idée d'une « fin » la fait frissonner de terreur. Elle ne veut pas croire que « l'hiver de la vie est fini ». Elle préfère le gel au dégel. Nul doute que la glace aussi ne répugne à perdre sa rigidité. Quand elle opère ses incessantes transmutations, la nature ne demande pas la permission, même à la glace, de la faire fondre en eau. Et c'est cela, me semble-t-il, qui est à la source de la terreur dont l'Européen est la proie. On ne lui demande pas s'il désire prendre place dans l'ordre nouveau, terrifiant et sans nom, qui s'instaure dans le monde. « Si c'est ce qui semble se passer en Russie, dit-il, si c'est comme ce qui arrive en Chine, en Amérique ou en Inde, alors, très peu pour moi. » Il est même prêt à prendre sa religion au sérieux si seulement cela pouvait chasser la panique qui envahit son âme. L'idée que ce nouveau mode de vie puisse être une vie sans Dieu, l'idée que l'on puisse arracher la responsabilité à Dieu pour la conférer à l'humanité dans son ensemble ne fait qu'ajouter à sa terreur. Il ne voit aucune raison de se réjouir dans le fait que l'homme commande au lieu de la Providence. Il est trop humain, et pourtant pas assez humain, pour croire que l'autorité devrait être entre les mains de l'homme et surtout de « l'homme ordinaire ». Il a été le témoin de révolutions parties des couches supérieures et d'autres parties des couches inférieures de la société, mais quelle qu'en soit l'origine, il a toujours vu l'homme s'y révéler comme une bête. Et si vous lui dites, comme Powys : « Maintenant, c'est l'âme de l'homme qui est en révolte ! », c'est comme si vous lui disiez : « Dieu est devenu le Démon de la Création. » Il sait reconnaître l'âme dans les grandes œuvres d'art, il sait déceler les mobiles des actions des héros, mais il n'ose pas considérer l'âme comme le rebelle autochtone situé au cœur même de l'univers. Pour lui, la création est ordonnée et tout ce qui menace cet ordre obéit au diable. Mais l'âme tend à se libérer de toute servitude, et même de l'harmonie de la création. On peut définir l'âme de l'art, mais l'âme elle-même demeure indéfinissable. Nous n'avons pas à nous interroger sur la direction qu'elle prend, sur les buts qu'elle se fixe ni sur les tâches qu'elle s'impose. Nous n'avons qu'à obéir à ses dictats :

Mais rien n'empêchera que je meure du mal de la mort, à moins que je ne saisisse la joie...

À moins que je ne la porte à ma bouche comme une nourriture éternelle, comme un fruit qu'on broie entre ses dents et dont le jus vous ruisselle dans la gorge...

Voilà le langage de l'âme. Et voici maintenant le langage de la sagesse de l'âme :

C'est si clair qu'il faut du temps pour le voir.
Vous devez savoir que le feu que vous cherchez
Est le feu de votre propre lanterne,
Et que votre riz est cuit de toute éternité.

Quand je suis venu en Europe, j'étais si ravi d'avoir échappé à mon pays natal que je brûlais d'envie de m'installer définitivement en Europe. « C'est ici qu'est ma place, disais-je, c'est ici que je suis chez moi. » Et puis, je m'en allai en Grèce, qui a toujours été un peu à part de l'Europe, et je crus aussi que j'allais rester là.

Mais la vie m'empoigna par la peau du cou et me rejeta en Amérique. Grâce à ce bref séjour en Grèce, grâce à ce qui m'est arrivé là-bas, j'ai pu dire, sans mentir alors et sans mentir encore aujourd'hui je crois : « Je me sens chez moi partout. » Pour quelqu'un dans mon genre, c'est chez moi que j'ai le plus de mal à me sentir à ma place. Vous devez le savoir, et peut-être comprenez-vous cela. Il m'a fallu énormément de temps pour comprendre que se sentir « chez soi », c'est une attitude, un état d'esprit. Mais quand je découvris qu'« être chez soi », c'était comme être avec Dieu, la crainte qui s'attachait à cette formule s'évanouit. Ce devint pour moi la grande affaire, ou plutôt *mon privilège* de m'habituer à me sentir chez moi dans mon pays natal. Ç'aurait été plus facile pour moi de me sentir à mon aise partout ailleurs qu'en Amérique. L'Europe me manque et je voudrais revoir la Grèce. Et je rêve toujours du Thibet. Il me semble que je suis bien plus qu'un Américain ; il me semble que je suis un bon Européen, et que je pourrais tout aussi bien faire un bon Grec, un bon Indien, un bon Russe, un bon Chinois ou un bon Thibétain. Et quand je lis un ouvrage sur le pays de Galles et qu'on me parle de ces vingt mille ans de descendance directe depuis une race primitive, je me sens Gallois. Je me sens aussi peu que possible Américain, bien que je sois sans doute plus Américain que tout autre chose. L'Américain qui est en moi et dont je reconnais la présence, l'Américain que je salue, c'est l'aborigène, la semence et la promesse, qui ont pris forme dans « l'homme ordinaire » dédiant son âme à une expérience nouvelle, établissant sur un sol vierge « la cité de l'amour fraternel ». Ce n'est pas l'homme qui a fui quelque chose, mais au contraire qui courait *vers* quelque chose. L'homme destiné non plus à se chercher mais à s'accomplir. Ce n'est plus de la renonciation, mais de l'acceptation.

« Que dirais-tu à qui viendrait à toi sans rien ?
— Jette-le ! »

Ce *mondo* servait à illustrer la pensée que « nous

devons continuer notre marche, fût-ce en nous éloignant de la pauvreté spirituelle si celle-ci doit être un moyen d'*appréhender* la vérité de Zen ».

La pauvreté spirituelle de l'Amérique est peut-être la plus marquée qu'il y ait au monde. Elle n'était guère censée percevoir la vérité de Zen, la chose est sûre. Mais *le Chant de la route ouverte* est profondément américain, et il était chanté par quelqu'un qui était rien moins qu'appauvri. Il jaillissait de l'optimisme, de l'inépuisable générosité, pourrais-je dire, d'un homme qui était en parfait accord avec la vie. Il complète le message de saint François d'Assise.

Continuez ! Allons-y ! Assez d'atermoiements !

Lawrence était affolé, que dis-je, horrifié, à la pensée que ce Whitman, en acceptant tout, en ne rejetant *rien*, vivait avec *toutes* ses ouïes ouvertes, comme quelque monstrueuse créature des profondeurs. Mais pourrait-il exister une image plus salutaire, plus réconfortante que celle de cette nasse humaine dérivant dans le courant de la vie ? Où voudriez-vous que l'homme jetât l'ancre ? Où voudriez-vous qu'il prît racine ? N'est-il pas en équilibre divin dans l'éternel flux ?

Est-il une route qui finisse par s'achever ? Alors, ce n'est pas la route ouverte.

« Nous sommes de cette étoffe dont sont faits les rêves. » Certes, et plus encore. Infiniment plus. La vie n'est pas un rêve. Les rêves et la vie sont étroitement liés et Nerval a joué sur ce thème la musique la plus obsédante qui soit. Le rêve et le rêveur ne font qu'un. Mais les choses vont plus loin que cela. Le rêveur qui sait dans son rêve qu'il est en train de rêver, le rêveur qui ne distingue pas entre les rêves qu'il fait les yeux fermés et ceux qu'il fait les yeux ouverts, celui-là est plus près de la suprême compréhension. Mais celui qui passe du rêve à la vie, qui cesse de dormir, même dans l'extase, qui ne rêve plus parce qu'il n'a plus ni faim ni soif, qui ne se souvient plus de rien parce qu'il est parvenu à la Source, celui-là est un Éveilleur.

Mon cher Lesdain, je pourrais fort bien terminer ici ma lettre : elle a cet accent « définitif » qui signifie qu'on est parvenu au terme. Mais je préfère poursuivre et la finir sur une note plus humaine, plus immédiate.

Je vous ai parlé, vous vous en souvenez, de mon ami palestinien Bezalel Schatz et des visites que je lui rends de temps en temps. L'autre jour, en allant en ville (à Monterey), nous nous mîmes à discuter des livres que nous avions lus et adorés dans notre jeunesse. Ce n'était pas la première fois que nous abordions ce sujet. Mais, tandis qu'il commençait à débiter les titres des livres mondialement célèbres qu'il avait lus en hébreu, sa langue maternelle, l'idée m'est venue qu'il faudrait que je vous en touche un mot, et que par votre truchement, j'en fasse part au monde.

Je crois que la première fois que nous abordâmes ce sujet, ce fut quand il découvrit sur un rayon de ma bibliothèque *les Désenchantées* de Loti. À côté de ce volume, se trouvait la *Jérusalem* du même auteur qu'il n'avait jamais lue ; il n'en avait jamais entendu parler et voulut la lire. Vous n'ignorez pas que nous avons eu de nombreuses discussions à propos de Jérusalem, de la Bible — surtout l'Ancien Testament — et de personnage tels que David, Joseph, Ruth, Esther, Daniel etc. Nous passons parfois toute la soirée à parler de cette région étrange et désolée où se dresse le mont Sinaï ; parfois, c'est de la cité maudite de Petra que nous parlons, ou de Gaza ; et parfois, des merveilleux Juifs Yéménites qui ont en Arabie une des plus intéressantes capitales du monde, San'a. Ou bien nous parlons des Juifs de Boukhara qui s'installèrent à Jérusalem il y a des siècles et qui ont gardé leur langue, leurs mœurs et leurs coutumes, leur étrange coiffure et leurs costumes magnifiquement colorés. Parfois, nous évoquons Bethléem et Nazareth dont le souvenir est lié pour lui à celui d'aventures rien moins que mystiques ; ou encore Baalbec ou Damas, qu'il connaît également.

Nous finissons toujours par revenir à la littérature. Ce qui nous y a ramenés hier, cela a été le souvenir du premier livre qu'il avait jamais lu. Et que croyez-vous que c'était, puisqu'il habitait Jérusalem et que sa langue maternelle était l'hébreu ? J'ai cru m'évanouir en entendant le titre : *Robinson Crusoé !* Une autre de ses premières lectures était *Don Quichotte* également lu en hébreu. Il avait tout lu en hébreu, mais en grandissant il avait appris l'anglais, l'allemand, le français, le bulgare, l'italien, le russe et sans doute d'autres langues encore. (L'arabe, il le savait dès son enfance. Il continue à jurer en arabe : la langue la plus riche du monde à cet égard, affirme-t-il.)

« *Robinson Crusoé* a donc été le premier livre que vous ayez lu ? m'exclamai-je. C'était un des premiers pour moi également.

« Et les *Voyages de Gulliver ?* Vous avez dû lire ça aussi ?

— Bien sûr, dit-il, et aussi les livres de Jack London : *Martin Eden, l'Appel de la forêt*... tous. Mais je me souviens surtout de *Martin Eden*. » (Moi aussi. Son souvenir est demeuré vivace longtemps après que j'eus oublié les autres œuvres de Jack London. Et beaucoup d'hommes m'ont fait le même aveu. C'est un livre qui a dû frapper un grand nombre de lecteurs !)

Là-dessus, il se mit à me parler de Mark Twain. Il avait lu un assez grand nombre de ses œuvres. Cela me surprit. Je concevais mal les piquants américanismes de Mark Twain rendus en hébreu. Mais on y avait, semble-t-il, parfaitement réussi [1].

Il me dit soudain : « Mais il y avait un gros livre, un très gros livre que j'ai lu avec le plus pur délice. Je l'ai même lu deux ou trois fois... » Il chercha le titre dans sa mémoire. « Oh, oui, *Monsieur Pickwick* ! » Chacun de nous précisa ses souvenirs et je découvris qu'au même

1. À ma stupéfaction, quand je lui citai plus tard *Babbit*, il m'avoua que le livre de Sinclair Lewis lui avait donné de l'Amérique une image plus vivante que tous les ouvrages de Mark Twain. L'Académie royale de Stockholm a commis la même erreur en décernant le Prix Nobel à Lewis et non à Dreiser.

âge j'étais moi aussi plongé dans la lecture de ce livre. Seulement, je ne le terminai jamais. Il ne m'avait pas autant plu que *David Copperfield, Martin Chuzzlewit, Un Conte de deux villes* ou même *Oliver Twist*.

« Et *Alice au pays des merveilles* ? m'écriai-je. L'avez-vous lu aussi ? »

Il ne pouvait se rappeler si c'était en hébreu ou non, mais il était certain de l'avoir lu. (Imaginez un peu : essayer de se souvenir dans quelle langue on a lu ce livre sans pareil !)

Nous continuâmes d'énumérer des titres, nous gargarisant de noms aimés.

« *Ivanhoé* ?

— Bien sûr ! Et comment ! Un grand livre. Surtout le portrait de Rébecca. » Je pensais que ce roman avait dû paraître bien étrange à un petit garçon de la lointaine Jérusalem. J'éprouvai une extraordinaire impression de joie, pour Sir Walter Scott, qui était mort depuis longtemps et qui ne se souciait plus de savoir jusqu'où ses livres pouvaient pénétrer. Je me demandai comment un enfant de Pékin ou de Canton réagirait devant ce livre. (Je n'oublierai jamais cet étudiant chinois que j'ai connu à Paris — il s'appelait, je crois, M. Tchéou. Un jour que je lui demandais s'il avait jamais lu *Hamlet*, il me répondit : « Vous voulez parler de ce roman de Jack London ? »)

Ivanhoé nous entraîna dans une longue digression. Nous ne pûmes nous empêcher de parler de Richard Cœur de Lion et de Saladin. « Vous êtes le seul Américain que je connaisse que j'aie jamais entendu prononcer le nom de Saladin, dit Schatz. — Pourquoi vous intéressez-vous tant à Saladin ? lui dis-je. — Les Arabes doivent avoir sur lui des livres remarquables », conclut-il. Oui, pensai-je, mais où sont-ils ? Pourquoi ne parle-t-on plus de Saladin ? Après le roi Arthur, c'est le personnage le plus éblouissant que je puisse concevoir.

Après cela, aucun titre qu'il citerait ne pouvait plus m'étonner. Je ne fus pas surpris d'apprendre qu'il avait lu *le Dernier des Mohicans* en hébreu, ni *les Mille et une nuits* (une version condensée à l'usage des enfants, la seule que j'aie jamais lue !), je ne fus pas plus étonné d'apprendre qu'il avait lu Balzac, d'Annunzio, Schnitzler (*Fraulein Elsa*), Jules Verne, *Nana* de Zola, *les Paysans* de Reymont, ni même *Jean Christophe*, encore que ce dernier titre me fît plaisir. (« Félicitations, Lilik ! Ç'a dû être un moment merveilleux ! ») Ah oui, citer ce livre, c'est évoquer — pour chaque homme, pour chaque femme — quelques-unes des heures les plus bouleversantes de notre jeunesse. Quiconque franchit le seuil de l'adolescence sans avoir lu *Jean Christophe* souffre d'une lacune irréparable.

« Mais qui donc a écrit ce livre intitulé *la Rose rouge* [1] *?* demanda-t-il. C'est un auteur français, j'en suis sûr. » Le livre semblait avoir fait sur lui une forte impression.

De là nous passâmes aux *Mystères de Paris*, aux œuvres de Maupassant, à *Sapho*, à *Tartarin de Tarascon* (qu'il adorait), à cette étrange nouvelle ou à ce petit roman comme on voudra auquel Tolstoï a donné deux conclusions. (Je le connais, mais je ne peux m'en rappeler le titre.) Puis, nous en vînmes à Sienkiewicz. *Quel homme ! (Quel homme, ce Lincoln !* comme on dit encore dans le Sud. Ce qui veut dire : « Quel poison ! Quel être impossible ! ») Oui, nul doute que tout jeune garçon qui aborde pour la première fois ce Polonais passionné ne s'exclame : *Quel diable d'homme, cet écrivain polonais !* Quel volcan c'était ! Si profondément Polonais ! Si, quand nous étions enfants, nous avions pu parler la langue d'Amiel, n'aurions-nous pas chanté les louanges de Sienkiewicz, comme l'a fait Amiel pour Victor Hugo ? Vous rappelez-vous, par hasard, cet extraordinaire passage du *Journal intime* d'Amiel ? Permettez-moi de vous faire remarquer, avant de citer ce passage, que nous venions de parler de *l'Homme qui rit* qui, si je ne me trompe, frappe encore plus vivement les jeunes esprits que *les Misérables*...

1. Sans doute s'agit-il du *Lys rouge* d'Anatole France.

Son idéal (celui d'Hugo), *c'est l'extraordinaire, le gigantesque, le renversant, l'incommensurable ; ses mots caractéristiques, c'est* immense, colossal, énorme, géant, monstrueux. *Il trouve moyen d'outrer même l'enfantin et le naïf ; la seule chose qui lui paraisse inaccessible, c'est le naturel. Bref, sa passion, c'est la grandeur ; son tort, c'est l'excès ; son cachet, c'est le titanique, avec la dissonance bizarre de la puérilité dans la magnificence ; sa partie faible, c'est la mesure, le goût, le sentiment du ridicule, et l'esprit dans le sens fin du mot... Ses ressources sont inépuisables et l'âge ne semble rien pouvoir sur lui. Quel infini bagage de mots, d'idées, de formes ne traîne-t-il pas avec lui ; et quelle montagne d'œuvres il laisse derrière lui pour marquer son passage ! Ses éruptions tiennent du volcan, et ce fabuleux travailleur continue à soulever, à disloquer, à broyer, à construire un monde de sa création, un monde hindou plutôt qu'hellénique...* [1].

Par une étrange coïncidence, après avoir discuté livres, nous en vînmes à parler de ces êtres de feu qui semèrent la terreur — Tamerlan, Gengis Khan, Attila — dont je m'aperçus que les noms étaient aussi terrifiants et aussi bouleversants pour Schatz qu'ils le sont pour quiconque a entendu parler de leurs sanglants exploits. Coïncidence, dis-je, car les seuls *longs* passages que j'eusse marqués dans Amiel étaient ceux concernant Hugo et ces trois fléaux. Amiel note qu'il vient de lire *la Bannière bleue*. « C'est un Turc, Ouïgour, qui raconte », dit-il. Et il poursuit :

Gengis se donne comme le Fléau de Dieu, et il a de fait réalisé le plus vaste empire que connaisse l'histoire, allant de la mer Bleue à la Baltique et des toundras de la Sibérie aux rives du Gange sacré. (C'est de cela que nous parlions, du fait qu'un *Mongol* ait réussi un exploit aussi étonnant.) *Ce prodigieux ouragan des-*

1. Amiel. *Fragments d'un journal intime*, Genève, 1893, t. I, p. 182.

cendu des hauts plateaux asiatiques a fait tomber les chênes pourris et les édifices vermoulus de tout l'ancien continent, la descente des Mongols, ces Jaunes au nez camard, est un cyclone de l'histoire, qui dévaste et assainit notre XIIIe *siècle, et brise aux deux bouts de la terre connue les deux grandes murailles chinoises, celle qui couvrait l'antique empire du Milieu, celle qui parquait dans l'ignorance et la superstition le petit monde de la chrétienté.*

Attila, Gengis, Tamerlan doivent compter dans le souvenir des hommes comme César, Charlemagne et Napoléon. Ils ont soulevé et brassé les masses profondes des peuples, labouré l'ethnographie, fait couler des fleuves de sang et renouvelé la face des choses... [1].

Quelques lignes plus loin, parlant des « maudisseurs de la guerre (qui) ressemblent à ceux qui maudissent la foudre, les orages ou les volcans », Amiel déclare — et c'est un passage qui a dû me frapper, car chaque fois que je le relis, il résonne en moi comme un tocsin — :

Les catastrophes ramènent violemment l'équilibre et rappellent brutalement l'ordre méconnu.

C'est cette dernière phrase qui brûle comme un fer rouge : *Elles rappellent brutalement l'ordre méconnu.*

Il y a loin d'Amiel aux aventures du baron de Munchausen et à *Trois Hommes dans un bateau* (sans parler du chien) de Jérôme K. Jérôme. Une fois de plus, je me trouvai déconcerté. Ainsi, dans la lointaine Palestine, un jeune homme encore s'était esclaffé à la lecture de ce stupide échantillon d'humour ! Jérôme K. Jérôme en hébreu ! Je ne m'en remettais pas. Penser que ce livre atrocement drôle — drôle une seule fois, cependant ! — était tout aussi comique en hébreu !

« Il faut que vous vous rappeliez... essayez, je vous en prie ! si vous avez lu *Alice au pays des merveilles* en hébreu. »

1. Amiel, *id.*, t. II, p. 281-282.

Il fit un effort, mais en vain. Puis, se grattant la tête, il dit : « Je l'ai peut-être lu en yiddish. » (Mettez ça dans votre poche et votre mouchoir par-dessus !)

En tout cas, il se souvint brusquement que l'éditeur qui avait publié la plupart de ces traductions hébraïques était un nommé « Toshia » quelque part en Pologne. Ce détail lui parut sur le moment important. C'est comme quand on se souvient non seulement du titre d'un livre d'enfant, mais de l'impression que laissait sous les doigts la couverture et la consistance même du volume.

Puis, il m'apprit que presque tous les auteurs russes avaient été très tôt traduits en hébreu. « Les œuvres complètes », dit-il. Je pensai à la Chine du temps de Sun Yat-sen, où la même chose se produisit. Et je songeai qu'avec Dostoïevsky, Tolstoï, Gorki, Tchékov, Gogol et autres, les Chinois avaient avalé Jack London et Upton Sinclair. C'est une heure magnifique dans la vie d'une nation quand elle est pour la première fois envahie par des auteurs étrangers. (Et dire que la petite Islande est le pays du monde où l'on lit le plus de traductions !)

Il avait également lu, bien sûr, *les Trois Mousquetaires*, *le Comte de Monte-Cristo*, et *les Derniers Jours de Pompéi*, ainsi que *Sherlock Holmes* et *le Scarabée d'or* d'Edgar Poe. Il me donna une autre douce émotion en mentionnant le nom de Knut Hamsun. Oui, il avait lu Hamsun, tout ce qu'il avait pu trouver et c'était merveilleux. Il me cita même quelques titres dont je n'avais jamais entendu parler. J'en éprouvai d'abord quelque regret, puis je me réjouis bientôt en me disant : je suis encore en vie, je trouverai peut-être encore le moyen de me procurer ces livres inconnus de Hamsun, quand bien même je devrais les lire en norvégien !

« J'ai lu aussi un certain nombre d'auteurs traduits du yiddish, déclara-t-il. Sholem Aleichem, naturellement. Mais j'aimais encore mieux, beaucoup mieux, Mendele Mocher-Sfarim !

— Vous souvenez-vous de Jacob Ben-Ami, l'acteur juif ? demandai-je. Ou d'Israël Zangwill ?

— Israël Zangwill ! » s'écria-t-il, stupéfait.

Je lui dis que j'avais lu *les Enfants du ghetto* et que j'avais vu l'adaptation théâtrale du *Creuset* que Théodore Roosevelt aimait tant. Il secoua la tête, l'air extrêmement surpris.

« Je peux vous citer un livre, dis-je, que vous n'avez jamais lu en hébreu, je le parierais.

— Lequel ?

— *The Rivet in Grandfather's Neck !*

— C'est vrai », avoua-t-il en souriant. Puis, pour ne pas être en reste, il riposta en disant : « Je connais un livre que vous n'avez jamais lu, vous. C'est le livre le plus magnifique que j'aie lu : *les Mémoires de la Maison de David*. Il y avait plusieurs volumes, au moins huit ou dix.

— Nous devrions arroser ça », proposai-je. Mais nous en vînmes alors à parler des *lamedvövnik*. S'il faut en croire la légende,

> *il n'existe au monde pas moins de trente-six* (lamed-vav) *personnes vertueuses par génération sur lesquelles brille la Shekina (le rayonnement de Dieu)* ».

Après cette digression, nous en arrivâmes à un livre dont il m'avait déjà plusieurs fois parlé, et toujours avec le même enthousiasme passionné : *Ingeborg*, œuvre d'un Allemand du nom de Kellermann. « Il a écrit aussi *le Tunnel*, une œuvre passionnante à la Jules Verne, vous savez ! s'écria-t-il. Je ne suis pas très sûr de l'orthographe : c'est peut-être Ingeborg ou Ingeburg. En tout cas, c'est une histoire d'amour. Et quelle histoire d'amour ! C'est comme ce roman dont vous parlez toujours, *She*.

— Je vais tâcher de me le procurer, promis-je. Écrivez-moi le titre sur mon calepin. » Il le nota auprès de *Robinson* « *Kruso* », de « Baalzac » et de « Zenkewitz ». (L'orthographe anglaise le déconcerte toujours. C'est une orthographe illogique, affirme-t-il, et il a fichtrement raison.)

« Si jamais vous écrivez quelque chose à ce sujet, dit-il, n'oubliez pas *Flauvius*. C'est un gros livre sur les derniers jours des Juifs... »

Mais ce fut sur *Narcisse et Goldmund* — en hébreu évidemment — que nous nous étendîmes longuement. En anglais, le livre s'intitule pour je ne sais quelle raison *Death and the Lover*. J'étais tombé sur ce livre d'Hermann Hesse il y a seulement quelques années. C'est un de ces ouvrages qui affectent profondément l'artiste. Il est imprégné de magie et d'une sagesse profonde. « La sagesse de la vie », comme dirait D.H. Lawrence. C'est une sorte d'introduction à la métaphysique de l'art. C'est aussi un « discours céleste » modulé sur les octaves inférieurs, où l'on célèbre la douleur et le triomphe de l'art. Ce livre avait beaucoup séduit mon ami Schatz, qui avait assisté à la renaissance artistique en Palestine et qui y avait été directement mêlé en raison des activités de son père. Quiconque lit ce livre doit sentir en lui-même se réveiller l'éternelle vérité de l'art.

Toujours sous le charme de *Narcisse et Goldmund*, nous continuâmes à discuter du passé et du présent de Jérusalem, des Arabes et de leur nature qui se révèle admirable quand on les connaît bien, de la plantation de bananiers près de Jéricho que son père possédait en copropriété avec le Grand Mufti, des Yéménites encore et de leurs incomparables façons, et enfin de son père, Boris Schatz, fondateur de l'École Bezalel d'Arts et Métiers de Jérusalem, et qui initia son fils aux secrets de tous les arts, tout comme au temps jadis. Il me raconta à ce propos comment son père avait réussi à introduire en Palestine le premier piano. Cette anecdote, si picaresque dans ses détails, me rappela un des passages exotiques de Cendrars (dans *Bourlinguer*, je crois) où il décrit dans les moindres détails et avec toutes les ressources de son étonnant clavier les mille et un articles (pianos compris) qui, chargés à dos de mulets, d'hommes et de dieux, apparurent un jour sur la crête des Andes (il se trouvait alors dans un petit village perdu d'Amérique du Sud) et furent transportés avec une diabolique lenteur entre le matin et le crépuscule jusqu'au niveau de la mer. Ce passage a pour moi la saveur d'une mystérieuse échappée de soleil : le grand globe ardent devient une gigantesque corne d'abondance prodiguant non plus la chaleur, mais un assortiment des objets les plus incongrus, et qui finit par se vider par la magie de quelque mystérieux Père Noël.

Dans toutes ces discussions, le nom magique pour moi, c'est Jéricho. Pour Schatz, Jéricho est une agréable station d'hiver au-dessous du niveau de la mer, où l'on descend depuis Jérusalem comme par un toboggan. Pour moi, il n'y a pas seulement « les murailles » et le fracas des trompettes, mais un village discret de Long Island, vers lequel, suivant la route de Jéricho, je dévalais à fond de train afin de préparer une séance d'entraînement avec un des fameux coureurs cyclistes des Six Jours. Comme les noms évoquent pour chacun des associations d'idées différentes ! J'ose à peine vous dire, par exemple, à quoi Schatz associa le nom de Bethléem. (« Toujours grouillant de putains ! »)

Une des choses qui m'ont le plus frappé à propos de la Palestine, c'est l'histoire que m'a racontée Schatz de l'homme qui a refait de l'hébreu une langue vivante [1]. Sans doute, il y a toujours quelqu'un qui est « le premier », quand il s'agit de faire revivre une langue morte. Mais qui pense au premier homme à faire renaître le basque, le gaélique, le gallois et autres langues étranges ? (Peut-être n'ont-elles jamais été tout à fait des langues « mortes » ?) En tout cas, c'est de notre temps que l'hébreu est redevenu langue vivante : et tout simplement parce qu'un homme l'enseigna à son fils âgé de quatre ans. Bien sûr, on avait beaucoup parlé de ce projet ; mais encore fallait-il quelqu'un pour mettre en pratique toutes ces bonnes paroles. Un événement de ce genre a toujours quelque chose d'un miracle...

1. Eliezer Ben-Yehuda, qui compila aussi le premier dictionnaire hébreu contenant quelque 50 000 mots.

Cette histoire a une suite, une petite anecdote que Schatz raconte avec délice et que je m'en voudrais de ne pas rapporter. Il s'agit d'un membre de la célèbre troupe Habima qui, arrivant pour la première fois en Palestine, venant de Russie, où l'on ne parlait hébreu que sur les planches (et à la synagogue), entend soudain les gosses de la rue crier et jurer dans cette vénérable langue. « Maintenant, s'écria-t-il, je sais que c'est bien une langue vivante ! » Je cite cette réflexion pour faire observer que chaque fois qu'une langue reprend vie, c'est en assimilant les éléments vulgaires et populaires. Tout se nourrit par les racines.

« Dites-moi, Lilik, demandai-je, alors que nous étions presque arrivés à la maison, pourquoi votre père a-t-il baptisé son école *Bezalel* ? Est-ce en votre honneur, ou bien est-ce vous qui avez reçu ce prénom en souvenir de l'école ? »

Il éclata de rire. « Vous savez, bien sûr, ce que cela veut dire, "à l'ombre de Dieu". Mais ce n'est que le sens littéral. » Il se tut un instant, et un sourire radieux s'épanouit sur son visage. Soudain, il se mit à parler hébreu, sans s'arrêter, sur un ton d'incantation.

« Que faites-vous ? demandai-je.

— Je récite des versets de *l'Exode... où il est question de Bezalel.* C'était le premier sculpteur, vous ne saviez pas cela ? Il était même mieux que cela : le premier *artiste*, pourrait-on dire. Lisez votre Bible ! Retrouvez le passage à propos de l'arche d'alliance. Tenez, vous voilà arrivé... C'est détaillé, poétique, précis et sans fin cependant... »

Le lendemain matin, je suivis son conseil. Et la première mention que je trouvai de notre cher Bezalel, ce fut dans le chapitre 31 de *l'Exode* qui commence ainsi :

Et le Seigneur parla encore à Moïse, et lui dit :

« J'ai appelé nommément Bezalel fils d'Uri, qui est fils d'Hur, de la tribu de Judas ;

Et je l'ai rempli de l'esprit de Dieu, je l'ai rempli de sagesse, d'intelligence et de science pour toute sorte d'ouvrages,

Pour inventer tout ce que l'art peut faire avec l'or, l'argent, l'airain,
Et les pierres précieuses, et tous les bois différents. »

J'ai continué à lire les passages racontant la construction du tabernacle, l'arche du témoignage, l'autel des holocaustes et les passages sur l'observation du sabbat et sur les tablettes de la Loi... Et je suis parvenu au verset du chapitre 35 de *l'Exode* qui dit :

Mettez à part chez vous les prémices de vos biens pour les offrir au Seigneur ! Vous lui offrirez de bon cœur, et avec une pleine volonté l'or, l'argent, l'airain, l'hyacinthe, la pourpre, l'écarlate, le lin fin, les poils de chèvres, des peaux de moutons teintes en rouge, des peaux violettes, des bois de setim, de l'huile pour les lampes et des aromates pour les onguents...

À mesure que je lisais, je me grisais de la musique des mots, car quoi de plus détaillé et de plus subtil, de plus précis et de plus poétique, de plus fugitif et de plus arrêté que ce texte sur l'art de Bezalel et de ses « collaborateurs » ? Ainsi perdu dans ma rêverie, je m'émerveillai de la profondeur de vue de Boris Schatz, le père de Bezalel, j'admirai avec quel patient amour, avec quelle héroïque persévérance il s'est efforcé de rendre les fils d'Israël habiles et adroits dans tous les métiers, dans tous les arts, fût-ce celui de Juval. Je compris que son fils avait sucé dès le berceau cette science et cette sagesse, ce don de créer des œuvres curieuses. Et je murmurai tout bas : « Béni soit ton nom, Bezalel, car il est écrit dans l'acte d'alliance même qui nous unit ! »

Et maintenant, mon cher Pierre Lesdain, c'est vraiment la fin ! Dans notre voyage au pays des premières lectures, nous voici parvenus enfin au Livre des livres, à l'arche et à l'alliance. Arrêtons-nous là et soyons satisfaits.

Votre ami,

HENRY MILLER.

20 mai 1950.

XIII

LIRE AUX CABINETS

Il existe un aspect de la lecture qui vaut, je crois, qu'on s'y étende un peu, car il s'agit d'une habitude très répandue et dont, à ma connaissance, on a dit bien peu de choses... je veux parler du fait de *lire aux cabinets*. Quand j'étais jeune garçon, et que je cherchais un endroit où dévorer en paix les classiques interdits, je me réfugiais parfois aux cabinets. Depuis ce temps de ma jeunesse, je n'ai plus jamais lu aux cabinets. Quand je cherche la paix et la tranquillité pour lire, je m'en vais dans les bois. Je ne connais pas de meilleur endroit pour lire un bon livre que dans les profondeurs d'une forêt. De préférence auprès d'un torrent.

J'entends déjà les objections. « Mais nous n'avons pas tous votre chance ! Nous avons des emplois, nous nous y rendons et nous en revenons dans des tramways, des bus, des métros bondés ; nous n'avons presque jamais une minute à nous. »

J'ai eu moi aussi un « emploi » jusqu'à ma trente-troisième année. C'est à cette époque-là de ma vie que j'ai lu le plus. Je lisais dans des conditions difficiles, toujours. Je me rappelle m'être fait congédier une fois parce qu'on m'avait surpris à lire Nietzsche au lieu de rédiger le catalogue pour les clients de province, ce qui était mon travail à ce moment-là. Quelle chance j'ai eue d'être renvoyé, quand j'y pense maintenant ! Est-ce que Nietzsche ne comptait pas infiniment plus dans ma vie que la connaissance de la vente par correspondance ?

Pendant quatre bonnes années, sur le trajet aller et retour des bureaux de la Compagnie du Ciment Éternel, j'ai lu les livres les plus indigestes. Je lisais debout, pressé de tous côtés par des voyageurs qui étaient debout comme moi. Non seulement je lisais durant ces trajets dans le métro aérien, mais encore j'apprenais par cœur de longs passages de ces œuvres difficiles. C'était, en tout cas, une excellente façon d'exercer ma puissance de concentration. Quand j'occupais cet emploi, je travaillais souvent tard le soir, et en général sans avoir déjeuné, non pas parce que je voulais lire pendant l'heure du déjeuner, mais parce que je n'avais pas d'argent pour aller manger. Le soir, dès que j'avais englouti mon repas, je sortais pour aller rejoindre les copains. Pendant ces années, et longtemps encore par la suite, je dormis rarement plus de quatre ou cinq heures par nuit. Et pourtant, j'ai lu énormément. Et je le répète, je lisais les livres les plus difficiles — pour moi du moins — et non les plus faciles. Je ne lisais jamais pour tuer le temps. Je lisais rarement au lit, à moins que je ne fusse bien souffrant, ou que je prétendisse être malade pour m'offrir de brèves vacances. Lorsque je repense à ce temps-là, il me semble que je lisais toujours dans une position inconfortable. (Ce qui, je l'ai découvert, est la façon dont la plupart des écrivains écrivent, et dont la plupart des peintres peignent.) Mais ce que je lisais pénétrait en moi. Car lorsque je lisais, j'y appliquais toute mon attention, toutes mes facultés. Lorsque je jouais, c'était la même chose.

De temps en temps, j'allais passer une soirée à la bibliothèque municipale pour lire. C'était pour moi prendre un billet pour le paradis. Souvent, en quittant la bibliothèque, je me disais : « Pourquoi est-ce que tu fais cela si rarement ? » C'était, bien entendu, parce que la vie s'en mêlait. On dit souvent la « vie » quand on veut parler de plaisir ou de quelque distraction stupide.

D'après ce que j'ai pu glaner au cours de conversations avec mes amis intimes, ce qu'on lit aux cabinets, c'est presque toujours de la lecture futile. Ce que les gens emmènent pour lire aux cabinets, ce sont les digests, les magazines illustrés, les feuilletons, les romans policiers ou les romans d'aventure, tout le rebut de la littérature. Il paraît qu'il y a des gens qui ont une étagère avec des livres dans leurs cabinets. Leur lecture les y attend, pour ainsi dire, comme dans l'antichambre du dentiste. C'est étonnant de voir avec quelle avidité les gens passent en revue la « lecture », comme on dit, empilée dans l'antichambre des médecins et des dentistes. Est-ce pour s'empêcher de penser à l'épreuve qui les attend ? Ou est-ce pour rattraper le temps perdu, pour « se mettre au courant », comme ils disent, de l'actualité ? Mes quelques observations personnelles me disent que ces gens-là ont déjà absorbé plus que leur part d'« actualité », c'est-à-dire de guerre, d'accidents, de guerre encore, de désastres, d'autre guerre, de meurtres, de guerre encore, de suicides, d'autre guerre, de vols de banques, de guerre, et encore de guerre chaude et froide. Ce sont sans aucun doute ces mêmes gens qui font marcher la radio la plus grande partie du jour et de la nuit, qui vont au cinéma aussi souvent que possible — et y ingurgitent encore des nouvelles, encore de l'« actualité » — et qui achètent des postes de télévision à leurs enfants. Tout cela pour être informés ! Mais que savent-ils en fait qui vaille la peine d'être su de ces événements si importants qui bouleversent le monde ?

Les gens affirmeront qu'ils dévorent les journaux et collent leur oreille à la radio (parfois les deux en même temps) ! afin de se tenir au courant de ce qui se passe dans le monde, mais c'est là une pure illusion. La vérité c'est que dès l'instant où ces pauvres gens ne sont pas actifs, occupés, ils prennent conscience du vide terrifiant, affreux qu'il y a en eux. Peu importe, à dire vrai, à quelle mamelle ils tètent, l'essentiel pour eux est d'éviter de se retrouver face à face avec eux-mêmes. *Méditer* sur le problème du jour, ou même sur ses problèmes personnels, est la dernière chose que désire faire l'individu normal.

Même aux cabinets, où l'on pourrait croire qu'il n'est pas nécessaire de *faire* quoi que ce soit, ou de *penser* à quoi que ce soit, où une fois par jour au moins on est seul avec soi-même et où tout ce qui se passe est machinal, même ce moment de béatitude, car c'est bien une sorte de petite béatitude, il faut le rompre en se concentrant sur la matière imprimée. Chacun a, je suppose, son genre de lecture favori pour l'intimité des cabinets. Certains absorbent de longs romans, d'autres ne lisent que bagatelles sans consistance. Et d'autres, sûrement, se contentent de tourner les pages et de rêver. Quel genre de rêves font-ils ?... on se le demande. De quoi leurs rêves sont-ils teintés ?

Il y a des mères de famille qui vous diront que les cabinets sont le seul endroit où elles aient la possibilité de lire. Pauvres mères ! La vie est vraiment dure pour vous à notre époque. Pourtant, quand on vous compare aux mères d'il y a cinquante ans, vous avez mille fois plus d'occasions de développer votre personnalité. Avec votre arsenal complet d'économiseurs de travail, vous avez ce qui manquait même aux impératrices de l'ancien temps. Si c'était vraiment du « temps » que vous étiez désireuses de gagner, en acquérant toutes ces machines, alors vous avez été cruellement déçues.

Il y a les enfants, bien sûr ! Quand toutes les autres excuses font défaut, il y a toujours... « les enfants » ! Vous avez des jardins d'enfants, des squares, des *baby-sitters* et Dieu sait quoi encore. Vous faites faire la sieste aux gosses après le déjeuner et vous les mettez au lit aussi tôt que possible, suivant en tout cela des méthodes « modernes » universellement approuvées. *Bref* [1], vous vous occupez aussi peu de votre progéniture que possible. On les élimine, tout comme les odieuses corvées du ménage. Le tout au nom de la science et du rendement.

(Français, encore un tout petit effort[1]... !)

Oui, chères mères, nous savons que, quoi que vous

1. En français dans le texte.

fassiez, il en reste toujours à faire. C'est vrai que votre travail n'est jamais fini. Et pour qui en est-il autrement, je me le demande ? Qui se repose le septième jour, excepté Dieu ? Qui considère son travail, *enfin* terminé, et s'en trouve satisfait ? Nul autre apparemment, que le Créateur.

Je me demande toujours si ces mères consciencieuses qui se plaignent toujours de ce que leur travail n'est jamais fini (ce qui est une manière détournée de se louer soi-même), je me demande, dis-je, si elles pensent parfois à emmener aux cabinets, non pas de la lecture, mais de petites tâches qu'elles n'ont pas accomplies ? Ou alors, en d'autres termes, leur vient-il parfois à l'idée, je me le demande, de profiter de ces précieux moments de totale intimité, pour méditer sur leur destinée ? Leur arrive-t-il, à de tels moments, de demander au Seigneur de leur donner la force et le courage nécessaires pour continuer à subir leur martyre ?

Comment nos pauvres ancêtres si démunis et si tristement handicapés ont-il réussi à accomplir tout ce qu'ils ont fait, je me le demande souvent ? Certaines mères de l'ancien temps sont parvenues, ainsi que nous l'apprennent les vies des grands hommes, à lire énormément en dépit de ces graves « handicaps ». Certaines d'entre elles semblaient même avoir du temps pour tout. Non seulement elles s'occupaient de leurs propres enfants, leur enseignaient tout ce qu'elles savaient, les soignaient, les nourrissaient, les lavaient, jouaient avec eux, faisaient leurs vêtements (et parfois même le tissu), non seulement elles lavaient et elles repassaient les vêtements de tout le monde, mais certaines au moins arrivaient aussi à donner un coup de main à leurs maris, surtout si c'étaient de simples femmes de la campagne. Elles sont innombrables les grandes et les petites choses que nos ancêtres faisaient sans aide, avant même qu'il n'y eût des économiseurs de travail, des économiseurs de temps, avant qu'il n'y eût des raccourcis pour parvenir à la connaissance, avant qu'il n'y eût des jardins d'enfants, des crèches, des parcs d'attraction, des assistantes sociales, des films et des caisses de secours de tous ordres.

Peut-être les mères de nos grands hommes pratiquaient-elles aussi la lecture aux cabinets ? S'il en est ainsi, c'est un fait généralement peu connu. Je n'ai lu nulle part non plus que des lecteurs omnivores — comme Macaulay, Saintsbury et Remy de Gourmont par exemple — avaient cette habitude. Je soupçonne plutôt ces lecteurs gargantuesques d'avoir été trop actifs, trop passionnés par le but à atteindre, pour perdre leur temps de cette façon. Le fait même qu'ils aient été des lecteurs aussi prodigieux tend à indiquer qu'ils accordaient toujours une attention totale à ce qu'ils lisaient. On nous parle, il est vrai, de bibliomanes qui lisent en mangeant ou en marchant ; peut-être certains ont-ils même été capables de lire et de parler en même temps. Il y a une race d'hommes qui ne peuvent s'empêcher de lire tout ce qui leur tombe sous les yeux ; ils lisent à la lettre tout, même les annonces d'objets perdus dans les journaux. Ce sont des obsédés, et nous ne pouvons que les plaindre.

Je crois que c'est le moment de placer un conseil sûr. Si vos intestins refusent de fonctionner, allez consulter un médecin herboriste chinois ! Ne lisez pas pour distraire votre esprit de l'opération en cours. Ce qu'aime le système autonome, ce à quoi il répond, c'est à une concentration profonde, que ce soit sur le fait de manger, de dormir, d'évacuer, ou de ce que l'on voudra. Si vous ne pouvez pas manger, ou si vous ne pouvez pas dormir, c'est parce que quelque chose vous préoccupe. Vous avez quelque chose « dans la tête », autrement dit, là où il ne faudrait pas. La même chose vaut pour la selle. Débarrassez votre esprit de tout ce qui n'est pas l'affaire en cours. Quoi que vous fassiez, abordez-le avec un esprit libre et une conscience nette. C'est un conseil vieux comme le monde, mais sûr. La méthode moderne c'est d'essayer plusieurs choses à la fois, afin « d'utiliser son temps au maximum », comme on dit. C'est une méthode profondément malsaine, contraire à l'hygiène et inefficace. *Il faut se laisser aller !* « Occupez-vous des petites choses et les grandes se feront d'elles-mêmes. » Tout le monde entend dire cela quand il est enfant. Peu de gens mettent cet adage en pratique.

S'il est d'une importance vitale de nourrir son corps et son esprit, il est tout aussi important d'éliminer de son corps et de son esprit ce qui a rempli cette fonction. Ce qui ne sert pas, ce qui est « accumulé », finit par empoisonner. Cela va de soi. Il s'ensuit donc, comme la nuit suit le jour, que si l'on va aux cabinets pour éliminer les déchets qui se sont amassés dans l'organisme, on se rend un mauvais service à soi-même en utilisant ces précieux moments pour se remplir l'esprit de « camelote ». Est-ce que l'idée vous viendrait, pour gagner du temps, de manger et de boire pendant que vous êtes sur le siège ?

Si chaque instant de la vie est tellement précieux à vos yeux, si vous tenez absolument à vous persuader que la portion de sa vie que l'on passe chaque jour aux cabinets n'est pas négligeable — certaines personnes préfèrent « W.-C. » ou « Petit Coin » à cabinets — alors demandez-vous au moment où vous vous saisirez de votre lecture favorite : *Est-ce que j'ai besoin de ça ? Pourquoi ?* (C'est ce que font souvent les fumeurs quand ils essayent de se débarrasser de leur vice, et les alcooliques aussi. C'est un stratagème à ne pas mépriser.) Supposons — et c'est aller très loin dans le domaine des suppositions ! — que vous êtes de ceux qui ne lisent sur le siège que « les plus grands chefs-d'œuvre de la littérature mondiale ». Même en ce cas, je prétends que vous gagnerez à vous demander : *Est-ce que j'ai besoin de ça ?* Imaginons que ce soit *la Divine Comédie* que vous allez ainsi vous refuser de lire. Supposons qu'au lieu de lire ce grand classique vous méditiez sur le peu que vous en avez déjà effectivement lu, ou sur ce que vous en avez entendu dire. Cela marquerait un léger progrès. Il vaudrait encore mieux, toutefois, ne pas méditer du tout sur de la littérature mais simplement garder votre esprit, aussi bien que vos intestins, ouverts. S'il faut à tout prix que vous fassiez quelque chose, pourquoi n'offririez-vous pas une prière muette au Créateur, pour le remercier de ce que vos intestins fonctionnent toujours ? Pensez au désastre que ce serait s'ils étaient paralysés ! Il faut peu de temps pour faire une prière de cet ordre, et cela aurait pour vous cet avantage que vous pourriez sortir Dante au grand jour et par conséquent vous entretenir avec lui sur un plus grand pied d'égalité. Je suis sûr qu'aucun auteur, fût-il mort, n'est flatté de voir son œuvre associée au système d'évacuation. Les œuvres scatologiques elles-mêmes ne peuvent être pleinement appréciées au water-closet. Il faut être un ardent coprophile pour tirer le meilleur parti d'une telle situation.

Ayant énoncé quelques jugements sévères sur le compte de la mère moderne, que dirais-je du père d'aujourd'hui ? Je m'en tiendrai au père américain, car c'est celui que je connais le mieux. Cette espèce de *pater familias*, nous ne le savons que trop bien, se considère comme un pauvre hère réduit en esclavage, et que l'on n'apprécie pas à sa juste valeur. Outre que c'est lui qui fournit le superflu, aussi bien que le nécessaire, il fait de son mieux pour rester autant que possible à l'arrière-plan. Quand il a par hasard une minute ou deux de liberté, il estime qu'il a le devoir de laver la vaisselle ou de chanter pour endormir le petit. Quelquefois, il se sent tellement malmené, harassé, tellement exploité, que lorsque sa pauvre épouse surmenée, sous-alimentée, et terne s'enferme aux cabinets — ou « Petit Coin » — pendant une heure entière, il est à deux doigts d'aller fracturer la porte et d'assassiner sa femme sur place.

Voici le procédé que je recommanderai, lorsque pareille crise se produit, à ces pauvres diables qui n'arrivent pas à savoir quel est leur véritable rôle. Disons qu'elle « y » est depuis une bonne demi-heure. Elle n'est pas constipée, elle ne se masturbe pas et elle ne se fait pas une beauté. « Mais alors qu'est-ce qu'elle fait là-dedans, bon Dieu ? » Allons, doucement ! Je sais ce que c'est quand on se met à se parler à soi-même. Ne vous laissez pas emporter par la colère. Essayez seulement de vous imaginer qu'assise là-dedans sur le siège, il y a la femme que jadis vous aimiez si follement que vous n'envisagiez pas d'autre solution que de vous unir à elle pour la vie. Ne soyez pas jaloux de Dante, Balzac, Dostoïevsky, si ce sont là les ombres avec lesquelles elle est en train de communiquer. « *Peut-être est-elle en train de lire la Bible !* Elle y est depuis assez longtemps pour avoir lu tout le *Deutéronome.* » Je sais. Je sais ce que vous ressentez. Mais ce n'est pas la Bible qu'elle lit, et vous le savez bien. Ce n'est probablement pas *les Possédés* non plus, ni *Séraphita,* ni *la Vie sainte* de Jeremy Taylor. C'est peut-être *Autant en emporte le vent.* Mais qu'importe ? Ce qu'il faut — croyez-moi, mon vieux, c'est toujours ce qu'il faut — c'est essayer une autre tactique. Essayez les questions et les réponses. Comme ceci, par exemple :

« Qu'est-ce que tu fais là-dedans, *chérie ?*

— Je lis.

— *Quoi,* si je ne suis pas indiscret ?

— Quelque chose sur la bataille de la Marne.

(Faites comme si cela ne vous surprenait pas. Continuez !)

— Je me disais que tu étais peut-être en train de potasser ton espagnol ?

— Qu'est-ce que tu dis, chéri ?

— Je disais... est-ce que c'est bien raconté ?

— Non, c'est assommant.

— Je vais te chercher autre chose.

— Qu'est-ce que tu dis, chéri ?

— Je disais... est-ce que tu veux quelque chose de frais à boire pendant que tu es plongée dans ton machin ?

— Quel machin ?

— La bataille de la Marne.

— Oh, je l'ai fini, ça. Je suis sur autre chose maintenant.

— *Chérie,* est-ce que tu as besoin d'ouvrages de référence ?

— Je pense bien. Je voudrais un dictionnaire abrégé... le *Webster* si cela ne t'ennuie pas.

— *M'ennuyer ?* Au contraire. Je vais aller te chercher le non abrégé.

— Non, chéri, l'abrégé suffira. Il est plus facile à tenir.

(Là, courez dans tous les sens, comme si vous cherchiez le dictionnaire.)

— Chérie, je ne trouve ni l'abrégé, ni le non abrégé. Est-ce que *l'Encyclopédie* pourra aller ? Qu'est-ce que tu cherches exactement : un mot, une date, ou... ?

— Mon *amour,* ce que je cherche surtout c'est la paix et la tranquillité.

— Oui, *chérie,* bien sûr. Je vais tout simplement débarrasser la table, laver la vaisselle et mettre les enfants au lit. Après, si tu veux, je te ferai la lecture. Je viens de découvrir un livre merveilleux sur Nostradamus.

— C'est *si* gentil à toi, chéri. Mais je préfère simplement continuer à lire.

— À lire *quoi ?*

— Cela s'appelle *les Mémoires du maréchal Joffre,* il y a une préface de Napoléon et une étude détaillée des principales campagnes par un professeur de stratégie militaire — ils ne donnent pas son nom — de West Point. Est-ce que cela répond à ta question, mon amour ?

— Parfaitement. »

(À ce moment-là, vous allez chercher la hache au bûcher. S'il n'y a pas de bûcher, inventez-en un. Faites du bruit avec vos dents, comme si vous étiez en train d'aiguiser la hache... comme Minutten dans *Mystères.*)

Voici une autre solution que je vous propose. Pendant qu'elle ne regarde pas, placez au water-closet un exemplaire de la *Catherine de Médicis* de Balzac. Mettez une marque à la page 160 (Édition de la Pléiade, t. IX) et soulignez le passage suivant :

Le cardinal venait d'avoir la certitude d'être trompé

> *par Catherine. Cette habile Italienne avait vu dans la maison cadette un obstacle à opposer aux prétentions des Guise ; et, malgré l'avis des deux Gondi, qui lui conseillaient de laisser les Guise se porter à des violences contre les Bourbons, elle avait fait manquer, en avertissant la reine de Navarre, le projet concerté par les Guise avec l'Espagne de s'emparer du Béarn. Comme ce secret d'État n'était connu que d'eux et de la reine-mère, les deux princes lorrains, certains de la duplicité de leur alliée, voulurent la renvoyer à Florence ; et pour s'assurer de la trahison de Catherine envers l'État (la maison de Lorraine était l'État), le duc et le cardinal venaient de lui confier leur dessein de se défaire du roi de Navarre.*

L'avantage qu'il y a à la mettre en face d'un tel texte est qu'il détournera totalement son esprit des soucis ménagers et qu'il la rendra apte à discuter histoire, prophétie ou symbolisme avec vous pendant le restant de la soirée. Il se peut même qu'elle soit tentée de lire l'introduction écrite par George Saintsbury, l'un des plus grands lecteurs du monde, vertu ou vice qui ne l'a pas empêché d'écrire des préfaces ou des introductions fastidieuses et inutiles aux ouvrages d'autrui.

Je pourrais vous suggérer, bien sûr, d'autres livres absorbants, notamment un certain *la Nature et l'homme*, dont l'auteur est Paul Weiss, un professeur de philosophie et un logicien, pas seulement de première bourre, mais un coupeur de cheveux en quatre, un ventriloque capable d'entortiller en nœud gordien la cervelle d'un pontife rabbinique. C'est un livre dont on peut lire des passages au hasard sans perdre une parcelle de la logique qu'il distille. Tout a été prédigéré par l'auteur. Le texte ne comporte rien d'autre que de la pensée à l'état pur. En voici un exemple, tiré de la partie consacrée à la « Déduction » :

> *Une déduction nécessaire diffère d'une déduction contingente en cela que les prémisses seules suffisent à*

garantir la conclusion. Dans une déduction nécessaire il n'existe qu'une relation logique entre les prémisses et la conclusion ; il n'y a pas de principe qui préfigure la conclusion. On peut obtenir ce genre de déduction à partir d'une déduction contingente en considérant le principe contingent comme prémisse. C.S. Pierce semble avoir été le premier à découvrir cette vérité. « Appelons, dit-il, P les prémisses d'un raisonnement, C la conclusion et L le principe. Si maintenant on prend pour prémisses le principe, le raisonnement devient L et P : C. Mais ce nouveau raisonnement doit avoir aussi son principe qui peut être désigné par L'. Comme L et P (à supposer qu'ils soient exacts) contiennent tout ce qu'il faut pour déterminer la vérité probable ou nécessaire de C, ils contiennent L'. Ainsi L' doit être contenu dans le principe, qu'il soit ou non exprimé dans les prémisses. Donc tout argument a comme élément de son principe un certain principe qui ne saurait en être distingué. On peut qualifier de "principe logique" ce genre de principe. » Cette observation de Pierce souligne clairement que tout principe déductif contient un principe logique permettant de passer avec rigueur d'une prémisse et du principe original à la conclusion. Tout résultat, dans le domaine de la nature ou dans celui de l'esprit, est donc une conséquence nécessaire d'un antécédent et d'un processus qui a pour point de départ cet antécédent et comme terme ce résultat même[1].

Le lecteur se demandera peut-être pourquoi je n'ai pas suggéré la *Phénoménologie de l'esprit* de Hegel, qui est la pierre angulaire reconnue de tout l'édifice grinçant de la fumisterie intellectuelle, ou encore Wittgenstein, Korzybski, Gurjieff & Co. Pourquoi pas, en effet ? Pourquoi pas la *Philosophie du comme si* de Vaihinger ? Ou *l'Alphabet* de David Diringer ? Pourquoi pas les *Quatre-vingt-quinze Thèses* de Luther ou la *Préface à*

1. *La Nature et l'homme*, par Paul Weiss, Henry Holt & Co, New York, 1947.

l'Histoire du monde de Sir Walter Raleigh ? Pourquoi pas l'*Areopagitica* de Milton ? Ce sont tous des livres charmants. Si édifiants, si instructifs.

Pauvre de moi, si notre malheureux *pater familias* américain devait prendre à cœur ce problème de la lecture aux cabinets, s'il devait réfléchir sérieusement aux moyens les plus efficaces de rompre avec cette habitude, quelle liste de livres ne pourrait-il pas composer pour une petite bibliothèque de W.-C. ? Avec un peu d'ingéniosité, il arriverait soit à guérir sa femme de cette habitude soit à lui rompre l'esprit en essayant.

S'il était vraiment ingénieux, il pourrait trouver une façon de remplacer par autre chose cette pernicieuse habitude. Il pourrait, par exemple, recouvrir les murs du *waterre* comme disent les Français, avec des tableaux. Comme c'est agréable, reposant, calmant et *instructif*, tandis que l'on répond à l'appel de la nature, de laisser son œil errer sur quelques chefs-d'œuvre choisis de l'art ! Pour commencer : Romney, Gainsborough, Watteau, Dali, Grant Wood, Soutine, Breughel l'Ancien et les frères Albright. (Notons, entre parenthèses, que les œuvres d'art ne constituent pas une insulte au système autonome.) Ou alors, si le goût de son épouse ne se portait pas dans ces directions, il pourrait recouvrir les murs du *waterre* de couvertures du *Saturday Evening Post* ou de couvertures de *Time*, car il ne pourrait rien trouver qui fût plus *franchement fondamental* pour employer le vocabulaire de la dianétique. Ou encore, il pourrait occuper ses moments de loisir à broder, avec des soies de couleurs diverses, une devise surannée qu'il suspendrait au niveau des yeux de son épouse lorsque celle-ci irait prendre sa place accoutumée au *waterre*, une devise telle que : *Tu es chez toi partout où tu suspends ton chapeau*. Cette phrase, parce qu'elle comporte une moralité, peut captiver l'épouse et l'entraîner dans des voies qu'on n'imagine pas. Qui sait, elle peut la libérer en un temps record des griffes écœurantes du siège !

Et maintenant, je crois qu'il est important de mentionner ici le fait que la SCIENCE vient de découvrir l'efficacité, l'efficacité thérapeutique de l'amour. Les suppléments du dimanche ne parlent que de cela. Après la dianétique, les soucoupes volantes et la cybernétique, c'est, semble-t-il, la grande découverte du siècle. Le fait que les psychiatres eux-mêmes reconnaissent aujourd'hui la validité de l'amour donne à celui-ci l'homologation que Jésus-Christ, *la Lumière du monde*, n'a pas su (apparemment) lui donner. Les mères, qui ont pris conscience aujourd'hui de ce fait inéluctable, ne se poseront plus de questions sur la façon de traiter leurs enfants, ni, *ipso facto*, sur la façon de traiter leurs maris. Les gardiens vont vider les prisons de leurs pensionnaires ; les généraux vont ordonner à leurs hommes de jeter les armes. Le millénaire n'est pas loin.

Néanmoins, et en dépit de l'approche du millénaire, les êtres humains continueront à être obligés d'aller tous les jours au water-closet. Ils auront toujours à résoudre le problème de savoir comment profiter au mieux du temps qu'ils y passent. C'est pratiquement un problème métaphysique. Au premier abord, il semblerait que le fait de s'abandonner totalement à l'opération de vidange de ses intestins est la chose la plus facile et la plus naturelle du monde. Pour accomplir cette fonction, la nature n'exige de nous rien d'autre qu'une vacance complète. La seule collaboration qu'elle nous demande c'est que nous consentions à nous laisser aller. De toute évidence, le Créateur, en concevant l'organisme humain, a compris qu'il valait mieux pour nous que certaines fonctions pussent s'accomplir d'elles-mêmes ; il n'est que trop clair que si on nous avait laissé régenter librement nous-mêmes des fonctions telles que la respiration, le sommeil ou la défécation, certains d'entre nous cesseraient de respirer, de dormir ou d'aller aux cabinets. Il y a une foule de gens, et qui ne sont pas tous enfermés dans un asile, qui ne voient pas de raison pour que nous mangions, dormions, respirions, ou allions au water-closet. Non contents de mettre en question les lois qui gouvernent l'univers, ils mettent en question aussi l'intelligence de leur propre organisme. Ils interrogent, non pas pour savoir, mais dans le désir de rendre absurde ce que leur intelligence bornée est incapable de saisir. Ils considèrent les exigences du corps comme autant de temps perdu. Comment passent-ils donc leur temps, ces êtres supérieurs ? Sont-ils totalement au service de l'humanité ? Est-ce parce qu'il y a tant de « bon travail » à faire qu'ils ne voient pas l'utilité de passer du temps à manger, à boire, à dormir, ou à aller au water-closet ? Il serait certes intéressant de savoir ce que ces gens-là veulent dire quand ils parlent de « perdre du temps ».

Le temps, le temps... Je me suis souvent demandé, ce que nous ferions vraiment de notre temps, si on nous accordait subitement à tous le privilège de fonctionner parfaitement. Car dès l'instant où nous pensons à un fonctionnement parfait nous ne pouvons plus garder l'image de la société telle qu'elle est constituée actuellement. Nous passons la plus grande partie de notre vie à lutter contre des déréglages de toute sorte ; tout est détraqué, du corps humain au corps politique. Si nous supposons que le corps humain fonctionne sans heurts, et qu'il en va de même du corps social, alors, je vous le demande : Que *ferions*-nous de notre temps ? Pour limiter momentanément le problème à un seul de ses aspects — *la lecture* — essayez, je vous en prie, d'imaginer à quels livres, à quel genre de livres, nous estimerions alors nécessaire ou utile de consacrer notre temps. Dès l'instant où l'on étudie le problème de la lecture sous cet angle-là, presque toute la littérature devient caduque. À l'heure actuelle voici, à mon sens, les raisons pour lesquelles nous lisons : un, pour nous délivrer de nous-mêmes ; deux, pour nous armer contre des dangers réels ou imaginaires ; trois, pour nous « maintenir au niveau » de nos voisins, ou pour les impressionner, ce qui revient au même ; quatre, pour savoir ce qui se passe dans le monde ; cinq, pour notre plaisir, ce qui veut dire pour stimuler et élever nos activités et pour enrichir notre être. On peut ajouter d'autres raisons à ces cinq là, mais elles me paraissent être les principales... et je les ai données dans leur ordre d'importance *actuelle*, si je ne me trompe pas sur mes contemporains. Il ne faut pas réfléchir longtemps pour se rendre compte que, si tout marchait bien pour chacun, et si tout allait bien dans le monde, seule la dernière raison, celle qui pour le moment joue le moins grand rôle, demeurerait valable. Les autres disparaîtraient peu à peu car rien ne justifierait plus leur existence. Et d'ailleurs, dans le cas d'une situation idéale comme celle-là, même la dernière des raisons n'aurait plus guère d'emprise ou même pas d'emprise du tout sur nous. Il y a, et il y a toujours eu, quelques rares individus qui n'ont plus besoin de livres, fût-ce de livres « sacrés ». Et ce sont précisément les gens éclairés, éveillés. Ils savent parfaitement ce qui se passe dans le monde. Ils ne considèrent pas la vie comme un problème ou une épreuve, mais comme un privilège et une bénédiction. Ils ne cherchent pas à remplir leur esprit de connaissance, mais de sagesse. Ils ne sont pas tenaillés par la peur, l'angoisse, l'ambition, l'envie, la cupidité, la haine ou le sentiment de rivalité. Ils sont profondément mêlés à tout, mais en même temps détachés. Ils tirent du plaisir de tout ce qu'ils font parce qu'ils participent directement aux choses. Ils n'ont pas besoin de lire des livres sacrés ou d'agir comme des saints, parce qu'ils considèrent la vie comme saine et qu'ils sont eux-mêmes profondément sains... et que par conséquent tout pour eux est sain et sacré.

À quoi ces individus exceptionnels passent-ils leur temps ?

Ah, on a donné beaucoup de réponses à cette question, beaucoup. Et si les réponses données ont été si nombreuses, c'est que chacun de ceux qui sont en mesure de se poser une telle question a dans l'esprit un type différent d'individu « exceptionnel ». Certains voient ces individus rares passer leur vie dans la prière et la méditation ; certains les voient évoluant au centre même de la vie, accomplissant les tâches les plus diverses, mais sans jamais se faire remarquer. Mais quelle que soit la façon dont on considère ces êtres d'exception, que l'on s'accorde ou non sur la validité ou l'intérêt de leur mode de vie, ces hommes ont un trait commun, un trait qui les distingue foncièrement du reste de l'humanité et qui fournit la clef de leur personnalité, leur *raison d'être* [1] : *ils ont tout le temps du monde !* Ces hommes-là ne sont jamais pressés, ils ne sont jamais trop occupés pour répondre à un appel. Le problème du temps n'existe pas pour eux, tout simplement. Ils vivent dans l'instant et ils se rendent compte que chaque instant est une éternité. Tout autre type d'individu que nous connaissons fixe des limites à son temps « libre ». Ces hommes exceptionnels n'ont rien d'autre que du temps libre.

Si je pouvais vous donner une pensée à emporter chaque jour avec vous au water-closet, ce serait : « Méditez sur le temps libre ! » Si cette pensée ne portait pas ses fruits, alors retournez à vos livres, à vos magazines, à vos journaux, à vos digests, à vos bandes dessinées, à vos romans policiers. Armez-vous, informez-vous, préparez-vous, amusez-vous, oubliez-vous, divisez-vous. Et quand vous aurez fait toutes ces choses (y compris polir de l'or, comme le recommande Cennini), demandez-vous si vous êtes des gens plus forts, plus sages, plus heureux, plus nobles, plus satisfaits. Je sais que vous ne le serez *pas*, mais c'est à *vous* de le découvrir...

C'est curieux, mais le meilleur type de water-closet — si l'on en croit les médecins — c'est celui où il faudrait être équilibriste pour arriver à lire. Je veux parler de cette variété que l'on trouve en Europe, particulièrement en France, et qui fait défaillir le touriste américain moyen. Il ne comporte pas de siège, pas de cuvette, rien qu'un trou dans le plancher avec deux emplacements pour les pieds et une barre de chaque côté pour se retenir par les mains. On ne s'y assied pas, on s'y

1. En français dans le texte.

accroupit. (*Les vraies chiottes, quoi !*)[1]. Dans ces retraites bizarres, l'idée de lire ne vous vient jamais à l'esprit. On a envie d'en finir aussi vite que possible... et de ne pas se faire mouiller les pieds ! Nous autres Américains, en camouflant tout ce qui touche aux fonctions vitales, nous finissons par rendre le « Petit Coin » tellement attirant que nous y traînons longtemps après avoir fait ce que nous étions venus y faire. Pour nous, la combinaison cabinet-salle de bains est ce qu'il y a de mieux. Il nous paraîtrait absurde de prendre un bain dans une autre partie de la maison. Des gens dont la susceptibilité serait vraiment délicate verraient peut-être les choses autrement.

Rupture... Il y a quelques instants je faisais un somme dehors dans une brume épaisse. Mon sommeil était léger et il était interrompu par le bourdonnement d'une mouche léthargique. Dans un de mes sursauts, alors que j'étais entre le sommeil et le réveil, le souvenir m'est venu d'un rêve, ou pour être exact d'un fragment de rêve. C'était un vieux, vieux rêve, très merveilleux, qui me revient — par morceaux — à de multiples occasions. Parfois, il me revient si vivace, bien que ce ne soit que par un entrebâillement de ma mémoire, que je me demande s'il s'est jamais vraiment agi d'un rêve. Et je commence alors à me creuser la cervelle pour me souvenir du titre d'une série de livres que je tenais jadis cachés bien à l'abri dans un petit coffre. En cet instant, la nature et le contenu de ce rêve qui me revient périodiquement ne sont pas aussi clairs qu'ils l'ont été certaines fois précédentes. Néanmoins, l'atmosphère en est toujours bien nette ainsi que les associations d'idées que son souvenir éveille généralement en moi.

Il y a un instant, je me demandais pourquoi l'idée de cabinets me faisait penser à ce rêve, mais je me souvins alors tout à coup qu'en émergeant de mon sommeil agité, ou en émergeant à demi de ce sommeil, j'avais rapporté avec moi, si je puis dire, l'affreuse odeur de

1. En français dans le texte.

cabinets que sécrétait chez moi la « baraque aux tempêtes » quand nous habitions ce quartier que j'évoque toujours comme « la rue des premières douleurs ». En hiver, c'était une véritable épreuve que d'aller se réfugier dans cette cabine étanche à l'air, où il faisait au-dessous de zéro et où il n'y avait jamais de lumière, pas même une bougie de cire vacillant dans de l'huile lampante.

Mais il y avait autre chose qui avait précipité le réveil de ces souvenirs depuis longtemps oubliés. Ce matin même j'avais parcouru, pour me rafraîchir la mémoire, l'index qui figure dans le dernier volume des Classiques Harvard. Comme toujours, la simple pensée de cette collection éveille en moi le souvenir des jours sinistres passés dans le salon du haut avec ces sacrés volumes. Étant donné l'état d'esprit morose où je me trouvais généralement lorsque je me retirais dans cette partie funèbre de la maison, je m'étonne toujours d'être allé jusqu'au bout d'ouvrages tels que *Rabbi Ben Ezra, The Chambered Nautilus, Ode to a Waterfowl, I Promessi Sposi, Samson Agonistes, Guillaume Tell, The Wealth of Nations, les Chroniques* de Froissart, l'*Autobiography* de Stuart Mill et autres ouvrages du même genre. Je crois maintenant que ce n'est pas la brume froide mais le poids de ces journées passées dans le salon du haut à me battre avec ces auteurs pour lesquels je n'avais pas de goût qui a rendu mon sommeil tellement irrégulier il y a juste un instant. S'il en est ainsi, il me faut remercier leurs esprits disparus de m'avoir fait me souvenir de ce rêve qui a trait à un ensemble de livres magiques auxquels je tenais tellement que je les avais cachés — dans un petit coffre — et que je n'ai jamais pu les retrouver. N'est-il pas étrange que ces livres, ces livres qui appartiennent à ma jeunesse, soient pour moi plus importants que tout ce que j'ai lu par la suite ? Je dois de toute évidence les avoir lus dans mon sommeil, en inventant les titres, le contenu, l'auteur, tout. Par-ci par-là, comme je l'ai déjà dit plus haut, me reviennent en même temps que des parcelles du rêve des souvenirs très vifs de la contexture même du récit. Dans ces moments-là, je suis presque hors de moi, car il y a un livre dans la série qui renferme la clef de l'œuvre tout entière, et ce livre-là, avec son titre, son contenu, sa signification, arrive parfois jusqu'au seuil même de ma conscience.

Parmi les aspects plus estompés, plus flous, plus angoissants de mon souvenir, il y a le fait que je suis toujours amené à me rappeler — par qui ? par quoi ? — que c'est dans le quartier de Fort Hamilton (Brooklyn) que j'ai lu ces livres magiques. J'en arrive bon gré mal gré à être convaincu que ces livres sont toujours enfermés dans la maison où je les ai lus, mais où se trouve exactement cette maison, à qui elle appartenait, ce qui m'y amenait, je n'en ai pas la plus vague idée. Tout ce que je peux me rappeler aujourd'hui à propos de Fort Hamilton ce sont les promenades à vélo que je faisais aller et retour dans le voisinage les samedis après-midi où j'étais seul et où je brûlais d'un amour non partagé pour la première femme de mes rêves. Comme un fantôme sur roues, je faisais toujours le même trajet — Dyker Heights, Bensonhurst, Fort Hamilton — chaque fois que je quittais la maison en pensant à elle. J'étais tellement absorbé par ces pensées que j'étais absolument inconscient de mon corps : je pouvais aussi bien m'accrocher au pare-chocs d'une auto roulant à soixante à l'heure que traîner comme un somnambule. Je ne peux pas dire que le temps me pesait. Tout le poids était dans mon cœur. De temps en temps j'étais tiré de ma rêverie par une balle de golf qui sifflait au-dessus de ma tête. De temps en temps, j'étais ramené sur terre par la vue des baraquements, car chaque fois que j'aperçois des cantonnements militaires, des casernes où des hommes sont enfermés comme du bétail, j'éprouve une sensation qui approche de la nausée. Mais il y avait aussi des entractes — ou des « rémissions » — agréables. Il s'en produisait toujours, par exemple, quand j'arrivais à Bensonhurst où, enfant, j'avais passé de si merveilleuses journées avec Joey et

Tony. Comme le temps avait tout changé ! J'étais maintenant, en ces après-midi du samedi, un jeune homme désespérément amoureux, un crétin absolu totalement indifférent à quoi que ce soit d'autre dans le monde. Si je me plongeais dans un livre c'était uniquement pour oublier la douleur d'un amour trop grand pour que je pusse le supporter. Le vélo était mon refuge. À vélo, j'avais la sensation de faire prendre l'air à mon amour douloureux. Le panorama qui se déroulait devant moi, ou reculait derrière moi, restait entièrement dans le domaine du rêve : j'aurais pu tout aussi bien faire semblant de pédaler sur une machine immobile devant un décor de théâtre. Ce que je regardais ne servait qu'à me faire penser à *elle*. Parfois, sans doute pour ne pas dégringoler par pur désespoir, je me laissais aller à concevoir ces sottes chimères qui assaillent les amoureux transis, j'avais des bouffées d'espoir, je me disais, par exemple, qu'au prochain virage je trouverais m'attendant pour m'accueillir — et avec un si chaud, si gracieux et charmant sourire ! — qui cela ? Mais *elle*. Si elle ne se « matérialisait » pas à cet endroit-là, je me poussais à croire qu'elle le ferait à un autre endroit vers lequel je me précipitais à toute allure, avec des prières et des gestes propitiatoires, pour y arriver hors d'haleine et être encore déçu.

Sans aucun doute, la mystérieuse magie de ces livres de rêve était inspirée par mon désir refoulé pour cette jeune fille que je ne parvenais pas à atteindre. Sans aucun doute, mon cœur avait dû, quelque part du côté de Fort Hamilton, au cours de brefs instants si noirs, si douloureux, si solitaires, si entièrement miens, s'être brisé en mille et mille éclats. Et pourtant — et cela j'en suis certain — *ces livres n'avaient rien à voir avec l'amour*. Ils étaient au-dessus d'un tel... d'un tel quoi ? Ils traitaient de choses indicibles. Même aujourd'hui, alors que ce rêve est dans mon souvenir enveloppé de brume et déchiqueté par le temps, je me rappelle encore des éléments vagues, obscurs et pourtant révélateurs comme : une sorte de magicien à barbe blanche, assis sur un trône (comme dans les pièces d'échecs anciennes), tenant dans ses mains un trousseau de grandes et lourdes clefs (comme l'ancienne monnaie suédoise), qui ne ressemble ni à Hermès Trismégiste ni à Apollon de Tyane, ni même au terrible Merlin, mais plutôt à Noé ou à Mathusalem. Il essaye, c'est évident, quelque chose que je suis incapable de comprendre, quelque chose que j'ai aspiré de toutes mes forces à connaître. (Un secret cosmique, sans aucun doute.) Ce personnage sort du livre clef qui, comme je l'ai dit, est le chaînon manquant de toute la série. Jusqu'à ce moment du récit, si on peut l'appeler ainsi, — c'est-à-dire dans les volumes précédents de cette collection de rêve — cela a été une série d'aventures surnaturelles, interplanétaires et, à défaut d'un meilleur mot « interdites » d'une stupéfiante diversité. Comme si la légende, l'histoire et le mythe, combinés à des envols supra-sensuels indescriptibles, avaient été projetés et comprimés en un long moment ininterrompu d'imagination divine. Et bien entendu... spécialement pour moi ! *Mais*... ce qui aggrave la situation, dans le rêve, c'est que je me souviens toujours avoir *bien* commencé à lire le volume manquant mais — vous vous rendez compte ! — sans aucune raison claire, apparente, ou même cachée, sans raison *valable* en tout cas, je l'ai abandonné. Le sentiment d'une perte irréparable fait fondre, efface littéralement en moi tout sentiment naissant de culpabilité. Pourquoi, pourquoi, me demandé-je, n'ai-je pas continué à lire ce livre ? Si je l'avais fait, le livre n'aurait jamais été perdu, et les autres non plus. Dans le rêve cette double perte — perte du contenu, perte du livre lui-même — apparaît toujours nettement comme une seule et même chose.

Il y a encore une autre particularité dans ce rêve : c'est le rôle qu'y joue ma mère. Dans *la Crucifixion en rose*, j'ai décrit ces visites que j'ai faites dans ma vieille maison, visites qui avaient pour but bien défini la récupération de mes biens de jeunesse... en particulier de certains livres qui, pour je ne sais quelle raison, devenaient subitement en ces occasions très précieux pour moi. Comme je l'ai raconté, ma mère semblait prendre un plaisir pervers à me dire qu'elle avait « depuis longtemps » donné ces livres. « *À qui ?* » demandais-je, hors de moi. Elle ne se le rappelait jamais, c'était toujours depuis si longtemps. Ou alors, si elle se le rappelait, les gosses à qui elle avait fait cadeau de ces livres avaient depuis longtemps déménagé, et ma mère ne savait plus bien sûr où ils habitaient, et elle ne pensait pas d'ailleurs — ce qui était une supposition absolument gratuite de sa part — que ces gosses eussent gardé ces livres d'enfance tout ce temps. Et ainsi de suite. Elle en avait donné certains, m'avoua-t-elle, à l'Œuvre de Bienfaisance ou à l'Œuvre de Saint-Vincent de Paul. Ce genre de conversation me rendait toujours fou. Quelquefois, dans mes moments de lucidité, j'en arrivais à me demander si ces livres de rêve disparus dont les titres m'étaient totalement sortis de la mémoire n'étaient pas de vrais livres que ma mère avait distribués sans réfléchir, sans s'inquiéter de ce qu'elle faisait.

Bien sûr, pendant tout le temps que je passai en haut dans le salon à puiser dans cette horrible bibliothèque, ma mère demeura tout aussi ahurie par mon comportement que par tout ce qu'il me venait à l'esprit de faire. Elle ne comprenait pas comment je pouvais « perdre » un bel après-midi à lire ces volumes soporifiques. Elle savait que j'étais malheureux, mais elle n'eut jamais la moindre idée de la raison pour laquelle j'étais malheureux. De temps en temps, elle déclarait que c'étaient les livres qui me déprimaient. Et il est certain que les livres contribuaient à me déprimer encore plus... car ils n'apportaient pas de remède à mes souffrances. Je voulais me noyer dans ma douleur, et les livres étaient autant de grosses mouches bourdonnantes qui me tenaient éveillé, au point que mon crâne même me démangeait d'ennui.

Comme j'ai bondi l'autre jour en lisant dans l'un des livres aujourd'hui oubliés de Marie Corelli :

Donnez-nous quelque chose qui dure !

voilà le cri de l'humanité épuisée. Les choses que nous avons passent, et par leur nature éphémère même elles sont sans valeur. Donnez-nous quelque chose que nous puissions garder et appeler nôtre à jamais !

> *C'est pour cela que nous essayons et que nous mettons à l'épreuve tout ce qui* paraît *donner la preuve de l'existence d'un élément suprasensuel dans l'homme, et lorsque nous découvrons que nous avons été trompés par des imposteurs et des charlatans, notre dégoût et notre déception sont trop amers pour s'exprimer même par des mots.*

Il y a un autre rêve, concernant un autre livre, dont je parle dans *la Crucifixion en rose*. C'est un rêve très, très étrange, dans lequel apparaît un grand livre que cette jeune fille que j'aimais (la même !) et une autre personne (son amant inconnu probablement) lisent pardessus mon épaule. C'est un de mes livres... je veux dire un livre que j'ai écrit moi-même. J'en parle seulement parce que, suivant toutes les lois de la logique me semble-t-il, le livre de rêve disparu, la clef de toute la série — *quelle série ? — devrait* avoir été écrit par moi-même et par nul autre. Si j'avais pu l'écrire pendant un rêve pourquoi ne pouvais-je pas le récrire pendant un rêve éveillé ? Est-ce que l'un de ces états est tellement différent de l'autre ? Puisque je me suis aventuré jusque-là, pourquoi ne pas compléter ma pensée et ajouter que mon unique but en écrivant a été d'éclaircir un mystère. (Je n'ai jamais dit ouvertement ce qu'était ce mystère.) Oui, depuis le jour où j'ai commencé à écrire sérieusement mon seul désir a été de me décharger de ce livre que je portais en moi, bien enfoui sous ma ceinture, sous toutes les latitudes et toutes les longitudes, dans toutes mes douleurs et toutes mes vicissitudes. Arracher ce livre du fond de moi, le rendre chaud, vivant, palpable... voilà quels étaient mon grand but et ma préoccupation... Ce magicien barbu qui apparaît au cours d'instants de la vie onirique, caché dans un petit coffre — un rêve de coffre, pourrait-on dire —, qui est-il sinon moi-même, mon moi le plus ancien ? Il tient un trousseau de clefs dans les mains, n'est-ce pas ? Et il se trouve au centre clef de tout l'édifice mystérieux. Eh bien alors, qu'est-ce que ce livre manquant, sinon « l'histoire de mon cœur », comme le nomme si magnifiquement Jefferies. Un homme a-t-il une autre histoire à raconter que celle-là ? Et n'est-ce pas la plus difficile de toutes à raconter que celle-là ? Et n'est-ce pas la plus difficile de toutes à raconter, celle qui est la plus cachée, la plus abstruse, la plus déroutante ?

Le fait que nous lisions même dans nos rêves est remarquable. Que lisons-nous, que *pouvons*-nous lire dans les ténèbres de l'inconscient, sinon nos pensées les plus profondes ? À aucun instant, les pensées ne cessent d'agiter notre cerveau. Parfois, nous percevons une différence entre les pensées et la pensée, entre ce qui pense et l'esprit qui est toute pensée. Quelquefois nous entr'apercevons, comme par une petite fente, notre double personnalité. Le cerveau n'est pas l'esprit, nous pouvons en être sûrs. S'il était *possible* de localiser le siège de l'esprit, il serait plus juste de le situer dans le cœur. Mais le cœur est simplement un réceptacle, ou un transformateur, par le truchement duquel la pensée devient reconnaissable et efficace. La pensée doit passer par le cœur pour être rendue active et prendre un sens.

Il y a un livre qui fait partie de notre être, qui est contenu dans notre être, et qui est le dossier de notre être. Je dis notre être, et non notre devenir. Nous commençons à écrire ce livre en naissant et nous le continuons après notre mort. Ce n'est que lorsque nous sommes sur le point de renaître que nous l'achevons et que nous écrivons le mot « Finis ». C'est ainsi qu'il y a toute une série de livres qui, de naissance en naissance, continuent à raconter l'histoire de l'identité. Nous sommes tous auteurs, mais nous ne sommes pas tous hérauts et prophètes. Ce que nous révélons au grand jour du dossier caché, nous le signons de notre nom de baptême, qui n'est jamais le vrai nom. Mais ce n'est qu'une fraction minime, minime, du dossier que même les meilleurs d'entre nous, les plus forts, les plus courageux, les plus doués, révèlent jamais au grand jour. Ce qui nous prive de nos moyens, ce qui fausse le récit, ce sont ces parties du dossier que nous ne pouvons plus déchiffrer. L'art d'écrire, nous ne le perdons jamais, mais ce que nous perdons quelquefois, c'est l'art de lire. Quand nous rencontrons un adepte de cet art, le don de la vue nous est rendu. C'est le don de l'interprétation, naturellement, car lire c'est toujours interpréter.

L'universalité de la pensée est suprême et souveraine. Rien ne dépasse la compréhension ni l'entendement. Ce qui nous manque, c'est le désir de savoir, le désir de lire ou d'interpréter, le désir de donner un sens à toute pensée qui s'exprime. *Acedia :* le grand péché contre *le Saint-Esprit*. Engourdis par la souffrance que nous fait endurer la privation, sous quelque forme qu'elle se manifeste, et elle prend beaucoup, beaucoup de formes, nous cherchons refuge dans la mystification. L'humanité est, au sens le plus profond, une orpheline... non pas parce qu'elle a été *abandonnée*, mais parce qu'elle refuse obstinément de reconnaître la divinité de ses parents. Nous terminons le livre de la vie dans l'au-delà parce que nous refusons de comprendre ce que nous avons écrit ici et maintenant...

Mais revenons aux *cabinets* [1], qui est le mot français que l'on emploie, pour une raison qui m'échappe, toujours au pluriel. Certains de mes lecteurs se souviendront peut-être d'un passage dans lequel je rapporte de tendres souvenirs de France, et où je parle d'une visite rapide aux cabinets et de la vue absolument inattendue de Paris que j'ai eue de la fenêtre de cette pièce minuscule [2]. Est-ce que ce ne serait pas séduisant, pensent

1. En français dans le texte.
2. Voir le chapitre « Souvenir, Souvenirs » de mon livre *Souvenir, Souvenirs*, Gallimard. Paris.

certaines gens, de construire sa maison de telle façon que l'on ait du siège des cabinets lui-même vue sur un fantastique panorama ? À mon avis, la vue que l'on a du siège des cabinets n'a pas la moindre importance. Si, lorsque vous allez aux cabinets, vous devez emmener avec vous autre chose que vous-mêmes, autre chose que votre besoin vital d'éliminer et de nettoyer votre organisme, alors peut-être une vue merveilleuse ou fantastique de la fenêtre des cabinets constitue-t-elle pour vous un desideratum. En ce cas, vous pouvez aussi bien installer une bibliothèque, suspendre des tableaux, et embellir de toute autre façon ce *lieu d'aisances* [1]. Alors, au lieu d'aller dehors et de chercher un arbre on peut aussi bien s'asseoir dans « la salle de bains » et méditer. Si c'est nécessaire, édifiez tout votre monde autour du « Petit Coin ». Que le reste de la maison demeure subordonné au siège de cette importante fonction. Mettez au monde une race qui, hautement consciente de l'art de l'élimination, se fera un devoir d'éliminer tout ce qui est laid, inutile, mauvais et « nuisible » dans la vie quotidienne. Faites cela et vous élèverez les cabinets au niveau d'un paradis. Mais surtout, pendant que vous faites usage de cette retraite sacrée, ne perdez pas votre temps à lire des choses qui *concernent* l'élimination de ceci ou de cela, ni même qui concernent l'élimination elle-même. La différence entre les gens qui s'enferment dans les cabinets, que ce soit pour lire, prier ou méditer, et ceux qui n'y vont que pour faire ce qu'ils ont à faire, c'est que les premiers se retrouvent toujours avec une besogne non terminée sur les bras, alors que les seconds sont toujours prêts pour le geste suivant, l'acte suivant.

Le vieil adage dit : « Gardez vos intestins ouverts et faites confiance au Seigneur ! » Il n'est pas sans sagesse. En gros, cela veut dire que si vous gardez votre organisme libre de tout poison, vous pourrez garder l'esprit libre et clair, ouvert et prêt à tout recevoir ; vous cesse-

1. En français dans le texte.

rez de vous préoccuper de problèmes qui ne vous concernent pas — tels que la façon dont l'univers devrait être gouverné, par exemple — et vous ferez ce qu'il y a à faire en paix et tranquillement. Il n'y a dans ce simple conseil aucune allusion indiquant qu'en même temps que vous gardez vos intestins ouverts, vous devez aussi vous efforcer de vous tenir au courant des événements mondiaux, ou de connaître les livres qu'on publie et les pièces qu'on joue, ou vous familiariser avec la dernière mode, les maquillages les plus séduisants, ou les éléments fondamentaux du vocabulaire anglais. En fait, ce que cette courte maxime veut dire c'est... Moins on en fait à ce propos mieux cela vaut. Par « ce propos », je veux dire l'opération très sérieuse — et ni absurde ni dégoûtante — qui consiste à aller aux cabinets. Les mots clefs sont « ouverts » et « faites confiance ». Maintenant, si l'on me soutient que lire quand on est assis sur le siège aide à relâcher les intestins, je dirai... lisez la littérature la plus apaisante possible. Lisez les Évangiles, car les Évangiles sont du Seigneur... et que la seconde injonction de la maxime est de « faire confiance au Seigneur ». Pour ma part, je suis convaincu qu'il est possible d'avoir foi et confiance dans le Seigneur sans lire d'écrits saints aux cabinets. En fait, je suis convaincu que l'on est porté à avoir plus foi et confiance dans le Seigneur si on ne lit rien du tout aux cabinets.

Quand vous allez voir votre psychiatre, est-ce qu'il vous demande ce que vous lisez pendant que vous êtes sur le siège ? Il devrait, vous savez. Le fait que vous lisiez tel genre de littérature aux cabinets et tel autre ailleurs devrait être lourd de sens pour le psychiatre. Le fait même que vous lisiez ou que vous ne lisiez pas aux cabinets devrait être lourd de sens pour lui. On ne parle malheureusement pas assez de tels problèmes. On estime que ce que chacun fait aux cabinets ne regarde que lui. Il n'en est rien. Cela concerne l'univers tout entier. S'il est vrai, comme nous sommes de plus en plus amenés à le croire, qu'il y a sur d'autres planètes des créatures qui nous observent et qui dressent des fichiers sur nous, vous pouvez être certains qu'elles fourrent leur nez dans nos activités les plus secrètes. Si ces créatures sont capables de pénétrer à travers l'atmosphère de notre terre, qu'est-ce qui les empêche de pénétrer à travers les portes verrouillées de nos cabinets ? Pensez-y un peu quand vous n'aurez pas de meilleur sujet de méditation sur place. Je prierai ceux qui font des expériences avec des fusées et autres moyens de communication et de transport interstellaires d'imaginer, ne fût-ce que pendant un bref instant, de quoi ils peuvent avoir l'air aux yeux des habitants d'autres mondes quand ils sont en train de lire le *Time* ou le *New Yorker*, disons, au « Petit Coin ». Ce que vous lisez révèle beaucoup de choses sur votre nature profonde, mais cela ne dit pas tout. Le fait, cependant, que vous *lisiez* quand vous devriez être en train de *faire* a une certaine importance. C'est un trait qui ne peut manquer de frapper des hommes étrangers à notre planète. Et cela pourrait bien influencer le jugement qu'ils portent sur nous.

Et si, pour changer de note, nous nous limitons à l'opinion d'êtres simplement terrestres, mais d'êtres qui ont l'esprit en éveil et du jugement, cela ne modifie pas beaucoup le tableau. Il y a dans le fait de s'absorber dans la lecture d'une page imprimée pendant que l'on est assis sur le siège non seulement quelque chose de grotesque et de ridicule, il y a là quelque chose de fou. Cet élément pathologique apparaît très clairement quand le fait de lire est combiné avec celui de manger, par exemple, ou de se promener. Pourquoi ne nous frappe-t-il pas autant quand nous l'observons associé à l'acte de défécation ? Est-ce que cela a quoi que ce soit de naturel de faire les deux choses en même temps ? Supposons que, bien que vous n'ayez jamais eu l'intention de devenir chanteur d'opéra, vous vous mettiez, chaque fois que vous allez aux cabinets, à chanter des gammes. Supposons que, bien que chanter vous soit indispensable, vous prétendiez cependant ne pouvoir chanter que lorsque vous allez au « Petit Coin ». Ou encore supposons que vous disiez simplement que vous chantez aux cabinets parce que vous n'avez rien de mieux à y faire. Est-ce que cela tiendrait debout en face d'un aliéniste ? Et c'est cependant le genre l'alibi que les gens donnent quand on les presse d'expliquer pourquoi ils *doivent* absolument lire aux cabinets.

Il ne suffit donc pas de simplement ouvrir ses intestins ? Faut-il y ajouter Shakespeare, Dante, William Faulkner et toute la constellation des auteurs de *pocket-books* ? Ciel, que la vie est devenue compliquée ! Dans le temps, n'importe quel endroit faisait l'affaire. Pour compagnie on avait le soleil ou les étoiles, le chant des oiseaux ou le hululement d'une chouette. Il n'était pas question de tuer le temps, ou de faire d'une pierre deux coups. Il s'agissait simplement de laisser aller. Il n'y avait même pas l'idée de faire confiance au Seigneur. Cette confiance dans le Seigneur faisait tellement partie de la nature même de l'homme que l'associer au mouvement des intestins aurait semblé impie et absurde. Aujourd'hui, il faut un grand mathématicien, qui soit en même temps métaphysicien et astronome, pour expliquer le simple fonctionnement du système autonome. Plus rien n'est simple de nos jours. Avec l'analyse et l'expérience les plus petites choses ont pris des proportions si compliquées qu'on s'étonne qu'on puisse encore dire de quelqu'un qu'il sait quoi que ce soit sur quoi que ce soit. Même le comportement instinctif apparaît aujourd'hui comme extrêmement complexe. Toutes les émotions primitives comme la peur, la haine, l'amour, l'angoisse, s'avèrent terriblement complexes.

Et dire que c'est nous — Dieu nous protège ! — qui allons d'ici une cinquantaine d'années conquérir l'espace ! C'est nous qui, tout en dédaignant de devenir des anges, allons nous transformer en êtres interplanétaires ! En tout cas, on peut prédire une chose : c'est que même là-haut dans l'espace nous aurons nos water-closets ! Partout où nous allons, le « Petit Coin » nous accompagne, je l'ai remarqué. Dans le temps, nous demandions : « Et si les poules avaient des dents ? » Cette plaisanterie est devenue antédiluvienne. La question qui s'impose maintenant, en vue des voyages projetés au-delà de la zone d'attraction de la gravité, c'est : « Comment nos organes vont-ils fonctionner quand nous ne serons plus soumis à la pesanteur ? » Quand nous voyagerons à une vitesse plus grande que celle de la pensée — car on a laissé entendre que nous y arriverions ! — est-ce que nous serons seulement capables de lire là-haut entre les étoiles et les planètes ? Je demande cela parce que je suppose que l'astronef modèle aura des lavabos aussi impeccables que des laboratoires, et que, dans ce cas, nos nouveaux explorateurs du temps et de l'espace emporteront sans aucun doute avec eux leur littérature de cabinets.

Voilà un problème sur quoi méditer... la nature de cette littérature interspatiale ! Jadis on nous soumettait de temps en temps des questionnaires où on nous demandait ce que nous emporterions à lire si nous allions nous réfugier sur une île déserte. Personne, à ma connaissance n'a encore composé de questionnaire pour chercher à savoir ce qu'il serait bon de lire sur le siège dans l'espace. Si, à ce questionnaire à venir, on nous redonne les mêmes vieilles réponses, à savoir Homère, Dante, Shakespeare, et Cie, je serai cruellement déçu, je vous assure.

Ce premier vaisseau qui quitterait la terre, peut-être pour n'y jamais revenir... que ne donnerai-je pas pour connaître les titres des livres qu'il contiendra ! Il me semble qu'ils n'ont pas été écrits les livres qui apporteront un soutien mental, moral et spirituel à ces audacieux pionniers. Ce qui pourrait bien se passer, à mon avis, c'est que ces hommes n'auront peut-être pas envie de lire du tout, pas même aux cabinets : ils se contenteront peut-être de capter les anges, d'écouter les voix des chers disparus, de tendre l'oreille pour saisir l'éternel chant des sphères.

XIV

LE THÉÂTRE

L'art dramatique est un genre littéraire que j'ai étudié plus que tout autre. Ma passion pour le théâtre remonte si loin que c'est presque comme si j'étais né dans les coulisses. Dès l'âge de sept ans, je commençai à fréquenter le music-hall The Novelty, qui se trouvait dans Drigg's Avenue, à Brooklyn. J'y allais toujours le samedi, en matinée. Et seul. Le prix de la place au « paradis des Nègres » était alors de dix cents. (C'était l'époque dorée où on pouvait vraiment avoir un bon cigare pour le même prix.) Le portier, Bob Maloney, un ex-pugiliste qui avait les épaules les plus larges et les plus carrées que j'eusse jamais vues, nous surveillait armé d'une grosse canne de jonc. Je me souviens de ce personnage mieux que de n'importe quel acteur ou numéro que j'ai vus en cet endroit. C'était le traître qui dominait mes rêves troublés.

La première pièce que l'on m'emmena voir était *la Case de l'oncle Tom*. J'étais encore un tout jeune bambin et, pour autant que je me le rappelle, la pièce ne fit pas la moindre impression sur moi. Je me rappelle, cependant, que ma mère pleura copieusement pendant toute la représentation. Ma mère adorait ces pièces qui vous tirent les larmes. Je ne sais pas combien de fois on me traîna voir *The Old Homestead* (avec Denman Thompson), *Way Down East* et autres mélos à succès du même acabit.

Il y avait dans le quartier (Le XIVe arrondissement) deux autres théâtres où ma mère m'emmenait aussi de temps en temps : l'Amphion et le Corse Payton. Corse Payton, que l'on dénommait souvent « le plus mauvais acteur du monde » jouait des mélos de quatre sous. Des années plus tard, mon père et lui devinrent compagnons de bar, chose dont nul n'aurait rêvé à l'époque où le nom de Corse Payton était la risée de tout Brooklyn.

La première pièce qui fit quelque impression sur moi — je n'avais pas plus de dix ou douze ans alors — était *Wine, Woman and Song*. C'était une chose très gaie et leste, et l'on y voyait le minuscule Lew Hearn et la ravissante Bonita. Ce devait être, je m'en rends compte maintenant, une magnifique production burlesque (« Wer liebt nicht Wein, Weib und Gesang, bleibt ein Narr sein Leben lang »). Le détail le plus étonnant de l'affaire, c'est que nous occupions une loge pour nous seuls. Le théâtre, où je ne crois pas avoir jamais remis les pieds — il me rappelait je ne sais pourquoi une vieille forteresse française — s'appelait The Folly, et se trouvait au coin de Broadway et de Graham Avenue, à Brooklyn, bien entendu.

À cette époque, nous avions quitté le magnifique XIVe arrondissement pour Bushwick Section (« la rue des Premières Douleurs »). Pas très loin de chez nous, dans le quartier que l'on appelait East New York, une troupe de répertoire donnait des représentations dans un théâtre appelé le Gotham. Une fois par an, quelque part dans ce triste quartier, Forepaugh & Sells montaient leurs énormes tentes de cirque. Non loin de là, se trouvaient un cimetière chinois, un réservoir et une patinoire. La seule pièce que je me rappelle avoir vue dans ce *no man's land* est *Alias Jimmy Valentine*. Mais j'ai dû sans aucun doute y voir des monstruosités comme *Bertha, The Sewing Machine Girl* et *Nelly, the Beautiful Cloak Model (Berthe, la couturière* et *Nelly, le joli modèle*). J'allais encore à l'école communale. La vie de la rue me passionnait beaucoup plus que les boniments du théâtre.

C'est durant cette période, cependant, aux vacances, que j'allais voir mon cousin à Yorkville où j'étais né. C'est là que les soirs d'été, devant une pinte de bière, mon oncle nous régalait de souvenirs du théâtre de son temps. (*The Bowery*[1] *after Dark* était probablement encore à la mode.) Je vois encore mon oncle, un gros homme, paresseux et jovial, et qui parlait avec un fort accent allemand, assis devant la table ronde et sans nappe de la cuisine, toujours en manches de chemise. Je le vois étalant les programmes : de longues affiches imprimées sur du papier journal, déjà jaunies par l'âge à l'époque, et que l'on donnait aux spectateurs à l'entrée du poulailler. Si les noms des pièces étaient fascinants, ceux des acteurs l'étaient encore plus. Des noms tels que Booth, Jefferson, Sir Henry Irving, Tony Pastor, Wallack, Ada Rehan, Réjane, Lily Langtry, Modjeska, retentissent encore à mes oreilles. C'était l'époque où le Bowery faisait fureur, où la 14e Rue était à son apogée, et où l'on importait les grandes figures des scènes européennes.

Tous les samedis soir, racontait mon oncle, mon père et lui allaient au théâtre. (Programme que je suivis par la suite avec mon copain, Bob Haase.) Cela me paraissait presque incroyable, car depuis le jour où j'étais venu au monde mon père ne s'était jamais occupé de ce qui s'y passait. Pas plus que mon oncle, d'ailleurs. Si je cite ce fait, c'est pour expliquer quelle fut ma stupéfaction le jour où, alors que je travaillais à mi-journée dans la boutique de tailleur de mon père, — j'avais alors à peu près seize ans — mon père me demanda si j'aimerais l'accompagner au théâtre le soir même. Le major Carew, un de ses amis du Woldott Bar, avait pris des billets pour une pièce qui s'appelait *The Gentleman from Mississipi*. Il avait proposé de m'emmener parce qu'il y avait dans cette pièce un acteur dont il pensait que j'aimerais le voir, un acteur qui commençait à se faire un nom, et qui n'était autre que Douglas

1. Ancien Montmartre de New York.

Fairbanks. (C'était Thomas Alfred Wise qui, naturellement, jouait le premier rôle.) Mais ce qui m'excitait plus que la perspective de voir Douglas Fairbanks c'était le fait que j'allais entrer dans un théâtre de New York pour la première fois, et le soir ! J'y pénétrais en curieuse compagnie, d'ailleurs, avec mon père et ce débauché de major Carew qui, depuis le moment où il était arrivé à New York, n'avait pas dessaoulé un seul instant. Ce ne fut que dix ans plus tard que je me rendis compte que j'avais vu Douglas Fairbanks dans son plus grand succès à la scène.

Cette même année, je fis ma seconde visite à une salle de théâtre new-yorkaise, en compagnie de mon professeur d'allemand du lycée ; nous allâmes à l'Irving Palace Theatre. On y donnait *Alt Heidelberg*. Cet événement, qui demeure dans mon esprit comme un souvenir extrêmement romanesque, pour une raison que je m'explique mal, fut bientôt dépassé par mon initiation au burlesque. J'allais encore au lycée lorsqu'un garçon plus âgé que moi (de mon vieux XIVe arrondissement) me demanda un jour si je n'aimerais pas l'accompagner à l'Empire, un nouveau théâtre burlesque de notre quartier. Par bonheur, je portais déjà des pantalons longs, mais je doute cependant que ma barbe eût encore commencé à pousser. Ce premier burlesque, je ne l'oublierai jamais [1]. Dès l'instant où le rideau se leva, je tremblai d'excitation. Jusqu'alors, je n'avais jamais vu de femme déshabillée en public. J'avais vu depuis mon enfance des femmes en collants, grâce aux cigarettes Sweet Caporal, dans chaque paquet desquelles il y avait une petite carte à jouer représentant une des fameuses *soubrettes* [2] de l'époque. Mais voir une de ces créatures *en chair et en os* sur la scène, dans la lumière d'un projecteur, non, cela je ne l'avais jamais rêvé. Je me rappelai soudain le petit théâtre de mon vieux quartier, celui de Grand Street, que l'on appelait l'Unique, et que

1. *Krausmeyer's Alley*, avec Sliding Billy Watson.
2. En français dans le texte.

nous appelions « le Cul ». Soudain, je revis la longue queue du samedi soir, dehors, ces gens qui se poussaient et s'écrasaient pour se faufiler à travers la porte et apercevoir la coquine petite soubrette, Mlle de Leon (*nous* l'appelions *Millie* de Leon), la fille qui jetait ses jarretières aux marins à chaque représentation. Je me rappelai soudain ces affiches criardes qui flanquaient l'entrée du théâtre, et où l'on voyait de ravissantes femelles bien en chair exhibant des courbes ondoyantes et sinueuses. Toujours est-il que, de ce jour capital où j'allai pour la première fois à l'Empire, je devins un fidèle du burlesque. Avant longtemps, je les connus tous : Miner's dans la Bowery, le Columbia, l'Olympic, Hyde & Beeman's, le Dewey, le Star, le Gayety, le National Winter Garden... tous. Chaque fois que je m'ennuyais, que j'étais découragé ou que je faisais semblant de chercher du travail, j'allais droit soit au burlesque soit au music-hall. Dieu merci, ces magnifiques institutions existaient à l'époque ! Si elles n'avaient pas existé, peut-être me serais-je suicidé il y a déjà longtemps.

Mais à propos d'affiches... L'un des souvenirs curieux que je garde de cette époque, c'est celui d'être passé devant une affiche annonçant la pièce *Sapho*. Je me le rappelle pour deux raisons : premièrement, parce qu'elle était collée sur la barrière voisine de la vieille maison où j'avais connu mes plus beaux jours — proche à un point choquant, si je puis dire — et deuxièmement, parce que c'était une affiche criarde, montrant ouvertement un homme en train de porter une femme, vêtue seulement d'une mince chemise de nuit, pour lui faire monter un grand escalier. (La femme était Olga Nethersole.) Je ne savais rien alors du scandale qu'avait soulevé la pièce. Je ne savais pas non plus que c'était l'adaptation dramatique du célèbre livre de Daudet. Je n'ai lu *Sapho* qu'à l'âge de dix-huit ou dix-neuf ans ; quant aux fameux livres sur Tartarin, j'avais largement dépassé vingt ans, je crois, lorsque je les découvris.

L'un des plus beaux souvenirs de théâtre que je

conserve est celui du jour où ma mère m'emmena au casino en plein air d'Ulmer Park. Pour improbable que ce soit, je continue à penser que c'est Adeline Patti que j'ai entendue chanter ce jour-là. Quoi qu'il en soit, pour le gamin de huit ou neuf ans que j'étais, et qui se préparait tout juste à assister au tournant du siècle, c'était comme un voyage à Vienne. Cela se passait au cœur du « doux temps d'été », par un jour si extraordinairement éclatant et joyeux qu'un chien même s'en souviendrait. (Pauvre Balzac, comme j'ai pitié de vous, vous qui avez avoué n'avoir connu que deux ou trois jours heureux dans toute votre vie !) En ce jour doré, les tentes et les parasols eux-mêmes étaient plus éclatants qu'ils ne l'avaient jamais été. Sur la petite table ronde autour de laquelle nous nous assîmes, ma mère, ma sœur et moi, dansaient les reflets dorés des chopes qui débordaient, des longs verres effilés de Pilsen, des broches, des boucles d'oreille, des colliers, des faces-à-main, des boucles de ceinture brillantes, des lourdes chaînes d'or, de ces mille et une breloques si chères aux hommes et aux femmes de cette génération. Qu'il y avait de bonnes choses à manger et à boire ! Et le programme... si plein de vie, si étincelant ! Rien que des têtes d'affiche, sûrement. Je n'en revenais pas de voir que des garçons de mon âge, du moins me sembla-t-il, vêtus de costumes ébouriffants, avaient été engagés là pour apparaître après chaque baisser du rideau et traverser toute la scène... simplement pour aller afficher le numéro suivant de chaque côté du plateau. Ils le faisaient en saluant et en souriant. C'étaient des auxiliaires très importants. Les serveurs m'intriguaient, eux aussi, par la façon dont ils balançaient leurs lourds plateaux, la rapidité d'éclair avec laquelle ils rendaient la monnaie, tout en étant si polis, si gais, si parfaitement à l'aise. Je me disais que tout dans ce lieu était on ne peut plus Renoir.

Dès que je fus assez âgé pour travailler — je commençai à dix-sept ans — commencèrent ces merveilleux samedis après-midi et ces virées le soir sur les plages.

Irène Franklin (« la Rousse ») qui se produisait au music-hall de la plage de Brighton, autre théâtre en plein air, demeure présente entre toutes dans ma mémoire. Mais il est un autre souvenir, plus vivace encore, c'est celui d'un comique absolument inconnu qui à l'époque rendait célèbre le nom d'« Harrigan ». Ce jour-là aussi il faisait chaud, une adorable brise venait de l'océan, et j'avais un chapeau de paille neuf garni d'un large ruban à pois. Il n'en coûtait que dix cents pour avoir droit aux chants et aux danses. Mais ce que je ne peux pas oublier, c'est l'enceinte du théâtre elle-même, des bancs rangés en cercle, à ciel ouvert, avec au milieu un espace à peine suffisant pour qu'un singe pût y faire ses tours. C'était là que, sur une estrade rudimentaire et branlante, ce chanteur inconnu donnait une représentation après l'autre... de midi à minuit. Je retournai l'entendre plusieurs fois ce jour-là. Je retournai uniquement pour l'entendre chanter :

H... A... deux R... I
G... A... N ça fait Harrigan
Personne n'a rien à dire contre moi

Et ainsi de suite. Et cela se terminait par :

C'est un nom très doux
Jamais traîné dans la boue
Harrigan ! *c'est moi !*

Pourquoi fus-je emballé par ce refrain, je n'en sais rien. Sans doute me laissai-je prendre par le côté pauvre oiseau chanteur sur le gril, par la vitalité de cet homme, par ses œillades et ses boniments, son délicieux accent de terroir, et aussi par la torture qu'il subissait.

Période étrange et rosée, que ce tournant du siècle qui refusait d'en finir. Le phonographe d'Edison, Terry McGovern, William Jennings Bryan, Alexander Dowie, Carrie Nation, Sandow l'hercule, l'exposition des animaux de Bostock, les comédies de Mack Sennet,

Caruso, le petit Lord Fauntleroy, Houdini, Kid McCoy, les Hallroom Boys, Battling Nelson, Arthur Brisbane, les Katzenjammer Kids, Windsor McKay, le Yellow Kid, la *Gazette de la Police*, l'affaire Molineaux, Theda Bara, Annette Kellerman, *Quo Vadis*, le Haymarket, *Ben Hur*, Mouquin, Cosidine, *Trilby, David Harum, Peck's Ban Boy*, le Gilsey House, le Dewey Theatre, Stanford White, le Murray Hill Hotel, Nick Carter, Tom Sharkey, Ted Sloan, Mary Baker Eddy, les Gold Dust Twins, Max Linder, *In the Shade of the Old Apple Tree*, la guerre des Boers, la révolte des Boxers, « Remember the Maine », Bobby Walthour, Painless Parker, Lydia Pinkham, Henry Miller dans *The Only Way (la Seule Façon)*...

Je ne me souviens plus quand ni où j'ai vu pour la première fois *la Tante de Charley*. La seule chose que je sache, c'est que cette pièce demeure dans mon esprit comme la plus drôle que j'aie jamais vue. Il m'a fallu attendre le film *Turnabout* [1] pour voir quelque chose qui me fasse rire aussi fort. *La Tante de Charley* est une de ces pièces qui vous frappent au-dessous de la ceinture. On ne peut rien faire d'autre que d'y succomber. On l'a jouée à de nombreuses reprises depuis plus de cinquante ans, et je suppose qu'on continuera à la jouer pendant cinquante ans encore. C'est sans aucun doute l'une des plus mauvaises pièces que l'on ait jamais écrites, mais qu'importe ? Faire se tordre une salle pendant trois heures d'affilée est un exploit. Ce qui me stupéfie c'est que l'auteur, Brandon Thomas était Anglais. Des années plus tard, j'ai découvert, à Paris, un théâtre situé sur le boulevard du Temple — *le Déjazet* — qui se spécialisait dans les grosses farces désopilantes. J'ai plus souvent eu mal au ventre de rire dans cette espèce de vieille grange que dans n'importe quel autre théâtre excepté le célèbre Palace Theatre de Broadway... « la maison du vaudeville ».

Depuis le moment où j'entrai au lycée jusqu'à l'âge de vingt ans, j'allai régulièrement tous les samedis soir,

1. Un film de Thorne Smith avec Carol Landis et Victor Mature.

avec mon copain, Bob Haase, au Broadway Theatre de Brooklyn, où l'on passait les succès des scènes de Manhattan après qu'elles eurent fini leur exclusivité. En général, nous étions debout au fond de l'orchestre. J'ai vu ainsi au moins deux cents pièces, parmi lesquelles je citerai *The Witching Hour, The Lion and the Mouse, The Easiest Way, The Music Master, Madame X, Camille, The Yellow Ticket, The Wizard of Oz, The Servant in the House, Disraeli, Bought and Paid For, The Passing of the Third Floor Back, The Virginian, The Man from Home, The Third Degree, Damaged Goods, The Merry Widow, The Red Mill, Sumurun, Tiger Rose*. Mes vedettes favorites étaient, à l'époque Mrs Leslie Carter, Lilly Maddern Fiske, Leonore Ulric, Frances Starr, Anna Held. Une compagnie très mélangée, en somme !

Dès que je commençai à aller dans les théâtres de New York, je me dispersai dans toutes les directions. Je fréquentai tous les théâtres étrangers aussi bien que les petites salles telles que le Portmanteau, le Cherry Lane, le Provincetown, le Neighborhood Playhouse. Et bien entendu j'allai à l'Hippodrome, à l'Académie de Musique, au Manhattan Opera House et au Lafayette à Harlem. J'ai vu plusieurs fois la troupe de Copeau, au Garrick, ainsi que les Moscow Art Players et les Abbey Theatre Players.

Fait assez étrange, il y a une représentation qui demeure particulièrement vivante dans mon souvenir, c'est celle donnée par une troupe d'amateurs, tous des jeunes, dans la salle des fêtes d'Henry Street. C'est un télégraphiste qui travaillait pour moi à la Western Union qui m'avait invité à cette représentation (la troupe donnait une pièce élisabéthaine). Ce garçon avait été tout récemment relâché de prison, où il purgeait une peine pour avoir volé quelques timbres dans une petite poste du Sud. Le voir en pourpoint et en haut-de-chausses — il jouait le rôle principal — déclamer avec grâce et distinction — fut pour moi une surprise infiniment agréable. Toute cette soirée me demeure présente à l'esprit à peu près comme la scène magique du *Grand Meaulnes* de Fournier dont j'ai si souvent parlé. À maintes reprises, je retournai à la salle des fêtes d'Henry Street dans l'espoir de revivre l'enchantement de ce premier soir, mais ces choses-là n'arrivent qu'une fois dans une vie. Pas très loin de là, dans Grand Street, il y avait le Neighborhood Playhouse où je me rendais fréquemment et où — autre circonstance mémorable — j'avais vu jouer *les Exilés* de Joyce. Je ne sais si c'est à cause de l'époque ou parce que j'étais jeune et impressionnable, mais beaucoup de pièces que j'ai vues dans les années 20 demeurent pour moi inoubliables. Je n'en citerai que quelques-unes : *Androclès et le Lion, Cyrano de Bergerac, From Morn till Midnight, Yellow Jacket, le Baladin du monde occidental, Lui, Lysistrata, Francesca da Rimini, Gods of the Mountain, The Boss, Magda, John Ferguson, Fata Morgana, The Better 'Ole, Man of the Masses, Bushido, Junon et le paon.*

Dans les premiers temps du Deepthinkers Club et de la Xerxes Society [1], j'eus la bonne fortune d'être invité par un copain à moi dans les « grands » théâtres, où nous occupions des « places de choix ». Le patron de mon ami était un amateur de théâtre invétéré. Il avait beaucoup d'argent et aimait à se passer toutes ses fantaisies. Parfois, il invitait toute notre bande — vingt jeunes gens sains, joyeux, chahuteurs et vigoureux — à l'accompagner voir une « bonne pièce ». S'il s'ennuyait, il partait au milieu de la représentation pour aller dans un autre théâtre. C'est grâce à lui que j'ai vu pour la première fois Elsie Janis, notre grande idole, et aussi cette petite reine, Elsie Ferguson — *une vraie petite reine !* Joyeuse époque. Non seulement les meilleures places dans la salle mais après cela un petit souper froid chez Reinsenweber, Bustanoby ou Rector. Nous nous déplacions en fiacre. Rien n'était trop beau pour nous. « Ah ! jours que je n'oublierai jamais ! »

1. Voir dans *Plexus*, livre II de la *Crucifixion en rose*, tout ce qui concerne ces clubs qui exercèrent une si grande influence sur ma jeunesse.

Dans la boutique de tailleur, où j'avais commencé alors à travailler toute la journée pour le paternel — ce qui m'avait brusquement changé de l'école Savage où je m'entraînais pour devenir moniteur d'athlétisme *(sic !)* — je fis la connaissance d'un autre mécène, l'excentrique Mr Pach des Frères Pach, photographes. Ce charmant vieillard ne touchait jamais à l'argent. Tout ce qu'il désirait, il l'obtenait par troc, y compris l'usage d'une voiture et d'un chauffeur. Il avait des relations et des affiliations partout, apparemment, dont les moindres n'étaient pas les directeurs du Metropolitan Opera, de Carnegie Hall et d'autres endroits du même genre. Le résultat c'était que chaque fois que je désirais assister à un concert, à un opéra, à un récital de musique symphonique ou à un ballet, je n'avais qu'à téléphoner au vieux Pach, comme nous l'appelions, et une place m'attendait. De temps en temps, mon père lui faisait un costume ou un manteau. En retour, nous recevions des photographies, toute sorte de photographies, des tas. Et c'est ainsi que, de cette façon particulière — plutôt miraculeuse pour moi — j'entendis dans l'espace de quelques années pratiquement tout ce qu'il y a d'important dans le domaine de la musique. C'était une éducation précieuse, qui valait beaucoup mieux que tous les autres discours pédagogiques que l'on me faisait subir.

Comme je l'ai dit un peu plus haut, je crois avoir lu plus de pièces que de romans ou œuvres de tout autre genre littéraire. Je commençai cette lecture de pièces via les *Classiques Harvard*, cette collection recommandée par le vieux docteur Foozlefoot Eliot. D'abord, le théâtre de la Grèce ancienne, puis le théâtre élisabéthain, puis la Restauration et les autres périodes. Mais, comme je l'ai fait remarquer à maintes reprises c'est Emma Goldman, avec les conférences sur l'art dramatique européen qu'elle donna à San Diego, en 1913, qui fit vraiment de moi un mordu du théâtre. C'est par elle que je plongeai profondément dans le théâtre russe, qui avec le théâtre de la Grèce antique, est celui où je me sens le plus à l'aise. J'ai abordé le théâtre et le roman russes avec la même aisance et le même sentiment de familiarité que j'ai connus devant la poésie et la philosophie chinoises. On y trouve toujours réalité, poésie et sagesse. Elles sont terre à terre. Mais les dramaturges que j'envie, ceux que j'imiterais si je le pouvais, ce sont les Irlandais. Je peux lire et relire les auteurs dramatiques irlandais, sans jamais avoir peur d'en être rassasié. Il y a en eux de la magie, ainsi qu'un mépris total de la logique et un humour unique en son genre. Il y a aussi de l'obscurité et de la violence, pour ne rien dire d'un don naturel du langage que nul autre peuple ne semble posséder. Tout écrivain qui utilise la langue anglaise doit quelque chose aux Irlandais. Par eux nous avons des aperçus sur la vraie langue des bardes, perdue aujourd'hui à l'exception de ce coin reculé du monde qu'est le pays de Galles. Une fois que l'on a goûté aux écrivains irlandais, tous les autres dramaturges européens paraissent pâles et faibles dans leur façon de s'exprimer. (Les Français plus encore que les autres, peut-être.) Le seul qui passe quand même, en traduction, c'est Ibsen. Une pièce comme *le Canard sauvage* demeure chargée de dynamite. Comparé à Ibsen, Shaw n'est qu'un « pauvre bavard ».

À part quelques représentations auxquelles j'ai assisté durant une courte visite que je fis en Amérique, venant de France — et où j'ai vu *Waiting for Lefty, The Time of Your Life, Awake and Sing !* — je ne suis pas allé au théâtre depuis la mémorable adaptation de *la Faim* d'Hamsun donnée à Paris en 1938 ou 1939 (avec Jean-Louis Barrault). La pièce était montée à la manière expressionniste, à la Georg Kaiser, et elle a terminé dignement ma période de spectateur de théâtre. Je n'ai plus le moindre désir aujourd'hui d'entrer dans un théâtre. C'est fini, tout cela. Je préférerais voir un film de second ordre, plutôt qu'une pièce, et même je dois avouer que les films ont eux aussi perdu tout attrait pour moi.

On s'étonnera peut-être que, malgré le grand intérêt

que je porte au théâtre, je n'aie jamais écrit une pièce. Je m'y suis essayé une fois, il y a bien des années de cela, mais je ne suis pas allé plus loin que le second acte. Il était visiblement plus important pour moi à l'époque de *vivre* le drame que de l'exprimer. En outre, il est probablement vrai que je n'ai pas de talent pour ce faire, et je le déplore.

Mais même si je ne vais plus au théâtre, même si j'ai abandonné toute idée d'écrire pour le théâtre, le théâtre demeure pour moi un domaine de pure magie. En puissance, le drame élisabéthain — à l'exception de Shakespeare que je ne peux pas sentir — n'arrive qu'en seconde place après la Bible. *Pour moi.* J'ai souvent comparé cette période à l'époque qui a produit les grands dramaturges grecs. Ce qui m'impressionne toujours c'est le contraste total, sur le plan de la langue, entre ces deux époques de l'art dramatique. Le grec est une langue simple, directe, compréhensible à tout être doué d'intelligence ; la langue élisabéthaine est tumultueuse et débridée, faite pour des poètes, bien que le public fût (à l'époque) essentiellement composé de gens du peuple. Dans le théâtre russe, nous retrouvons la simplicité des Grecs ; le mécanisme, cependant, est d'un autre ordre.

Le bon théâtre, quelle que soit son origine, possède à mon sens, une qualité distinctive : c'est qu'on peut le lire. Et c'est là sa grande imperfection. Le théâtre de demain ne possédera pas cette vertu. En tant que « littérature », il sera quotidiennement dénué d'intérêt. Le théâtre doit encore trouver sa voie. Et il ne pourra y parvenir que lorsque notre société aura été radicalement, fondamentalement modifiée. Antonin Artaud, le poète, acteur et dramaturge français, avait des idées très claires sur ce sujet, et il en a exposé quelques-unes dans un article intitulé *le Théâtre de la cruauté* [1]. Ce que

1. « Mais, et c'est ici la nouveauté, il y a un côté virulent et je dirai même dangereux de la poésie et de l'imagination à retrouver. La poésie est une force dissociative et anarchique, qui par l'analogie, les associations, les images, ne vit que d'un bouleversement des rapports communs. Et la nouveauté sera de bouleverser ces rapports non seulement dans le domaine extérieur, dans le domaine de la nature, mais

proposait Artaud c'était un mode de participation nouveau du public. Mais cela, nous ne l'aurons jamais tant que ne sera pas transformée toute la conception du « théâtre ».

Les livres tendent à nous séparer, le théâtre tend à nous unir. Le public, pareil à une pâte molle entre les mains d'un dramaturge habile, ne connaît jamais de solidarité plus grande que durant la brève période d'une heure ou deux qu'il faut pour représenter une pièce. On ne retrouve que pendant une révolution quelque chose de comparable à cette unité de la foule. Si l'on sait s'en servir, le théâtre est une des armes les plus puissantes que l'on puisse mettre entre les mains de l'homme. Le fait qu'il soit tombé dans un état de complète décadence n'est qu'un signe de plus de la dégénérescence de notre époque. Quand le théâtre traîne en arrière cela veut dire que la vie est très bas.

Pour moi, le théâtre a toujours été comme un bain pris dans une rivière ouverte à tous. Éprouver une émotion dans la compagnie d'une foule est vraiment une chose tonifiante et rafraîchissante. Non seulement les pensées, les actions et les personnages se matérialisent devant vos yeux, mais les effluves dans lesquels tout baigne enveloppent aussi le public. En s'identifiant aux acteurs, les spectateurs rejouent le drame en esprit. Un supermetteur en scène invisible les dirige tous. Qui plus est, dans chaque spectateur un autre drame, unique en son genre, se joue parallèlement à celui qu'il est en train de voir. Tous ces drames réverbérateurs se fondent, rehaussent celui que l'on voit et que l'on entend, et chargent les murs mêmes de la salle d'une tension psychique d'une force incalculable et, parfois, presque insupportable.

Même pour se familiariser avec son propre langage, il faut aller au théâtre. La langue des planches est d'un

---

dans le domaine intérieur, c'est-à-dire dans celui de la psychologie. Comment, c'est mon secret. » (Antonin Artaud, dans *Comoedia* du 21 septembre 1932.)

autre ordre que celle des livres ou que celle de la rue. Tout comme les écrits les plus ineffaçables appartiennent à la parabole, les écrits les plus ineffaçables appartiennent au théâtre. Au théâtre, on entend ce que l'on se dit toujours à soi-même. Nous oublions combien de drames silencieux nous jouons chaque jour de notre vie. Ce qui sort de nos lèvres est infinitésimal comparé au flot incessant qui traverse notre tête. Il en va de même pour les actes. L'homme d'action, même le héros, ne vit en acte qu'une fraction du drame qui le consume. Non seulement tous les sens sont stimulés, excités, exaltés, au théâtre, mais l'oreille est accordée, l'œil formé comme nulle part ailleurs. Nous y apprenons à comprendre l'infaillible signification des actions humaines. Tout ce qui se passe sur scène nous apparaît, comme à travers une lentille déformante, exactement tel que nous l'attendons. Non seulement nous sentons ce que l'on appelle la destinée, mais nous l'éprouvons individuellement, chacun à sa façon. Dans cette étroite bande qui se situe au-delà des projecteurs, nous trouvons tous un endroit où nous rencontrer.

Quand je pense aux nombreuses représentations auxquelles j'ai assisté, et dans tant de langues différentes, quand je pense aux lieux étranges où ces théâtres étaient situés et à mes retours chez moi, souvent à pied, souvent par des vents coupants, ou dans la neige et la boue, quand je pense aux personnalités vraiment extraordinaires auxquelles mon être s'est heurté, aux multiples idées qui me sont venues ainsi, quand je pense aux problèmes d'autres époques, d'autres peuples, et au magique et mystérieux dénominateur qui m'a permis de les comprendre et d'en souffrir, quand je pense aux effets qu'ont eus sur moi certaines pièces, et aux effets qu'elles ont eus à travers moi sur mes proches ou même sur des gens que je ne connais pas, quand je pense à cette marée de sang, de sève, de pensée obscure et embrouillée s'épuisant en mots, en gestes, en apogées et en extases, quand je pense combien profondément, inexorablement humain tout cela était, si humain, si salutaire, si remarquablement universel, mon appréciation de la valeur de tout ce qui touche aux pièces, aux auteurs dramatiques et aux acteurs s'en trouve augmentée à un point insensé. Pour ne prendre qu'une forme de théâtre, le théâtre yiddish, qui semble si bizarre, si étranger... comme il est proche pourtant et familier, maintenant que j'y repense. Dans une pièce yiddish, il y a en général un petit peu de tout ce qui contribue à faire la vie : de la danse, des plaisanteries, des jeux violents, des mariages, des enterrements, des idiots, des mendiants, des fêtes, pour ne rien dire des habituels malentendus, problèmes, angoisses, déceptions etc., qui compliquent le théâtre moderne. (Je pense, bien entendu, à la pièce juive ordinaire, faite pour les masses et par conséquent « cuisinée » comme un bon ragoût.) On n'a pas besoin de connaître un mot de la langue pour profiter du spectacle. On pleure et on rit facilement. On devient vraiment Juif pour l'occasion. En quittant le théâtre, on se demande : « Est-ce que je ne suis pas Juif aussi ? » La même chose se produit avec le théâtre irlandais, français, russe, italien. On devient tour à tour chacune de ces créatures étrangères, et ce faisant on devient plus soi-même, plus humain, plus proche du soi-même universel. À travers le théâtre, nous trouvons notre identité commune et individuelle. Nous comprenons que nous sommes liés aux étoiles en même temps qu'à la terre.

Il nous arrive aussi, parfois, de nous retrouver citoyens d'un monde totalement inconnu, un monde plus qu'humain, un monde que les dieux seuls habitent peut-être. Que le théâtre, avec ses moyens très limités, puisse produire cet effet, voilà un fait digne d'être noté. L'amateur de théâtre invétéré, celui qui aime à être transporté hors de lui-même, qui imagine peut-être qu'il a trouvé un moyen de vivre les vies d'autres gens aussi bien que la sienne, a tendance à oublier que ce qu'il retire de la pièce qui l'absorbe tellement n'est rien d'autre que ce qu'il y met de lui-même. Il faut tant croire au théâtre, tant deviner. Sa petite vie à soi, si on l'examine de l'extérieur, ne suffirait jamais à expliquer le rapport étroit entre le public et les acteurs qu'établit tout bon dramaturge. Dans la vie extérieure du plus humble des individus le drame existe, inépuisable. C'est de ce réservoir inépuisable que le dramaturge tire sa documentation. Le drame qui se déroule sans cesse dans la poitrine de chacun s'écoule goutte à goutte par des voies mystérieuses jusqu'au-dehors, tout en ne s'exprimant pratiquement jamais par des paroles, ou par des actes. Ses harmoniques forment un vaste océan, un océan vaporeux, sur lequel apparaît et disparaît ici et là la frêle barque d'une pièce. Sur ce vaste océan, l'humanité lance constamment des signaux, comme si elle voulait s'adresser aux habitants d'autres planètes. Les grands auteurs dramatiques ne sont que des détecteurs sensibles qui nous renvoient ces signaux, une ligne, un acte, une pensée. La matière du drame ne se trouve pas dans les événements de la vie quotidienne ; le drame réside dans la substance même de la vie, il est enfermé dans chacune des cellules du corps, dans chacune des cellules des innombrables substances qui enveloppent nos corps.

Je suis de ceux que l'on accuse souvent de lire dans les choses plus qu'elles ne renferment, ou plus qu'on n'a voulu y mettre. C'est une critique que l'on me fait particulièrement en ce qui concerne le théâtre et le cinéma. Si c'est là un défaut, c'en est un dont je n'éprouve aucune honte. J'ai vécu au milieu du drame depuis le temps où j'ai été assez âgé pour comprendre ce qui se passait autour de moi. J'ai pris goût au théâtre très tôt, comme un canard prend goût à l'eau. Pour moi, cela n'a jamais été une simple distraction, mais le souffle de la vie. J'allais au théâtre pour y puiser une force et une jeunesse nouvelles. Dès l'instant où se levait le rideau et où baissaient les lumières j'étais prêt à accepter implicitement ce qui allait se dérouler sous mes yeux. Une pièce n'était pas seulement pour moi aussi réelle que la vie qui m'entourait, la vie dans laquelle j'étais plongé, elle était plus réelle. Lorsque j'y repense maintenant, je dois reconnaître qu'il y avait dans ces pièces beaucoup de « littérature », beaucoup de pur boniment. Mais sur le moment c'était la vie, la vie dans son expression la plus pleine. Cela colorait et influençait mon existence de tous les jours.

La faculté que je possédais de ne pas me préoccuper — car il s'agissait de choses dont je ne me préoccupais pas et non que je ne savais pas voir — de ce que les esprits critiques appellent de la comédie pure et simple, cette faculté que je cultivais délibérément, était née d'un refus de juger les choses selon leur apparence. À la maison, à l'école, à l'église, dans la rue, partout où j'allais, j'étais imprégné de drame. Si c'était pour y trouver une réplique de la vie quotidienne, alors je n'avais pas besoin du théâtre. J'y allais parce que depuis mon âge le plus tendre je partageais, pour présomptueux que cela puisse paraître, les intentions secrètes de l'auteur dramatique. Je sentais la présence perpétuelle d'un drame universel qui avait des racines profondes, très profondes, et une vaste et éternelle signification. Je ne demandais pas à être bercé ou séduit ; je demandais à être secoué et réveillé.

Sur scène, la personnalité compte plus que tout. Les grands acteurs, qu'ils soient comédiens, tragédiens, paillasses, imitateurs, saltimbanques ou simples bouffons, sont aussi profondément gravés dans ma mémoire que le sont les grandes figures de la littérature. Peut-être plus encore, car je les ai vus en chair et en os. Nous sommes obligés de nous imaginer comment parlaient Stavroguine ou le baron de Charlus, comment ils marchaient, quels étaient leurs gestes, etc. Il n'en va pas de même pour les grands personnages du théâtre.

Il y a littéralement des centaines d'individus dont je pourrais vous parler longuement : je les ai vus une fois sur les planches et il me suffit aujourd'hui encore de fermer les yeux pour les entendre déclamer leur rôle, pour que la mystérieuse magie refasse son œuvre. Il y avait des couples de théâtre dont l'influence sentimentale sur nous était si forte qu'ils nous étaient plus proches et plus chers que les membres de notre propre famille. Noray Bayes et Jack Norworth, par exemple. Ou James et Bonnie Thornton. Parfois, nous nous prenions d'affection pour des familles entières, comme celles d'Eddie Foy et de George M. Cohan. Des actrices surtout occupaient notre esprit plus que n'importe quel être aurait pu le faire. Ce n'étaient même pas toujours de grandes actrices ; mais elles avaient une personnalité rayonnante, magnétique, et elles nous fascinaient. En pensant à elles, il me vient aussitôt une foule de noms à l'esprit : Elsie Janis, Elsie Ferguson, Effie Shannon, Adèle Ritchie, Grace George, Alice Brady, Pauline Lord, Anna Held, Fritzi Sheff, Trixie Friganza, Gertrude Hoffman, Minnie Dupree, Belle Baker, Alla Nazimova, Emily Stevens, Sarah Allgood, et, bien entendu, cette sombre et ardente figure dont je suis certain que personne ne se rappellera le nom, Mimi Auguglia. Le fait qu'elles fussent en chair et en os, et non pas des créations fantômes de l'écran, nous les rendaient plus chères encore. Parfois, nous les voyions dans leurs moments de faiblesse ; parfois nous les regardions, le souffle coupé, car nous savions qu'elles avaient réellement le cœur brisé.

Ce plaisir que l'on éprouve à découvrir ses propres livres, ses propres auteurs, on l'a aussi quand il s'agit de personnages de théâtre. On nous a peut-être dit, quand nous étions jeunes, qu'il fallait absolument voir (« avant qu'ils meurent ») des gens comme John Drew, William Faversham, Jack Barrymore, Richard Mansfield, David Warfield, Sothern et Marlowe, Sarah Bernhardt, Maude Adams... mais notre grande joie nous vint de la découverte que nous fîmes nous-mêmes de personnalités telles que celles de Holbrook Blinn, O.P. Heggie, Edward Breese, Tully Marshall, Mrs Patrick Campbell, Richard Bennett, George Arliss, Cyril Maude, Elissa Landi, Olga Chekova, Jeanne Eagels, et d'autres, beaucoup, beaucoup d'autres, aujourd'hui presque légendaires.

Mais les noms qui demeurent inscrits en lettres d'or

dans mon livre de souvenirs à *moi* ce sont ceux de comiques, et presque tous de music-hall ou de burlesque. Je n'en citerai que quelques-uns — pour rendre grâce au bon vieux temps — : Eddie Foy, Bert Savoy, Raymond Hitchcock, Bert Levy, Willie Howard, Frank Fay. Qui pouvait résister au pouvoir de ces enchanteurs ? Pour moi, une matinée où l'un de ces noms était en tête d'affiche valait mieux que n'importe quel livre. Souvent il y avait, au Palace, un programme où ne figuraient que des vedettes. Je n'aurais pas plus manqué un tel événement que je ne l'aurais fait de la réunion hebdomadaire de la Xerxes Society. Qu'il plût ou qu'il fît beau, que j'eusse un emploi ou non, que j'eusse de l'argent ou non, j'y allais toujours. Être avec des « hommes de joie » c'était pour moi la meilleure médecine au monde, la meilleure sauvegarde contre la mélancolie, le désespoir ou les déceptions. Je n'oublierai jamais, jamais, l'impétuosité avec laquelle ils se lançaient dans le jeu. Parfois, l'un d'eux venait interrompre le numéro d'un camarade, déchaînant à chacune de ses irruptions l'hystérie et le délire dans la salle. Le livre le plus drôle du monde [1] ne peut pas rivaliser, à mes yeux, avec une seule représentation donnée par l'un de ces artistes. Je ne connais pas un seul livre dans toute la littérature qui soit capable de faire rire quelqu'un de la première page à la dernière. Les hommes dont je parle n'étaient pas seulement capables de vous faire glousser, mais de vous faire vous tordre sans arrêt. À dire vrai, on riait si fort et de façon si continue, qu'on avait envie de les supplier d'arrêter leur numéro ne serait-ce qu'une minute ou deux. Une fois qu'ils avaient déchaîné la salle, c'était à peine s'ils avaient besoin de dire ou de faire quoi que ce fût. Il leur suffisait d'agiter les doigts pour que l'on explose.

L'homme que j'aimais plus que tous les autres était Frank Fay. Je l'adorais. Je pouvais aller le voir en mati-

1. Quel est son titre, à propos ? Je donnerais n'importe quoi pour le connaître !

née et y retourner le soir pour le revoir, pour rire encore plus fort la seconde ou la troisième fois. Frank Fay était un homme capable de faire un numéro sans la moindre préparation, un homme capable de tenir la scène tout seul pendant dix ou quinze heures, s'il en avait envie. Et qui pouvait varier ses effets d'un jour à l'autre. Il possédait un esprit, une invention, une intelligence inépuisables. Comme beaucoup d'autres grands comiques, il savait quand et comment franchir la frontière pour entrer dans le domaine de l'interdit. Il arrivait à faire passer le pire, ce Frank Fay. Il était irrésistible, même pour les censeurs, j'imagine. Rien, bien entendu, ne parvient autant à déclencher les rires d'une salle qu'une incursion dans le domaine du pervers et de l'interdit. Mais Frank Fay avait mille et un trucs dans sa manche. C'était vraiment « un homme-orchestre ».

Il me faut citer en passant un acteur que je n'ai vu que dans une pièce, et dont je n'ai plus jamais entendu parler après l'énorme succès qu'il remporta dans *The Show Off (le Poseur)*. Je veux parler de John Bartels. Comme *la Tante de Charley*, cette pièce, qui devait tellement à l'interprétation qu'en donnait Bartels, demeure un événement marquant dans mon souvenir. Je ne vois rien qui lui ressemble tout à fait. Je retournai la voir à maintes reprises, surtout pour entendre le ha-ha-ha éraillé, vulgaire et communicatif de Bartels qui faisait le « poseur ».

Aussi loin que je remonte dans mon souvenir, j'ai conscience de voix qui parlent à l'intérieur de moi. Je veux dire par là que j'ai de tout temps entretenu des conversations avec ces autres voix. Il n'y avait là rien de « mystique ». C'était une forme de relations que je poursuivais en même temps que d'autres formes de relations qui occupaient mon existence. Ces conversations intérieures pouvaient se poursuivre alors même que j'avais une conversation à haute voix avec quelqu'un. Un dialogue ! Un dialogue constant ! Avant de commencer à écrire des livres, je les écrivais dans ma tête... sous la forme justement de ce dialogue étouffé dont je parle.

Quelqu'un qui aurait été plus doué pour l'analyse intérieure que je ne l'étais aurait compris très tôt dans la vie qu'il était destiné à écrire. Pas moi. Si par hasard il m'arrivait d'y penser — à cet incessant dialogue intérieur — c'était uniquement pour me dire que je lisais trop, que je devrais m'arrêter de ruminer. Jamais je ne considérais cela comme quelque chose d'anormal ou d'exceptionnel. Et cela ne l'est pas non plus, sauf quand le phénomène atteint une intensité insolite. C'est ainsi qu'il m'arrivait souvent, alors que j'écoutais quelqu'un, d'entendre ses paroles transformées de différentes façons, ou alors, pendant que je prêtais une attention soutenue aux mots qu'il prononçait, d'intercaler mes propres mots entre les siens, d'enjoliver ses propos par d'autres de mon invention, plus expressifs, plus dramatiques, plus éloquents ; il m'arrivait même, après avoir entendu une personne jusqu'au bout, de répéter la substance de son discours de trois ou quatre façons, et ce faisant de m'amuser beaucoup à voir cette personne avaler ses propres mots et s'émerveiller de leur force, de leur profondeur et de leur complexité. C'étaient ces exploits qui me rendaient souvent des gens chers, des gens pour qui je n'éprouvais souvent pas le moindre intérêt mais qui s'attachaient à moi comme ils se seraient attachés à un habile saltimbanque ou à un prestidigitateur. C'était le miroir qui leur renvoyait une image brillante et flatteuse d'eux-mêmes. Jamais l'idée ne m'est venue de porter un coup à leur vanité : le jeu m'amusait et j'étais heureux qu'ils y participassent inconsciemment.

Mais à quoi jouais-je, ou qu'*était-ce* d'autre qu'une sorte de théâtre ambulant à la première personne ? Que faisais-je ? Je créais des personnages, des drames, du dialogue. Je me préparais, sans aucun doute, et absolument sans préméditation, à ma tâche future. Et qu'était-ce que cette tâche ? Elle consistait non pas à refléter le monde, non pas à rendre *un* monde, mais à découvrir mon monde privé. À l'instant même où je dis « privé », je me rends compte que c'est précisément là ce qui m'a toujours manqué, ce que j'ai lutté pour obtenir, ou établir plus que n'importe quoi d'autre. M'épancher sur ce sujet revient donc à écrire un nouveau chapitre de la révélation. J'ai passé la meilleure partie de ma vie au théâtre, bien que ce ne fût pas dans une salle de spectacle reconnue comme telle. J'ai été auteur, acteur, metteur en scène, et le manuscrit lui-même. J'ai été tellement saturé de ce drame incessant, le mien et celui d'autrui mêlés, que lorsque je pars seulement me promener seul c'est comme si je me mettais à écouter Mozart ou Beethoven.

Il y a de cela environ dix-huit ans, j'ai lu, assis au Café de la Rotonde, à Paris, le *Women at Point Sur* de Robinson Jeffers je n'imaginais pas alors que j'habiterais un jour près de Point Sur, dans un endroit appelé Big Sur, et dont je n'avais jamais entendu parler. Les rêves et la vie ! Je ne m'imaginais guère non plus, quand j'écoutais la bibliothécaire de la bibliothèque de Montague Street, à Brooklyn, me parler des merveilles du Cirque Médrano, que le premier article que j'écrirais en arrivant à Paris, la ville de mes rêves, serait sur le Cirque Médrano, que cet article serait pris par Elliot Paul (de *Transition*) et publié dans le *Paris Herald*. Je ne me rendais guère compte, au cours de notre brève rencontre à Dijon — au lycée Carnot — que l'homme avec qui je parlais était celui qui allait un jour m'amener à écrire ce livre. Pas plus que je ne pensais, lorsque l'on me présenta au Café du Dôme, à Paris, à Fernand Crommelynck, l'auteur de la célèbre et merveilleuse pièce *le Cocu magnifique*, qu'il se passerait quinze ans ou plus avant que je lise sa pièce. J'étais loin de me rendre compte, quand j'assistai à la représentation de *la Duchesse de Malfi*, à Paris, que l'homme qui avait fait l'admirable traduction de la pièce allait bientôt devenir mon traducteur et ami, que c'était lui et pas un autre qui allait me conduire dans la maison de Jean Giono, son ami de toujours. J'étais loin de songer aussi, quand je vis *Yellow Jacket* (pièce écrite par l'acteur d'Hollywood Charles Coburn) que je rencontrerais à Pebble

Beach, en Californie, le célèbre Alexander F. Victor (de la Victor Talking Machine Co) qui, parlant des mille et une aventures qu'il avait connues dans sa vie si riche, terminerait la conversation par un éloge dithyrambique de *Yellow Jacket*. Comment pouvais-je prévoir que ce serait dans un lieu reculé appelé Nauplia, dans le Péloponnèse, que je verrais ma première pièce en ombres chinoises, et ce en compagnie d'un être aussi étonnant que Katsimbalis ? Ou encore entiché comme je l'étais de burlesque, comment pouvais-je supposer que je verrais un jour, dans un lieu aussi éloigné qu'Athènes, le même genre de spectacle, le même genre de comique, que j'entendrais les mêmes plaisanteries, que j'assisterais aux mêmes œillades et au même persiflage ? Et comment pouvais-je prévoir que cette même nuit (à Athènes), vers deux heures du matin, pour être précis, je rencontrerais un homme que je n'avais vu qu'une fois dans ma vie auparavant, mais dont je me rappelais qu'il était sorti par la porte des artistes de la Guilde du Théâtre après une représentation du *Goat Song* de Werfel ? Et n'est-elle pas étrange, cette coïncidence qui veut que ce soit maintenant seulement, il y a quelques minutes, en parcourant mon édition de *The Moon in the Yellow River* — une très, très belle pièce de Dennis Johnston — que je remarque pour la première fois que cette pièce a été jouée par la Guilde du Théâtre, à New York, probablement un an ou deux avant que mon ami Roger Klein me demande de l'aider à en faire la traduction française. Et bien qu'il n'y ait peut-être pas le moindre rapport entre les deux faits, je n'en suis pas moins frappé par la curieuse coïncidence qui a voulu que la première fois que j'ai entendu un public français siffler dans un cinéma à Paris, c'eût été pendant une projection de mon cher *Peter Ibbetson*. « Pourquoi sifflent-ils ? ai-je demandé. — Parce que c'est trop irréel », m'a répondu mon ami.

Oh oui, ce sont d'étranges souvenirs. Que vois-je, alors que je marchais dans les rues poussiéreuses d'Héraklion, pour me rendre à Knossos ? Une grande affiche annonçant un film de Charlie Chaplin au cinéma minoéen. Peut-on imaginer quelque chose de plus incongru ? *Le Minotaure* et *la Ruée vers l'or* ! Chaplin et Sir Arthur Evans. Tweedledum et Tweedledee. À Athènes, quelques semaines plus tard, je remarquai les affiches annonçant les représentations de plusieurs pièces américaines. L'une d'elles, croyez-le si vous voulez, était *le Désir sous les ormes*. Autre incongruité. À Delphes, décor naturel pour *Prométhée enchaîné*, je suis assis dans l'amphithéâtre, écoutant mon ami Katsimbalis me réciter le dernier oracle qui y a été prononcé. L'espace d'une seconde, je suis revenu dans la « rue des Premières Douleurs », dans le salon du premier, pour être précis, en train de lire l'une après l'autre les pièces grecques publiées dans la bibliothèque du docteur Foozlefoot. C'est ma première rencontre avec ce monde sinistre. La véritable rencontre viendra beaucoup plus tard lorsque au pied de la citadelle de Mycènes, j'examinerai les tombes de Clytemnestre et d'Agamemnon... Mais ce salon lugubre ! C'est là que, toujours seul, triste, perdu, le dernier et le plus petit représentant du genre humain, j'ai non seulement essayé de lire les classiques, mais que j'ai écouté aussi les voix de Caruso, Cantor Sirota, Mme Shumann-Heink... et même celle de Robert Hilliard, récitant « A Fool there was... »

Comme s'ils provenaient d'une autre existence des souvenirs affluent maintenant, de riches et glorieux souvenirs, de ce petit théâtre du boulevard du Temple (le Déjazet), où je riais du commencement à la fin de la représentation, le ventre douloureux, le visage ruisselant de larmes. Des souvenirs de Bobino, rue de la Gaieté, où j'allais écouter Damia ou ses nombreuses imitatrices, ce théâtre qui n'était lui-même qu'un aspect d'un spectacle plus riche, car la rue où il se trouvait, une rue presque unique en son genre, même pour Paris, était un incessant spectacle en marche. Et le Grand Guignol ! Cela allait des mélodrames à vous faire dresser les cheveux sur la tête aux farces les plus tapageuses, le tout sur la même affiche, avec des ruées bien calculées vers le bar, un bar merveilleux, caché dans le hall. Mais de tous ces souvenirs étranges, d'un autre monde, les meilleurs me viennent du Cirque Médrano. C'était un monde de métamorphose. Un monde aussi vieux que la civilisation elle-même, pourrait-on dire. Car avant le théâtre, avant les marionnettes et les ombres chinoises, il devait certainement y avoir le cirque avec ses saltimbanques, ses jongleurs, ses acrobates, ses avaleurs de sabres, ses écuyers et ses clowns.

Mais revenons à cette année 1913, à San Diego, où j'ai entendu Emma Goldman faire des conférences sur le théâtre européen... Se peut-il qu'il y ait si longtemps de cela ? Je me le demande. J'allais me rendre dans un bordel en compagnie d'un cow-boy du nom de Bill Parr, originaire du Montana. Nous travaillions tous les deux dans un ranch où l'on cultivait des fruits, près de Chula Vista, et nous allions en ville tous les samedis soir dans cet unique but. Comme c'est étrange de penser que j'ai été dévié, détourné de ma route, que toute ma vie a été changée, par la rencontre que je fis par hasard d'une affiche annonçant l'arrivée d'Emma Goldman et de Ben Reitman ! C'est elle, Emma, qui m'amena à lire des auteurs dramatiques comme Wedekind, Hauptmann, Schnitzler, Brieux, d'Annunzio, Strindberg, Galsworthy, Pinero, Ibsen, Gorki, Werfel, von Hoffmansthal, Sudermann, Yeats, Lady Gregory, Tchékov, Andreyev, Hermann Bahr, Walter Hasenclever, Ernst Toller, Tolstoï et une foule d'autres. (C'est son consort, Ben Reitman, qui me vendit le premier livre de Nietzsche que j'allais lire — *l'Antéchrist* — ainsi que *The Ego and His Own* de Max Stirner.) C'est ce jour-là à San Diego que mon monde fut changé.

Lorsqu'un peu plus tard, je commençai à fréquenter les comédiens de Washington Square et la Guilde du Théâtre, je fis la connaissance d'autres auteurs dramatiques européens : les frères Capek, Georg Kaiser, Pirandello, Lord Dunsany, Benavente, St. John Arvine, ainsi que d'auteurs américains comme O'Neill, Sidney Howard et Elmer Rice.

De cette période là-bas émerge le nom d'un acteur qui venait à l'origine du théâtre yiddish : Jacob Ben-Ami. Comme Nazimova, il avait quelque chose d'indescriptible. Pendant des années, j'ai été hanté par sa voix et par ses gestes. Il était comme un personnage de l'Ancien Testament. Mais quel personnage ? Je n'ai jamais pu le situer exactement. C'est après l'une de ses représentations dans quelque petit théâtre que nous nous rendîmes un soir, tout un groupe, dans un restaurant hongrois et que nous fermâmes les portes, une fois les autres clients partis, et restâmes jusqu'à l'aube à écouter un pianiste qui n'avait que Scriabine pour tout répertoire. Ces deux noms — Scriabine et Ben-Ami — demeurent indissolublement liés dans mon esprit. Tout comme le titre d'un roman d'Hamsun, *Mysterium* (en allemand) demeure pour moi associé à un autre Juif, un écrivain yiddish nommé Nahoum Yood. Chaque fois que je rencontrais Nahoum Yood, où que ce fût, il se mettait à me parler de ce livre fou d'Hamsun. De même, chaque fois que je passais une soirée, à Paris, avec Hans Reichel, le peintre, il abordait inévitablement le sujet d'Ernst Toller dont il était devenu l'ami et à cause de qui il avait été jeté en prison par les Allemands.

Chaque fois que je pense à la pièce *Les Cenci* ou que j'en entends parler, chaque fois que je rencontre les noms de Schiller et de Goethe, chaque fois que je vois le nom Renaissance (toujours associé au livre qu'a écrit Walter Pater sur ce sujet) je pense à des wagons de métro souterrain ou aérien, où je suis soit en train de me retenir à une poignée, soit debout en train de regarder en bas les fenêtres sales de taudis crasseux et sinistres, tout en entassant dans ma mémoire de longs passages tirés des œuvres de ces auteurs. Et je ne cesse pas non plus de m'étonner de ce que presque tous les jours de ma vie, lorsque je pénètre dans la forêt proche de ma maison, où je découvre une clairière, une clairière dorée, mon esprit revient immédiatement à ces représentations maintenant si lointaines des pièces de Maeterlinck — *la Mort de Tintagiles*, *l'Oiseau bleu*,

Monna Vanna, — ou encore de son opéra, *Pelléas et Mélisande*, dont les décors, presque autant que la musique, n'ont jamais cessé de me hanter.

Ce sont les femmes qui, au théâtre, m'ont, semble-t-il, fait la plus grande impression, que ce soit à cause de leur grande beauté, de leur personnalité exceptionnelle, ou de leur voix extraordinaire [1]. Peut-être cela est-il dû au fait que les femmes ont si peu d'occasions de se révéler complètement dans la vie quotidienne. Peut-être, aussi, le théâtre tend-il à rehausser les rôles joués par des femmes. Le théâtre moderne est saturé de problèmes sociaux, de sorte qu'il ramène les femmes à un niveau plus humain. Dans le théâtre de la Grèce antique les femmes sont surhumaines : personne n'a jamais rencontré de tels types de femmes dans la vie réelle de notre temps. Dans le théâtre élisabéthain elles ont aussi des proportions étonnantes, elles ne sont pas des déesses, certes, mais elles ont une splendeur qui nous terrifie et nous déroute. Pour avoir la pleine mesure de la femme, il faut combiner les propriétés de la femelle telles que les formule le théâtre antique avec celles que seul le théâtre burlesque (de notre époque) a osé révéler. Je fais allusion, bien entendu, à ces comédies soi-disant « dégradantes » du burlesque qui dérivent de la *Commedia dell' arte* du Moyen Âge.

Depuis que j'ai lu la vie de Sade, qui a passé quelques-unes des dernières années de sa vie à l'asile d'aliénés de Charenton, où il s'est amusé à écrire des pièces pour les pensionnaires et à les mettre en scène, je me suis souvent demandé ce que ce serait d'assister à un spectacle donné par un groupe de fous. À la base des idées d'Artaud sur le théâtre, il y avait le projet de faire exercer par les acteurs une telle influence sur le public (grâce à toutes sortes de moyens extérieurs) que les

1. La voix de Pauline Lord, par exemple, dans *Anna Christie :* « Oh ! Dieu, je ne suis qu'une pauvre fille ! » ou la voix de Lucienne Lemarchand, l'actrice française, dans *Dommage qu'elle soit une putain !* Ou celle de notre chère Margo.

spectateurs deviendraient littéralement fous et que, en proie comme les acteurs à un délire frénétique, ils porteraient le drame à des extrémités impensables.

Une chose qui m'a toujours impressionné à propos du théâtre c'est son pouvoir de surmonter les barrières nationales et raciales. J'ai observé que quelques pièces, jouées par une troupe d'acteurs étrangers interprétant les dramaturges de leur pays, pouvaient faire plus que toute une charretée de livres. Souvent les premières réactions traduisent chez le public la colère, le ressentiment, la déception ou le dégoût. Mais une fois que le virus prend, ce qui était absurde, prétentieux, totalement étranger, est accepté et approuvé, mieux, adopté avec enthousiasme. L'Amérique a subi tour à tour maintes influences étrangères de cet ordre, toujours pour le plus grand bien de notre propre théâtre. Mais, comme les cuisines étrangères, ces infusions ne tiennent apparemment jamais longtemps. En dépit des multiples coups qui lui sont administrés de temps en temps, le théâtre américain reste enfermé à l'intérieur de ses étroites frontières.

Ah, mais je ne veux pas passer sous silence cette étrange figure qu'est David Belasco ! Vers l'époque où mon père ajouta Frank Harris à la liste de ses clients, grâce à l'intérêt que portait son fils à la littérature, nous vîmes entrer un jour dans la boutique de tailleur cet individu sombre, aux allures de prêtre, doué d'un charme obscur, magnétique, et qui, comme un clergyman, portait son col à l'envers, s'habillait toujours de noir, mais qui était pourtant essentiellement vivant, sensuel, ardent, presque félin dans ses gestes et ses mouvements. David Belasco ! Un nom que Broadway n'oubliera jamais. Il n'était pas un client de mon père mais le client d'un des camarades de mon père, un homme qui s'appelait Erwin, et qui avait deux passions : les bateaux et les tableaux. Il y avait à l'époque dans la boutique de tailleur quatre figures principales — qui faisaient partie du mobilier, pour ainsi dire — : Bunchek, le coupeur, cet Erwin dont je parle, Rente, une sorte de maître tailleur passé de mode, et Chase, un autre maître tailleur. On n'aurait pu trouver nulle part quatre hommes qui fussent aussi différents les uns des autres que ceux-là. Chacun d'eux était un excentrique, et chacun, à l'exception de Bunchek, avait son assortiment très personnel et très particulier de clients... ils n'étaient pas nombreux, ces clients, il y en avait à peine une poignée, en fait, mais cela suffisait, apparemment, à faire vivre nos gaillards. Ou peut-être serait-il plus exact de dire... « à les faire vivre partiellement ». Hal Chase, par exemple, qui était originaire du Maine et Yankee jusqu'à la moelle, et qui avait en plus un caractère de chien, complétait son revenu en jouant au billard le soir. Erwin, qui était fou de son « yacht » et qui piaffait toujours parce que ses clients n'arrivaient pas à l'heure, ce qui l'empêchait de filer à Sheepshead Bay où son bateau était ancré... Erwin se faisait de petites sommes à côté en emmenant des invités se promener en mer. Quant au pauvre Rente, il ne possédait ni la folie ni la témérité des deux autres ; sa solution à lui c'était de travailler la nuit dans un cercle, où il faisait des sandwiches et servait de la bière et du cognac aux joueurs. Mais ce qu'ils avaient tous en commun, c'était une forte tendance à passer leur vie à rêver. La plus grande joie de la vie de Chase c'était de s'esquiver à midi — au douzième coup juste, si possible — et de s'en aller à Coney Island ou à Rockaway Beach, où il passait tout l'après-midi à nager et à se faire rôtir sous le soleil brûlant. C'était un conteur né, avec une sorte de don à la Sherwood Anderson pour tourner autour du pot, mais il était si plein de caractère, si sûr de lui, si ergoteur, si batailleur, si impétueux qu'il se rendait odieux à tout le monde, y compris ses clients. Avec ces derniers, son attitude était « c'est à prendre ou à laisser ». Et il en allait de même pour Erwin. Ils ne faisaient qu'un essayage à leurs clients ; si cela ne leur plaisait pas, ils pouvaient aller ailleurs. Ce qu'ils faisaient en général. Néanmoins, à cause de leur excentricité, à cause des relations particulières, bizarres qu'ils avaient et des milieux dans lesquels ils se déplaçaient, à cause du langage qu'ils parlaient, de l'allure qu'ils avaient, ils trouvaient sans cesse de nouveaux clients, et souvent des gens très étonnants. Belasco était, je l'ai dit, un des clients d'Erwin. Je n'ai jamais pu savoir ce que ces deux hommes avaient en commun. Rien, apparemment. Parfois les clients de mon père entraient en collision avec les clients des deux autres maîtres tailleurs au moment où ils quittaient le salon d'essayage. L'étonnement était alors général. La plupart des clients de mon père, comme je l'ai raconté dans *Printemps noir*, étaient ses copains, ou devenaient ses copains à force de le rencontrer fréquemment au bar d'en face. Quelques-uns d'entre eux, des gens de théâtre (dont un certain nombre d'acteurs célèbres) se sentaient merveilleusement chez eux dans l'arrière-boutique du tailleur. Quelques-uns étaient assez malins pour entraîner Bunchek dans une conversation ou une discussion, le faisant parler du sionisme, des poètes et des auteurs dramatiques yiddish, de la Kabbale, et d'autres sujets du même genre. Il nous est ainsi arrivé plus d'un après-midi, où il semblait que toute la clientèle de l'établissement fût tombée à zéro, de tuer le temps à la table de coupe de Bunchek, en discutant des problèmes les plus insensés, et qui touchaient tour à tour à la religion, à la métaphysique, au zodiaque ou à la cosmologie. C'est ainsi que pour moi le mot de Sibérie, quand je l'entends, ne représente pas une vaste toundra gelée, mais le nom d'une pièce de Jacob Gordin. Theodor Herzl, le père du sionisme, est encore plus un père pour moi que George Washington, avec son visage en lame de couteau.

Parmi les gens qui fréquentaient la boutique, un de ceux que j'aimais le plus était un client de mon père qui s'appelait Julian l'Estrange, et qui était marié à l'époque avec Constance Collier, la vedette de *Peter Ibbetson*. Entendre Julian et Paul — Paul Poindexter — discuter les mérites des pièces de Sheridan ou les vertus théâtrales de Marlowe et de Webster, par exemple, c'était un peu comme écouter Julien l'Apostat contre Paul de Tarse. Et entendre après cela, comme il arrivait parfois, Bunchek (qui ne comprenait que de façon vague et confuse leur jargon) dénigrer ce qu'ils avaient dit, lui qui ne connaissait pas un mot de Sheridan, de Marlowe, de Webster ou même de Shakespeare, c'était comme jouer du Fats Waller après une séance dans la salle de réunion de la Science chrétienne. Ou alors, le comble, c'était d'entendre Chase, Rente, Erwin et Cie se lancer dans leurs monologues respectifs, et débiter les banalités qui les obsédaient respectivement. La pièce tout entière baignait dans une atmosphère d'alcool, de discussion et de rêve. Chacun brûlait d'envie de se retirer dans son univers personnel, un monde qui, ai-je besoin de le dire, n'avait rien à voir avec la profession de tailleur. C'était comme si Dieu, dans sa perversité, les avait tous faits tailleurs contre leur gré. Mais ce fut cette atmosphère justement qui me donna la préparation nécessaire pour m'en aller vers le monde bizarre et impénétrable du mâle solitaire, qui me fournit des notions étranges, prématurées et prémonitoires sur le caractère, les passions, les poursuites, les vices, les folies, les actes et les intentions des hommes. Était-il donc si extraordinaire, alors, que me voyant un jour avec un livre de Nietzsche sous le bras, le bon Paul Poindexter me prît à part et me fît une longue conférence sur Marc-Aurèle et sur Épictète, dont j'avais déjà lu les œuvres sans oser l'avouer, car je n'avais pas le courage de laisser tomber Paul.

Et *Belasco ?* Je l'avais presque oublié. Belasco était toujours silencieux comme un ermite. Un silence qui inspirait le respect plutôt que la vénération. Mais il y a un détail qui le concerne dont je garde un souvenir très vif : c'est que je l'aidais à mettre et à enlever son pantalon. Et je garde le souvenir du sourire lumineux dont il me gratifiait toujours pour me remercier de ce petit service : c'était comme si j'avais reçu un pourboire de cent dollars.

Mais avant d'en terminer avec la boutique de tailleur,

il me faut dire un mot ou deux des journalistes de cette époque. Car voyez-vous, si les clients étaient parfois rares, il y avait toujours des commis voyageurs en abondance. Il ne se passait pas un jour que trois ou quatre d'entre eux ne vinssent faire un tour, non pas dans l'espoir de prendre une commande, mais pour reposer leur carcasse fatiguée, pour discuter le bout de gras. Quand ils avaient parlé des nouvelles du jour, ils en venaient aux journalistes. Les deux grands favoris d'alors étaient Don Marquis et Bob Edgren. Fait curieux, Bob Edgren, qui était rédacteur sportif, eut une grande influence sur moi. Je crois sincèrement ne pas mentir quand je dis que c'est en lisant l'article quotidien de Bob Edgren que j'ai cultivé ce qu'il y a en moi de sens du fair play. Edgren donnait à chaque homme ce qui lui revenait ; quand il avait pesé le pour et le contre, il accordait souvent le bénéfice du doute. Je voyais en Bob Edgren une sorte d'arbitre moral. Il faisait à l'époque tout autant partie de ma vie que Walter Pater, Barbey d'Aurevilly ou James Branch Cabell. C'était, bien entendu, une période durant laquelle j'allais fréquemment assister aux matches de boxe, où je passais des soirées entières à discuter avec mes copains des mérites relatifs des divers maîtres du coup de poing. Je peux presque dire que mes premières idoles ont été des boxeurs. J'en avais tout un panthéon personnel, qui comprenait entre autres des personnages comme Terry McGovern, Tom Sharkey, Joe Gans, Jim Jeffries, Ad Wolgast, Joe Rivers, Jack Johnson, Stanley Ketchel, Benny Leonard, Georges Carpentier et Jack Dempsey. Il en allait de même pour les lutteurs. Le petit Jim Londos était presque autant un dieu pour moi que l'était Hercule pour les Grecs. Et il y avait aussi les coureurs des six jours cyclistes... Mais je m'arrête là !

Ce que je voudrais bien faire comprendre, c'est que la lecture des livres, les sorties au théâtre, les discussions passionnées que nous engagions, les réunions sportives, les banquets et les pique-niques, les festivals musicaux (ceux que nous organisions et ceux que nous devions aux professionnels), tout cela se confondait et se mêlait dans une activité ininterrompue. En me rendant au terrain de Jersey le jour du combat Dempsey-Carpentier — un événement d'ailleurs presque aussi considérable pour nous que les héroïques combats singuliers qui se livraient sous les murs de Troie —, je me souviens que je discutais avec mon compagnon, un pianiste de concert, du contenu, du style et de la portée de *l'Île des Pingouins* et de *la Révolte des Anges*. Quelques années plus tard, à Paris, en lisant *la Guerre de Troie n'aura pas lieu*, je me rappelai soudain ce triste jour où j'assistai à la défaite de mon favori, Carpentier. Une autre fois, en Grèce, dans l'île de Corfou, en lisant *l'Iliade*, ou du moins en essayant — car le cœur n'y était pas —, l'évocation d'Achille, du puissant Ajax et de tous ces héros de l'un ou l'autre camp me rappela la magnifique silhouette de Georges Carpentier, beau comme un dieu : je le revis lâcher pied, se défaire et s'effondrer au tapis sous les coups de marteau-pilon du tueur de Manassa. Je songeai alors que sa défaite avait été aussi bouleversante que la mort d'un héros ou d'un demi-dieu. Et j'évoquai en même temps les figures d'Hamlet, de Lohengrin et autres personnages légendaires que Jules Laforgue a décrits dans son style inimitable. Pourquoi ? Pourquoi ? Mais c'est ainsi que les livres se mêlent aux événements de la vie.

De ma dix-huitième à ma vingt et unième ou vingt-deuxième année — c'est durant cette période que fleurit la Xerxes Society — ce fut un incessant tourbillon de festivités, de beuveries, de soirées théâtrales ou musicales (« je suis un grand musicien, je voyage à travers le monde ! »), de grosses farces et d'empoignades. Il n'y avait pas un restaurant étranger à New York dont nous ne fussions clients. Chez Bousquet, un restaurant français, on nous aimait tant tous les douze, que quand venait l'heure de la fermeture, nous avions l'établissement pour nous seuls. (Ô tralala, tralalala, tralalalère !) Et pendant toute cette période, je lisais à me faire éclater la cervelle. Je me souviens encore des titres de livres que je trimbalais sous mon bras, en toute occasion : *Anathème, les Nouvelles* de Tchékov, *le Dictionnaire du Diable*, les *Œuvres complètes* de Rabelais, *le Satyricon, History of European Morals* de Lecky, *With Walt in Camden, History of Human Marriage* de Westermarck, *The Scientific Bases of Optimism, The Riddle of the Universe, The Conquest of Bread, History of the Intellectual Development of Europe* de Draper, *Song of Songs* de Sudermann, *Volpone*, etc. Je versais des pleurs sur la « beauté convulsive » de *Francesca da Rimini*, je savais par cœur des passages de *Minna von Barnhelm* (tout comme par la suite à Paris je devais apprendre par cœur la célèbre lettre de Strindberg à Gauguin telle qu'elle est citée dans *Avant et Après*), je me débattais avec *Hermann und Dorothea* (lutte purement gratuite car j'avais peiné dessus durant toute une année de collège), je m'émerveillais des exploits de Benvenuto Cellini, je m'ennuyais à lire Marco Polo, j'étais ébloui par les *First Principles* d'Herbert Spencer, fasciné par tout ce qu'avait écrit Henri Fabre, je potassais la « philologistique » de Max Muller, j'étais bouleversé par le charme paisible et chargé de lyrisme de la prose de Tagore, j'étudiais les grandes épopées finnoises, j'essayais de parvenir jusqu'au bout de la *Mahabharata*, je rêvais avec Olive Schreiner en Afrique du Sud, je me délectais des préfaces de Shaw, tout en flirtant avec Molière, Sardou, Scribe, Maupassant, j'avançais péniblement dans la série des *Rougon-Macquart* et je m'enlisais dans ce livre bien vain de Voltaire, *Zadig*... Quelle vie ! On ne s'étonnera pas après cela que je ne sois pas devenu tailleur. (Je fus ravi pourtant de découvrir que *The Merchant Tailor* était le titre d'une célèbre pièce élizabéthaine.) En même temps — et n'est-ce pas ce qu'il y a de plus étonnant, de plus admirable ? — j'avais des discussions lautréamontesques avec des copains comme George Wright, Bill Dewar, Al Burger, Connie Grimm, Bob Haase, Charlie Sullivan, Bill Wardrop, Georgie Gifford, Becker, Steve Hill, Frank Carroll, tous fidèles membres de la Xerxes Society. Ah ! quelle était donc cette pièce terriblement polissonne que nous allâmes tous voir un samedi en matinée dans un célèbre petit théâtre de Broadway ? Quel bon temps nous avions pris, grands dadais que nous étions ! C'était une pièce française, naturellement, et qui faisait fureur. C'était si osé ! Si risqué ! Et quelle soirée après cela chez Bousquet !

En ce temps-là, que je fusse ivre ou à jeun, je me levais régulièrement à cinq heures du matin pour faire un tour à bicyclette jusqu'à Coney Island et retour. Parfois, glissant sur la mince couche de verglas d'un sombre matin d'hiver, je me laissais emporter par le vent mordant comme un bateau à patins, et je riais encore au souvenir des événements de la nuit, qui s'étaient déroulés seulement quelques heures plus tôt en fait. Ce régime spartiate allié à cette vie de fêtes et de festivités, les études d'autodidacte, les querelles et les discussions, les clowneries et les bouffonneries, les séances de lutte et de boxe, les parties de hockey, les courses de six jours au Parc, les petits bals, les études et les leçons de piano, les désastreuses aventures amoureuses, le perpétuel manque d'argent, le mépris du travail, les séances chez le tailleur, les promenades solitaires jusqu'au réservoir, jusqu'au cimetière chinois, jusqu'à l'étang aux canards où, si la glace était assez épaisse, j'essayais mes patins de compétition — cette activité unilatérale, multilingue, sesquipédalienne, poursuivie nuit et jour, matin, midi et soir, tout au long de l'année, que je fusse ivre ou à jeun, ou même ivre *et* à jeun, toujours mêlé à la foule, toujours piétinant, cherchant, luttant, fouinant, observant, espérant, essayant, un pas en avant, deux pas en arrière mais sans jamais me lasser, résolument grégaire et pourtant solitaire, brave type et en même temps renfermé et secret, bon copain qui n'avait jamais un sou mais qui pouvait toujours trouver le moyen d'emprunter pour donner aux autres, joueur mais jamais pour de l'argent, poète au fond et vaurien en apparence, sociable, n'hésitant pas à mendier, ami de tous sans être vraiment l'ami de personne, voilà... une sorte de caricature de l'époque élizabéthaine recréée et jouée dans les parages sordides de Brooklyn, de Manhattan et du Bronx, dans la cité la plus infecte du monde, ma ville natale [1] — un assemblage hétéroclite où se côtoient des entreprises de pompes funèbres, des musées, des salles d'opéra ou de concerts, des armureries, des églises, des bistrots, des stades, des music-halls, des cirques, des arènes, des marchés Gansevoort et Wallabout [2], le canal empuanti de Gowanus [3], des marchands de sorbets arabes, des cales sèches, des raffineries de sucre, un arsenal, des ponts suspendus, des pistes de patins à roulettes, les bordels de la Bowery, des fumeries d'opium, des tripots, un quartier chinois, des cabarets roumains, des journaux jaunes, des tramways sans toit, des aquariums, des charades, des gymnases, des maisons où habitent les vendeurs de journaux, des hôtels Mills, des « Peacock Alley [4] », le Zoo, les tombes, les Ziegfield Follies, l'Hippodrome, les bouges de Greenwich Village, les boîtes d'Harlem, les domiciles de mes amis, des femmes que j'ai aimées, des hommes que j'ai respectés — à Greenpoint, Williamsburg, Columbia Heights, Erie Basin — les rues sinistres et interminables, les réverbères, les réservoirs à gaz pansus, le ghetto palpitant et coloré, les docks et les quais, les grands paquebots, les

1. « Ah ! époque bénie et inoubliable ! où tout était mieux que jadis et mieux que demain, où Buttermilk Channel était à sec à marée basse, où l'alose dans l'Hudson était du saumon, où la lune brillait d'un éclat resplendissant au lieu de verser cette lumière jaunâtre et maladive qui est la sienne depuis qu'elle est témoin chaque nuit des abominations auxquelles elle est forcée d'assister dans cette cité dégénérée ! » (Washington Irving.)

2. Souvenirs du temps où New York était la Nouvelle-Amsterdam et peuplée d'une colonie hollandaise. *(N.d.T.)*

3. Canal aux eaux stagnantes également construit par les Hollandais. *(N.d.T.)*

4. Littéralement « allée des paons » : on appelait ainsi le hall du célèbre hôtel Waldorf-Astoria vers la fin du XIXe siècle parce que les femmes avaient coutume d'y parader dans leurs plus beaux atours. *(N.d.T.)*

bananiers, les canonnières, les vieux forts abandonnés, les vieilles rues hollandaises désertes, Pomander Walk, Patchin Street, United States Street, la bourse en plein air de Wall Street, le *drugstore* Perry (à deux pas du pont de Brooklyn : on y trouve des ice-creams sodas si laiteux, si mousseux !), le tramway qui mène à Sheepshead Bay, les joyeux Rockaways, l'odeur des crabes, des homards, des moules, du poisson frit, des escalopes grillées, la chope de bière à cinq cents, et partout, dans tous les coins toujours une de ces bibliothèques « publiques » d'Andrew Carnegie, avec les livres que vous désirez si passionnément lire toujours « sortis », ou ne figurant pas sur les catalogues, ou marqués de trois étoiles comme le cognac Hennessy. Non, ce n'était pas le temps de l'antique Athènes, ni les jours et les nuits de Rome, ni l'époque joyeuse et sanguinaire de l'Angleterre élizabéthaine, ce n'était pas non plus « le bon vieux temps » de la fin du siècle dernier, non, c'était « ce vieux Manhattan » tout de même, et le nom de ce petit théâtre dont j'essaie désespérément de me souvenir m'est aussi familier que le Breslin Bar ou que Peacock Alley, mais il ne me reviendra pas, pas maintenant. Il était pourtant là autrefois, tous les théâtres étaient là, et tous les grands acteurs et grandes actrices d'autrefois, y compris des cabots comme Corse Payton, David Warfield, Robert Mantell et l'homme que mon père méprisait, son homonyme, Henri Miller. Ils survivent encore, du moins dans les mémoires, et avec eux les jours enfuis, les pièces entendues jadis, et les livres, dont certains pas encore lus et qui n'ont fait l'objet d'aucune critique. *Renversez l'univers et donnez-moi hier !*

Et voici qu'au moment où je vais fermer boutique au terme de ma journée de travail, il me revient, le nom de ce théâtre ! *Wallack's !* Vous en souvenez-vous ? Voyez-vous, si vous cessez de chercher *(memoria-technica)*, vous finissez toujours par retrouver ce qui vous avait échappé. Je la revois maintenant, comme si j'y étais, la vieille façade délabrée du théâtre. Et je vois en même temps l'affiche placardée dehors. Tenez, c'était *la Fille du recteur !* Était-ce assez polisson ! Assez osé ! Assez risqué !

Une note sentimentale pour finir, mais à quoi bon ? Je voulais parler des pièces que j'avais lues, et je m'aperçois que j'ai à peine effleuré le sujet. Elles me paraissaient si importantes jadis, et sans doute l'étaient-elles. Mais les pièces qui m'ont fait rire, pleurer, vivre, sont plus importantes encore, bien que de moindre valeur. Car ces soirs-là, j'étais avec d'autres, avec mes amis, mes copains, mes potes. Debout, les anciens membres de la Xerxes Society ! Debout, même si vos pieds sont dans la tombe ! Il faut que je vous adresse un dernier adieu. Il faut que je vous dise une bonne fois combien je vous aimais, combien j'ai souvent pensé à vous depuis lors. Puissions-nous être tous réunis dans l'au-delà !

Nous étions tous de si bons musiciens. Ô tralalala, tralalala, tralalalère !

Et maintenant, je prends congé de ce jeune homme assis tout seul là-haut, dans ce petit salon en haut à lire les classiques. Quel triste tableau ! Qu'aurait-il pu faire avec les classiques, s'il avait réussi à les avaler ? Les classiques ! Lentement, très lentement, j'arrive à eux, non pas en les lisant, mais en les faisant. Je rejoins les ancêtres, mes, vos, nos glorieux prédécesseurs au camp du drap d'or. *Bref*[1] la vie de tous les jours... Voltaire, bien que vous ne soyez pas précisément un classique, vous ne m'avez rien donné, ni avec votre *Zadig* ni avec votre *Candide*. Et pourquoi choisir ce misérable squelette rongé par l'aigreur que fut M. Arouet ! Parce que cela m'arrange pour l'instant. Je pourrais nommer douze cents autres crétins qui pareillement ne m'ont rien donné. Je pourrais lâcher cela comme une vraie *pétarade*[1]. *Pour quoi faire ?* Pour indiquer, pour bien montrer, affirmer solennellement et proclamer que, ivre ou à jeun, avec ou sans patins à roulettes, à poings nus ou avec des gants de six onces, la vie passe d'abord. *Oui,*

1. En français dans le texte.

en terminant ce fatras d'événements de ma pure jeunesse, je pense de nouveau à Cendrars. De la musique avant toute chose ! Mais qui donne mieux la musique de la vie que la vie elle-même[1] *?*

Janvier à décembre 1950,
Big Sur (Californie).

1. En français dans le texte.

APPENDICES

APPENDICE I

LISTE DES LIVRES « LUS »[1]

ABÉLARD, Peter	*The Story of My Misfortunes.*
ABRAHAM, Pierre	*Une figure, deux visages.*
ADAMIC, Louis	*My America.*
—	*My Native Land.*
ADAMS, Henry	*Mont-Saint-Michel and Chartres.*
ADDAMS, Jane	*Twenty Years in Hull House.*
ADDISON, Joseph	*The De Coverley Papers.*
ADE, George	*Fables in Slang.*
—	*Breaking into Society.*
ADLER, Alfred	*Understanding Human Nature.*
—	*Individual Psychology.*
ADLER, Mortimer Jerome	*How to read a book.*
A.E. (George RUSSEL)	*The Candle of Vision.*
AESCHYLUS	*Agamemnon.*
—	*Prometheus Bound.*
—	*The Libation Bearers.*
—	*The Eumenides.*
—	*The House of Atreus.*
—	*The Furies.*
AESOP	*Fables.*
AGEE, James & EVANS, Walker	*Let Us Now Praise Famous Men.*
ALAIN-FOURNIER, Henri	*Le Grand Meaulnes.*
—	*The Wanderer.*
ALBERT-BIROT, Pierre	*Grabinoulor.*
ALDINGTON, Richard	*Death of a Hero.*
—	*Romance of Casanova.*

1. Précisons, pour le lecteur qui s'étonnerait de voir figurer sous leur titre anglais certains ouvrages français ou autres, qu'il s'agit là d'œuvres que l'auteur a lues dans leur traduction américaine. *(N.d.T.)*

Aldrich, Thomas Bailey	*The Story of a Bad Boy.*
Aleichem, Sholem	*Jewish Children.*
Alger, Horatio, Jr	*Brave and Bold.*
—	*Strive and Succeed.*
—	*Slow and Sure.*
—	*Fame and Fortune.*
—	*Luck and Pluck.*
—	*Struggling Upward.*
Allen, Grant	*Evolution of the Idea of a God.*
—	*Post-prandial Conversations*
Allendy, Dr René	*Paracelse, le médecin maudit.*
—	*Capitalisme et Sexualité.*
—	*Le Problème de la destinée.*
—	*Essai sur la guérison.*
Amicis, Edmondo de	*The Heart of a Boy.*
Andersen, Hans Christian	*Fairy Tales.*
Anderson, Maxwell and Hickerson, Harold	*Gods of the Lightning.*
Andreota, Paul	*Hors jeu.*
Andrews, Roy Chapman	*Meet Your Ancestors.*
Andreyev, Leonid	*The Red Laugh.*
—	*Anathema.*
—	*King Hunger.*
—	*Savva.*
—	*The Life of Man.*
—	*He Who Gets Slapped.*
—	*The Pretty Sabine Women.*
—	*Lazarus.*
—	*The Seven That Were Hanged.*
Anet, Claude	*Ariane.*
Angell, Norman	*The Great Illusion.*
—	*The Money Game.*
—	*The Story of Money.*
—	*For What Do We Fight ?*
Annunzio, Gabriel d'	*Francesca da Rimini.*
—	*The Dead City.*
—	*The Flame of Life.*
—	*La Giaconda.*
—	*The Triumph of Death.*
Anonymous, Sacred, Miscellaneous, Unclassifiable	*Aucassin et Nicolette.*
—	*A Young Girl's Diary.*

Anonymous, Sacred, Miscellaneous, Unclassifiable	*The Book of Sapphire.*
	Diary of a Lost One.
	The Little Book of the Perfect Life.
—	*Madeleine.*
—	*The Need for Anonymity.*
—	*The I-Ching or Book of Changes.*
—	*La Terre promise (de saint Pierre à Péguy).*
—	*The Soul Afire (Revelations of the Mystics).*
—	*The Voice of the Silence (Chosen Fragments from the « Book of the Golden Precepts »).*
—	*The Tibetan Book of the Dead.*
—	*Yiddish Tales.*
—	*Stories from the Bible.*
—	*Great German Short Novels and Stories.*
—	*50 Années de découvertes (bilan 1900-1950).*
—	*The Bhagavad Gitâ.*
—	*The Dhammapada.*
—	*The Mahabarhatta.*
—	*The Bible.*
—	*U.S.A. with Music.*
—	*Hand-Book of the Oneida Community.*
—	*Gammer Gurton's Needle.*
—	*European Caravan* (ed. by Samuel Putnam).
—	*Egyptian Book of the Dead.*
—	*The Dadaist Manifestos.*
—	*Ananga Ranga or the Hindu Art of Love (by Kalyana Malla).*
—	*Letters from the Mahatmas.*
—	*Love Letters of Abelard and Heloise.*
—	*Last Chance : Eleven Questions on Issues Determining our Destiny* (ed. by Clara Urquhart).
—	*Le Jongleur de Notre-Dame.*
APOLLINAIRE, Guillaume	*Le Poète assassiné.*
—	*Calligrammes.*
—	*Alcools.*
—	*La Femme assise.*
ARAGON, Louis	*Le Paysan de Paris.*
—	*Les Cloches de Bâle.*

ARIOSTO	*Orlando Furioso.*
ARISTOPHANE	*The Frogs.*
—	*Lysistrata.*
—	*The Clouds.*
—	*The Birds*
ARLEN, Michael	*The Green Hat.*
ARNOLD, Matthew	*Essays in Criticism.*
—	*Culture and Anarchy.*
—	*Sohrab and Rustum.*
ARNOLD, Sir Edwin	*The Light of Asia.*
ARTAUD, Antonin	*Héliogabale*
—	*Van Gogh : le suicidé de la société. Le théâtre de la cruauté.*
—	*L'Art et la mort.*
ARTHUR, Timothy Shay	*Ten Nights in a Bar Room.*
ARTSYBASHEV, Mikhael Petrovich	*Sanine.*
—	*The Millionaire.*
—	*Breaking Point.*
ASBURY, Herbert	*The Barbary Coast.*
—	*The French Quarter.*
ASCH, Sholem	*The God of Vengeance.*
—	*Children of Abraham.*
AUBRY, Octave	*Les Pages immortelles de Napoléon.*
—	*Sainte-Hélène.*
AUDEN, Wystan Hugh	*The Dance of Death.*
—	*The Dog Beneath the Skin.*
AUGUSTIN, St.	*Confessions.*
—	*The City of God.*
AURELIUS, Marcus	*Meditations.*
AUREVILLY, BARBEY D'	*Les Diaboliques.*
AUROBINDO, Sri	*The Life Divine.*
—	*The Synthesis of Yoga.*
AYMÉ, Marcel	*La Jument verte.*
—	*Uranus.*
BACHELLER, Irving	*Eben Holden.*
BACON, Francis	*Essays.*
BAGEHOT, Walter	*John Milton.*
BAHR, Hermann	*The Concert.*
—	*The Master.*
BAILEY, Alice A.	*From Bethlehem to Calvary.*
—	*A Treatise on White Magic.*
BAIN, F.W.	*The Digit of the Moon.*
BAKER, Ernest	*The Crusades.*
BAKUNIN, Michael	*God and the State.*
BALZAC, Honoré de	*Séraphita.*
—	*Louis Lambert.*
—	*The Wild Ass' Skin.*

BALZAC, Honoré de	*Sur Catherine de Médicis.*
—	*Eugénie Grandet.*
—	*Cousin Betty.*
—	*Le Père Goriot.*
—	*Lost Illusions.*
—	*Droll Stories.*
—	*Études philosophiques.*
—	*La Recherche de l'Absolu.*
—	*The Unknown Masterpiece.*
—	*Physiology of Marriage.*
—	*Ferragus.*
BANCROFT, George	*History of the U.S.A.*
BANGS, John Kendrick	*Houseboat on the Styx.*
BARBELLION, W.N.P.	*Journal of a Disappointed man.*
BARBUSSE, Henri	*L'Enfer.*
—	*Under Fire.*
BARING, Maurice	*Have You Anything to Declare ?*
BARJAVEL, René	*Farendol.*
BARKER, George	*Lament and Triumph.*
BARNES, Djuna	*Nightwood.*
BARNES, Harry Elmer	*The New History.*
—	*Society in Transition.*
BAROJA, Pio	*Weeds.*
—	*Red Dawn.*
—	*Caesar or Nothing.*
BARR, Stringfellow	*Let's Join the Human Race.*
BARRIE, James	*The Little Minister.*
—	*The Admirable Chrichton.*
—	*Peter Pan.*
—	*Sentimental Journey.*
—	*What Every Woman Knows.*
—	*Quality Street.*
BARTON, Bruce	*The Man Nobody Knows.*
—	*The Book Nobody Knows.*
BASHKIRTSEFF, Marie	*Journal.*
BAUDELAIRE, Charles	*Mon Cœur mis à nu.*
—	*Spleen de Paris.*
—	*Les Fleurs du mal.*
BAUER, Maria	*Foundations Unearthed.*
BAX, Clifford	*The Traveller's Tale.*
BAXTER, James Phinney	*The Greatest of Literary Problems.*
BAZALGETTE, Léon	*Walt Whitman, the Man and His Work.*
BAZIN, Hervé	*Viper in the Fist.*
BEACH, Rex	*The Spoilers.*
—	*The Barrier.*
—	*The Silver Horde.*

BEARD, Charles and Mary	*Rise of American Civilization.*
BEBEL, August	*Woman Under Socialism.*
BECKETT, Samuel	*Proust.*
—	*En attendant Godot.*
BÉDIER, Joseph	*The Romance of Tristan and Iseult (In French also).*
BEEBE, William	*Jungle Peace.*
—	*Jungle Days.*
—	*Galapagos : World's End.*
—	*Half-Mile Down.*
—	*The Arcturus Adventure.*
BEER, Thomas	*The Mauve Decade.*
—	*Stephen Crane : A Study in American Letters.*
BEERBOHM, Max	*Zuleika Dobson.*
—	*The Happy Hypocrite.*
BEERS, Clifford Whittingham	*A Mind That Found Itself.*
BÉGUIN, Albert	*L'Âme romantique et le rêve.*
BELGION, Montgomery	*Reading for Profit.*
BELL, Clive	*Since Cezanne.*
—	*Art.*
BELLAMY, Edward	*Looking Backward.*
BELLOC, Hilaire	*The Path to Rome.*
—	*On Something.*
—	*On Anything.*
—	*On Everything.*
—	*The Jews.*
—	*Joan of Arc.*
BELMONT, Georges	*La Vache et la tour Eiffel.*
BENDA, Julien	*Belphégor.*
—	*La Trahison des clercs.*
BENOIT, Pierre	*L'Atlantide.*
BENSON, E.M.	*John Marin, the Man and His Work.*
BERCOVICI, Conrad	*Ileana.*
—	*Around the World in New York.*
—	*Dust of New York.*
BERDIAEFF, Nicolas	*The Divine and the Human.*
—	*The End of Our Time.*
—	*Spirit And Reality.*
—	*The Russian Idea.*
—	*Slavery and Freedom.*
—	*The Meaning of History.*
—	*The Destiny of Man.*
—	*The Meaning of Creation.*
BERGSON, Henri	*Creative Evolution.*
—	*Time and Free Will.*
—	*Matière et Mémoire.*
—	*Le Rire.*

Bernard, Theos	*Penthouse of the Gods.*
—	*Land of a Thousand Buddhas.*
Bernard, Tristan	*Compagnon du Tour de France.*
Beryl, Williams & Epstein, Samuel	*The Great Houdini : Magician extraordinary.*
Besant, Annie	*Ancient Wisdom.*
—	*Esoteric Christianity.*
Bierce, Ambrose	*The Devil's Dictionary.*
—	*In the Midst of Life.*
—	*Can Such Things Be ?*
Biéville-Noyant, Ann de	*Patrice de la Tour du Pin.*
Bird, William	*French Wines.*
Bishop, Morris	*The Odyssey of Cabeza de Vaca.*
Blackwood, Algernon	*The Bright Messenger.*
—	*The Centaur.*
—	*Julius Le Vallon.*
—	*The Wave : An Egyptian Aftermath.*
—	*The Listener.*
Blake, William	*The Marriage of Heaven and Hell.*
—	*America : A Prophecy.*
—	*Songs of Innocence and Experience.*
Blatchford, Robert	*Merrie England.*
Blavatsky, Helena	*The Secret Doctrine.*
—	*Isis Unveiled.*
Bloch, Jean-Richard	*La Nuit kurde.*
Bloy, Léon	*Le Désespéré.*
Blyth, R.H.	*Zen in English Literature and Oriental Classics.*
Boas, Franz	*The Mind of Primitive Man.*
Boccaccio, Giovani	*The Decameron.*
Bodenheim, Maxwell	*Replenishing Jessica.*
—	*Naked on Roller Skates.*
—	*Georgie May.*
Boehme, Jacob	*The Aurora.*
—	*The Signature of All Things.*
Bojer, Johan	*The Power of a Lie.*
—	*The Great Hunger.*
Bolitho, William	*Leviathan.*
—	*Twelve Against the Gods.*
Boswell, James	*The Life of Dr Samuel Johnson.*
Bourdet, Édouard	*The Captive.*
Bourne, Randolph S.	*Untimely Papers.*
—	*The History of a Literary Radical.*
Bowen, P.G.	*The Sayings of the Ancient One.*

BOYD, Ernest	*H.L. Mencken.*
—	*Appreciations and Depreciations.*
—	*Ireland's Literary Renascence*
—	*Literary Blasphemies.*
—	*Studies From Ten Literatures.*
BOYD, Thomas	*Through the Wheat.*
BOYLE, Kay	*Night Before Last.*
—	*Monday Night.*
—	*Wedding Day.*
—	*The White Horses of Vienna.*
BRAGDON, Claude Fayette	*Architecture and Democracy.*
—	*The Beautiful Necessity.*
—	*Delphic Woman.*
—	*Four-dimensional-Vistas.*
—	*An Introduction to Yoga.*
—	*Oracle.*
BRAMAH, Ernest	*The Wallet of Kai Lung.*
—	*Kai Lung's Golden Hours.*
BRANDE, Dorothea	*Wake Up and Live !*
BRANDES, George	*Main Currents of 19th Century Literature.*
—	*The Christ Myth.*
—	*Correspondence of Friedrich Nietzsche with Brandes.*
—	*Friedrich Nietzsche.*
BRANN, William Cowper	*Brann, the Iconoclast* (A Collection of the Writings of William Cowper Brann).
BREASTED, James H.	*The Conquest of Civilization.*
BRENTFORD, Viscount	*Do We Need a Censor ?*
BRETON, André	*Nadja.*
—	*Le Poisson soluble.*
—	*La Lampe dans l'horloge.*
—	*L'Amour fou.*
—	*Anthologie de l'humour noir.*
—	*Les Champs magnétiques.*
—	*Flagrant Délit.*
—	*L'Immaculée Conception* (avec Paul Éluard).
—	*Manifeste du surréalisme.*
—	*Les Pas perdus.*
—	*Second Manifeste du surréalisme.*
—	*Les Vases communicants.*
—	*Légitime Défense.*
—	*Le Surréalisme et la peinture.*
—	*Le Revolver à cheveux blancs.*

BRETONNE, Restif de La	*Les Nuits de Paris (condensed).*
—	*Sara* (trans. from Monsieur Nicolas).
BRETT, Dorothy	*Lawrence and Brett : A Friendship.*
BREUER, Bessie	*Memory of Love.*
—	*The Bracelet of Wavia Lea.*
—	*The Daughter.*
BRIEUX, Eugène	*Damaged Goods.*
—	*The Red Robe.*
BRIFFAULT, Robert	*Europa.*
—	*The Mothers.*
BRINTON, H.H.	*The Mystic Will.*
BROCH, Hermann	*The Sleepwalkers.*
BRODIN, Pierre	*Les Écrivains américains du XXe siècle.*
BROMBERG, Walter	*The Mind of Man.*
BRONTË, Emily	*Wuthering Heights.*
BROOKE, Rupert	*Collected Poems.*
BROOKS, Van Wyck	*The Ordeal of Mark Twain.*
—	*America's Coming of Age.*
BROUN, Heywood	*The Boy Grew Older.*
—	*Pieces of Hate, and Other Enthusiasms.*
BROUSSON, J.J.	*Anatole France in Carpet Slippers.*
BROWN, J. Hullah	*Water-Color Guidance.*
BROWN, Dr John	*Rab and His Friends.*
BROWNE, Lewis	*This Believing World.*
BROWNING, Elizabeth Barrett	*Sonnets from the Portuguese.*
BROWNING, Robert	*Rabbi Ben Ezra.*
BRUCKBERGER, Raymond Leopold	*The Seven Miracles of Gubbio.*
—	*Marie-Madeleine.*
BRUNTON, Paul	*A Message from Arunchala.*
—	*A Search in Secret India.*
—	*The Quest of the Overself.*
BRYANT, Louise	*Mirrors of Moscow.*
—	*Six Red Months in Russia.*
BRYANT, William Cullen	*Thanatopsis.*
—	*To A Water Fowl.*
BRYCE, James	*The American Commonwealth.*
BUBER, Martin	*Ten Rungs : Hasidic Sayings.*
BUCHON, François	*Jean-Arthur Rimbaud. Sa vie, son œuvre, son influence.*
BUCK, Pearl	*The Good Earth.*
BUCKE, Richard M.	*Cosmic Consciousness.*
—	*Walt Whitman, the Wound Dresser.*
BUCKLE, H.T.	*History of Civilization.*
BULFINCH, Thomas	*The Age of Fable.*
BULLIET, C.J.	*Apples and Madonnas.*
BULOSAN, Carlos	*America is in the Heart.*

BUNIN, Ivan G.	*The Gentleman From San Francisco.*
BUNYAN, Paul	*The Pilgrim's Progress.*
BURKE, Edmund	*Reflections on the Revolution in France.*
—	*Speech on Conciliation With America.*
BURKE, Thomas	*Limehouse Nights.*
—	*The Wind and the Rain.*
BURNETT, Frances Hodgson	*Little Lord Fauntleroy.*
BURNETT, W. R.	*Little Caesar.*
BURNS, Robert	*My Love is a Red, Red Rose.*
—	*Scots Wha Hae.*
—	*John Anderson, My Jo.*
—	*A Man's a Man for A' That.*
—	*Auld Lang Syne.*
—	*The Cotter's Saturday Night.*
—	*Tam O'Shanter.*
BUTTER, Samuel	*Erewhon.*
—	*Erewhon Revisited.*
—	*The Way of All Flesh.*
—	*The Note-books of Samuel Butler.*
—	*Evolution Old and New.*
BYNNER, Witter	*The Jade Mountain (A chinese Anthology)* (translation).
—	*The Way of Life according to Lao-tsu* (translation).
BYRNE, Don	*Messer Marco Polo.*
BYRON, Lord	*Manfred.*
—	*The Prisoner of Chillon.*
—	*Don Juan.*
CABELL, James Branch	*Jurgen*
—	*The Rivet in Grandfather's Neck.*
—	*Figures of Earth.*
—	*The Cream of the Jest.*
—	*The High Place.*
—	*Beyond Life.*
—	*Something About Eve.*
—	*Straws and Prayerbooks.*
CABLE, George W.	*Old Creole Days.*
CAHAN, Abraham	*The Rise of David Levinsky.*
CAIN, James M.	*The Postman Always Rings Twice.*
CAINE, HALL, Sir Thomas Henry	*The Master Christian.*
—	*The Bondsman.*
—	*The Manxman.*
—	*The Deemster.*
—	*The Eternal City.*

CAINE, HALL, Sir Thomas Henry	*The Master of Man.*
CAINE, Hall	*The Woman Thou Gavest Me.*
CAIRNS, Huntington	*Freedom of Expression in Literature.*
CALET, Henri	*La Belle Lurette.*
CAMPBELL, Roy	*The Georgiad.*
—	*The Wayzgoose.*
CAMUS, Albert	*L'Étranger.*
—	*Caligula.*
CANNAN, Gilbert	*The Release of the Soul.*
—	*Everybody's Husband.*
CAPABLANCA, J.R.	*Chess Fundamentals.*
CAPEK, Karel	*R.U.R.*
CAPEK, Karel and Josef	*The World We Live In.*
CARCO, Francis	*Brumes.*
—	*Nostalgie de Paris.*
—	*La légende et la vie d'Utrillo.*
—	*Jésus-la-Caille.*
—	*Chansons aigres-douces.*
—	*Au Coin des rues.*
—	*Francis Carco raconté par lui-même.*
—	*Rien qu'une femme.*
—	*Souvenirs sur Katherine Mansfield.*
—	*La Bohème et mon cœur.*
CARLYLE, Thomas	*Heroes and Hero Worship.*
CARMAN, Bliss	*Sappho.*
CARPENTER, Edward	*Love's Coming of Age.*
—	*The Art of Creation.*
—	*The Drama of Love and Death.*
—	*Towards Democracy.*
CARRÉ, Jean-Marie	*A Season in Hell (Vie de Rimbaud).*
CARREL, Alexis	*L'Homme, cet inconnu.*
CARRINGTON, Hereward	*Death : Its Causes and Phenomena.*
—	*The Invisible World.*
—	*Houdini and Conan Doyle.*
—	*A Primer of Psychical Research.*
CARROLL, Lewis	*Alice's Adventures in Wonderland.*
—	*Through The Looking Glass.*
CARROLL, Paul Vincent	*Shadow and Substance.*
CARSWELL, Catherine	*The Savage Pilgrimage.*
CARTER, Frederick	*Symbols of Revelation.*
—	*D.H. Lawrence and the Body Mystical.*
CASSERES, Benjamin de	*Forty Immortals.*
—	*The Shadow-Eater.*
—	*James Gibbons Huneker.*
CASSOU, Jean	*La Clef des songes.*
CATHER, Willa	*Death Comes to the Archbishop.*
—	*My Antonia.*
—	*A Lost Lady.*

Céline, Louis-Ferdinand	*Voyage au bout de la nuit.*
—	*Mort à crédit.*
—	*Mea culpa.*
—	*Semmelweiss.*
—	*Hommage à Émile Zola.*
Cellini, Benvenuto	*Autobiography.*
Cendrars, Blaise	*J'ai tué.*
—	*Éloge de la vie dangereuse.*
—	*L'Eubage.*
—	*Une Nuit dans la forêt.*
—	*La Prose du Transsibérien et de la petite Jeanne de France.*
—	*Moravagine.*
—	*L'or (Sutter's Gold).*
—	*L'Homme foudroyé.*
—	*Histoires vraies.*
—	*La Main coupée.*
—	*Le Plan de l'Aiguille.*
—	*Dan Yack (Les Confessions d'un Hors-la-loi).*
—	*Profond Aujourd'hui.*
—	*Le Panama ou les Aventures de mes sept oncles.*
—	*Dix-neuf Poèmes élastiques.*
—	*Du Monde entier.*
—	*La Fin du monde.*
—	*Anthologie nègre.*
—	*Les Pâques à New York.*
—	*Aujourd'hui.*
—	*Rhum.*
—	*D'Outremer à indigo.*
—	*Bourlinguer.*
—	*Le Lotissement du Ciel.*
—	*La Banlieue de Paris.*
—	*Antarctic Fugue.*
—	*Hollywood, La Mecque du cinéma.*
Cennini, Cennino	*The Book of the Art of Cennino Cennini.*
Cervantes, Miguel de	*Don Quixote.*
Césaire, Aimé	*Cahier d'un retour au pays natal.*
Chabaneix, Philippe	*Francis Carco.*
Chagall, Marc	*Ma Vie.*
Chamisso, Adelbert von	*The Shadowless Man : or the Wonderful History of Peter Schlemihl.*
Charbonneau, Robert	*La France et nous.*
Chartier, Alain	*La Belle Dame sans merci.*

CHASE, Stuart	*The Tyranny of Words.*
—	*The Tragedy of Waste.*
—	*Men and Machines.*
CHAUCER, Geoffrey	*Canterbury Tales.*
CHEKHOV, Anton	*Notebook.*
—	*Short Stories.*
—	*The Sea Gull.*
—	*The Cherry Orchard.*
—	*Uncle Vanya.*
—	*Three Sisters.*
CHESTERFIELD, Lord	*Letters to My Son.*
CHESTERTON, G.K.	*The Man Who Was Thursday.*
—	*St. Francis of Assisi.*
—	*Heretics.*
—	*The Man Who Knew Too Much.*
—	*The Uses of Diversity.*
—	*Orthodoxy.*
—	*What's Wrong With the World ?*
—	*Charles Dickens.*
—	*Tremendous Trifles.*
—	*George Bernard Shaw.*
CHEYNEY, Sheldon	*Primer of Modern Art.*
—	*Men Who Have Walked with God.*
—	*The Theatre.*
CHIRICO, Giorgio de	*Hebdomeros.*
—	*Pensées sur l'art.*
CHISHOLM, Hugh	*The Prodigal Never Returns.*
—	*Atlantic City Cantata.*
CHONEZ, Claudine	*Léon-Paul Fargue.*
CHO-YO	*Japanese Chess and Chinese Chess and I-Go.*
CHUANG Tzù	*Musings of a Chinese Mystic.*
CHUBB, Thomas Caldecot	*Aretino, Scourge of Princes.*
CHURCHILL, Winston	*Richard Carvel.*
—	*The Crisis.*
—	*The Celebrity.*
—	*The Crossing.*
—	*The Inside of the Cup.*
CHURCHWARD, Colonel James	*The Lost Continent of Mu.*
—	*Cosmic Forces as They Were Taught in Mu.*
—	*The Children of Mu.*
CLARK, James Freeman	*Ten Great Religions.*
CLAUDEL, Paul	*Connaissance de l'Est.*
—	*The City.*

CLELAND, Dr John	*The Memoirs of Fanny Hill.*
CLOSE, Robert S.	*Love Me Sailor !*
COBURN, Charles	*Yellow Jacket.*
COCTEAU, Jean	*Le Grand Écart.*
—	*Opium.*
—	*Le Mystère laïc.*
—	*Les Enfants terribles.*
—	*Le Potomak.*
—	*Thomas l'Imposteur.*
—	*Mon Premier Voyage.*
—	*La Difficulté d'être.*
—	*Le Rappel à l'ordre.*
—	*Portraits. Souvenirs.*
COLERIDGE, Samuel Taylor	*The Rime of the Ancient Mariner.*
—	*Christabel.*
COLETTE	*La Chatte.*
—	*Chéri.*
COLLIER, John	*Indians of the Americas.*
COLLINS, Dr Joseph	*The Doctor Looks at Life and Death.*
—	*The Doctor Looks at Love and Life.*
—	*Taking the Literary Pulse.*
—	*A Doctor Looks at Doctors.*
—	*Insomnia ; How to Combat It.*
COLLINS, Mabel	*Light on the Path.*
COLLODI	*Pinocchio.*
COMBE, Jacques	*Hieronymus Bosch.*
COMFORT, Alex	*The Power House.*
—	*Art and Social Responsibility.*
CONFUCIUS	*The Sayings of Confucius.*
—	*The Conduct of Life.*
CONGREVE, William	*Love for Love.*
—	*The Way of the World.*
CONKLIN, Edwin C.	*Heredity and Environment.*
—	*The Evolution of Man.*
—	*Freedom and Responsability.*
CONNES, Georges	*The Tragedy of Romain Rolland.*
CONNOLLY, Cyril	*Enemies of Promise.*
—	*The Rock Pool.*
—	*The Unquiet Grave.*
CONNOR, Ralph	*The Prospector.*
—	*Black Rock.*
CONRAD, Joseph	*Lord Jim.*
—	*Nostromo.*
—	*Youth.*
—	*Victory.*
—	*Chance.*
—	*The Nigger of the Narcissus.*

Conrad, Joseph	*Almayer's Folly.*
—	*Under Western Eyes.*
—	*Typhoon.*
—	*Heart of Darkness.*
—	*The Arrow of Gold.*
Cook, George Cram	*Evolution and the Super-man.*
—	*Suppressed Desires* (with Susan Glaspell).
Coomaraswamy, Ananda	*The Dance of Siva.*
Cooper, James Fenimore	*The Spy.*
—	*The Pilot.*
—	*Deerslayer.*
—	*Last of the Mohicans.*
—	*The Pathfinder.*
Corelli, Marie	*A Romance of Two Worlds.*
—	*Wormwood.*
—	*The Master Christian.*
—	*Thelma.*
—	*The Sorrows of Satan.*
—	*Vendetta.*
—	*The Soul of Lilith.*
—	*Open Confession.*
Corle, Edwin	*Burro Alley.*
—	*Three Ways to Mecca.*
—	*The Story of the Grand Canyon.*
Corvo, Frederick	*Hadrian the Seventh.*
Cossery, Albert	*Men God Forgot.*
—	*The House of Certain Death.*
—	*Les Fainéants dans la vallée fertile.*
—	*Les Hommes oubliés de Dieu.*
—	*La Maison de la mort certaine.*
Couchoud, Paul-Louis	*Le Dieu Jésus.*
Couperus, Louis	*Small Souls.*
—	*Old People and Things That Pass.*
Cournos, John	*A Treasury of Russian Life and Humor.*
Courteline, Georges	*Le Train de 8 h 47.*
—	*Les Dégourdis de la 11e.*
Cowley, Malcolm	*Exiles' Return.*
Cowper, William	*The Diverting History of John Gilpin.*
Craig, Alec	*Above All Liberties.*
Crane, Hart	*The Bridge.*
Crane, Stephen	*The Red Badge of Courage.*
Craven, Thomas	*Men of Art.*
—	*Modern Art.*
Creasy, Edward Shepherd	*Fifteen Decisive Battles of the World.*

Crémieux, Benjamin	*Du Côté de Marcel Proust.*
Crevel, René	*Dali et l'obscurantisme.*
—	*Êtes-vous fou ?*
—	*Mon Corps et moi.*
—	*La Mort difficile.*
Criel, Gaston	*La Grande Foutaise.*
Crile, George W.	*Diseases Peculiar to Civilized Man.*
—	*Intelligence, Power and Personality.*
Crommelynck, Fernand	*Le Cocu magnifique.*
Crosby, Harry	*Transit of Venus.*
Culin, Stewart	*Circuit Games.*
Cummings, E.E.	*The Enormous Room.*
—	*Him.*
Curtius, Robert	*Balzac.*
—	*Essai sur la France.*
Dahlberg, Edward	*Bottom Dogs.*
—	*From Flushing to Calvary.*
—	*The Flea of Sodom.*
Daily, Starr	*Release.*
—	*Love Can Open Prison Doors.*
Dali, Salvador	*The Secret Life of Salvador Dali.*
—	*Hidden Faces.*
Dandieu, Arnaud	*Proust.*
Dante	*Vita Nuova.*
—	*The Divine Comedy* (in French).
Danz, Louis	*Personal Revolution and Picasso.*
Darwin, Charles	*The Origin of Species.*
—	*The Descent of Man.*
Daudet, Alphonse	*Tartarin de Tarascon.*
—	*Lettres de mon moulin.*
—	*Le Petit Chose.*
—	*Sapho.*
—	*Jack.*
—	*The Nabab.*
David-Neel, Alexandra	*Magic and Mystery in Tibet.*
—	*Initiations and Initiates in Tibet.*
—	*My Journey to Lhasa.*
—	*With Mystics And Magicians in Tibet.*
—	*La Vie surhumaine de Guésar de Ling.*
Davies, Hugh Sykes	*Petron.*
Davies, Joseph E.	*Mission to Moscow.*
Davies, W.H.	*The Autobiography of a Super-tramp.*
Davis, Hassoldt	*Land of the Eye.*
Davis, Richard Harding	*Soldiers of Fortune.*
—	*When Knighthood Was in Flower.*
Day, Clarence	*This Simian World.*

DEBS, Eugène V.	*The Growth of Socialism.*
—	*The Children of the Poor.*
DEFOE, Daniel	*Robinson Crusoe.*
—	*The Shortest Way With Dissenters.*
DEKKER, Thomas	*The Shoemaker's Holiday.*
DEKOBRA, Maurice	*Le Roman d'un lâche.*
—	*Émigrés de luxe.*
DELL, FLOYD	*Mooncalf.*
—	*Looking at Life.*
DELMAR, Vina	*Bad Girl.*
DELTEIL, Joseph	*Sur le fleuve Amour.*
—	*Jeanne d'Arc.*
—	*Choléra.*
—	*La Fayette.*
—	*Jésus II.*
—	*De Jean-Jacques Rousseau à Mistral.*
DENOEL, Robert	*Apologie de « Mort à crédit ».*
DE QUINCEY, Thomas	*Confessions of an English Opium Eater.*
DEWEY, John	*Human Nature and Conduct.*
—	*Individualism Old and New.*
DIBBERN, George	*Quest.*
DICKENS, Charles	*A Child's History of England*
—	*David Copperfield.*
—	*A Tales of Two Cities.*
—	*Martin Chuzzlewit.*
—	*Bleak House.*
—	*Oliver Twist.*
—	*Our Mutual Friend.*
—	*Nicholas Nickleby.*
—	*Great Expectations.*
—	*Dombey and Son.*
—	*Little Dorrit.*
—	*The Old Curiosity Shop.*
—	*American Notes.*
DICKINSON, G. Lowes	*Religion and Immortality.*
—	*Justice and Liberty.*
DIMNET, Ernest	*The Art of Thinking.*
DINESEN, Isaak	*Seven Gothic Tales.*
—	*Winter's Tales.*
DIRINGER, David	*The Alphabet.*
DISRAELI, Benjamin	*Vivian Grey.*
DIXON, Thomas Jr	*The Clansman.*
DONNE, John	*Some Poems and a Devotion.*
—	*Sermons.*
DONNELLY, Ignatius	*Atlantis : the Antedeluvian World.*
DORGELÈS, Roland	*Wooden Crosses.*
DORSEY, Georges A.	*Why We Behave Like Human Beings.*

DOS PASSOS, John	*Three Soldiers.*
—	*Manhattan Transfer.*
—	*Orient Express.*
—	*U.S.A.*
DOSTOÏEVSKY, Fedor	*Crime and Punishment.*
—	*The Possessed.*
—	*The Brothers Karamazov.*
—	*The House of the Dead.*
—	*The Eternal Husband.*
—	*The Idiot.*
—	*The Double.*
—	*A Gentle Spirit.*
—	*The Gambler.*
—	*La Confession de Stavroguine.*
—	*Poor People.*
DOUGLAS, Major C.H.	*Social Credit.*
DOUGLAS, Norman	*South Wind.*
—	*Capri.*
—	*D.H. Lawrence and Maurice Magnus.*
—	*Old Calabria.*
—	*Siren Land.*
—	*Limericks.*
—	*Together.*
—	*London Street Games.*
DOUGLAS, Frederick	*Autobiography.*
DOWSON, Ernest	*Cynara.*
DOYLE, Sir Arthur Conan	*The Adventures and Memoirs of Sherlock Holmes.*
—	*The Lost World.*
—	*The Hound of the Baskervilles.*
—	*A History of Spiritualism.*
DRAPER, J.W.	*History of the Intellectual Development of Europe.*
DREISER, Theodore	*Sister Carrie.*
—	*Jennie Gerhardt.*
—	*The Genius.*
—	*The Titan.*
—	*Twelve Men.*
—	*An American Tragedy.*
—	*Hey Rub A Dub Dub.*
—	*Free and Other Stories.*
—	*A Hoosier Holiday.*
—	*A Gallery of Women.*
—	*The Hand of the Potter.*
—	*Plays of the Natural and Supernatural.*
—	*The Financier.*
—	*The Color of a Great City.*
—	*A Book About Myself.*

DRINKWATER, John	*Abraham Lincoln.*
—	*Robert E. Lee.*
DRUMMOND, Henry	*The Greatest Thing in the World.*
—	*The Ascent of Man.*
DRYDEN, John	*All For Love.*
DUBOIS, W. E. Burghardt	*The Soul of Black Folk.*
—	*Darkwater.*
—	*The Gift of the Black Folk.*
—	*John Brown.*
—	*The World and Africa.*
DUDLEY, Dorothy	*Forgotten Frontiers : Dreiser and the Land of the Free.*
DUHAMEL, Georges	*Civilization.*
—	*Scènes de la vie future.*
—	*Salavin* (entire series).
—	*The Menace of America.*
DUJARDIN, Édouard	*Les Lauriers sont coupés.*
DUMAS, Alexander	*The Count of Monte Cristo.*
—	*The Three Musketeers.*
—	*Camille.*
—	*Twenty Years After.*
—	*The Queen's Necklace.*
—	*The Man in the Iron Mask.*
DUMAS, Alexander Davy	*Crimes of the Borgias.*
DU MAURIER, George	*Trilby.*
—	*Peter Ibbetson.*
DUNCAN, Robert	*Heavenly City, Earthly City.*
DUNNE, Finley Peter	*Mr Dooley in Peace and War.*
DUNNE, James W.	*Experiment in Time.*
—	*The Serial Universe.*
—	*Nothing Dies.*
DUNSANY, Lord	*A Night at an Inn.*
—	*The Gods of the Mountain.*
—	*A Dreamer's Tales.*
—	*The Book of Wonder.*
DURANT, Will	*The Story of Philosophy.*
DURRELL, Lawrence	*The Black Book.*
—	*Sappho.*
—	*Prospero's Cell.*
—	*Zero.*
—	*Asylum in the Snow.*
—	*On Seeming to Presume.*
—	*Cefalu.*
—	*Cities, Plains and People.*

DURRELL, Lawrence	*Six Poems From the Greek of Sekilianos and Seferis.*
—	*Reflections on a Marine Venus.*
DUTOURD, Jean	*Le Déjeuner du lundi.*
—	*Le Complexe de César.*
EASTLAKE, Allan	*The Oneida Community.*
EASTMAN, Max	*Enjoyment of Laughter.*
—	*Understanding Germany.*
—	*The Sense of Humor.*
EBERS, George	*Uarda, a Romance of Ancient Egypt.*
EDDINGTON, Sir Arthur Stanley	*The Nature of the Physical World.*
EDDY, Mary Baker	*Science and Health.*
EDE, H.S.	*Savage Messiah.*
EGGLESTON, Edward	*The Hoosier Schoolmaster.*
EHRLICH, Leonard	*God's Angry Man.*
EINSTEIN, Albert	*The Meaning of Relativity.*
ELIOT, George	*Silas Marner.*
—	*Romola.*
—	*Mill on the Floss.*
—	*Adam Bede.*
ELIOT, T.S.	*The Waste Land.*
—	*The Sacred Wood.*
ELLIS, Edward Sylvester	*The Life of Kit Carson.*
—	*Young People's History of England.*
ELLIS, Havelock	*The Dance of Life.*
—	*From Rousseau to Proust.*
—	*The New Spirit.*
—	*Studies in the Psychology of Sex.*
—	*More Essays on Love and Virtue.*
ELTZBACHER, Paul	*Anarchism.*
ELUARD, Paul	*Mourir de ne pas mourir.*
—	*L'Amour la poésie.*
—	*La Rose publique.*
—	*Les Mains libres.*
—	*L'Immaculée Conception* (avec André Breton).
EMBREE, Edwin	*Thirteen Against the Odds.*
EMERSON, Ralph Waldo	*Essays.*
—	*English Traits.*
—	*Nature Addresses and Papers from the Dial.*
—	*Representative Men.*
—	*The Journals.*
EMPY, Arthur Guy	*Over the Top.*

Engels, Friedrich	*The Condition of the Working Class in England in 1844.*
—	*The Communist Manifest* (with Karl Marx).
Engle, Paul H.	*American Song.*
Epictetus	*Golden Thoughts.*
—	*The Discourses of Epictetus.*
Epstein, Jacob	*Let There Be Sculpture.*
Ernst & Seagle	*To The Pure.*
Erskine, John	*The Private Life of Helen of Troy.*
—	*Unfinished Business.*
Etiemble	*Cœurs Doubles.*
Eucken, Rudolf	*The Life of the Spirit.*
—	*The Meaning and Value of Life.*
—	*Back to Religion.*
—	*Religion and Life.*
—	*The Truth of Religion.*
Euripide	*The Medea.*
—	*The Bacchae.*
—	*Hippolytus.*
—	*Hecuba.*
Evans, Sir Arthur John	*The Palace of Minos.*
Evans, Augusta J.	*St. Elmo.*
—	*Beulah.*
Everson, William	*The Waldport Poems.*
—	*The Residual Years.*
—	*War Elegies.*
Ewers, Hanns Heinz	*Alraune.*
—	*Edgar Allan Poe.*
Fabre-Luce, Alfred	*Double Prison.*
Fabre, Jean-Henri-Casimir	*Social Life in the Insect World.*
—	*Life of the Fly.*
—	*Life of the Spider.*
—	*Marvels of the Insect World.*
—	*The Life and Love of the Insect.*
—	*The Wonders of instinct.*
Fallada, Hans	*Little Man, What Now ?*
Fallet, René	*Banlieue sud-est.*
Fante, John	*Dago Red.*
Faraday, Michael	*The Forces of Matter.*
Fargue, Léon-Paul	*Une Saison en astrologie.*
—	*Les Quat' Saisons.*
—	*Haute Solitude.*
—	*Maurice Ravel.*
—	*Le Piéton de Paris.*
Farrère, Claude	*La Bataille.*
—	*Les Petites Alliées.*

Faulkner, William	*Sanctuary.*
—	*Light In August.*
—	*The Hamlet.*
Faure, Elie	*History of Art.*
—	*The Dance Over Fire and Water.*
—	*Napoleon.*
—	*Mon Périple.*
—	*La Sainte Face.*
—	*Equivalences.*
Fay, Bernard	*The American Experiment.*
—	*The Revolutionary Spirit in France and America.*
Fechner, Gustav Theodor	*Life After Death.*
Feikema, Feike	*The Golden Bowl.*
Fenn, G. Manville	*George Alfred Henty.*
Fenollosa, Ernest	*The Chinese Written Character as a Medium for Poetry.*
Ferrer, Francisco	*The Modern School.*
—	*The Origin and Ideals of the Modern School.*
Feuchtwanger, Lion	*Power.*
—	*Jew Süss.*
Fielding, William J.	*Sexual Obsessions of Saints and Mystics.*
Fielding, Xan	*Five Poems.*
Finot, Jean	*Race Prejudice.*
Fisher, M.F.K.	*Here Let Us Feast.*
Flammarion, Camille	*Astronomy for Amateurs.*
—	*The Unknown.*
Flandrau, Charles Macomb	*Viva Mexico !*
Flandrau, Grace	*Then I Saw the Congo.*
Flaubert, Gustave	*Madame Bovary.*
—	*Salammbô.*
—	*Temptation of St. Anthony.*
—	*Three Tales.*
—	*Bouvard et Pécuchet.*
Flavin, Martin	*Black and White.*
Fletcher, John Gould	*Paul Gauguin.*
Fondane, Benjamin	*Rimbaud le voyou.*
Fontbrune, Dr de	*L'Étrange XXe siècle vu par Nostradamus.*
—	*La Divine Tragédie de Louis XVII.*
—	*Les Prophéties de maistre Michel Nostradamus.*
—	*La Prédiction mystérieuse de Premol.*
Ford, Charles Henri	*The Overturned Lake.*

FORD, Ford Madox	*No More Parades.*
—	*Joseph Conrad : a Personal Remembrance.*
FORD, John	*'Tis Pity She's a Whore.*
—	*The Broken Heart.*
FOREL, Auguste	*The Sexual Question.*
FORSTER, E.M.	*A Passage to India.*
—	*A Room With A View.*
—	*Aspects of the Novel.*
—	*The Machine Stops.*
—	*The Celestial Omnibus and Other Stories.*
FORSYTH, Cecil	*Music and Nationalism.*
FORT, Charles	*The Book of the Damned.*
—	*Lo !*
FOWLIE, Wallace	*Clowns and Angels.*
—	*The Clown's Grail.*
—	*Jacob's Night.*
—	*Rimbaud.*
—	*Age of Surrealism.*
—	*Apollinaire.*
—	*La Pureté dans l'art.*
—	*De Villon à Péguy.*
—	*Mallarmé as Hamlet.*
—	*Sleep of the Pigeon.*
—	*Pantomime.*
—	*Rimbaud's « Illuminations ».*
FOXE, John	*The Book of Martyrs.*
FRAENKEL, Michael	*Werther's Younger Brother.*
—	*Death Is Not Enough.*
—	*Bastard Death.*
—	*The Day Face and the Night Face.*
—	*Death in a Room.*
—	*The Genesis of the Tropic of Cancer.*
FRANCE, Anatole	*The Garden of Epicurus.*
—	*Penguin Isle.*
—	*Revolt of the Angels.*
—	*The Red Lily.*
—	*The Man Who Married a Dumb Wife.*
—	*The Gods Are Athirst.*
—	*Thaïs.*
—	*Crainquebille.*
—	*The Crime of Sylvester Bonnard.*
—	*The Opinions of Jérome Coignard.*
—	*At the Sign of the Reine Pédauque.*
FRANCK, Adolphe	*Le Mysticisme français du XVIII*e *siècle.*
FRANK, Erich	*Philosophical Understanding and Religious Truth.*

FRANK, Waldo	*Rahab.*
—	*Chalk Face.*
—	*City Block.*
—	*Salvos.*
—	*Our America.*
—	*Rediscovery of America.*
—	*Virgin Spain.*
FRANKLIN, Benjamin	*Autobiography.*
FRAZER, Sir James George	*The Golden Bough.*
—	*Totemism.*
FRENCH, Yvonne	*Ouida, a Study in Ostentation.*
FREUD, Sigmund	*The Interpretation of Dreams.*
—	*Beyond the Pleasure Principle.*
—	*Trois Essais sur la théorie de la sexualité.*
—	*Un Souvenir d'enfance de Léonard de Vinci.*
—	*Wit and Its Relation to the Unconscious.*
—	*Totem and Taboo.*
—	*Moses and Monotheism.*
FRIEDELL, Egon	*Cultural History of the Middle Ages.*
FRIEND, Julius W. & FEIBLEMAN, James	*Science and the Spirit of Man.*
FRIEND FEIBLEMAN (as above)	*The Unlimited Community.*
FROST, Robert Lee	*North of Boston.*
FRY, Roger Eliot	*Vision and Design.*
—	*Transformations.*
GALSWORTHY, John	*The Mob.*
—	*Justice.*
—	*The Pigeon.*
—	*Loyalties.*
GALTON, Sir Francis	*Hereditary Genius.*
GARDINER, Wrey	*The Dark Thorn.*
GARNETT, David	*Lady Into Fox.*
—	*A Man in the Zoo.*
GARRISON, William Lloyd	*Thoughts on African Colonization.*
GASCOYNE, David	*A Short Survey of Surrealism.*
—	*Poems.*
—	*Hölderlin's Madness.*
GASSET, Ortega Y.	*Revolt of the Masses.*
GAUGIN, Paul	*Noa Noa.*
—	*Avant et Après.*
—	*Letters to His Wife and Friends.*
—	*Lettres à Georges-Daniel de Monfreid.*
GAULTIER, Jules de	*Bovarysm.*

GAUTIER, Théophile	*Mlle de Maupin.*
GAY, John	*The Beggar's Opera.*
GEORGE, Henry	*Progress and Poverty.*
GEORGE, W.L.	*A Bed of Roses.*
GÉRALDY, Paul	*Toi et Moi.*
GERHARDI, William	*Polyglots.*
GIBRAN, Kaheil	*The Prophet.*
—	*The Madman.*
—	*The Forerunner.*
GIDE, André	*Dostoïevsky.*
—	*The Vatican Swindle.*
—	*Lest the Seed Die.*
—	*Paludes.*
—	*Les Nourritures terrestres.*
—	*L'Immoraliste.*
—	*The Counterfeiters.*
—	*Le Voyage au Congo.*
—	*Lake Tchad.*
—	*Corydon.*
—	*Strait is the Gate.*
GILBERT, Rudolph	*Shine, Perishing Republic.*
—	*Seeds Out of Season.*
GILES, Lionel	*China and the Chinese.*
—	*Gems of Chinese Literature.*
GILLET, Louis	*La Cathédrale vivante.*
—	*Esquisses anglaises.*
GIONO, Jean	*Jean le Bleu (Blue Boy).*
—	*Que ma Joie demeure (The Joy of Man's Desiring).*
—	*Regain (Harvest).*
—	*Refus d'obéissance (Refusal to Obey).*
—	*The Song of the World.*
—	*Pour saluer Melville.*
—	*Colline (Hill of Destiny).*
—	*Un Roi sans divertissement.*
GIRAUDOUX, Jean	*La Guerre de Troie n'aura pas lieu.*
—	*Siegfried et le Limousin.*
GIROU, Jean	*Les Emmurés de Carcassonne.*
—	*Simon de Montfort.*
GISSING, George	*New Grub Street.*
—	*By the Ionian Sea.*
GLASPELL, Susan	*Suppressed Desires* (with George Cram Cook).
—	*The Inheritors.*
GLYN, Elinor	*Three Weeks.*
GODWIN, William	*An Enquiry Concerning Political Justice.*

GOETHE, Johann Wolfgang	*Faust.*
—	*Hermann und Dorothea.*
—	*Elective Affinities.*
—	*The Sorrows of Werther.*
—	*Egmont.*
GOGARTY, Oliver St. John	*As I Was Going Down Sackville Street.*
GOGOL, Nicolai V.	*Dead Souls.*
—	*Taras Bulba.*
—	*The Inspector General.*
—	*Revisor.*
—	*The Great-Coat.*
GOLD, Mike	*Jews Without Money.*
GOLDENWEISER, Alexander A.	*Civilization.*
GOLDMAN, Emma	*Living My Life.*
—	*Anarchism and Other Essays.*
—	*What I Believe.*
GOLDSMITH, Oliver	*She Stoops to Conquer.*
—	*The Vicar of Wakefield.*
GOLL, Ivan	*Lucifer vieillissant.*
GOMPERZ, T.	*Greek Thinkers.*
GONCHAROV, Ivan	*Oblomov.*
GONCOURT, E. and J. de	*Germinie Lacerteux.*
GOODMAN, Paul	*The Grand Piano or the Almanac of Alienation.*
GORDIN, Jacob	*God, Man and the Devil.*
—	*Siberia.*
GORER, Geoffrey	*The Marquis de Sade.*
GORHAM, Herbert S.	*James Joyce : His First Forty Years.*
GORKY, Maxim	*The Mother.*
—	*The Lower Depths.*
—	*Foma Gordeev.*
—	*Fragments from My Diary.*
—	*Reminiscences of My Youth.*
—	*Creatures That Once Were Men and Other Stories.*
GOSS, Madeleine B.	*Bolero... the Life of Maurice Ravel.*
GOSSE, Edmund	*Father and Son.*
GOURMONT, Rémy de	*A Night in the Luxembourg.*
—	*The Natural Philosophy of Love.*
—	*Philosophic Promenades.*
GRAVES, Robert	*I, Claudius.*
—	*Goodbye to All That.*
GRAY, Peter	*People of Poros.*
GRAY, Thomas	*Elegy Written in a Country Churchyard.*
GREEN, Anne	*Paris.*
GREEN, J.R.	*A Short History of the English People.*

GREEN, Julien	*The Closed Garden.*
—	*The Dark Journey.*
GREEN, Paul	*In Abraham's Bosom.*
GREENBERG, Samuel	*The Greenberg Manuscripts.*
GREENE, Graham	*Brighton Rock.*
—	*Another Mexico.*
GREGORY, Lady	*Spreading the News.*
GREINER, S.	*Prelude to Sanity.*
GRIMM BROTHERS	*Household Tales.*
GRODDECK, Georg	*The Book of the It.*
GRUSHENKA	*Three Times a Woman.*
GUÉHENNO, Jean	*Conversion à l'humain.*
GUGGENHEIM, Jacques	*Lettre ouverte au général de Gaulle.*
GUIBAUT, André	*Tibetan Venture.*
GUITERMAN, Arthur	*The Laughing Muse.*
GURNEY, E.	*Phantasms of the Living.*
GUTH, Paul	*Michel Simon.*
GUTKIND, Erich	*The Absolute Collective.*
—	*Choose Life : The Biblical Call To Revolt.*
HACKETT, Francis	*Henry the Eighth.*
—	*Francis the First.*
HAECKEL, Ernst H.P.A.	*The Riddle of the Universe.*
—	*The History of Creation.*
HAGGARD, Lilias Rider	*The Cloak That I Left.*
HAGGARD, Rider	*She.*
—	*Ayesha.*
—	*King Solomon's Mines.*
—	*Allan Quatermain.*
—	*The Days of My Life.*
—	*The Way of the Spirit.*
HAHN, Emily	*The Soong Sisters.*
HALDANE, J.B.S.	*What is Life ?*
—	*Daedalus : or Science and the Future.*
HALE, Edward Everett	*The Man Without a Country.*
HALE, William Harlan	*Challenge to Defeat.*
HALL, Bolton	*A Little Land and a Living.*
HALL, G. Stanley	*Jesus the Christ, in the Light of Psychology.*
HALL, James Norman	*Frisbie of the Islands.*
HALL, Manly Palmer	*The Encyclopedic Outline of Masonic, Hermetic, Quabbalistic and Rosicrucian Symbolical Philosophy.*
—	*Man the Grand Symbol of the Mysteries.*
HALL, Radclyffe	*The Well of Loneliness.*
HALLIBURTON, Richard	*The Glorious Adventure.*
—	*The Royal Road to Romance.*

HAMBIDGE, Jay	*Dynamic Symmetry.*
HAMILTON, Alexander	*The Federalist.*
HAMILTON, Edith	*The Great Age of Greek Literature.*
—	*The Greek Way.*
HAMILTON, G.V. & LEGMAN, G.	*On the Cause of Homosexuality.*
HAMNET, Nina	*Laughing Torso.*
HAMSUN, Knut	*Hunger.*
—	*Pan.*
—	*Wanderers.*
—	*Victoria*
—	*Women at the Pump.*
—	*Segelfoss Town.*
—	*Mysteries.*
—	*Shallow Soil.*
—	*Benoni.*
—	*Rosa.*
—	*In the Grip of Life.*
—	*The Road Leads On.*
HANLEY, James	*No Directions.*
—	*Ebb Tide.*
—	*Boy.*
HANNA, Rev. William	*The Forty Days After Our Lord's Resurrection.*
HAPGOOD, Hutchins	*An Anarchist Woman.*
—	*The Autobiography of a Thief.*
—	*The Spirit of the Ghetto.*
HARDY, Thomas	*Tess of the d'Urberville.*
—	*The Mayor of Casterbridge.*
—	*A Pair of Bright Blue Eyes.*
—	*The Dynasts.*
—	*Return of the Native.*
—	*Jude the Obscure.*
—	*Far From the Madding Crowd.*
HARRIS, Frank	*The Bomb.*
—	*My Life and Loves.*
—	*Monte the Matador.*
—	*Bernard Shaw.*
—	*Contemporary Portraits.*
—	*Elder Conklin.*
—	*The Man Shakespeare and His Tragic Life.*
—	*My Reminiscences as a Cowboy.*
—	*Oscar Wilde : His Life and Confessions.*
—	*Stories of Jesus the Christ.*
—	*Unpath'd Waters.*
—	*The Women of Shakespeare.*
—	*The Yellow Ticket.*
—	*Great Days.*

HARRIS, Joel Chandler	*Uncle Remus : His Songs and his Sayings.*
HARRISON, Frederic	*The Choice of Books and Other Literary Pieces.*
HARRISON, Henry Sydnor	*Queed.*
—	*V.V.'s Eyes.*
HARTE, Bret	*The Luck of Roaring Camp.*
—	*The Outcasts of Poker Flat.*
HARTMANN, Carl Sadakichi	*Last Thirty Days of Christ.*
—	*My Rubaiyat.*
HARTMANN, Franz	*The Life of Paracelsus.*
HASEK, Jaroslav	*The Good Soldier Schweik.*
HAUPTMANN, Gerhardt Johann	*The Fool in Christ.*
—	*The Sunken Bell.*
—	*The Weavers.*
—	*Before Dawn.*
—	*Hannele.*
HAWTHORNE, Nathaniel	*The Scarlet Letter.*
—	*The House of Seven Gables.*
—	*The Marble Faun.*
—	*A Wonder Book for Boys and Girls.*
HAZLITT, William	*Lectures on the English Comic Writers.*
HEARD, Gerald	*Pain, Sex and Time.*
—	*Is Another World Watching ?*
HEARN, Lafcadio	*Glimpses of Unfamiliar Japan.*
—	*Kokoro.*
—	*Creole Sketches.*
—	*Gleanings in Buddha Fields.*
—	*In Ghostly Japan.*
—	*Kwaidan.*
—	*Out of the East.*
—	*Two Years in the French West Indies.*
—	*Japan, an Attempt at Interpretation.*
—	*Japanese Fairy Tales.*
—	*Chita.*
—	*Stray Leaves from Strange Literatures.*
HECHT, Ben	*A Thousand and One Afternoons in Chicago.*
—	*Count Bruga.*
—	*Erik Dorn.*
—	*Fantasius Mallare.*
—	*The Florentine Dagger.*
—	*Gargoyles.*
—	*Humpty Dumpty.*

HECHT, Ben	*Broken Necks.*
—	*A Jew in Love.*
HEINDEL, Max	*The Rosicrucian Cosmo-Conception or Mystic Christianity.*
HEINE, Heinrich	*The Book of Songs.*
—	*Travel Sketches.*
HÉLION, Jean	*Ils ne m'auront pas !*
HEMINGWAY, Ernest	*The Sun Also Rises.*
—	*Death in the Afternoon.*
—	*The Torrents of Spring.*
—	*The Killers.*
—	*A Farewell to Arms.*
—	*Men Without Women.*
—	*In Our Time.*
HENLEY, W.E.	*Invictus.*
HENRY, O.	*Whirligigs.*
—	*The Four Million.*
HENTY, George Alfred	*The Lion of St. Mark.*
—	*The Cat of Bubastes.*
—	*The Lion of the North.*
—	*With Wolfe in Canada.*
—	*True to the Old Flag.*
—	*With Clive in India.*
—	*The Young Carthaginian.*
—	*By Right of Conquest.*
—	*With Frederick the Great.*
—	*Under Drake's Flag.*
—	*For Name and Fame.*
—	*In the Reign of Terror.*
—	*By England's Aid.*
—	*In Freedom's Cause.*
—	*The Dragon and the Raven.*
—	*In Greek Waters.*
—	*Bonnie Prince Charlie.*
—	*With Lee in Virginia.*
—	*By Pike and Dyke.*
—	*Out on the Pampas.*
—	*St. George for England.*
—	*By Sheer Pluck.*
—	*Facing Death.*
—	*Captain Bayley's Heir.*
—	*For the Temple.*
—	*Jack Archer.*
—	*One of the 28 th.*
—	*The Tiger of Mysore.*
—	*Through the Fray.*
—	*The Bravest of the Brave.*
—	*At Agincourt.*

HENTY, George Alfred	*Wulf the Saxon.*
—	*The Young Colonist.*
—	*Maori and Settler.*
—	*With Buller in Natal.*
—	*The Orange and the Green.*
—	*St. Batholomew's Eve.*
—	*The Dash for Khartoum.*
—	*Among Malay Pirates.*
—	*At Aboukir and Acre.*
—	*The Boy Knight.*
—	*By Right of Conquest.*
—	*Condemned as a Nihilist.*
—	*A Final Reckoning.*
—	*Held Fast for England.*
—	*In the Irish Brigade.*
—	*In Times of Peril.*
—	*A Jacobite Exile.*
—	*No Surrender !*
—	*Under Wellington's Command.*
—	*When London Burned.*
—	*The Treasure of the Incas.*
—	*With Moore at Corunna.*
—	*With Roberts to Pretoria.*
—	*Won By the Sword.*
—	*The Young Buglers.*
—	*The Young Franc-Tireurs.*
—	*A Young Midshipman.*
—	*At the Point of the Bayonet.*
—	*By Conduct and Courage.*
—	*On the Irrawaddy.*
—	*Through the Sikh War.*
—	*To Herat and Cabul.*
—	*The Cornet of Horse.*
HEPPENSTALL, Rayner	*The Blaze of Noon.*
—	*The Double Image.*
HERACLITUS	*On Nature.*
HERMANT, Abel	*Épilogue de la vie amoureuse.*
HERODOTUS	*The Persian Wars.*
HERRIGEL, Eugen	*Zen in the Art of Archery.*
HERRIOT, Édouard	*La Vie de Beethoven.*
—	*La France dans le monde.*
HERSEY, John	*A Bell for Adano.*
—	*Hiroshima.*
HERTZ, Richard	*Man on a Rock.*
HERZL, Theodor	*The Jewish State.*
HESSE, Hermann	*Siddharta* (in German, French & English).
—	*Death and the Lover.*

HESSE, Hermann	*Steppenwolf.*
—	*Le Voyage en Orient.*
—	*Demian.*
—	*Aus Indien.*
HEYSE, Paul Johann Ludwig von	*Barbarossa and Other Tales.*
—	*The Children of the World.*
HEYWARD, Du Bose	*Porgy.*
HEYWOOD, Thomas	*The Rape of Lucrece.*
HIGGINSON, Thomas Wentworth	*A Book of American Explorers.*
—	*Young Folks' History of the United States.*
HILER, Hilaire	*From Nudity to Raiment.*
—	*The Painter's Pocket Book of Methods and Materials.*
—	*Color Harmony and Pigments.*
—	*Why Abstract ?* (with Saroyan and Miller).
—	*Notes on the Technique of Painting.*
HILLQUIT, Morris	*Socialism in Theory and Practice.*
HILTON, James	*Lost Horizon.*
—	*We Are Not Alone.*
HINDUS, Milton	*The Monstrous Giant Céline.*
HIRSCH, Edwin W.	*Sex Life in Babylonia.*
—	*The Power to Love.*
HITLER, Adolf	*Mein Kampf.*
HOBART, Alice Tisdale	*Oil for the Lamps of China.*
HOBBES, Thomas	*Leviathan.*
HOFFER, Eric	*The True Believer.*
HOFFMANN, E.T.A.	*The Golden Pot.*
—	*The History of Krakatuk.*
HOFMANNSTHAL, Hugo Hofmann	*Death and the Fool.*
—	*Electra.*
HOLMES, Oliver Wendell	*The Autocrat of the Breakfast Table.*
—	*The Chambered Nautilus.*
—	*The Professor at the Breakfast Table.*
HOPE, Anthony	*The Prisoner of Zenda.*
—	*Rupert of Hentzau.*
HOPKINS, Gerald Manley	*Poems.*
HORN, Alfred Aloysius	*Trader Horn.*
HORWITZ, B.	*Chess Studies and End Games.*
HOUDINI, Harry	*Miracle Mongers and their Methods.*
—	*A Magician Among the Spirits.*

HOUGHTON, Claude	*All Change, Humanity !*
—	*Strangers.*
—	*Hudson Rejoins the Herd.*
—	*I Am Jonathan Scrivener.*
—	*Julian Grant Loses His Way.*
—	*Birthmark.*
—	*Transformation Scene.*
—	*This Was Ivor Trent.*
—	*Six Lives and a Book.*
—	*Chaos Is Come Again.*
—	*Christina.*
—	*A Hair Divides.*
—	*The Riddle of Helena.*
—	*Neighbors.*
	The Kingdoms of the Spirit.
—	*The End of a Road.*
—	*The Enigma of Conrad Stone.*
HOUSMAN, A.E.	*A Shropshire Lad.*
HOWE, E. Graham	*War Dance.*
—	*Time and the Child.*
—	*Where This War Hits You.*
—	*The Triumphant Spirit.*
—	*Invisible Anatomy.*
—	*Mysterious Marriage.*
HOWELLS, William Dean	*The Rise of Silas Lapham.*
—	*Literary Friends and Acquaintances.*
HUBBARD, Elbert	*Message to Garcia.*
—	*Little Journeys to the Homes of Famous Women.*
—	*Little Journeys to the Homes of Famous Men.*
HUBBARD, L. Ron	*Dianetics. The Modern Science of Mental Health.*
HUDSON, W.H.	*Green Mansions.*
—	*The Purple Land.*
—	*Idle Days in Patagonia.*
—	*Far Away and Long Ago.*
HUGHES, James Langston	*The Weary Blues.*
—	*The Ways of White Folks.*
—	*Dear Lovely Death.*
HUGHES, Thomas	*Tom Brown's School Days.*
—	*Tom Brown at Oxford.*
HUGO, Victor	*Les Misérables.*
—	*The Man Who Laughs.*
—	*The Hunchback of Notre Dame.*
—	*Ninety-Three.*

HUIZINGA, J.	*The Waning of the Middle Ages.*
—	*Homo Ludens.*
HUME, David	*Of Miracles.*
HUNEKER, James Gibbon	*Ivory Apes and Peacocks.*
—	*Melomaniacs.*
—	*Unicorns.*
—	*Promenades of an Impressionist.*
—	*Egoist : A Book of Supermen.*
—	*Overtones : A Book of Temperaments.*
—	*Mezzotints in Modern Music.*
—	*Visionaries.*
HURST, Fannie	*Humoresque.*
—	*Lummox.*
—	*Back Street.*
HUTCHINSON, A.S.M.	*If Winter Comes.*
HUXLEY, Aldous	*These Barren Leaves.*
—	*Point Courterpoint.*
	Crome Yellow.
—	*The Art of Seeing.*
—	*Antic Hay.*
—	*The Perennial Philosophy.*
—	*Ends and Means.*
—	*Two or Three Graces.*
—	*Time Must Have a Stop.*
—	*Brief Candles.*
HUXLEY, Julian	*Man in the Modern World.*
HUXLEY, Thomas	*Science and Culture.*
—	*Man's Place in Nature.*
—	*Evolution and Ethics.*
—	*Essays Upon Some Controverted Questions.*
HUYSMANS, Joris Karl	*Down There.*
—	*Against the Grain.*
HYATT, A. & VERRILL, Ruth	*America's Ancient Civilizations.*
HYSLOP, James Hervey	*Borderland of Psychical Research.*
—	*Contact With the Other World.*
—	*Life After Death : Problems of the Future Life and Its Nature.*
—	*Science and a Future Life.*
IBANEZ, Blasco Vicente	*Mare Nostrum.*
—	*Blood and Sand.*
—	*The Four Horsemen of the Apocalypse.*
IBSEN, Henrik	*Peer Gynt.*
—	*Brand.*
—	*The Emperor and the Galilean.*
—	*Ghosts.*
—	*Doll's House.*

Ibsen, Henrik	*Hedda Gabler.*
—	*The Wild Duck.*
—	*The Master Builder.*
—	*Pillars of Society.*
—	*Rosmersholm.*
—	*The Pretenders.*
—	*An Enemy of Society.*
—	*Little Eyolf.*
Ilf, Ilya & Petrov, Eugene	*The Little Golden Calf.*
Inge, Dean (Ralph, William)	*A Pacifist in Trouble.*
—	*Science and Ultimate Truth.*
—	*Outspoken Essays.*
Ingersoll, Robert	*Some Mistakes of Moses.*
Irving, Washington	*The Legend of Sleepy Hollow.*
	The Alhambra.
—	*The Sketch Book.*
—	*A History of New York by Diedrich.*
—	*Knickerbocker.*
Irwin, Wallace	*Letters of a Japanese School-boy.*
Irwin, Will	*How Red is America ?*
Isherwood, Christopher	*Prater Violet.*
Isherwood, Christopher & Auden, W.H.	*Journey to War.*
Jackson, Holbrook	*The Reading of Books.*
—	*The Anatomy of Bibliomania.*
Jackson & Salisbury	*Outwitting Our Nerves.*
Jacob, Max	*Le cornet à dés.*
—	*Le Cinématoma.*
Jacobi, Jolan	*The Living Paracelsus.*
Jamati, Paul	*Walt Whitman.*
James, Henry	*Daisy Miller.*
—	*The Turn of the Screw.*
—	*The Prince.*
—	*The Golden Bowl.*
—	*The Ambassadors.*
—	*The American.*
—	*The American Scene.*
—	*What Maisie Knew.*
—	*The Portrait of a Lady.*
James, William	*Varieties of Religious Experience.*
—	*Pragmatism*
—	*Principles of Psychology.*
—	*The Will To Believe and Other Essays.*
—	*Is Life Worth Living ?*

JAMMES, Francis	*Trente-six Femmes.*
—	*De tout à jamais.*
—	*Feuilles dans le vent.*
JARRY, Alfred	*Ubu-roi.*
—	*Ubu enchaîné.*
—	*Le Surmâle.*
JASTROW, Joseph	*The Life of the Mind.*
JEANS, Sir James	*The Mysterious Universe.*
—	*Through Space and Time.*
JEFFERIES, Richard	*The Story of My Heart.*
JEFFERS, Robinson	*The Women at Point Sur.*
—	*Roan Stallion.*
—	*Tamar and Other Poems.*
—	*Give Your Heart to the Hawks.*
—	*The Tower Beyond Tragedy.*
—	*Medea.*
—	*Cawdor.*
—	*Thurso's Landing.*
—	*Dear Judas.*
JENNINGS, Al	*Through the Shadows with O'Henry.*
JEROME, Jerome K.	*Three Men in a Boat.*
—	*The Passing of the Third Floor Back.*
—	*Idle Thoughts of An Idle Fellow.*
JOHNSON, Hewlett (Dean of Canterbury)	*Soviet Power.*
JOHNSON, James Weldon	*The Autobiography of An Ax-Colored Man.*
JOHNSON, Samuel	*Rasselas, Prince of Abyssinia.*
JOHNSTON, Dennis	*The Moon in the Yellow River.*
JOHNSTON, Mary	*To Have and to Hold.*
JOLAS, Eugene	*The Language of Night.*
—	*Vertical.*
—	*Revolution of the Word.*
JONES, H. Spencer	*Life on Other Worlds.*
JONSON, Ben	*Volpone.*
—	*Every Man in His Humour.*
JOSEPHSON, Matthew	*Zola and His Time.*
JOURDAIN, Francis	*Sans remords ni rancune.*
JOYCE, James	*Portrait of the Artist As a Young Man.*
—	*Dubliners.*
—	*Exiles.*
—	*Anna Livia Pluribelle.*
—	*Ulysses.*
—	*Pomes Pennyeach.*
—	*Haveth Childers Everywhere.*
—	*Chamber Music.*

Judge, W.I.	*The Ocean of Theosophy.*
—	*Notes on the Bhagavad Gitâ.*
Jung, C.G.	*Modern Man in Search of a Soul.*
—	*Two Essays on Analytical Psychology.*
—	*The Archetypes of the Collective Unconscious.*
—	*Psychology and Religion.*
—	*Psychological Types.*
Kafka, Franz	*The Castle.*
—	*Metamorphosis.*
—	*Amerika.*
—	*The Great Wall of China.*
Kagawa, Toyohiko	*Behold the Man.*
	Jesus Through Japanese Eyes.
—	*The Religion of Jesus.*
Kaiser, Georg	*From Morn to Midnight.*
Kant, Emmanuel	*Critique of Pure Reason.*
Karsten, Karl G.	*Charts and Graphs ; an Introduction to Graphic Methods in the Control and Analysis of Statistics.*
Kazin, Alfred	*On Native Grounds.*
Keats, John	*Endymion.*
—	*The Eve of St. Agnes.*
—	*Ode on a Grecian Urn.*
—	*Ode to a Nightingale.*
—	*La Belle Dame sans merci.*
Keith, Sir Arthur	*A New Theory of Human Evolution.*
Keller, Helen	*The Story of My Life.*
Kelvin, Lord, Thomson, William	*The Wave Theory of Light.*
Kemp, Harry	*Tramping on Life.*
Kennedy, Charles Rann	*The Servant in the House.*
Kennedy, Margaret	*The Constant Nymph.*
—	*Escape Me Never.*
Kersh, Gerald	*Sergeant Nelson of the Guards.*
—	*Faces in a Dusty Picture.*
Key, Ellen Karolina Sofia	*The Century of the Child.*
—	*Love and Marriage.*
—	*War, Peace and the Future.*
—	*The Morality of Woman, and Other Essays.*
Keyhoe, Donald	*The Flying Saucers are Real.*
Keynes, John Maynard	*The Economic Consequences of the Peace.*
Keyser, J. Cassius	*The Necessity for Rigorous Thinking.*

KEYSERLING, Count Hermann	*South American Meditations.*
—	*Travel Diary of a Philosopher.*
—	*Creative Understanding.*
—	*The Book of Personal Life.*
—	*De la souffrance à la plénitude.*
—	*Figures symboliques.*
—	*Psychanalyse de l'Amérique.*
—	*The Book of Marriage* (arranged and edited by Hermann Keyserling).
KHAYYAM, Omar	*The Rubaiyat.*
KIERKEGAARD, Soren	*Fear and Trembling.*
—	*Either Or.*
—	*The Sickness Unto Death.*
—	*Repetition.*
KIKI	*Les Souvenirs de Kiki.*
KILMER, Joyce	*The Peacemaker.*
KINGSLEY, Charles	*Hypatia.*
KINGSMILL, Hugh	*D.H. Lawrence.*
KIPLING, Rudyard	*Barrack Room Ballads.*
—	*Kim.*
—	*The Light That Failed.*
—	*The Jungle Books.*
—	*Under the Deodars.*
—	*The Phantom Rickshaw.*
—	*Solidiers Three.*
—	*Plain Tales From the Hills.*
—	*Wee Willie Winkie.*
—	*The Craulalika.*
—	*Captains Courageous.*
—	*Recessional.*
—	*Departmental Ditties.*
KLEE, Paul	*On Modern Art.*
—	*Pedagogical Sketchbook.*
KNIGHT, Eric	*Sam Small Flies Again.*
KNITTEL, John	*Via Mala.*
KOESTLER, Arthur	*Scum of the Earth.*
—	*Arrival and Departure.*
—	*Darkness at Noon.*
—	*The Yogi and the Commissar.*
KOLISKO, Dr Eugen	*Reincarnation and Other Essays.*
KOMROFF, Manuel	*The Jugler's Kiss.*
KOTELIANSKY, S.S.	*The Grand Inquisitor.*
KRAFFT-EBING, Baron Richard von	*Psychopathia Sexualis.*
KREYMBORG, Alfred	*Troubador.*

Krishnamurti, J.	*The Pool of Wisdom.*
Kropotkin, Peter	*The Conquest of Bread.*
—	*Mutual Aid.*
—	*Memoirs of a Revolutionist.*
—	*Fields, Factories and Workshops.*
Kruif, Paul de	*Microbe Hunters.*
—	*The Fight for Life.*
Krutch, Joseph Wood	*The Modern Temper.*
—	*Edgar Allen Poe : A Study in Genius.*
Kunz, Fritz	*The Men Beyond Mankind.*
Kuprin, Alexander I	*Yama.*
Kyd, Thomas	*Hamlet.*
Lacretelle, Jacques de	*Le Demi-Dieu ou le Voyage en Grèce.*
—	*L'Écrivain public.*
Laforgue, Jules	*Six Moral Tales.*
Lagerlof, Selma	*Gösta Bjerling.*
Lalou, René	*Histoire de la littérature française contemporaine.*
Lamantia, Philip	*Erotic Poems.*
La Mazière, Pierre	*I'Il Have a Fine Funeral.*
—	*J'aurai un bel enterrement.*
Lamb, Charles and Mary	*Tales from Shakespeare.*
Lamb, Harold	*Genghis Khan.*
—	*Tamerlane.*
Lamont, Corliss	*The Illusion of Immortality.*
Landau, Rom	*God is My Adventure.*
Lange, F.A.	*The History of Materialism.*
Lankester, Sir E. Ray	*The Kingdom of Man.*
—	*Degeneration : A Chapter in Darwinism and Parthenogenesis.*
Laotseu	*Tao Teh Ching.*
La Rochelle, Drieu	*Une femme à sa fenêtre.*
Larson, A.	*Philosopher's Stone.*
Latzko, Andreas	*Men in War.*
Laughlin, Clara E.	*So You're Going to Paris.*
Laughlin, James	*A Small Book of Poems.*
—	*Report on a Visit to Germany.*
Lautréamont, Comte de	*Les Chants de Maldoror.*
—	*Maldoror* (English).
—	*Preface to Unwritten Volume of Poems* (translated by Guy Wernham).
Lavrin, Janko	*Aspects of Modernism : from Wilde to Pirandello.*
—	*Dostoïevsky and His Creation.*

LAVRIN, Janko	*Ibsen : An Appreciation.*
—	*Nietzsche and Modern Consciousness.*
—	*An Introduction to the Russian Novel.*
—	*Studies in European Literature.*
—	*Tolstoï : An Approach.*
—	*Gogol.*
—	*From Pushkin to Mayakovsky.*
—	*Pushkin and Russian Literature.*
LAW, William	*A Serious Call to a Devout and Holy Life.*
LAWRENCE, D.H.	*The Plumed Serpent.*
—	*The White Peacock.*
—	*The Trespasser.*
—	*Sons and Lovers.*
—	*The Prussian Officer.*
—	*The Rainbow.*
—	*The Lost Girl.*
—	*Kangaroo.*
—	*The Virgin and the Gypsy.*
—	*Women in Love.*
—	*Aaron's Rod.*
—	*Sea and Sardinia (The).*
—	*The Ladybird.*
—	*St. Mawr.*
—	*The Woman Who Rode Away.*
—	*The Man Who Died.*
—	*Fantasia of the Unconscious.*
—	*Twilight in Italy.*
—	*Mornings in Mexico.*
—	*Psychoanalysis and the Unconscious.*
—	*The Captain's Doll.*
—	*The Lovely Lady.*
—	*Reflections on the Death of a Porcupine.*
—	*Pornography and Obscenity.*
—	*Studies in Classic American Literature.*
—	*Tortoises.*
—	*Birds, Beasts and Flowers.*
—	*Apocalypse.*
—	*Etruscan Places.*
—	*The Letters of D.H. Lawrence.*
—	*Lady Chatterly's Lover.*
—	*Boy in the Bush.*
—	*Pansies.*
—	*Amores.*
LAWRENCE, Frieda	*Not I But the Wind.*
LAWRENCE, T.E.	*The Seven Pillars of Wisdom.*
—	*Revolt in the Desert.*

Leacock, Stephen	*Literary Lapses.*
Leblanc, Maurice	*Arsène Lupin.*
Le Bon, Gustave	*The Crowd.*
Lecky, William E.H.	*History of European Morals.*
Legman, G.	*Love and Death : A Study in Censorship.*
Leland, Charles G.	*Fusang.*
Leo, Alan	*Esoteric Astrology.*
Leonard, William Ellery	*The Locomotive God.*
—	*The Lynching Bee and Other Poems.*
Leopardi, Giocomo	*Poems from Giacomo Leopardi Introduced by John Heath Stubbs.*
Le Plongeon, Augustus	*Sacred Mysteries among the Mayas and Quiches.*
Lermontov, Mikhail	*A Hero of Our Time.*
Leroy, Olivier	*La Lévitation.*
Lessing, Gotthold Ephraim	*The Education of the Human Race.*
—	*Minna von Barnhelm.*
—	*Laocoon.*
Lévesque, Jacques H.	*Blaise Cendrars.*
Levi, Eliphas	*The History of Magic.*
Lévy-Bruhl	*L'Âme primitive.*
Lewes, George Henry	*A Biographical History of Philosophy.*
Lewis, Charlton Miner	*The Genesis of Hamlet.*
Lewis, Sinclair	*Babbit.*
—	*Main Street.*
—	*Arrowsmith.*
—	*Elmer Gantry.*
—	*Dodsworth.*
—	*Mantrap.*
Lewis, Wyndham	*Time and Western Man.*
—	*The Apes of God.*
—	*The Childermass.*
—	*America and Cosmic Man.*
—	*Tarr.*
Lewisohn, Ludwig	*Expression in America.*
—	*Upstream.*
—	*The Story of American Literature.*
Liebman, Joshua L.	*Peace of Mind.*
Lincoln, Victoria	*February Hill.*
Lindbergh, Anne Morrow	*The Wave of the Future.*
—	*Listen ! The Wind !*

LINDSAY, Vachel	*The Congo and Other Poems.*
—	*The Chinese Nightingale and Other Poems.*
—	*General William Booth Enters Into Heaven and Other Poems.*
—	*The Golden Whales of California.*
LINDSEY, Judge Ben B.	*The Companionate Marriage.*
—	*The Revolt of Modern Youth.*
LI PO	*The Works of Li Po, the Chinese Poet, Done Into English Verse by Shigeyoshi Obata.*
LIPPMANN, Walter	*A Preface to Politics.*
—	*Preface to Morals.*
LOCKE, John	*An Essay Concerning Human Understanding.*
LOCKE, William J.	*The Beloved Vagabond.*
LODGE, Sir Oliver Joseph	*Life and Matter.*
—	*Man and the Universe.*
—	*The Survival of Man.*
LOEB, Jacques	*Mechanistic Philosophy of Life.*
LOMBROSO, Césare	*Crime, Its Causes and Remedies.*
—	*Criminal Man.*
LONDON, Jack	*The Call of the Wild.*
—	*The White Silence.*
—	*The Sea Wolf.*
—	*Martin Eden.*
—	*The Valley of the Moon.*
—	*Essays of Revolt.*
—	*Cruise of the Snark.*
—	*John Barleycorn.*
—	*The Iron Heel.*
—	*People of the Abyss.*
—	*War of the Classes.*
—	*Revolution and Other Essays.*
—	*Before Adam.*
LONG, Haniel	*Interlinear to Cabeza de Vaca. The Power Within Us* (same book different title).
—	*Pittsburgh Memoranda.*
—	*A Letter to Augustine.*
LONGFELLOW, Henry Wadsworth	*Evangeline.*
—	*Hiawatha.*
—	*The Courtship of Miles Standish.*
LONGINUS, Dionysius Casius	*On the Sublime.*
LOOS, Anita	*Gentlemen Prefer Blondes.*

LORCA, F. Garcia	*Blood Wedding.*
—	*The Poet in New York.*
LOTI, Pierre	*Romance of a Spahi.*
—	*The Icelandic Fisherman.*
—	*Disenchanted.*
—	*Jerusalem.*
—	*Mme Chrysanthème.*
—	*Aziyade.*
—	*Le Livre de la pitié et de la mort.*
LOUYS, Pierre	*Aphrodite.*
—	*Chansons de Bilitis.*
LOWELL, Amy	*What's O'Clock.*
—	*Fir-Flower Tablets* (trans. from Chinese).
LOWELL, James Russell	*The Bigelow Papers.*
—	*Among My Books.*
LOWENFELS, Walter	*Finale of Seem.*
—	*Reality Prime.*
—	*Elegy in Memory of D.H. Lawrence.*
—	*Apollinaire, an Elegy.*
LOWRIE, Walter	*A Short Biography of Kierkegaard.*
LOY, Mina	*Lunar Baedecker.*
LUCRETIUS	*On the Nature of Things.*
LUDOVICI, Anthony M.	*The Secret of Laughter.*
—	*Woman : A Vindication.*
LUDWIG, Emil	*Napoleon.*
—	*Schliemann, The Story of a Yold-Seeker.*
—	*The Son of Man.*
—	*Three Titans.*
—	*Genius and Character.*
LUHAN, Mabel Dodge	*Lorenzo in Taos.*
LUTOSLAWSKI, Wincenty	*Pre-Existence and Reincarnation.*
LUXEMBURG, Rosa	*Reform or Revolution.*
MABILLE, Pierre	*Le Miroir du merveilleux.*
MCALMON, Robert	*Being Geniuses Together.*
—	*Not Alone Lost.*
—	*The Portrait of a Generation.*
MACAULAY, Lord	*Life of Samuel Johnson.*
—	*Essays.*
MACAULAY, Rose	*Told by an Idiot.*
MCCULLERS, Carson	*Reflections in a Golden Eye.*
—	*The Heart is a Lonely Hunter.*
MCCUTCHEON, George Barr	*Graustark.*
—	*Beverly of Graustark.*
MAC DOUGALL, William	*Body and Mind.*
MACHEN, Arthur	*The Hill of Dreams.*
—	*Hieroglyphics.*

MACHEN, Arthur	*The Great God Pan.*
—	*The Secret Glory.*
—	*Far Off Things.*
—	*Things Far and Near.*
MCKAY, Claude	*Banjo.*
—	*Harlem Shadows.*
—	*The Anatomy of Tobacco.*
MACKAY, Henry	*The Anarchists.*
MAC KAYE, Percy	*The Canterbury Pilgrim.*
—	*Tall Tales of the Kentucky Mountains.*
MAC LANE, Mary	*I, Mary Mac Lane.*
—	*The Story of Mary Mac Lane.*
MAC LEISH, Archibald	*Conquistador.*
MACY, John	*The Spirit of American Literature.*
MAETERLINCK, Maurice	*Wisdom and Destiny.*
—	*The Life of Space.*
—	*The Magic of the Stars.*
—	*The Death of Tintagile.*
—	*The Blue Bird.*
—	*Monna Vanna.*
—	*Life of the Bee.*
—	*Treasures of the Humble.*
—	*Before the Great Silence.*
—	*Les Débris de la guerre.*
—	*The Intelligence of Flowers.*
—	*Pelléas et Mélisande.*
—	*Death.*
—	*The Great Secret.*
—	*The Hour Glass.*
—	*Life of the White Ant.*
—	*Light Beyond.*
—	*Our Eternity.*
—	*On Emerson and Other Essays.*
—	*Joyzelle.*
—	*Massacre of the Innocents.*
—	*The Miracle of St. Anthony.*
MAGNUS, Maurice	*Memoirs of the Foreign Legion.*
MAGRE, Maurice	*Magicians, Seers and Mystics.*
—	*Le Trésor des Albigeois.*
—	*Les interventions surnaturelles.*
—	*Confessions sur l'amour, les femmes, l'opium.*
MAHAN, Captain A.T.	*The Interest of America in Sea Power Present and Future.*
MAHATMAS M. and K.H. the	*The Mahatma Letters to A.P. Sinnett from the Mahatmas M. and K.H.* (transcribed & compiled by A.T. Barker).

MAILLET, Albert	*Le Christ dans l'œuvre d'André Gide.*
MAINE, Harold	*If a Man Be Mad.*
MAISTRE, DE, Xavier	*Le Voyage autour de ma chambre.*
MALAPARTE, Curzio	*Kaputt.*
—	*La Peau.*
—	*La Volga naît en Europe.*
MALAQUAIS, Jean	*Journal de guerre.*
—	*Coups de barre.*
—	*Marianka.*
—	*Les Javanais.*
MALINOWSKI, Bronislaw	*The Sexual Life of Savages.*
—	*Sex and Repression in Savage Society.*
MALLARMÉ, Stéphane	*L'après-midi d'un faune.*
—	*Le Cygne.*
MALLOCK, W.H.	*Scientific Bases of Optimism.*
MALORY, Sir Thomas	*La mort d'Arthur.*
MANN, Klaus	*Alexander : A Novel of Utopia.*
—	*André Gide : The Crisis in Modern Thought.*
MANN, Thomas	*The Magic Mountain.*
—	*Three Essays.*
—	*Buddenbrooks.*
—	*Death in Venice.*
—	*Tonio Kröger.*
MANSFIELD, Katherine	*Bliss.*
—	*The Garden Party.*
—	*The Journal of Katherine Mansfield.*
MANZONI, Alessandro F.T.A.	*The Betrothed Lovers.*
MARAN, René	*Batouala.*
MARDEN, Orison Swett	*Self-Help.*
MARE, Walter de LA	*Memoirs of a Midget.*
MARGUERITTE, Paul	*Rien que ton corps.*
MARGUERITTE, Victor	*Ton corps est à toi !*
MARIN, John	*Letters to Steiglitz.*
MARITAIN, Jacques	*Art and Faith.*
MARITAIN, Raissa	*Leon Bloy, Pilgrim of the Absolute.*
MARKHAM, Edwin	*The Man With the Hoe.*
MARLOWE, Christopher	*Doctor Faustus.*
—	*Edward the Second.*
MARQUIS, Don	*The Old Soak.*
MARTIN, Benjamin Ellis	*The Stones of Paris in History and Letters.*
MARTIN, Eva (compiler)	*The Ring of Return.*
MARTIN, Everett Dean	*The Behavior of Crowds.*

Martin, Henry Newell	*The Human Body.*
Marvel, Ik	*Reveries of a Bachelor.*
Marx, Karl & Engels	*The Communist Manifest.*
Masefield, John	*Saltwater Ballads.*
—	*The Tragedy of Nan.*
—	*The Coming of Christ.*
Mason, Gregory	*Remember the Maine.*
Masters, Edgar Lee	*Spoon River Anthology.*
Mauclair, Camille	*Turner.*
Maugham, W. Somerset	*Of Human Bondage.*
—	*On a Chinese Screen.*
—	*The Moon and Sixpence.*
—	*The Razor's Edge.*
—	*The Painted Veil.*
—	*First Person Singular.*
Maupassant, Guy de	*Bel-Ami.*
—	*Boule de Suif.*
—	*La Maison Tellier.*
—	*Mlle Fifi.*
—	*Une Vie.*
—	*Le Horla.*
—	*Étude sur Gustave Flaubert.*
Mauriac, François	*Proust's Way.*
Maurice, Arthur B.	*The Paris of the Novelists.*
Maurois, André	*Les Silences du colonel Bramble.*
—	*Les Discours du Dr O'Grady.*
—	*Ariel.*
Maxwell, J. Clerk	*Matter and Motion.*
Mayo, Katherine	*Mother India.*
Mead, G.R.S.	*Quests Old and New.*
Mead, Margaret	*Coming of Age in Samoa.*
Mears, I. & L.E.	*Creative Energy.*
Mégret, Christian	*C'était écrit.*
Meier-Grafe, Julius	*Vincent Van Gogh.*
—	*Paul Cézanne.*
—	*Modern Art.*
Méléra, Marguerite-Yerta	*Rimbaud.*
—	*Résonances autour de Rimbaud.*
Melville, Herman	*Pierre ou les ambiguïtés.*
—	*Mardi.*
Mencken, Henry L.	*The American Language.*
—	*Prejudices.*
—	*A Book of Prefaces.*
—	*A Book of Burlesques.*
—	*In Defense of Women.*
—	*James Branch Cabell... A Literary Study.*

MENNINGER, Karl Augustus	*The Human Mind.*
MEREDITH, George	*The Egoist.*
—	*The Ordeal of Richard Feverel.*
MERRILD, Knud	*A Poet and Two Painters.*
MERZ, Charles	*The Great American Band-Wagon.*
MEUNIER, Georges	*Gilles de Rais et son temps.*
MEZZROW, Mezz & WOLFE WOLFE, Bernard	*Really the Blues.*
MICHAUX, Henri	*Un Barbare en Asie.*
—	*Au Pays de la magie.*
MILL, John Stuart	*On Liberty.*
—	*Autobiography.*
—	*On the Subjection of Women.*
MILLAY, Edna St. Vincent	*Collected Lyrics.*
—	*Collected Sonnets.*
—	*The Buck in the Snow & Other Poems.*
—	*Aria da Capo.*
MILLE, Pierre	*Le Roman français.*
MILLER, Joaquin	*Songs of the Sierras.*
MILLS, Benjamin Fay	*Psychic Powers of Man.*
—	*The Riddle of the Universe.*
—	*Victory Through Surrender.*
—	*Walt Whitman, the Man and His Message.*
—	*Gods' World and Other Sermons.*
MILTON, John	*Paradise Lost.*
—	*Areopagitica.*
—	*Il Pensoroso.*
—	*Comus and Lycidas.*
—	*Samson Agonistes.*
—	*L'Allegro.*
MINKOWSKI, H.	*The Principle of Relativity.*
MIRANDOLA, Count Giovanni PICO DELLA	*On the Imagination.*
—	*A Platonick Discourse upon Love.*
MIRBEAU, Octave	*Le Jardin des supplices.*
MOBERLY, C.A.E. & JOURDAIN, E.F.	*An Adventure.*
MOLIÈRE	*Le Misanthrope.*
—	*Tartuffe.*
—	*L'École des femmes.*
—	*Le Médecin malgré lui.*
—	*L'Avare.*
—	*Le Malade imaginaire.*

Molnar, Ferenc	*Liliom.*
Monahan, Michael	*The Road to Paris.*
Montaigne, Michel Eyquem de	*Essays.*
Montessori, Maria	*The Advanced Montessori Method.*
—	*The Secret of Childhood.*
Montherlant, Henri de	*Service inutile.*
—	*Pitié pour les femmes.*
—	*Les Célibataires.*
—	*Costals and the Hippogriff.*
Moody, William Vaughn	*The Great Divide.*
Moore, George	*The Brook Kerith.*
—	*Confessions of a Young Man.*
—	*Ave Atque Vale.*
—	*Esther Waters.*
—	*Conversations in Ebury Street.*
—	*Heloise and Abelard.*
—	*Memoirs of My Dead Life.*
—	*Celibates.*
—	*Evelyn Inness.*
Moore, Marianne Craig	*Poems.*
Moore, Reginald Arthur	*The Listening World.*
Moore, Thomas	*Lalla Rookh.*
Morand, Paul	*Open All Night.*
—	*Closed All Night.*
—	*L'Europe galante (Europe at Love).*
—	*Green Shoots.*
—	*New York* (in French).
—	*Lewis and Irene.*
—	*Londres.*
—	*Ariane.*
—	*Rien que la Terre.*
—	*The Living Buddha.*
Mordell, Albert	*Haldeman-Julius and Upton Sinclair.*
More, Sir Thomas	*Utopia.*
Morehouse, Ward	*Matinee To-morrow : Fifty Years of Our Theater.*
Morgan, Charles	*The Fountain,*
Moricand, Conrad	*Miroir d'Astrologie.*
—	*Portraits astrologiques.*
Morley, Christopher	*Kitty Foyle.*
—	*Parnassus on Wheels.*
—	*Where the Blue Begins.*
—	*Thunder on the Left.*

MORRIS, Gouverneur	*Observation on the American Revolution.*
MORRIS, William	*News from Nowhere.*
MOSS, Sidney and Samuel	*Thy Men Shall Fall.*
MOST, Johann	*The Beast of Property.*
—	*Science of Revolutionary Warfare.*
MOTT, Francis J.	*The Universal Design of Birth.*
MUHLBACH, Louisa	*Frederick the Great and His Court.*
—	*Andreas Hofer.*
—	*The Empress Josephine.*
MUIR, Edwin	*The Structure of the Novel.*
MUKERJI, Dhan Ghopal	*Gay Neck.*
—	*The Face of Silence.*
—	*My Brother's Face.*
—	*Caste and Outcast.*
MULLER, Friedrich Max	*A History of Ancient Sanskrit Literature.*
—	*India : What Can It Teach Us ?*
—	*Lectures on the Science of Language.*
—	*The Science of Thought.*
MUMFORD, Lewis	*Sticks and Stones.*
—	*Herman Melville.*
—	*Technics and Civilization.*
MUNDY, Talbot	*Om.*
MUNSON, Gorham B.	*Style and Form in American Prose.*
MUNSTERBERG, Hugo	*The War and America.*
—	*The Americans.*
—	*The Eternal Life.*
—	*The Eternal Values.*
—	*Psychology and Industrial Efficiency.*
—	*Psychology and Crime.*
MURASAKI, Lady	*Tale of Genji.*
MURGER, Henri	*The Bohemians of the Latin Quarter ;*
MURRAY, H.J.R.	*A History of Chess.*
MURRY, J. Middleton	*Son of Woman.*
—	*Fyodor Dostoïevsky.*
—	*The Life of Jesus.*
—	*Keats and Shakespeare.*
—	*To the Unknown God.*
MYERS, Gustavus	*History of the Great American Fortunes.*
MYERS, F.W.H.	*Human Personality and Its Survival of Bodily Death.*
MYERS, L.H.	*The Root and the Flower.*
NADEAU, Maurice	*Histoire du surréalisme.*
NAEVE, Lowell	*A Field of Broken Stones.*

NEAGOE, Peter	*Storm.*
—	*Americans Abroad (an anthology).*
NEARING, Scott	*Where Is Civilization Going ?*
—	*Social Sanity.*
—	*Democracy is Not Enough.*
NEIMAN, Gilbert	*There's a Tyrant in Every Country.*
NERVAL, Gérard de	*Dreams and Life.*
—	*Le Rêve et la vie.*
—	*Sylvie.*
—	*Aurélia.*
—	*Les Chimères.*
—	*Daughters of Fire.*
—	*Women of Cairo.*
NEVILLE	*Your Faith is Your Fortune.*
NEWCOMB, Simon	*The Extent of the Universe.*
NEWMAN, Cardinal	*The Idea of a University.*
NEWMAN, Frances	*The Short Story's Mutations.*
—	*Six Moral Tales from Jules Laforgue.*
NIEBUHR, Reinhold	*The Nature and Destiny of Man.*
NIETZSCHE, Friedrich	*Thus Spake Zarathustra.*
—	*Beyond Good and Evil.*
—	*The Anti-Christ.*
—	*The Birth of Tragedy.*
—	*Ecce Homo.*
—	*The Twilight of the Idols.*
—	*The Joyful Wisdom.*
—	*Thoughts Out of Season.*
—	*The Will to Power.*
—	*The Genealogy of Morals.*
—	*The Dawn of Day.*
—	*The Case Against Wagner.*
NIJINSKY, Romola	*Nijinsky.*
NIJINSKY, Vaslav	*The Diary of Vaslav Nijinsky.*
NIN, Anaïs	*The House of Incest.*
—	*Under a Glass Bell.*
—	*The Four-Chambered Heart.*
—	*Ladders to Fire.*
—	*This Hunger.*
—	*D.H. Lawrence : An Unprofessional Study.*
NOGUCHI, Yone	*Spirit of Japanese Poetry.*
—	*Spirit of Japanese Art.*
NOLH, Johannes	*The Black Death.*
NORDAU, Max Simon	*Degeneration.*
NORDEN, Charles	*Panic Spring.*
NORDHOFF, Charles & James Hall	*Pitcairn's Island.*

Norris, Charles G.	*Salt.*
—	*Brass.*
—	*Bread.*
Norris, Franck	*The Pit.*
—	*The Octopus.*
—	*McTeague.*
Nostradamus, Michel	*The Centuries.*
Nouy, Lecomte de	*Human Destiny.*
Nye, Edgar W.	*Bill Nye's Remarks.*
Oakes, Maud	*The Two Crosses of Todes Santos.*
—	*Where the Two Came to Their Father.*
—	*Beyond the Windy Place.*
O'Brien, Frederick	*White Shadows in the South Seas.*
O'Casey, Sean	*Juno and the Paycock.*
—	*The Plough and the Stars.*
—	*Within the Gates.*
—	*The Silver Tassie.*
Odetts, Clifford	*Waiting for Lefty.*
—	*Awake and Sing.*
O'Flaherty, Liam	*The Puritan.*
Olson, Charles	*Call Me Ishmael.*
O'Neill, Eugene	*The Hairy Ape.*
—	*Beyond the Horizon.*
—	*Anna Christie.*
—	*Different.*
—	*The Great God Brown.*
—	*Desire Under the Elms.*
—	*Strange Interlude.*
—	*The Emperor Jones.*
—	*Mourning Becomes Electra.*
—	*The Long Voyage Home.*
—	*Marco Millions.*
O'Neill, Joseph	*Land under England.*
Orage, A.R.	*Readers and Writers.*
O'Reilly, Montagu	*Pianos of Sympathy.*
—	*Who Has Been Tampering With These Pianos ?*
Ornitz, Samuel	*Haunch, Paunch and Jowl.*
Orwell, George	*Down and Out in Paris and London.*
—	*Inside the Whale.*
—	*The Road to Wigan Pier.*
—	*Burmese Days.*
Osler, Sir William	*Science and Immortality.*
—	*The Evolution of Modern Medicine.*
Ossendowski, Ferdinand	*Beasts, Men and Gods.*
Ostenso, Martha	*Wild Geese.*
O'Sullivan, Maurice	*Twenty Years A-Growin'.*

OUIDA (Maria Louise de LA RAMÉE)	*Under Two Flags.*
—	*A Dog of Flanders... and Other Stories.*
OUSPENSKY, P.D.	*Tertium Organum.*
—	*A New Model of the Universe.*
—	*In Search of the Miraculous.*
OVERSTREET, H.A.	*Influencing Human Behavior.*
OVERTON, Grant Martin	*Why Authors Go Wrong.*
OVID	*Metamorphoses.*
PAGE, Thomas Nelson	*In Old Virginia.*
—	*Red Rock.*
—	*Robert E. Lee : Man and Soldier.*
PAINE, Albert Bigelow	*The Adventures of Mark Twain.*
PAINE, Thomas	*The Age of Reason.*
—	*The Rights of Man.*
—	*Common Sense.*
PAINI, Lotus de	*Les Trois Totemisations.*
PALLIS, Marco	*Peaks and Lamas.*
PALMER, Frederic	*Heretics, Saints and Martyrs.*
PAPINI, Giovanni	*The Failure.*
—	*The Life of Christ.*
—	*Life and Myself.*
PARAZ, Albert	*Le Lac des Songes.*
—	*Une Fille du Tonnerre.*
PARIS, John	*Kimono.*
PARKER, Sir Gilbert	*The Seats of the Mighty.*
—	*The Power and the Glory.*
PARKER, Louis Napoleon	*Pomander Walk.*
—	*Disraeli.*
PARKMAN, Francis	*The Oregon Trail.*
PARROT, Louis	*Blaise Cendrars.*
PARRY, Albert	*Garrets and Pretenders.*
PARRY, Sir Charles H.H.	*Johann Sebastian Bach : the Development of a Great Personality.*
PASCAL, Blaise	*Pensées.*
PATCHEN, Kenneth	*The Journal of Albion Moonlight.*
—	*Before the Brave.*
—	*First Will and Testament.*
—	*The Dark Kingdom.*
—	*The Teeth of the Lion.*
—	*Cloth of the Tempest.*
—	*An Astonished Eye Looks Out of the Air.*
—	*Sleepers Awake.*
—	*Outlaw of the Lowest Planet.*

PATER, Walter	*The Renaissance.*
PATON, Alan	*Cry, the Beloved Country.*
PATTEE, Fred Lewis	*The New American Literature.*
—	*The Development of the American Short Story.*
PAULI, Hertha Ernestine	*Alfred Nobel : Dynamite King, Architect of Peace.*
PAVLOV, I.P.	*Conditioned Reflexes.*
PEARSON, Edmund	*Studies in Murder.*
PECK, George Wilbur	*Peck's Bad Boy and His Pa.*
—	*Peck's Compendium of Fun.*
PÉGUY, Charles	*Men and Saints.*
—	*Basic Verities.*
PELORSON, Georges	*Carmen Seculaire.*
—	*Jules César.*
PEPPARD, HAROLD M.	*Sight Without Glasses.*
PERCIVAL, W.O.	*William Blake's Circle of Destiny.*
PÉRET, Benjamin	*Le Grand Jeu.*
PERLÈS, Alfred	*Sentiments limitrophes.*
—	*Le Quatuor en ré Majeur.*
—	*The Renegade.*
—	*Round Trip (Aller sans retour Londres).*
—	*Alien Corn.*
—	*The Frozen Years.*
PERRY, Bliss	*The American Mind.*
—	*The Heart of Emerson's Journals.*
PERSE, SAINT-JOHN	*Anabase.*
—	*Exile and Other Poems.*
—	*Vents.*
—	*Éloge.*
PETRARCH, Francisco PETRARCA	*Verses on the Life and Death of My Lady Laura.*
—	*Epistle to Posterity.*
PETRIE, Sir Flinders	*A Season in Egypt.*
—	*Egyptian Tales.*
—	*Revolutions of Civilization.*
PETRONIUS, Arbiter	*The Satiricon.*
PEYRE, Henri	*Hommes et Œuvres du XXe siècle.*
PEZAS, Mikia	*The Price of Liberty.*
PFISTER, Dr Oskar	*Expressionism in Art.*
PHILIPPE, Charles-Louis	*Bubu de Montparnasse.*
PHILLIPS, David Graham	*Susan Lenox : Her Fall and Rise.*
PHYLOS, the Tibetan	*A Dweller on Two Planets.*
PIERRE-QUINT, Léon	*Proust, His Life and Work.*

Pike, Albert	*Masonic Symbolism.*
—	*Morals and Dogma.*
Pillsbury, W.B.	*An Elementary Psychology of the Abnormal.*
Pilnyak, Boris	*The Volga Flows Into the Caspian.*
Pinero, Sir Arthur Wing	*The Second Mrs Tanqueray.*
—	*Lady Bountiful.*
—	*The Weaker Sex.*
Pirandello, Luigi	*Six Characters in Search of an Author.*
Plato	*The Republic.*
—	*Parmenides.*
—	*Timaeus.*
—	*Symposium.*
—	*Apology.*
—	*Crito.*
—	*Gorgias.*
—	*Critias.*
Plutarch	*Lives.*
Poe, Edgar Allan	*Tales of Mystery and Imagination.*
—	*The Poetic Principle.*
—	*Narrative of A. Gordon Pym.*
—	*The Raven.*
—	*Ulalume.*
—	*The Bells.*
—	*Annabel Lee.*
—	*The Gold Bug.*
—	*The Murders in the Rue Morgue.*
—	*Eureka.*
—	*William Wilson.*
Poincaré, Henri	*Science and Hypothesis.*
Politis, Kosmos	*La Forêt des limoniers.*
Polo, Marco	*The Book of Marco Polo.*
Poole, Ernest	*The Harbor.*
Pope, Alexander	*Essay of Man.*
—	*The Rape of the Lock.*
Porchia, Antonio	*Voix.*
Porter, Jane	*The Scottish Chiefs.*
—	*Thaddeus of Warsaw.*
Porter, Katherine Anne	*Flowering Judas.*
Potter, Stephen	*D.H. Lawrence : A First Study.*
Pound, Ezra	*The Unfinished Cantos.*
—	*The A. B. C. of Reading.*
—	*How to Read.*
—	*Divagations.*
—	*Guide to Kulchur.*
—	*Lustra.*
—	*Pavannes.*

POWELL, Lawrence Clark	*Robinson Jeffers : The Man and His Work.*
—	*Casanova.*
—	*Music Into Silence.*
—	*Librarians as Readers of Books.*
POWYS, John Cowper	*In Suspended Judgment.*
—	*Visions and Revisions.*
—	*Autobiography.*
—	*Rabelais.*
—	*Dostoïevsky.*
—	*The Meaning of Culture.*
—	*100 Best Books.*
—	*The Art of Growing Old.*
—	*The War and Culture.*
—	*Obstinate Cymric.*
—	*Confessions of Two Brothers* (with Llewellyn).
—	*A Philosophy of Solitude In Spite Of.*
POWYS, Lewellyn	*Ebony and Ivory.*
—	*A Baker's Dozen.*
—	*A Pagan's Pilgrimage.*
—	*Black Laughter*
POWYS, T.F.	*Black Bryony*
—	*Mark Only.*
—	*Mr. Tasker's Gods*
PRAZ, Mario	*The Romantic Agony.*
PREM, Sri Krishna	*The Song of the Higher Life.*
PRESCOTT, William H.	*Conquest of Mexico.*
—	*Peru.*
PRÉVOST, abbé Antoine	*Manon Lescaut.*
PRINZHORN, Hans	*The Art of the Insane.*
PROKOSCH, Frederic	*The Asiatics.*
—	*Age of Thunder.*
—	*The Seven Who Fled.*
PROUST, Marcel	*Pastiches et Mélanges.*
—	*À la recherche du temps perdu.*
—	*Remembrance of Things Past.*
—	*Lettres à Walter Berry.*
—	*Les Plaisirs et les jours.*
PUSHKIN, Alexander	*The Queen of Spades.*
PUTNAM, Samuel	*European Caravan* (anthology).
—	*Rabelais, Man of the Renaissance.*
—	*Paris Was Our Mistress.*
PYLE, Howard	*Story of King Arthur and His Knights.*
—	*Merry Adventures of Robin Hood.*
QUACKENBOS, John D.	*Rhetoric.*

QUENEAU, Raymond	*Le Chiendent.*
—	*Loin de Rueil.*
—	*Gueule de Pierre.*
—	*Pierrot mon ami.*
—	*Odile.*
—	*Bâtons, Chiffres et Lettres.*
—	*The Skin of Dreams.*
QUILLER-COUCH, Sir Arthur	*On the Art of Reading.*
RABELAIS, François	*Gargantua and Pantagruel.*
RADIGUET, Raymond	*The Devil in the Flesh.*
—	*The Count's Ball.*
RADIN, Paul	*The Road of Life and Death.*
—	*Primitive Man as Philosopher.*
RAHN, Otto	*La Croisade contre le Graal.*
RAHV, Philip	*Discovery of Europe.*
—	*Image and Idea.*
RAMAKRISHNA	*The Gospel of Ramakrishna* (by « M »).
RAMUZ, C.-F.	*The End of All Men.*
—	*Si le soleil ne revenait pas.*
—	*Les Signes parmi nous.*
—	*La Beauté sur la terre.*
—	*Taille de l'homme.*
RANDALL, E.O.	*The Serpent Mound... Adams County, Ohio.*
RANK, Otto	*Art and Artist.*
—	*Don Juan.*
—	*Incest Motif.*
—	*Trauma of Birth.*
RAPHAEL, Max	*Prehistoric Cave Paintings.*
RAPPOPORT, Solomon.	*The Dybbuk.*
RAS-CHUN	*Tibet's Great Yogi, Milarepa.*
RASCOE, Burton	*The Joys of Reading.*
RASPE, Rudolf Erich	*Baron Munchausen Tales.*
RAYMOND, Marcel	*From Baudelaire to Surrealism.*
RAYNAL, Maurice	*Modern French Painters.*
READ, Sir Herbert	*Art Now.*
—	*The Meaning of Art.*
—	*Art and Society.*
—	*Politics of the Unpolitical.*
—	*Surrealism.*
—	*Education Through Art.*
READ, Thomas Buchanan	*Sheridan's Ride.*
READE, Winwood	*The Martyrdom of Man.*
REDPATH, James	*The Public Life of Captain John Brown.*
REED, John	*Ten Days That Shook The World.*

RÉHAULT, Ludovic	*Krishnamurti... « Man is His Own Liberator ».*
REMARQUE, Erich	*All Quiet on the Western Front.*
RENAN, Ernest	*Life of Jesus.*
RENÉVILLE, A. Rolland de	*Rimbaud le Voyant.*
REVERDY, Pierre	*Pablo Picasso.*
REXROTH, Kenneth	*In What Hour.*
—	*Iphigenia at Aulis.*
—	*The Phœnix and the Tortoise.*
—	*The Signature of all Things.*
RIBEMONT-DESSAIGNES, Georges	*Les Frontières humaines.*
RICE, Elmer	*The Adding Machine.*
RICHMOND & LITTLE-JOHNS	*The Technique of Water-Colour Painting.*
RIDGE, Lola	*The Ghetto and Other Poems.*
—	*Sun-up.*
RIDING, Laura	*Collected Poems.*
RIGAUT, Jacques	*Lord Patchogue.*
RIIS, Jacob August	*How the Other Half Lives.*
—	*The Children of the Poor.*
—	*The Making of An American.*
RILEY, James Whitcomb	*Rhymes of Childhood.*
RILKE, Rainer Maria	*Duino Elegies.*
—	*The Notebooks of Malte Laurids Brigge.*
RIMBAUD, Arthur	*Une Saison en Enfer.*
—	*Les Illuminations.*
—	*Poèmes.*
—	*Lettres d'Abyssinie.*
—	*Correspondance inédite d'Arthur Rimbaud.*
RINEHART, Mary Roberts	*The Circular Staircase.*
RIVIÈRE, Jacques	*Rimbaud.*
ROBINSON, Edwin Arlington	*Collected Poems.*
—	*Tristram.*
ROBINSON, James Harvey	*The Mind in the Making.*
—	*The New History.*
ROCHEFOUCAULD, Duc de La	*Maxims.*
ROCHESTER, John Wilmot	*A Satire Against Mankind.*
RODIN, Auguste	*L'Art.*
—	*Les Cathédrales de France.*

ROLLAND, Romain	*Jean Christophe.*
—	*Beethoven.*
—	*Gandhi.*
—	*Colas Breugnon.*
—	*Prophets of the New India.*
—	*Above the Battle.*
—	*Clerambault.*
—	*Annette and Sylvie.*
—	*Revolt of the Machines.*
ROMAINS, Jules	*Death of a Nobody.*
—	*La Mort d'un quelconque.*
ROOSEVELT, Nicholas	*A New Birth of Freedom.*
ROOSEVELT, Theodore	*The Strenuous Life.*
ROSANOV, V.	*The Legend of the Grand Inquisitor.*
ROSEBAULT, Charles J.	*Saladin, Prince of Chivalry.*
ROSENFELD, Paul	*Port of New York.*
—	*Musical Portraits.*
—	*Men Seen.*
ROSS, Lillian Boss	*The Stranger.*
—	*Blaze Allen.*
ROSSETTI, Dante Gabriel	*Troy Town.*
—	*The Blessed Damozel.*
ROSSMANN, Hermann	*Claus the Fish.*
ROSTAND, Edmond	*Chantecler.*
—	*L'Aiglon.*
—	*Cyrano de Bergerac.*
ROUAULT, Georges	*Paysages légendaires.*
—	*Souvenirs intimes.*
—	*Divertissement.*
ROUSSEAUX, André	*Littérature du XXe siècle.*
—	*Le Prophète Péguy.*
ROUSSEL, Raymond	*Impressions d'Afrique.*
—	*Locus Solus.*
—	*Nouvelles Impressions d'Afrique.*
—	*Comment j'ai écrit certains de mes livres.*
RUDHYAR, Dane	*Astrology of Personality.*
—	*Modern Man's Conflicts...*
—	*Art as a Release of Power.*
—	*The Age of Plenitude.*
RUIR, Em.	*Nostradamus. Ses Prophéties... 1948-2023.*
RUSKIN, John	*Sesame and Lilies.*
—	*Modern Painters.*
—	*The Stones of Venice.*
—	*Praeterita.*

RUSSELL, Bertrand	*The A.B.C. of Relativity.*
—	*Education and the Good Life.*
—	*Proposed Roads to Freedom.*
—	*Mysticism and Logic.*
—	*Analysis of the Mind.*
—	*Marriage and Morals.*
—	*Religion and Science.*
—	*Why I Am Not a Christian.*
RUTHERFORD, Father Joseph F.	*Armageddon, the Greatest Battle of All Time.*
—	*Can the Living Talk With the Dead?*
—	*Comfort for the Jews.*
—	*Cause of Death Explained in Seven Bible Treatises.*
—	*Beyond the Grave, Explained in Seven Bible Treatises.*
SACHER-MASOCH, Leopold von	*Venus in Furs.*
SADE, Marquis de	*Justine ou les Malheurs de la vertu.*
—	*Juliette.*
—	*Aline et Valcourt.*
SAINT-EXUPÉRY, Antoine de	*Flight to Arras (Pilote de guerre).*
—	*Night Flight (Vol de nuit).*
—	*Wind, Sand and Stars (Terre des hommes).*
—	*Courrier-Sud.*
SAINTE-BEUVE, Charles Augustin	*Montaigne.*
ST. FRANCIS of ASSISI	*The Little Flowers.*
—	*Canticle of the Sun.*
SAINT-MARTIN, Claude	*L'Homme de désir.*
SAINT-PIERRE, Bernardin de	*Paul and Virginia.*
SAINTSBURY, George	*Notes on a Cellar Book.*
SALES, Chic	*The Specialist.*
SALTUS, Edgar	*Lords of the Ghostland.*
—	*Historia Amoris.*
—	*Philosophy of Disenchantment.*
—	*Imperial Purple.*
—	*The Imperial Orgy.*
SANDBURG, Carl	*Chicago Poems.*
—	*Cornhuskers.*
—	*Smoke and Steel.*
—	*Rootabaga Stories.*
—	*Slabs of the Sunburnt West.*
SANGER, Margaret	*Woman and the New Race.*

SANTIAGO, Edward	*The Round, an Introduction.*
SAPIR, Edward	*Language.*
SAPPHO	*Sapphics.*
—	*Erotika : Dithyrambs.*
SARDOU, Victorien	*Tosca.*
—	*Fédora.*
SAROYAN, William	*Taxi to Laughter Unending.*
—	*The Daring Young Man on the Flying Trapeze.*
—	*The Man With His Heart in the Highlands.*
—	*Peace, It's Wonderful.*
—	*Jim Dandy.*
SARTRE, Jean-Paul	*Huis clos.*
—	*Les Mouches.*
—	*Le Mur.*
SASSOON, Siegfried	*Satirical Poems.*
SAURAT, Denis	*Modernes.*
—	*Modern French Literature.*
SAXON, Lyle	*Fabulous New Orleans.*
—	*Old Louisiana.*
SCHATZ, Dr Olga	*Juval Sings.*
SCHILLER, Friedrich	*William Tell.*
—	*The Robbers.*
SCHLIEMANN, Heinrich	*Mycenae : A Narrative of Researches and Discoveries at Mycenae and Tiryns.*
—	*Ilios : The City and Country of the Trojans.*
SCHMALHAUSEN, Samuel	*Why We Misbehave.*
SCHMALHAUSEN & CALVERTON	*Woman's Coming of Age.*
SCHNITZLER, Arthur	*Casanova's Homecoming.*
—	*Fräulein Elsa.*
—	*Reigen.*
—	*Daybreak.*
—	*The Affairs of Anatol.*
—	*The Green Cockatoo.*
SCHOONMAKER & MARVEL	*American Wines.*
SCHOPENHAUER, Arthur	*The World as Will and Idea.*
—	*Studies in Pessimism.*
SCHROEDER, Theodore	*Where Speech is Not Free... in the U.S.A.*
—	*Free Speech for Radicals.*
—	*Suppressed Publications.*

Schroeder, Theodore	*Obscene Literature and Constitutional Law.*
—	*The Growing Despotism of Our Judiciary.*
—	*A Challenge to the Sex Censors.*
Schulberg, Budd	*What Makes Sammy Run.*
Schwarts, Delmore	*In Dreams Begin Responsibilities.*
Schweitzer, Albert	*Out of My Life and Thought.*
Scott, Michael	*Shadow Over Africa.*
Scott, Sir Walter	*Ivanhoe.*
—	*Kenilworth.*
—	*Lady of the Lake.*
—	*The Talisman.*
—	*Marmion.*
—	*Guy Mannering.*
—	*Rob Roy.*
—	*Quentin Durward.*
Scribe, Augustin Eugène	*My Uncle Caesar.*
—	*Valérie.*
—	*The Money Marriage.*
Scully, Frank	*Behind the Flying Saucers.*
Seabrook, William Buehler	*The Magic Island.*
—	*An Analysis of Magic and Witchcraft.*
Seal, Horace	*The Science of Status.*
Seeger, Alan	*I Have a Rendez-vous With Death.*
Seferis, George	*Myth of Our History.*
—	*The King of Asine.*
Seghers, Anna	*Transit.*
Seldes, George	*The Open Door.*
—	*You Can't Print That.*
—	*The Truth Behind the News.*
Seldes, Gilbert	*The Seven Lively Arts.*
Service, Robert W.	*The Spell of the Yukon.*
—	*Bar-Room Ballads.*
—	*Ballads of a Cheechako.*
—	*Rhymes of a Rolling Stone.*
Seton, Ernest Thompson	*Lives of the Hunted.*
—	*The Biography of a Grizzly.*
Shakespeare, William	*Julius Caesar.*
—	*Romeo and Juliet.*
—	*A Midsummer Night's Dream.*
—	*The Tempest.*
—	*As You Like It.*
—	*Antony and Cleopatra.*
—	*Hamlet.*

SHAKESPEARE, William	*The Merchant of Venice.*
—	*Othello.*
—	*Macbeth.*
—	*King Lear.*
—	*The Comedy of Errors.*
—	*Love's Labor Lost.*
—	*The Merry Wives of Windsor.*
—	*Twelfth Night.*
—	*Measure for Measure.*
—	*The Taming of the Shrew.*
—	*Cymbeline.*
—	*The Winter's Tale.*
—	*Pericles, Prince of Tyre.*
—	*All's Well That Ends Well.*
—	*Much Ado About Nothing.*
—	*Timon of Athens.*
—	*Venus and Adonis.*
—	*The Rape of Lucrece.*
—	*Sonnets.*
SHAW, George Bernard	*Cashel Byron's Profession.*
—	*An Unsocial Socialist.*
—	*Major Barbara.*
—	*The Devil's Disciple.*
—	*Mrs Warren's Profession.*
—	*Back to Methusaleh.*
—	*Pygmalion.*
—	*Candida.*
—	*Androcles and the Lion.*
—	*Heartbreak House.*
—	*The Quintessence of Ibsenism.*
—	*Saint Jaon.*
—	*The Shewing Up of Blanco Posnet.*
—	*Getting Married.*
—	*Fanny's First Play.*
—	*Misalliance.*
—	*The Dark Lady of the Sonnets.*
—	*How to Settle the Irish Question.*
—	*The Doctor's Dilemma.*
—	*You Can Never Tell.*
—	*Captain Brassbound's Conversion.*
—	*Arms and the Man.*
SHELDON, Charles M.	*In His Steps.*
SHELLEY, Mary Wollstonecraft	*Frankenstein.*
SHELLEY, Percy Bysshe	*On the Necessity of Atheism.*
—	*The Cenci.*
—	*Prometheus Unbound.*
—	*Adonais.*

SHELLEY, Percy Bysshe	*Queen Mab.*
—	*Declaration of Rights.*
—	*On the Revival of Literature.*
—	*Defense of Poetry.*
—	*Ode to the West Wind.*
SHERIDAN, Richard B.	*The School for Scandal.*
—	*The Rivals.*
SHRIDHARANI, Krishnalal	*Warning to the West.*
—	*My India, My America.*
SIDIS, Boris	*Nervous Ills ! Their Cause and Cure.*
—	*Multiple Personality : An Experimental Investigation Into the Nature of Human Individuality.*
—	*Philistine and Genius.*
—	*The Psychology of Laughter.*
SIDNEY Sir Philip	*Arcadia.*
SIEBURG, Friedrich	*Dieu est-il français ?*
SIEGEL, Eli	*Hot Afternoons in Montana*
SIEGFRIED, André	*Qu'est-ce que l'Amérique ?*
SIENKIEWICZ, Henryk	*With Fire and Sword.*
—	*The Deluge.*
—	*Pan Michael.*
—	*Quo Vadis.*
—	*Without Dogma.*
SIKELIANOS, Anghelos	*Akritan Songs.*
—	*The Sibyl.*
—	*Proanakrousma.*
SIMENON, Georges	*Lettre à mon juge.*
—	*The Heart of a Man.*
SINCLAIR, Upton	*The Brass Check.*
—	*Oil.*
—	*The Goose Step.*
—	*The Jungle.*
—	*The Metropolis.*
—	*The Money-Changers.*
—	*Love's Pilgrimage.*
—	*Mammonart.*
—	*what God Means to Me.*
—	*The Profits of Religion.*
SINNETT, A.P.	*Esoteric Buddhism.*
—	*The Occult World.*
SITWELL, Sir Osbert	*Right Hand, Left Hand.*
—	*Demos the Emperor.*
SLESINGER, Tess	*The Umpossessed.*
SLOSSON, Edwin E.	*Easy Lessons in Einstein.*
—	*Chats on Science.*
—	*Creative Chemistry.*

SMILES, Samuel	*Self Help.*
—	*Character.*
SMITH, Adam	*The Wealth of Nations.*
SMITH, Logan Pearsall	*Trivia.*
SMITH, Thorne	*Turnabout.*
SNYDER, Carl	*The World Machine.*
SOLOVYEV, Vladimir S.	*The Meaning of Love.*
SOLUB, Feodor	*Three Gobs of Spit.*
SOPHOCLES	*Œdipus Rex.*
—	*Antigone.*
SOREL, Georges	*Reflections on Violence.*
SPARGO, John	*Social Democracy Explained.*
—	*Bolshevism.*
SPENCE, Lewis	*Myths and Legends of Ancient Egypt.*
SPENCER, Baldwin & GILLEN Francis J.	*Native Tribes of Southeastern Australia.*
SPENCER, Herbert	*First Principles.*
—	*Autobiography.*
—	*Education.*
—	*The Right to Ignore the State.*
SPENGLER, Oswald	*Decline of the West.*
—	*Man and Technic.*
SPIEGELBERG, Frederick	*The Religion or No-Religion.*
—	*Alchemy as a Way of Salvation.*
STANLEY, Henry Morton	*In Darkest Africa.*
STARKIE, Enid	*Arthur Rimbaud.*
STARRETT, Vincent	*Ambrose Bierce.*
—	*Arthur Machen.*
—	*Bookman's Holiday.*
—	*Buried Caesars.*
STAUNTON, Howard	*Chess Problems.*
STEAD, William T.	*If Christ Came to Chicago.*
STEARNS, Harold E.	*Rediscovering America.*
—	*America : A Re-appraisal.*
—	*Liberalism in America : Its Origin, Its Temporary Collapse, Its Future.*
STEFFENS, Lincoln	*The Autobiography of Lincoln Steffens.*
STEIN, Gertrude	*Tender Buttons.*
—	*Wars I Have Seen.*
—	*The Autobiography of Alice B. Toklas.*
—	*Paris-France.*
—	*Picasso.*
—	*How to Write.*
STEINBECK, John	*Of Mice and Men.*
STEINBECK, John & RICKETTS, Edward	*The sea of Cortez.*

STEINER, Rudolf	*Art in the Light of Mystery Wisdom.*
—	*Christianity as a Mystical Fact.*
—	*Secrets of the Threshold.*
—	*The Mystery of Golgotha.*
—	*The Story of My Life.*
—	*Knowledge of the Higher Worlds.*
—	*Jacob Boehme.*
—	*The Mysteries.*
—	*Oswald Spengler : Prophet of World Chaos.*
STEKEL, Wilhelm	*Sexual Aberrations.*
—	*Sadism and Masochism.*
STEPHENS James	*The Crock of Gold.*
—	*The Adventures of Seumas Beg.*
—	*In the Land of Youth.*
—	*Etched in Moonlight.*
STERN, James	*The Heartless Land.*
—	*Something Wrong.*
—	*The Man Who Was Loved.*
STEVENS, Wallace	*Harmonium.*
STEVENSON, Robert Louis	*Treasure Island.*
—	*Kidnapped.*
—	*The Master of Ballantrae.*
—	*Dr Jekyll and Mr Hyde.*
—	*Virginibus Puerisque.*
—	*David Balfour.*
STICKNEY, Joseph L.	*Admiral Dewey at Manila.*
STIRNER, Max	*The Ego and His Own.*
STODDARD, Theodore Lothrop	*Clashing Tides of Colour.*
—	*Lonely America.*
—	*Racial Realities in Europe.*
—	*The Rising Tide of Color.*
—	*Against White World-Supremacy.*
STONE, Irving	*Lust for Life.*
STORM, Theodor W.	*Immensée.*
STRACHEY, Lytton	*Elizabeth and Essex.*
—	*Eminent Victorians.*
STREET, Julian	*Abroad at Home.*
—	*American Adventures.*
STRINDBERG, August	*Confessions of a Fool.*
—	*The Red Room.*
—	*The Inferno.*
—	*Miss Julie.*
—	*Married.*
—	*The Dream Play.*
—	*The Father.*

STRINDBERG, August	*The Creditor.*
—	*The Dance of Death.*
—	*To Damascus*
—	*Son of a Servant.*
STROMBERG, Gustaf	*The Soul of the Universe.*
STRONG, Anna Louise	*I Change Worlds.*
SUARÈS, Carlo	*Le Mythe judéo-chrétien.*
—	*Krishnamurti.*
—	*Krishnamurti et l'unité humaine.*
SUDERMAN, Hermann	*Magda.*
—	*Dame Care.*
—	*Song of Songs.*
—	*The Eternal Masculine.*
SUE, Eugene	*The Mysteries of Paris.*
—	*The Wandering Jew.*
SUGRUE, Thomas	*There is a River.*
SULLIVAN, J.W.N.	*Beethoven : His Spiritual Development.*
SUMNER, William Graham	*Folkways.*
SUPERVIELLE, Jules	*L'Homme de la Pampa.*
—	*Le Voleur d'enfants.*
SUZUKI, Diasetz Teitaro	*Zen Buddhism (introduction to).*
—	*The Essence of Buddhism.*
—	*The Zen Doctrine of No-Mind.*
SVEVO, Italo	*James Joyce* (a lecture).
SWEENEY, James Johnson	*Paul Klee.*
SWIFT, Jonathan	*Gulliver's Travels.*
—	*Tale of a Tub.*
—	*Battle of the Books.*
—	*A Modest Proposal.*
SYMONDS, John Addington	*History of the Renaissance in Italy*
—	*A Problem in Greek Ethics.*
SYMONS, Arthur	*The Art of Aubrey Beardsley.*
SYMONS, A.T.A.	*The Quest of Corvo.*
SYNGE, John M.	*Riders to the Sea.*
—	*The Playboy of the Western World.*
TAGGARD, Geneviève	*For Eager Lovers.*
TAGORE, Rabindranath	*Gitanjali.*
—	*Sheaves.*
—	*Chitra.*
—	*Lectures on Personality.*
—	*The Religion of Man.*
TARBELL, Ida	*The Early Life of Abraham Lincoln.*
—	*The History of the Standard Oil Co.*
TARKINGTON, Booth	*Penrod.*
—	*Seventeen.*
—	*Monsieur Beaucaire.*

TASSO, Torquato	*Jerusalem Delivered.*
TAYLOR, Marshall W. « Major »	*The Fastest Bicycle Rider in the World.*
TENNYSON, Alfred Lord	*Idylls of the King.*
—	*Charge of the Light Brigade.*
—	*Crossing the Bar.*
—	*The Coming of Arthur.*
—	*Enoch Arden.*
—	*In Memoriam.*
—	*Maud.*
—	*The Lotus Eaters.*
—	*Lockesley Hall.*
THACKERAY, William Makepeace	*Henry Esmond.*
THAYER, Tiffany	*Thirteen Women.*
THOMA, Richard	*Rhapsody in Blue.*
—	*A Game of Cards.*
THOMAS, Dylan	*Twenty-five Poems.*
—	*Portrait of the Artist as a Young Dog.*
—	*The World I Breathe.*
—	*The Map of Love.*
THOMAS, Henry & THOMAS, Dana Lee	*Living Biographies of Great Philosophers.*
THOMAS, W.I.	*Source Book of Social Origins.*
THOMPSON, Charles J.S.	*Poison Mysteries in History, Romance and Crime.*
THOMPSON, Francis	*The Hound of Heaven.*
THOMSON, G.P.	*The Atom.*
THOMSON, J. Arthur	*Everyday Biology.*
THOREAU, Henry David	*Walden, or Life in the Woods.*
—	*A Week on the Concord and Merrimac Rivers.*
—	*Life Without Principle.*
—	*On the Duty of Civil Disobedience.*
THUCYDIDES	*History of the Peloponnesian Wars.*
TOCQUEVILLE, Alexis de	*Democracy in America.*
TOLLER, Ernst	*Massemensch (Man of the Masses).*
—	*Mary Baker Eddy.*
—	*Gas I and Gas II.*
—	*Hinkeman (Broken Brow).*
TOLSTOY, Leo N. (Count)	*Anna Karenina.*
—	*What Men Life By.*
—	*Story of Ivan the Fool.*
—	*The Death of Ivan Ilyich.*

TOLSTOY, Leo N. (Count)	*The Power of Darkness.*
—	*Fruits of Enlightenment.*
—	*The Kreutzer Sonata.*
—	*Resurrection.*
—	*What is Art ?*
—	*The Living Corpse.*
—	*My Confession.*
—	*What is Religion ?*
—	*The Kingdom of God.*
—	*The Spirit of Christ's Teaching.*
TOWNSHEND, Frank	*Amen.*
TRAUBEL, Horace	*With Walt in Camden.*
TREADWELL, Edward F.	*The Cattle King* (Henry Miller).
TRIDON, André	*Easy Lessons in Psychoanalysis.*
—	*The New Unionism.*
—	*Psychoanalysis and Love.*
—	*Sex Happiness.*
—	*Psychoanalysis, Sleep and Dreams.*
TRINE, Ralph Waldo	*In Tune With the Infinite.*
TROTSKY, Leon	*Ma Vie.*
—	*The History of the Russian Revolution.*
—	*The Real Situation in Russia.*
TSIANG, H.T.	*The Hanging on Union Square.*
TUCKER, Benjamin R.	*What is Property ?*
—	*Instead of a Book By a Man Too Busy to Write One.*
TULLY, Jim	*Jarnegan.*
—	*Beggars of Life.*
—	*Shadows of Men.*
TURGENIEV, Ivan Sergeëvich	*Virgin Soil.*
—	*Fathers and Sons.*
—	*Smoke.*
—	*Rudin.*
TWAIN, Mark	*What Is Man, and Other Essays.*
—	*The Mysterious Stranger.*
—	*The Adventures of Huckleberry Finn.*
—	*The Adventures of Tom Sawyer.*
—	*Innocents Abroad.*
—	*A Connecticut Yankee In King Arthur's Court.*
—	*Life on the Mississippi.*
—	*Conversation As It Was by the Social Fireside in the Time of the Tudors.*
—	*Pudd'nhead Wilson.*
—	*The Gilded Age* (with Charles Dudley Warner).
—	*Roughing It.*

TWAIN, Mark	*The Man Who Corrupted Hadleyburg.*
—	*The Prince and the Pauper.*
—	*Joan of Arc.*
—	*The Celebrated Jumping Frog of Calaveras County.*
—	*A Tramp Abroad.*
—	*Personal Recollections of Joan of Arc.*
TYLOR, Z.B.	*Primitive Culture.*
TYLER, Parker	*The Hollywood Hallucination.*
TZARA, Tristan	*7 Manifestes dada.*
UCHIDA, Yoshiko	*The Dancing Kettle and other Japanese Folk Tales.*
UNAMUNO, Miguel de	*The Tragic Sense of Life.*
—	*The Story of the Novel.*
—	*Perplexities and Paradoxes.*
—	*Essays and Soliloquies.*
—	*The Agony of Christianity.*
UNDERHILL, Evelyn	*Mysticism.*
—	*The Mystic Way.*
UNTERMEYER, Louis	*This Singing World.*
—	*The New Adam.*
—	*American Poetry Since 1900.*
« UMFAZI », Clara Urquhart	*Amadodana Ami (My Sons).*
UNWIN, Stanley	*The Truth About Publishing.*
VACHÉ, Jacques	*Lettres de guerre.*
VAIL, Laurence	*Murder ! Murder !*
VALÉRY, Paul	*Une Soirée avec Monsieur Teste.*
—	*La Jeune Parque.*
—	*Le Cimetière marin.*
—	*De la musique avant toute chose.*
—	*Regards sur le monde actuel.*
—	*Variétés I et II.*
—	*Vues.*
—	*Les Divers Essais sur Léonard de Vinci.*
—	*Morceaux choisis.*
—	*Pièces sur l'art.*
VANDERCOOK, John W.	*Black Majesty.*
VAN DE VELDE, Thomas	*Ideal Marriage : Its Physiology and Technique.*
VAN DOREN, Carl	*James Branch Cabell.*
VAN DYKE, John C.	*The Opal Sea.*
VAN GOGH, Vincent	*Letters to Theo.*
VAN LOON, Hendrik	*The Story of Mankind.*
—	*Ancient Man.*
VAN VECHTEN, Carl	*The Tiger in the House.*
—	*Nigger Heaven.*
—	*The Tattooed Countess.*

VAN VECHTEN, Carl	*Peter Whiffle.*
—	*Fire Crackers.*
VASARI, Giorgio	*Lives of the Most Excellent Architects, Painters and Sculptors.*
VATSYAYANA	*The Kama Sutra.*
VEBLEN, Thorsten	*Theory of the Leisure Class.*
VELIKOVSKY, Immanuel	*Worlds in Collision.*
VERCORS	*The Silence of the Sea.*
VERHAEREN, Émile	*Les Visages de la vie.*
VERLAINE, Paul	*Poèmes saturniens.*
—	*Romances sans paroles.*
—	*Jadis et naguère.*
VERNE, Jules	*Michael Strogoff.*
VESPUCCI, Amerigo	*Account of His First Voyage.*
VILLA, Georges	*Miller et l'amour.*
VILLA, José Garcia	*Have Come, Am Here.*
VILLON, François	*Petit Testament.*
—	*Ballade des pendus.*
—	*Ballade des dames du temps jadis.*
VINCHON, Dr	*L'Art et la folie.*
VIRGIL	*The Aeneid.*
VITRAC, Roger	*Le Langage à part.*
VIVEKENANDA, Swami	*Eight Lectures.*
—	*My Master.*
VIZETELLY, Francis Horace	*The Development of the Dictionary of the English Language.*
—	*How to Speak English Effectively.*
—	*Essentials of English Speech and Literature.*
VLAMINCK, Maurice de	*Tournant dangereux. Souvenirs de ma vie.*
—	*Poliment.*
VOLTAIRE, F.M.	*Zadig.*
—	*Candide.*
VORONOFF, Dr Serge	*Du Crétin au génie.*
VORSE, Mary Heaton	*Men and Steel.*
VOSSLER, Karl	*Medieval Culture.*
VYVER, Bertha	*Memoirs of Marie Corelli.*
WADDELL, Helen	*Peter Abelard.*
WALEY, Arthur	*Translations from the Chinese.*
—	*The Temple and Other Poems* (translations).
WALKER, E.D.	*Re-Incarnation.*
WALKER, Stuart	*Six Who Pass While the Lentils Boil.*
WALLACE, Alfred R.	*Contributions to the Theory of Natural Selection.*
—	*Darwinism.*

WALLACE, Alfred R.	*Man's Place in the Universe.*
—	*The Wonderful Century.*
WALLACE, Lew	*Ben Hur.*
WALLAS, Graham	*The Great Society.*
WARD, Artemus	*His Book.*
WARD, Charles A.	*Oracles of Nostradamus.*
WARD, Lester F.	*Sociology.*
WARNER, Rex	*The Aerodrome.*
WASHINGTON, Booker T.	*Up from Slavery.*
WASSERMANN, Jacob	*The Maurizius Case.*
—	*Doctor Kerkhoven.*
—	*Kerkhoven's Third Existence.*
—	*My Life as German and Jew.*
—	*Lukardis.*
—	*Casper Hauser.*
WATSON, John B.	*Behaviorism.*
WATTS, Alan W.	*The Spirit of Zen.*
—	*Zen.*
—	*Behold the Spirit.*
—	*The Supreme Identity.*
—	*The Wisdom of Insecurity.*
WEBB, Mary	*Precious Bane.*
WEBSTER, John	*The Duchess of Malfi.*
—	*The White Devil.*
WEDEKIND, Frank	*The Awakening of Spring.*
—	*Pandora's Box.*
—	*Such is Life.*
—	*The Dance of Death.*
WEIGALL, Arthur	*The Life and Times of Akhnaton.*
—	*The Life and Times of Cleopatra.*
—	*Sappho of Lesbos : Her Life and Times.*
—	*The Glory of the Pharaohs.*
WEININGER, Otto	*Sex and Character.*
WEISS, Paul	*Nature and Man.*
—	*Reality.*
WELCH, Galbraith	*The Unveiling of Timbuctoo.*
WELLS, H.G.	*Ann Veronica.*
—	*Mr Britling Sees it Through.*
—	*Tono Bungay.*
—	*War of the Worlds.*
—	*The Time Machine.*
—	*First and Last Things.*
—	*The Invisible Man.*
—	*The Island of Dr Moreau.*
—	*Men Like Gods.*
—	*The World of William Clissold.*
—	*The New Machiavelli.*

WELLS, H.G.	*The Outline of History.*
—	*The Shape of Things to Come.*
—	*A Short History of Mankind.*
—	*The War in the Air.*
—	*The Research Magnificent.*
WELTY, Eudora	*A Curtain of Green.*
—	*The Wide Net.*
WERFEL, Franz	*Star of the Unborn.*
—	*Goat Song.*
—	*Juarez and Maximilian.*
—	*The Man Who Conquered Death.*
WERNER, M.R.	*Brigham Young.*
—	*P.T. Barnum.*
WESCOTT, Glenway	*Apartment in Athens.*
—	*The Grandmothers.*
WEST, Herbert Faulkner	*The Mind on the Wing.*
WEST, Nathaniel	*Miss Lonelyhearts.*
WEST, Rebecca	*The Strange Necessity.*
—	*Harriet Hume.*
WESTCOTT, Edward Noyes	*David Harum, A Story of American Life.*
WESTERMARCK, Edward Alexander	*The History of Human Marriage.*
WEYL, H.	*Space, Time, Matter*
WHARTON, Edith	*Ethan Frome.*
WHARTON, J.P.	*Blue prints for Living.*
WHISTLER, James Mac Neill	*Ten O'Clock Lecture.*
WHITE, Antonia	*The House in the Clouds.*
WHITE, Bouck	*The Call of the Carpenter.*
WHITEHEAD, Alfred North	*Science and the Modern World.*
WHITMAN, Walt	*Leaves of Grass.*
—	*Democratic Vistas.*
—	*Specimen Days and Collect.*
—	*November Boughs.*
WHITTIER, John Greenlead	*Barbara Frietchie.*
—	*Snow-Bound.*
—	*The Barefoot Boy.*
WILDE, Oscar	*The Soul of Man Under Socialism.*
—	*Pen, Pencil and Poison.*
—	*The Happy Prince.*
—	*The Decay of Lying.*
—	*The Picture of Dorian Gray.*
—	*Lady Windermere's Fan.*

WILDE, Oscar	*The Importance of Being Ernest.*
—	*The Ballad of Reading Gaol.*
—	*De Profundis.*
—	*A House of Pomegranates.*
—	*Intentions.*
—	*Salomé.*
—	*A Woman of No Importance.*
—	*An Ideal Husband.*
WILDER, Thornton N.	*The Bridge of San Luis Rey.*
—	*The Woman of Andros.*
—	*The Cabala.*
WILHELM, Richard & JUNG, C.G.	*The Secret of the Golden Flower.*
WILLIAMS, Albert Rhys	*Through the Russian Revolution.*
Williams, Oscar	*That's all That Matters.*
WILLIAMS, Tennessee	*A Street Car Named Desire.*
WILLIAMS, William Carlos	*In the American Grain.*
—	*Prose Novelette.*
—	*The Great American Novel.*
—	*White Mule.*
WILLY, André	*Le Troisième Sexe.*
WILSON, Edmund	*Axel's Castle.*
—	*The Boys in the Back Room.*
WILSON, Harry Leon	*Ruggles of Red Gap.*
WILSON, Woodrow	*The New Freedom.*
WISTER, Owen	*The Virginian, A Horseman of the Plains.*
—	*Lin McLean.*
WITTMANN, J.F.	*Considérations psychanalytiques sur l'art moderne.*
WOLFE, Thomas	*The Story of the Novel.*
—	*Look Homeward, Angel !*
—	*Only the Dead Know Brooklyn.*
—	*Thomas Wolfe's Letters to His Mother, Julia Elizabeth Wolfe.*
WOLLSTONECRAFT, Mary	*The Rights of Woman.*
WOOD, Charles Erskine Scott	*Heavenly Discourse.*
WOODFORD, Jack	*Sin and Such.*
—	*Savage Honeymoon.*
WOOLF, Virginia	*Orlando : A Biography.*
—	*The Waves.*
—	*To the Lighthouse.*
WOOLLEY, Leonard	*Ur : the First Phases.*
WORDSWORTH, William	*Ode on Intimations of Immortality.*
—	*The World Is Too Much With Us.*
WORRALL, R.L.	*Energy and Matter.*

WRIGHT, Frank Lloyd	*An Autobiography.*
WRIGHT, Richard	*Black Boy.*
—	*Native Son.*
WRIGHT, Willard Huntington	*Misinforming a Nation.*
WYLIE, Elinor	*Jennifer Lorn.*
—	*The Venetian Glass Nephew.*
WYLIE, Philip	*Generation of Vipers.*
WYSS, Johann R.	*The Swiss Family Robinson.*
YEATS, William Butler	*Irish Fairy and Folk Tales.*
—	*A Vision.*
YUTANG, Lin	*My Country and My People.*
—	*The Importance of Living.*
—	*Moment in Peking.*
ZANGWILL, Israel	*The Children of the Ghetto.*
—	*The Melting Pot.*
ZERVOS, Christian	*L'Art en Grèce.*
ZIDONIS, Geneviève-Irène	*O.V. de L. Milosz : sa vie, son œuvre, son rayonnement.*
ZILBOORG, Gregory	*The Medical Man and the Witch during the Renaissance.*
ZIMMERN, Sir Alfred	*The Greek Commonwealth.*
ZOLA, Émile	*Drink (L'Assommoir).*
—	*Nana.*
—	*L'Œuvre (His Masterpiece).*
—	*Germinal.*
ZWEIG, Arnold	*The Case of Sergeant Grischa.*
ZWEIG, Stefan	*Romain Rolland : The Man and his Work.*
—	*Amerigo : A Comedy of Errors in History.*
—	*Amok.*
—	*Mental Healers.*
—	*Master Builders.*
—	*Balzac.*

APPENDICE II

LIVRES
QUE J'AI ENCORE L'INTENTION DE LIRE

Anonyme	*My Secret Life.*
D'Aquin, Thomas	*Summa Theologica.*
Aragon, Louis	*Le Paysan de Paris.*
Bonaparte, Napoléon	*Mémoires.*
Bretonne, Restif de La	*Monsieur Nicolas.*
—	*Les Nuits de Paris.*
Calas, Nicolas	*Foyers d'incendie.*
Casanova, Giacomo Giovanni	*Mémoires.*
Chestov, Léon	*Athènes et Jérusalem.*
Cleland, Dr John	*Memoirs of Fanny Hill.*
Dickens, Charles	*Pickwick Papers.*
Doughty, Charles	*Arabia Deserta.*
Fielding, Henry	*Tom Jones.*
Flaubert, Gustave	*L'Éducation sentimentale.*
Gibbon, Edward	*The Decline and Fall of the Roman Empire.*
Gourmont, Rémy de	*Le Latin mystique.*
Harrison, Jane	*The Orphic Myths.*
—	*Prolegomena.*
Hugo, Victor	*Les Travailleurs de la mer.*
Huizinga, H.	*The Waning of the Middle Ages.*
James, Henry	*The Golden Bowl.*
Laclos, Choderlos de	*Les Liaisons dangereuses.*
Lafayette, Mme de	*La Princesse de Clèves.*
Maturin, Charles	*Melmoth.*
Michelet, Jules	*Histoire de la Révolution française.*
Multatuli	*Max Havelaar.*
Radcliff, Ann Ward	*The Mysteries of Udolpho.*
Rivière, Jacques & Fournier, Alain	*Correspondance.*

ROUSSEAU, Jean-Jacques	*Émile.*
SADE, Marquis de	*Les Cent vingt Jours de Sodome.*
STENDHAL	*La Chartreuse de Parme.*
SULLIVAN, Louis	*The Autobiography of an Idea.*
SWIFT, Jonathan	*Letters to Stella.*
VACHÉ, Jacques	*Lettres de guerre.*

Ainsi que les œuvres des auteurs suivants : Jean-Paul Richter, Novalis, Croce, Toynbee, Léon Bloy, Orage, Fédérov, Léon Daudet, Gerard Manley Hopkins, T.F. Powys, sainte Thérèse, saint Jean de la Croix.

APPENDICE III

AMIS QUI M'ONT PROCURÉ DES LIVRES

ABRAMSON, Ben	Mohegan Lake, New York.
ACKROYD, Graham	Sticklepath, Angleterre.
ADRIANI, Dr Bruno	Carmel, Californie.
ALBERS, Heinz	Hambourg, Allemagne.
ARLISS, Bruce	Monterey, Californie.
AULT, William E.	Phœnix, Arizona.
BARADINSKY, Oscar	Yonkers, New York.
BARJAVEL, René	Paris, France.
BARTELL, Roland	Monterey, Californie.
BEESLEY, Richard	Hollywood, Californie.
BÉLICARD, Dr Pierre	Lyon, France.
BELLOC, Hilary	Sausalito, Californie.
BERTRAND, Raoul	Paris, France.
BLANKINSHIP, Earl	Seattle, Washington.
BRETON, André	Paris, France.
CAMPBELL, Robert A.	Kankakee, Illinois.
CARLOCK, Robert H.	Tucson, Arizona.
CENDRARS, Blaise	Paris, France.
CHILDS, J. Rives	Jidda, Arabie.
CHISHOLM, Hugh	Big Sur, Californie.
CONNOLLY, Cyril	Londres, Angleterre.
COSSERY, Albert	Paris, France.
COVICI, Pascal	New York City, New York.
DIBBERN, Frau Elisabeth	Ohrigen, Allemagne.
DURRELL, Lawrence	Belgrade, Yougoslavie.
DUTOURD, Jean	Londres, Angleterre.
EDGAR, David F.	Spring Valley, New York.
ELGARD, Frank	Paris, France.
FENTON, Pete	Los Angeles, Californie.
FINKELSTEIN, Robert	Los Angeles, Californie.
FLAGG, J.H.	Chicago, Illinois.

FONDANE, Mme Geneviève	Paris, France.
FOWLIE, Wallace	Bennington, Vermont.
GILDERSLEEVE, John	Sacramento, Californie.
GIONO, Jean	Manosque, France.
GIRODIAS, Maurice	Paris, France.
GUÉRIN, Raymond	Bordeaux, France.
HAAN, Jac. de	La Haye, Hollande.
HALDEMAN-JULIUS, E.	Girard, Kansas.
HELLSTROM, Lars Gustav	Solna, Suède.
HOLSCHER, Walter	Hollywood, Californie.
HORN, Andrew	Los Angeles, Californie.
HOUGHTON, Claude	Londres, Angleterre.
HOUGLAND, Willard	Santa Fe, Nouveau Mexique.
JENKINS, Louisa	Pebble Beach, Californie.
KIDIS, John	Sacramento, Californie.
LALEURE, Pierre	Paris, France.
LAUGHLIN, James	Norfolk, Connecticut.
LAVRIN, Janko	Nottingham, Angleterre.
LE BOTERF, Mme H.	Paris, France.
LEITE, George	Berkeley, Californie.
LESDAIN, Pierre	Brussels, Belgique.
LUBTCHANSKY, Dr Michael	Paris, France.
MABILLE, Pierre	Paris, France.
MAILLET, Albert	Vienne, France.
MARGOSHES, Rose K.	New York City, New York.
MASUI, J.H.	Paris, France.
MASON, Gregory	New York City, New York.
MECHAM, Kathryn	Chicago, Illinois.
MERMOUD, H.L.	Lausanne, Suisse.
MERMOUD, Albert	Lausanne, Suisse.
MESSINGER, Sheldon	Los Angeles, Californie.
METHORST, Jr, H.W.	Graveland, Hollande.
NADEAU, Maurice.	Paris, France.
NEIMAN, Gilbert	Denver, Colorado.
NIKHILANANDA, Swami	New York City, New York.
NOYES, Stan	Berkeley, Californie.
OAKES, Maud	Big Sur, Californie.
O'NEILL, Hugh	Big Sur, Californie.
ONSLOW-FORD, Gordon	Sausalito, Californie.
PATCHEN, Kenneth	Old Lyme, Connecticut.
PEERY, David	Los Angeles, Californie.
PERLÈS, Alfred	Londres, Angleterre.
POWELL, Lawrence Clark	Los Angeles, Californie.
POWYS, John Cowper	Corwen, Pays de Galles.

QUENEAU, Raymond	Paris, France.
RADIN, Paul	Berkeley, Californie.
RAJAGOPAL	Ojai, Californie.
RAY, Man	Hollywood, Californie.
RIBEMONT-DESSAIGNES, Georges	Saint-Jannet, France.
RODKER, John	Londres, Angleterre.
ROSS, Harrydick and Liliam Bos	Big Sur, Californie.
ROUSSEAUX, André	Paris, France.
RUSSELL, James S.	Inverness, Californie.
SAUNDERS, Mrs Mark	Carmel, Californie.
SAYIGH, Tawfig	Beirut, Liban.
SCHATZ, Bezalel	Big Sur, Californie.
SCHATZ, Dr Olga	Berkeley, Californie.
SCHILD, W.	Lausanne, Suisse.
SCHLAMILCH, J.H.X.	Utrecht, Hollande.
SCHNELLOCK, Emil	Fredericksburg, Virginie.
SEGHERS, Pierre	Paris, France.
SÉGUY, Heri	Sarlat, France.
STAUFFACHER, Jack W.	San Francisco, Californie.
STELOFF, Frances	New York City, New York.
STEPHAN, Ruth.	Westport, Connecticut.
STETTNER, Irving	Paris, France.
SUARÈS, Carlo	Paris, France.
SYMONS, W.T.	Londres, Angleterre.
THOMA, Richard	Limona, Floride.
TOSI, Guy	Paris, France.
URQUHART, Clara	Johannesburg, Afrique du Sud.
VARDA, Jean	Sausalito, Californie.
VIEREN, Boris	Carmel, Californie.
VICTOR, Alexander	Carmel, Californie.
VOILIER, Mme Jean	Paris, France.
VOSPER, Robert	Los Angeles, Californie.
WAGENSEIL, Kurt	Starnberg a/See, Allemagne.
WATTS, Alan W.	Evanston, Illinois.
WEST, Herbert F.	Hanover, New Hampshire.
WHITE, Emil	Big Sur, Californie.
WINSLOW, Walker	Topeka, Kansas.
WOLFE, Bernhard	New York City, New York.
WOLFF, Kurt	New York City, New York.
YERUSHALMY, Jacob	Berkeley, Californie.
ZACCAGNINI, Dante T.	Port Chester, New York.

DU MÊME AUTEUR

Aux Éditions Gallimard

PRINTEMPS NOIR
SOUVENIR, SOUVENIRS
LE CAUCHEMAR CLIMATISÉ
LES LIVRES DE MA VIE

Aux Éditions Denoël

TROPIQUE DU CANCER

Composition Euronumérique, Paris.
Impression S.E.P.C.
à Saint-Amand (Cher), le 8 mars 1994.
Dépôt légal : mars 1994.
Numéro d'imprimeur : 651.
ISBN 2-07-073769-1./Imprimé en France.

67235